Einführung in Perl

Einführung in Perl

2. Auflage

Randal L. Schwartz &
Tom Christiansen

Deutsche Übersetzung von
Matthias Kalle Dalheimer

O'REILLY™

Cambridge • Köln • Paris • Sebastopol • Tokyo

Kommentare und Fragen können Sie gerne an uns richten:
O'Reilly Verlag
Balthasarstraße 81
50670 Köln
Tel.: 0221/9731600
Fax: 0221/9731608
E-Mail: kommentar@oreilly.de

1. Auflage 1995
2. Auflage 1998
1., korrigierter Nachdruck August 1998
2., korrigierter Nachdruck März 1999

Die Originalausgabe erschien 1997 unter dem Titel
Learning Perl, 2nd Edition im Verlag O'Reilly & Associates, Inc.

Die Deutsche Bibliothek - CIP - Einheitsaufnahme

Schwartz, Randal L.:
Einführung in Perl : Randal Schwartz; Tom Christiansen . [Übers. und dt. Bearb. : Matthias Kalle Dalheimer]. - 2. Aufl. - Köln : O'Reilly, 1998
ISBN 3-89721-105-X

Übersetzung und deutsche Bearbeitung: Matthias Kalle Dalheimer, Hamburg, (in Teilen basierend auf der Übersetzung der 1. Auflage von Karl Obermayr)
Lektorat: Michael Gerth, Köln
Technisches Gutachten: Eike Grote, Bayreuth
Satz: Stefan Göbel, Reemers EDV-Satz, Krefeld
Umschlaggestaltung: Edie Freedman & Hanna Dyer, Boston
Produktion: TYP*isch* Müller, München
Belichtung, Druck und buchbinderische Verarbeitung: Druckerei Kösel, Kempten

ISBN 3-89721-105-X

Dieses Buch ist auf 100% chlorfrei gebleichtem Papier gedruckt.

Inhalt

Grußwort

Es ist mir eine Ehre, Sie hier am Institut für Zauberei, genauer gesagt, zum Einführungsseminar in die Magie von Perl, willkommen heißen zu dürfen. Ich bin eigentlich gar nicht Ihr Dozent, aber Professor Schwartz konnte heute leider nicht früher kommen und hat mich als den Schöpfer von Perl gebeten, seine Verspätung mit einigen einführenden Bemerkungen zu überbrücken.

Na gut, dann mal los! Aber womit fange ich an? Wie viele von Ihnen sind denn eigentlich absolute Neulinge? Ahhh ja. Hab' schon Schlimmeres gesehen. Gelegentlich. Eher selten.

Was? Das war doch nur ein Scherz. Wirklich! Diese Neulinge haben einfach keinen Sinn für Humor.

Nun, worüber könnte ich sprechen? Es gibt da viele Themen, über die ich sprechen könnte. Ich könnte natürlich ganz selbstverliebt einfach nur über mich selbst plaudern, und etwas Licht auf das wundervolle Wechselspiel von Erziehung und Begabung werfen, das mich dazu befähigte, Perl zu entwickeln. Doch damit würde ich mich nur selbst lächerlich machen, was natürlich auch unterhaltsam sein könnte – zumindest für mich.

Oder ich könnte statt dessen auch über Professor Schwartz sprechen, ohne dessen unermüdliche Hingabe die Welt von Perl um einiges ärmer wäre. Auch dieser ganze Kurs hier verdankt ihm schließlich seine Existenz!

Vielleicht wäre das ganz aufschlußreich, aber am Ende dieses Kurses wissen Sie wahrscheinlich sowieso mehr über Professor Schwartz als ich.

Ich könnte mir aber diese ganze Selbstbeweihräucherung auch sparen und statt dessen über Perl sprechen, was ja der eigentliche Gegenstand dieses Kurses ist.

Ist es doch – oder?

Als bei der Lehrplangestaltung über diesen Kurs gesprochen wurde, kam man darin überein, daß es bei diesem Kurs eigentlich gar nicht so sehr um Perl geht, sondern vielmehr um Sie, die Teilnehmer. Das ist eigentlich gar nicht so überraschend, zumal sich bei Perl selbst auch alles um Sie dreht – zumindest theoretisch. Perl wurde für Leute wie Sie gemacht, von Leuten wie Ihnen, unter der Mitarbeit von vielen anderen Leuten wie Ihnen. Die Magie von Perl wurde Stich für Stich und Flicken für Flicken um die ziemlich absonderliche Form Ihrer Psyche herum zusammengenäht. Wenn Sie also glauben, daß Perl ein wenig seltsam ist, dann wissen Sie ja jetzt auch, warum ....

Eine Reihe von Computerwissenschaftlern (vor allem die Reduktionisten) würden es gern leugnen, aber der Verstand des Menschen ist ein wundersames Gebilde. Die geographische Ausprägung unseres Geistes ist nicht einfach flach und kann daher auch nicht ohne größere Verzerrungen auf eine flache Oberfläche abgebildet werden. Aber vor ungefähr zwanzig Jahren sind diese reduktionistischen Computerlehrer am Tempel des rechten Winkels niedergekniet und haben sich dann wieder erhoben, um von diesem Tage an jedem, der ihnen Gehör schenkt, ihre Vorstellung von asketischer Geradlinigkeit zu predigen.

Aus leidenschaftlicher, aber irrtümlicher Überzeugung heraus haben sie versucht, Ihren Geist in diese beschränkte Gedankenwelt hineinzupressen, Ihre komplexen Denkmuster in in eine Art überdimensionale Backform zu quetschen. Ein ziemlich freudloses Dasein, so zerquetscht.

Trotzdem ist Ihre angeborene Vernunft noch an einigen Stellen durchgebrochen. Sie und Ihre geistigen Ahnen haben diese eintönige Gegend verlassen und so manche wunderschöne Computer-Zauberformel zusammengebraut. (Manche davon haben gelegentlich sogar das getan, was Sie von ihnen erwartet haben.) Die am meisten gepriesenen Zauberformeln wurden dann als Standards festgeschrieben, weil sie zu etwas nahezu Mystischem oder Magischem geworden waren und das Wunder vollbrachten: »Es tut wirklich, was es soll«.

Durch all den Trubel hat aber niemand gemerkt, daß die Reduktionisten immer noch unermüdlich versuchten, Ihren Geist flachzuklopfen, nur diesmal auf einer etwas höheren Ebene. Sie erwirkten zu diesem Zweck den Erlaß (von dem auch Sie sicher schon gehört haben), daß diese Zauberformeln immer nur ein Wunder auf einmal vollbringen dürften. In Scharen riefen sie: »Du sollst nur eine Aufgabe lösen, diese aber dafür richtig«, und mit einem Schlag waren die Shellprogrammierer dazu verdammt, unter unzufriedenem Gemurmel Perlen an Fäden aufzureihen (später wurde so etwas dann als Pipeline bekannt).

Nun nahte der Moment, meinen kleinen Beitrag zur Rettung der Welt zu leisten. Eines Tages hatte ich ein paar dieser Perlen in der Hand und ließ sie durch meine Finger gleiten. Meine Gedanken kreisten wie üblich um die Freudlosigkeit und die Hoffnungslosigkeit meines Daseins, als mich plötzlich eine Eingebung überkam: Was würde wohl passieren, wenn ich einige dieser magischen Perlen miteinander verschmelzen würde? Und was würde wohl mit ihrer Magie geschehen, wenn ich eine einzige, etwas größere Perle aus ihnen formen würde? Von dieser Idee besessen, zündete ich den alten Bunsenbrenner an, nahm einige meiner liebsten Perlen und ließ sie miteinander verschmelzen, wie sie gerade wollten. Und siehe: Der neue Zauber übertraf den aller Bestandteile um ein Vielfaches!

Seltsam, dachte ich. Wie ist es nur möglich, daß diese sedulöse Perle regulärer Ausdrükke in Verbindung mit dieser shelligen Perle gnostischer Ersetz-Mechanismen und dieser awekischen Perle einfacher Datentypologie zusammengenommen einen größeren Zauber bewirken sollten, als wenn sie einzeln auf einer Kette aufgereiht sind. Und ich sann darüber nach, ob es nicht sein könnte, daß die einzelnen Perlen durch die Verschmelzung ihre Kraft gemeinsam entfalten können, weil sie nicht mehr länger nur durch diese dünne Schnur miteinander in Verbindung stehen. Wäre es gar möglich, daß diese Pipeline den Informationsfluß eher behindert, etwa so wie der Wein, der auch nicht durch den Hals der berühmten Flasche des Dr. Neumann fließt?

Dem wollte ich auf den Grund gehen.

Sogleich verschmolz ich diese neu entstandene Perle mit einigen weiteren meiner bevorzugten Exemplare – und wieder geschah das gleiche, nur war es diesmal noch gewaltiger. Es war wie eine gleichzeitige Explosion all dieser potentiellen Zauberformeln: Die Basic-Perle der Ausgabeformate und die lispige Perle dynamischer Datenbereiche verbanden sich mit der C-Perle der Operatorenvielfalt. Zusammengenommen produzierten sie einen brillanten Kraftimpuls, der sich auf viele Tausend Maschinen in der ganzen Welt ausgebreitet hat. Die Verbreitung dieser Botschaft hat das Netz Hunderte, wenn nicht gar Tausende von Dollar gekostet. Ich war also entweder etwas Neuem auf der Spur – oder hatte es bereits entdeckt.

Ich nahm dann meinen ganzen Mut zusammen und zeigte meine neue magische Perle Leuten wie Ihnen – und sogleich gaben sie mir ihre bevorzugten Perlen, mit der Bitte, ich möge sie ebenfalls mit der magischen Perle verschmelzen. Der Zauber wurde größer und mächtiger, und immer weitere Synergien durchdrangen dieses Wunderding. Es war, als wenn die Elementarteilchen der Datenverarbeitung, die mit jeder neuen Perle eingebracht wurden, auf Ihrer aller Anweisung hin zusammenarbeiteten, um Ihre Probleme für Sie zu lösen. Wie war das möglich? Vielleicht, weil diese Perlen Ihre Lieblingsperlen waren? Oder vielleicht einfach nur, weil ich ein guter Perlen-Sammler bin?

Vielleicht hatte ich auch einfach nur Glück.

Sei's drum – jedenfalls wuchs diese magische Perle zu diesem etwas seltsam anmutenden Amulett heran, das Sie heute vor Ihnen sehen. Schauen Sie nur, wie es glitzert und funkelt, fast schon wie ein echtes Juwel.

Das war jetzt wieder ein Scherz. Echt! Wenn ich es doch sage! Na gut. Ich war ja auch mal ein Neuling ... So richtig perfekt ist dieses Amulett eigentlich nicht – bei genauerer Betrachtung sieht man, daß einfach ein Haufen Perlen zusammengeschmolzen wurde. Ich gebe das ja ganz offen zu; im Grunde genommen ist es geradezu häßlich. Aber was macht das schon: Es ist der Zauber, der zählt. Weil wir gerade von Zauber sprechen – schauen Sie doch mal, wer da gerade zur Tür herein kommt: mein alter Kumpel Merlin, äh, ich meine natürlich Professor Schwartz. Er kommt gerade rechtzeitig, um Ihnen zu erzählen, wie Sie mit diesem Amulett Wunder vollbringen können, vorausgesetzt, Sie sind Willens, die geheimnisvollen Zaubersprüche zu erlernen, derer es dazu bedarf. Sie sind dabei in guten Händen – es gibt keinen, der besser solche geheimnisvollen Zaubersprüche vor sich hinbrummeln kann als Professor Schwartz. Nicht war, Merlin?

So weit, so gut – ich fasse zusammen. Was Sie vor allem brauchen, ist Mut. Der Weg, den Sie eingeschlagen haben, ist kein einfacher Weg. Sie sind dabei, eine neue Sprache zu lernen – eine Sprache voller fremdartiger Zeichen und altertümlicher Gesänge, manche davon sind einfach und einige schwierig; vieles wird vertraut klingen und manches nicht. Vielleicht werden Sie sogar den Mut verlieren und daran denken, alles hinzuwerfen. Vergessen Sie aber eines nie: Wie lange hat es gedauert, Ihre eigene Muttersprache zu erlernen? Und? War es das wert? Ich denke schon! Und haben Sie jetzt aufgehört, sie zu lernen? Ich glaube nicht! Also erwarten Sie jetzt bloß nicht, daß Sie alle Mysterien von Perl auf einen Schlag erlernen können, etwa so, wie man mit einem Bissen eine Erdnuß oder eine Olive essen kann. Stellen Sie sich vielmehr vor, Sie würden eine Banane essen. Wenn man eine Banane ißt, kommt der Genuß auch nicht erst dann, wenn man sie aufgegessen hat. Man genießt schon während des Essens jeden einzelnen Bissen. Und mit jedem einzelnen Bissen wird die Freude auf den nächsten angeregt und auf den nächsten und den übernächsten. Der Appetit kommt bekanntlich beim Essen.

Da ich nun schon von den Früchten von Merlins Arbeit spreche, möchte ich Ihnen dringend raten, diesen Gang zu gehen. Den Gang mit den Früchten natürlich. Äh – das war wieder ein Scherz. Na gut.

Nun, Herr Professor, hiermit stelle ich Ihnen Ihren neuen Kurs vor. Er hat offensichtlich nicht viel Sinn für Humor, aber ich denke, Sie werden das schon irgendwie hinbekommen.

Liebe Kursteilnehmer, ich stelle Ihnen Professor Randal L. Schwartz vor, Doktor der Syntax, Hexenmeister und – Just Another Perl Hacker. Er hat meinen Segen, so wie auch Sie meinen Segen haben. Mögen Sie Perl erlernen. Mögen Sie Wunder bewirken mit Perl. Und vor allem – mögen Sie viel Freude haben an Perl.

Larry Wall
September 1993

Grußwort zur zweiten Auflage

Du auch, Tom.

Larry Wall
Mai 1997

Vorwort

Worum geht es in diesem Buch?

Unter anderem um etwa 300 Seiten. Außerdem ist dieses Buch auch noch eine behutsame Einführung in Perl. Wenn Sie dieses Buch gelesen haben, dann hatten Sie Berührung mit den meisten der häufig verwendeten Operationen und Sprachmerkmale, so wie Sie sie in den meisten Perl-Programmen finden.

Dieses Buch ist keine vollständige Anleitung zu Perl – eher im Gegenteil: Um dieses Buch nicht zu unhandlich und groß werden zu lassen, haben wir nur die Konstrukte und Problemfelder aufgenommen, denen Sie wahrscheinlich schon am Anfang Ihrer Perl-Karriere begegnen.

Um Sie aber schon einmal auf Ihre weiterführenden Studien mit Perl vorzubereiten, haben wir am Ende des Buches ein etwas schwierigeres Kapitel aufgenommen. Es handelt von CGI-Programmierung, geht dabei aber auch auf Bibliotheksmodule, Referenzen und objekt-orientierte Programmierung in Perl ein. Wir hoffen, daß dieses Kapitel Ihren Appetit auf diese fortgeschrittenen Themen weckt.

Am Ende eines jeden Kapitels steht eine Reihe von Übungen, damit Sie das, was Sie gerade gelernt haben, auch anwenden können. Wenn Sie mit normaler Geschwindigkeit lesen und alle Übungen durcharbeiten, sollten Sie mit jedem Kapitel in ungefähr zwei bis drei Stunden fertig sein; Sie werden also ungefähr dreißig bis vierzig Stunden für das gesamte Buch brauchen.

Dieses Einführungsbuch sollte zusammen mit dem Klassiker *Programmieren mit Perl*, dem Referenzhandbuch zu Perl von Larry Wall, Randal L. Schwartz und Tom Christiansen, verwendet werden.

Ursprünglich ist Perl als Bindegliedsprache für das Betriebssystem UNIX entworfen worden. Inzwischen läuft Perl aber fast überall, unter anderem auf MS-DOS, VMS, OS/2, Plan 9, Macintosh und jeder Windows-Variante. Perl ist eine der portabelsten Skriptsprachen, die heute überhaupt erhältlich sind. Mit Ausnahme der wenigen Abschnitte, die sich auf die Administration von UNIX-Systemen beziehen, kann der größte Teil dieses Buches für jede Plattform, auf der Perl läuft, verwendet werden.

Übungen

Die Übungen dieses Buches[1] sind auf unterschiedlichste Art und Weise elektronisch erhältlich: FTP, FTPMAIL, BITFTP und UUCP. Die billigsten, schnellsten und einfachsten Möglichkeiten sind zuerst aufgeführt. Wenn Sie der Reihe nach vorgehen, ist die erste Möglichkeit, die funktioniert, vermutlich auch die beste. Verwenden Sie FTP, wenn Sie direkt am Internet angeschlossen sind. Verwenden Sie FTPMAIL, wenn Sie nicht direkt am Internet angeschlossen sind, aber E-Mail mit Internet-Rechnern austauschen können. Verwenden Sie BITFTP, wenn Sie E-Mail via BITNET verwenden können. Benutzen Sie UUCP, wenn sonst nichts anderes funktioniert.

Hinweis: Die Übungen wurden auf einem UNIX-System verfaßt. Wenn Sie unter UNIX arbeiten, können Sie sie ohne Änderung übernehmen. Arbeiten Sie auf einem anderen System, dann müssen Sie die Übungen möglicherweise ein wenig abändern. Beispielsweise endet unter UNIX jede Zeile mit einem Linefeed-Zeichen [neue Zeile] (das Carriage Return [Wagenrücklauf] ist dabei implizit) – unter DOS muß jede Zeile mit einem Linefeed und einem Carriage Return abgeschlossen werden. Abhängig von Ihrer eigenen Konfiguration und von der Übertragungsmethode der Dateien müssen Sie möglicherweise noch Carriage-Return-Zeichen anhängen. Die *README*-Datei, die bei den Übungen dabei ist, enthält noch zusätzliche Informationen.

FTP

Für FTP brauchen Sie eine Maschine, die direkt an das Internet angeschlossen ist. So sieht eine Beispielsitzung aus:

```
% ftp ftp.oreilly.de
Connected to orade.ora.de
220 orade.ora.de FTP server (Version wu-2.4(1) Wed Dec 20 20:41:40 MET 1995) ready.
Name (ftp.oreilly.de:Ihr_Benutzername): anonymous
331 Guest login ok, send your complete e-mail address as password.
Password: benutzername@hostname          Geben Sie hier Ihre E-Mail-Adresse an
230 Guest login ok, access restrictions apply.
Remote system type is UNIX.
Using binary mode to transfer files.
ftp> cd /pub/ora/examples/perl/learning_perl2
250 CWD command successful.
ftp> binary
200 Type set to I.
ftp> get examples.tar.gz
local: examples.tar.gz remote: examples.tar.gz
200 PORT command successful.
150 Opening BINARY mode data connection for examples.tar.gz (6542 bytes).
```

1 Aus der Originalversion dieses Buches, also mit englischsprachigen Kommentaren usw.

```
226 Transfer complete.
6542 bytes received in xxx seconds (xxx bytes/s)
ftp> quit
221 Goodbye.
%
```

FTPMAIL

Unter FTPMAIL versteht man einen Mailserver, der für jeden zugänglich ist, der mit dem Internet E-Mails austauschen kann. Dazu gehören auch Firmen und Online-Dienste, die E-Mail-Verbindungen mit dem Internet ermöglichen. FTPMAIL benutzen Sie folgendermaßen:

Sie schicken eine Mail an *ftpmail@online.oreilly.com.* Geben Sie im Rumpf der Nachricht die FTP-Kommandos an, die Sie ausführen möchten. Der Server führt dann für Sie das anonyme FTP durch und schickt Ihnen die Dateien per E-Mail. Wenn Sie eine vollständige Hilfedatei haben wollen, dann schicken Sie einfach eine Nachricht ohne Betreff und nur mit dem Wort »help« im Rumpf. Im folgenden sehen Sie ein Beispiel für eine E-Mail, mit der Sie die Beispieldateien finden sollten. Mit diesen Kommandos erhalten Sie eine Liste der Dateien in dem angegebenen Verzeichnis und die angeforderten Beispieldateien. Die Dateiliste kann ganz nützlich sein, wenn Sie sich mal für eine spätere Version der Beispieldateien interessieren.

```
% mail ftpmail@online.oreilly.com
Subject: reply-to username@hostname      E-Mail-Adresse, unter der Sie die Dateien erhalten wollen
open
cd /published/oreilly/nutshell/learning_perl2
dir
get README
mode binary
uuencode
get examples.tar.gz
quit
.
```

Am Ende des Nachrichtentextes kann auch noch eine *Signature* stehen – solange sie hinter dem »quit« erscheint.

BITFTP

BITFTP ist ein Mailserver für Benutzer von BITNET. Sie schicken ihm eine Anfrage nach Dateien in einer E-Mail, und er schickt Ihnen die gewünschten Dateien per E-Mail zurück. Im Moment bedient BITFTP nur Benutzer, die ihm Mail von Rechnern schicken, die direkt am BITNET, EARN oder NetNorth hängen. BITFTP ist ein Dienst der Princeton University. So funktioniert es:

Senden Sie eine E-Mail mit Ihren FTP-Kommandos an *BITFTP@PUCC.* Eine vollständige Hilfedatei erhalten Sie, wenn Sie eine E-Mail mit dem Wort HELP im Nachrichtenteil schicken. Um die Beispiele aus diesem Buch zu erhalten, schreiben Sie folgendes in den Nachrichtenteil Ihrer E-Mail:

```
FTP  ftp.oreilly.com  NETDATA
USER  anonymous
PASS Ihre Internet-E-Mail-Adresse (nicht die BITNET-Adresse)
CD  /published/oreilly/nutshell/perl/learning_perl2
DIR
GET README
GET examples.tar.gz
QUIT
```

Fragen zu BITFTP können Sie über BITNET an *MAINT@PUCC* richten.

UUCP

Wenn Sie oder Ihre Firma einen Benutzerzugang bei UUNET haben, dann hat eines Ihrer Systeme eine direkte UUCP-Verbindung zu UUNET. Finden Sie dieses System, und geben Sie dort (in einer Zeile) ein:

```
uucp uunet\!~/published/oreilly/nutshell/learning_perl2/examples.tar.gz ihrrechner\!~/
ihrname/
```

Die Backslashes können Sie weglassen, wenn Sie mit der Bourne Shell (*sh*) statt mit der (*csh*) arbeiten. Die Beispieldatei sollte einige Zeit später (etwa nach einem Tag, vielleicht auch mehr) im Verzeichnis */usr/spool/uucppublic/ihrname* auftauchen.

Weitere Ressourcen

Perl Man-Pages

Die Online-Dokumentation zu Perl, die wegen ihrer UNIX-Herkunft *Man-Pages* heißt, ist in mehrere Abschnitte aufgeteilt worden, so daß Sie leicht das Gewünschte finden können, ohne sich durch Hunderte von Seiten hindurch kämpfen zu müssen. Da die Top-Level Man-Page einfach *perl* heißt, sollten Sie sie mit dem UNIX-Befehl *man perl* erreichen können.[2] Diese Seite weist Ihnen dann den Weg zu weiteren, spezifischeren, Seiten. So erhalten Sie zum Beispiel mit *man perlre* die Man-Page zu den regulären Ausdrücken von Perl. Wenn der *man*-Befehl nicht funktioniert, dann tut es vielleicht der Befehl *perldoc*, insbesondere bei Modul-Dokumentationen, die Ihr Systemadministrator vielleicht nicht mit den normalen Man-Pages zusammen installieren wollte. Vielleicht hat Ihr Systemadministrator die Perl-Dokumentation aber auch im HTML-Format installiert. Dies wird vor allem auf Nicht-UNIX-Systemen gemacht. Wenn alle Versuche scheitern, können Sie sich auch immer noch die Perl-Dokumentation aus dem CPAN holen; die nötigen Informationen dazu finden Sie im Abschnitt »Wie Sie sich Perl besorgen«.

---

2 Wenn Sie trotzdem eine merkwürdige Man-Page erhalten, greifen Sie vielleicht auf die alte Man-Page der Version 4 zu. Möglicherweise müssen Sie Ihre Umgebungsvariable MANPATH ändern.

In der folgenden Tabelle finden Sie eine Zusammenstellung der wichtigsten Man-Pages, die in der Distribution 5.004 von Perl enthalten sind.

Man-Page	**Thema**
perl	Übersicht über die Dokumentation
perldelta	Änderungen seit der letzten Version
perlfaq	Frequently Asked Questions
perldata	Datenstrukturen
perlsyn	Syntax
perlop	Operatoren und deren Präzedenzen
perlre	Reguläre Ausdrücke
perlrun	Start von Perl einschließlich Optionen
perlfunc	Eingebaute Funktionen
perlvar	Vordefinierte Variablen
perlsub	Subroutinen
perlmod	Wie Module funktionieren
perlmodlib	Wie man Bibliotheksmodule schreibt und benutzt
perlform	Formate
perllocale	Locale-Unterstützung
perlref	Referenzen
perldsc	Einführung in Datenstrukturen
perllol	Datenstrukturen: Listen von Listen
perltoot	Einführung in die objekt-orientierte Programmierung
perlobj	Objekte
perltie	Objekte, die sich hinter einfachen Variablen verstecken
perlbot	Tricks und Beispiele zu Objekten
perlipc	Interprozeß-Kommunikation
perldebug	Debugging
perldiag	Warnungs- und Fehlermeldungen
perlsec	Sicherheit
perltrap	Fallen für Ahnungslose
perlstyle	Stilratgeber
perlpod	Gute, alte Dokumentation (plain old documentation)
perlbook	Buchinformation
perlembed	Wie Sie Perl in Ihre C- oder C++-Applikation einbetten können
perlapio	Interne IO-Abstraktionsschicht

Man-Page	Thema
perlxs	XS-Programmierschnittstelle
perlxstut	XS-Einführung
perlguts	Interne Funktionen zur Verwendung in Erweiterungen
perlcall	Aufrufkonventionen von C aus

Usenet-Newsgruppen

Die Perl-Newsgruppen sind eine großartige, wenn auch manchmal etwas unübersichtliche Informationsquelle zu Perl. *comp.lang.perl.announce* ist eine moderierte Newsgruppe mit niedrigem Volumen für Ankündigungen im Zusammenhang mit Perl. Diese Ankündigungen behandeln oft neue Versionen, Bug Fixes, neue Erweiterungen und Module und Frequently Asked Questions (FAQs).

In der stark frequentierten Gruppe *comp.lang.perl.misc* wird alles von technischen Fragen über Perl-Philosophie bis zu Perl-Spielen und -Gedichten behandelt. Wie Perl selbst, ist auch *comp.lang.perl.misc* dazu gedacht, nutzbringend zu sein; keine Frage ist zu dumm, um gestellt zu werden.[3] *de.comp.lang.perl* ist das deutschsprachige Pendant zu dieser Gruppe.

Die Gruppe *comp.lang.perl.tk* diskutiert die Verwendung des beliebten Toolkits Tk von Perl aus. In der Gruppe *comp.lang.perl.modules* geht es um die Entwicklung und Verwendung von Perl-Modulen, der beste Weg zu wiederverwendbarem Code. Wenn Sie dies lesen, gibt es möglicherweise auch schon andere *comp.lang.perl.wasauchimmer*-Newsgruppen; schauen Sie sich einfach um.

Eine andere Newsgruppe, die für Sie interessant sein könnte, zumindest, wenn Sie CGI-Skripten für das Web programmieren, ist *comp.infosystems.www.authoring*. Das ist zwar streng genommen keine Perl-Gruppe, aber die meisten der dort diskutierten Programme sind in Perl geschrieben. Diese Gruppe ist der richtige Ort für Perl-Fragen im Zusammenhang mit dem Web.

Die Perl-Homepage

Wenn Sie Zugriff auf das World Wide Web haben, dann schauen Sie doch einmal bei der Perl-Homepage unter *http://www.perl.com/perl/* vorbei. Sie erfahren dort, was es in der Perl-Welt Neues gibt, finden Quellcode und Portierungen, Dokumentation, Module von anderen, die Perl-Bug-Datenbank, Informationen über Mailing-Listen und vieles andere mehr. Diese Seite enthält auch den weiter unten beschriebenen CPAN-Multiplexer.

3 Aber es gibt natürlich Fragen, die zu dumm zu beantworten sind, insbesondere solche, die bereits in der FAQ beantwortet sind.

Frequently Asked Questions (FAQ)

Die FAQ[4] zu Perl ist eine Sammlung von Fragen und Antworten, die oft in *comp.lang.perl.misc* auftauchen. In vielerlei Hinsicht ist diese Liste eine Ergänzung zu den verfügbaren Büchern; sie erklärt Konzepte, die Leute vielleicht nicht verstanden haben, und enthält aktuelle Informationen über Dinge wie den neuesten Release-Stand oder die besten Perl-Quellen.

Die FAQ wird regelmäßig in *comp.lang.perl.announce* verbreitet und ist auch im Web unter *http://www.perl.com/perl/faq* zu finden.

Seit dem Release 5.004 von Perl ist die FAQ auch in der Dokumentation der Standard-Distribution enthalten. Ihre Hauptabschnitte, die auch alle einzeln als Man-Page verfügbar sind, sind:

perlfaq
: Überblick über die Struktur der FAQ.

perlfaq1
: Allgemeine Informationen über Perl.

perlfaq2
: Quellen und Dokumentation zu Perl, Support, Kurse und ähnliches

perlfaq3
: Werkzeuge und Support für Programmierer.

perlfaq4
: Manipulation von Zahlen, Daten, Strings, Arrays, assoziativen Arrays (Hashes) und viele andere Probleme mit Daten.

perlfaq5
: E/A und die Bereiche: Dateihandles, Flushing, Formate und Fußzeilen.

perlfaq6
: Pattern Matching und reguläre Ausdrücke.

perlfaq7
: Allgemeine Fragen zu Perl, die in keinen der anderen Abschnitte paßten.

perlfaq8
: Interprozeß-Kommunikation (IPC) und Benutzerschnittstelle: Tastatur, Bildschirm und Zeigegeräte.

perlfaq9
: Netzwerke, Internet, World Wide Web.

4 Frequently Asked Questions, engl.: häufig gestellte Fragen

Fehlermeldungen

Im unwahrscheinlichen Fall, daß Sie auf einen Bug in Perl selbst und nicht in Ihrem Programm stoßen, sollten Sie ein minimales Testbeispiel konstruieren, das den Bug hervorruft, und dieses mit dem Programm *perlbug*, das zu Perl gehört, abschicken.

Die Perl-Distribution

Perl wird unter einer von zwei Lizenzen (nach Ihrer Wahl) verteilt. Die erste ist das Standard-GNU-Copyleft, das kurz gesagt bedeutet, daß Sie ohne zusätzliche Kosten auf die Perl-Quellen zugreifen können sollen, wenn Sie Perl auf Ihrem System ausführen können. Alternativ dazu kann Perl aber auch unter der Artistic License verteilt werden, die manche Leute (insbesondere Rechtsanwälte) als weniger einschüchternd empfinden als das Copyleft.

In der Perl-Distribution enthalten sind einige Beispielprogramme im *eg/*-Verzeichnis, dazu noch andere kleine Dinge. Stöbern Sie an einem verregneten Sonntag Nachmittag einmal darin herum. Lesen Sie die Perl-Quellen (wenn Sie C-Hacker mit einer masochistischen Ader sind). Schauen Sie sich die Test-Suite an. Untersuchen Sie, wie das Programm *Configure* bestimmt, ob Sie den Systemaufruf *mkdir*(2) auf Ihrem System haben. Finden Sie heraus, wie Perl Module dynamisch nachlädt. Oder machen Sie doch einfach, wozu Sie gerade Lust haben.

Andere Bücher

Programmieren mit Perl ist die maßgebliche Referenz zu Perl, während dieses Buch lediglich eine Einführung ist. Wenn Sie mehr über reguläre Ausdrücke mit Perl wissen wollen, empfehlen wir Ihnen die Lektüre von *Reguläre Ausdrücke* von Jeffrey E. F. Friedl. Werfen Sie auch einen Blick in die O'Reilly-Bücher *CGI-Programmierung im World Wide Web* von Shishir Gundavaram, *Web-Client-Programmierung mit Perl* von Clinton Wong und *HTML – Das umfassende Referenzwerk* von Chuck Musciano und Bill Kennedy.

The AWK Programming Language von Aho, Weinberger und Kernighan, erschienen bei Addison-Wesley und *sed & awk* von Dale Dougherty und Arnold Robbins (erschienen bei O'Reilly) bieten fundiertes Hintergrundwissen zu Themen wie assoziativen Arrays, regulären Ausdrücken und dem allgemeinen Weltbild, das zu Perl führte. Sie enthalten auch viele Beispiele, die mit dem *awk*-nach-*perl*-Übersetzer *a2p* oder dem *sed*-nach-*perl*-Übersetzer *s2p* übersetzt werden können. Diese Übersetzungsprogramme erzeugen natürlich kein idiomatisches Perl, aber um herauszufinden, wie man eines der Beispiele in Perl imitieren kann, bildet die Ausgabe der Übersetzungsprogramme einen guten Anfang.

Webmastern empfehlen wir die 2. Auflage von *How to Setup and Maintain a Web Site* von Lincoln Stein. Dr. Stein, der bekannte Autor des Moduls CGI.pm von Perl (beschrieben in Kapitel 19) handelt auf professionelle und umfassende Weise alle Probleme ab, die sich aus dem Betrieb eines Web-Servers unter UNIX, Windows oder auf dem Macintosh ergeben.

Außerdem empfehlen wir Johan Vromans praktische Referenz *Perl 5 Schnellübersicht*, erschienen bei O'Reilly.

Wie Sie an Perl herankommen

Die zentrale Quelle für Perl ist das *Comprehensive Perl Archive Network*, kurz CPAN genannt. Dieses Archiv enthält nicht nur den Quellcode, sondern so ziemlich alles, was Sie sich jemals im Zusammenhang mit Perl wünschen werden. CPAN wird von Dutzenden von Archivrechnern auf der ganzen Welt gespiegelt, einige davon in Australien und Neuseeland. Der Hauptrechner ist *ftp.funet.fi* (128.214.248.6). Ein günstiger zu Ihnen gelegenes Archiv finden Sie in der Datei */pub/languages/perl/CPAN/MIRRORS* auf *ftp.funet.fi*. Sie können aber auch mit Ihrem Web-Browser auf den CPAN-Multiplexer auf *www.perl.com* zugreifen. Wenn Sie diesen Web-Server nach einer Datei fragen, die mit */CPAN/* anfängt, stellt er für Sie eine Verbindung zu einem CPAN-Archiv her, das er anhand Ihres Domainnamens auswählt. Einige beliebte URLs innerhalb von CPAN sind:

> *http://www.perl.com/CPAN/*
>
> *http://www.perl.com/CPAN/README.html*
>
> *http://www.perl.com/CPAN/modules/*
>
> *http://www.perl.com/CPAN/ports/*
>
> *http://www.perl.com/CPAN/doc/*
>
> *http://www.perl.com/CPAN/src/latest.tar.gz*

Der CPAN-Multiplexer versucht, Sie mit einem nahe gelegenen Rechner mit einem schnellen Netzanschluß zu verbinden. Dies funktioniert aber nicht immer, weil Domainnamen keine Netzwerkverbindungen wiedergeben. Sie können zum Beispiel einen Rechnernamen haben, der auf *.de* endet, aber trotzdem schneller auf Rechner in Nordamerika als auf Rechner in Deutschland zugreifen. Falls das der Fall ist, können Sie mit dem folgenden URL selbst einen Rechner auswählen:

> *http://www.perl.com/CPAN*

Beachten Sie das Fehlen des Schrägstrichs am Ende des URLs. Wenn Sie den abschließenden Schrägstrich weglassen, präsentiert Ihnen der CPAN-Multiplexer eine Auswahl der CPAN-Server, von denen Sie einen auswählen können. Wenn Ihr Web-Browser Cookies unterstützt, wird sich der CPAN-Multiplexer beim nächsten Mal automatisch an Ihre Wahl erinnern.

Die folgenden Archive sollten den Perl-Quellcode und eine Kopie der CPAN-Spiegelliste per anonymem FTP bereitstellen. (Verwenden Sie die Maschinennamen anstelle der Nummern; die Nummern könnten sich ändern.)

ftp.perl.com	199.45.129.30
ftp.cs.colorado.edu	128.138.243.20
ftp.funet.fi	128.214.248.6
ftp.cs.ruu.nl	131.211.80.17

Das Verzeichnis, in dem der CPAN-Spiegel beginnt, variiert. Sehen Sie sich also um, wenn Sie auf den Rechnern angemeldet sind. Oft ist der Pfad etwas wie */pub/perl/CPAN/*.

Wo Sie die Dateien finden

Unter dem Hauptverzeichnis von CPAN finden Sie mindestens die folgenden Unterverzeichnisse:

authors
: Dieses Verzeichnis enthält Unterverzeichnisse für alle Programmierer, die Software zur Verfügung gestellt haben. Wenn Sie also beispielsweise das großartige Modul CGI.pm von Lincoln Stein suchen, könnten Sie in *authors/Lincoln_Stein* nachsehen. Wenn Sie nicht wissen, wer das von Ihnen gesuchte Modul geschrieben hat, könnten Sie im weiter unten beschriebenen *modules*-Verzeichnis nachsehen.

doc
: Dieses Verzeichnis enthält alle Arten von Perl-Dokumentation. Dazu gehört die offizielle Dokumentation (Man-Pages) in mehreren Formaten (ASCII-Text, HTML, PostScript und Perls eigenes POD-Format), außerdem die offizielle FAQ und interessante zusätzliche Dokumente.

modules
: Dieses Verzeichnis enthält Module, die in C, Perl oder beidem geschrieben wurden und nicht zur Standard-Distribution gehören. Mit Extensionen können Sie auf die Funktionalität anderer Software zugreifen oder diese emulieren. Dazu gehören die grafischen Möglichkeiten von Tk, der curses-Bibliothek von UNIX und mathematische Bibliotheken. Außerdem können Sie mit diesen Modulen Datenbanken (Oracle, Sybase etc.) verwalten und HTML-Dateien oder CGI-Skripten erstellen.

ports
: Dieses Verzeichnis enthält den Quellcode oder Binärdateien für Portierungen von Perl auf Betriebssysteme, die nicht direkt unterstützt werden. Diese Portierungen sind das Werk einzelner Autoren und funktionieren eventuell nicht ganz genauso, wie in diesem Buch beschrieben.

scripts

Eine Sammlung diverser Skripten aus der ganzen Welt. Wenn Sie herausfinden wollen, wie Sie eine bestimmte Sache bewerkstelligen können, oder einfach nur sehen wollen, wie andere Leute Programme schreiben, sollten Sie hier hineinschauen. Das Unterverzeichnis *nutshell* enthält die Beispiele aus diesem Buch. (Sie finden Sie auch auf dem FTP-Server von O'Reilly, *ftp.oreilly.de*, im Verzeichnis */pub/ora/nutshell/learning_perl2/.*)

src

In diesem Verzeichnis finden Sie den Quellcode der Standard-Perl-Distribution. Die aktuelle offizielle Version steht immer in der Datei *src/latest.tar.gz.*[5] Diese große Datei enthält den vollständigen Quellcode und die Dokumentation für Perl. Die Konfiguration und Installation sollte auf UNIX- und UNIX-ähnlichen Systemen wie auch unter VMS und OS/2 relativ einfach sein. Ab Version 5.004 kann Perl auch auf 32-Bit Windows-Systemen gebaut werden.

Anonymes FTP verwenden

Falls Sie noch nie anonymes FTP verwendet haben, geben wir Ihnen hier eine kurze Anleitung in Form einer kommentierten Beispielsitzung.

```
% ftp ftp.CPAN.org (ftp.CPAN.org ist kein real existierender Rechner)
Connected to ftp.CPAN.org.
220 CPAN FTP server (Version wu-2.4(1) Fri Dec 1 00:00:00 EST 1995) ready.
Name (ftp.CPAN.org:CPAN): anonymous
331 Guest login ok, send your complete e-mail address as password.
Password: camel@nutshell.com (Verwenden Sie Ihren Benutzer- und Rechnernamen)
230 Guest login ok, access restrictions apply.
ftp> cd pub/perl/CPAN/src
250 CWD command successful.
ftp> binary (Komprimierte Dateien müssen binär übertragen werden) 200 Type set to I.
ftp> get latest.tar.gz
200 PORT command successful.
150 Opening BINARY mode data connection for FILE.
226 Transfer complete.
.
. (Wiederholen Sie diesen Schritt für jede Datei, die Sie herunterladen wollen)
.
ftp> quit 221 Goodbye.
%
```

Wenn Sie die Dateien haben, entpacken Sie diese und konfigurieren, bauen und installieren dann Perl:

```
% gunzip < latest.tar.gz | tar xvf -
% cd perl5.004 (Verwenden Sie den tatsächlichen Verzeichnisnamen)
Jetzt eine der beiden folgenden Zeilen:
% sh configure (Ein kleines "c" für die automatische Konfiguration)
```

5 Die Endung *.tar.gz* weist darauf hin, daß die Datei im Standard-Internet-Format einer mit GNUzip gepackten *Tar*-Datei vorliegt.

```
% sh Configure (Ein großes "C" für die manuelle Konfiguration)
% make (Bauen Sie die komplette Perl-Distribution)
% make test (Probieren Sie sie aus)
% make install (Hierfür müssen Sie Superuser sein)
```

Module herunterladen

Zum Herunterladen und Bauen von Modulen müssen Sie etwas anders vorgehen. Angenommen, Sie wollen ein Modul namens CoolMod bauen und installieren. Sie müssen dieses zunächst per *ftp* herunterladen oder mit Ihrem Web-Browser auf den Modul-Service unter *http://www.perl.com* zugreifen, der immer die aktuellste Version eines bestimmten registrierten Moduls bereitstellt. Die Adresse, die Sie im Browser eingeben müssen, sieht etwa so aus:

http://www.perl.com/cgi-bin/cpan_mod?module=CoolMod

Wenn Sie die Datei auf Ihrem Rechner haben, gehen Sie folgendermaßen vor:

```
% gunzip < CoolMod-2.34.tar.gz | tar xvf -
% cd CoolMod-2.34
% perl Makefile.PL (Erzeugt das eigentliche Makefile)
% make (Ganzes Modul bauen)
% make test (Modul ausprobieren)
% make install (Vermutlich müssen Sie hierzu Superuser sein)
```

Wenn das Modul CoolMod erfolgreich installiert wurde (es wird dabei automatisch in Ihren Perl-Bibliothekspfad gestellt), können Ihre Programme das Modul mit

```
use CoolMod;
```

einbinden und verwenden. Mit *man CoolMod* (oder auch *perldoc CoolMod*) können Sie die Dokumentation zu diesem Modul lesen.

Konventionen

In diesem Buch werden die folgenden typografischen Konventionen verwendet:

Kursivschrift
: wird verwendet für Datei- und Befehlsnamen sowie für die Hervorhebung von Kommentaren in Beispielen und bei der Definition neuer Ausdrücke, wenn Sie zum ersten Mal verwendet werden.

`Nichtproportionalschrift (Typewriter)`
: wird in Beispielen verwendet, um den Text anzuzeigen, der tatsächlich einzugeben ist, und im Fließtext, um Operatoren, Variablen und die Ausgabe von Befehlen oder Programmen anzuzeigen.

`Nichtproportionalschrift fett`
: wird in Beispielen für die tatsächliche Terminaleingabe des Benutzers verwendet.

`Nichtproportionalschrift kursiv`
: wird in Beispielen für Variablen verwendet, die je nach Kontext ersetzt werden sollten. Beispielsweise sollte die Variable *`dateiname`* durch einen tatsächlichen Dateinamen ersetzt werden.

Fußnoten
: enthalten Zusatz-Anmerkungen, die Sie bei der ersten Lektüre des Buches *nicht* lesen sollten. Manchmal wird im Text bewußt ein wenig die Unwahrheit gesagt, um die Erklärungen zu vereinfachen, und eine Fußnote stellt dann alles wieder richtig. Oft enthält eine Fußnote auch fortgeschrittene Informationen, die möglicherweise im gesamten Buch nicht weiter behandelt werden.

Support

Perl ist das Kind von Larry Wall und wird auch immer noch von ihm betreut. Bugreports und Bitten um Verbesserungen werden meistens in späteren Versionen berücksichtigt, aber Larry hat keinerlei Verpflichtung, darauf einzugehen. Trotzdem freut sich Larry darüber, von uns zu hören und möchte, daß Perl für die ganze Welt nützlich ist. E-Mail wird normalerweise beantwortet (und wenn auch nur durch Larrys automatischen E-Mail-Beantworter), manchmal auch persönlich. Heutzutage ist Larry der Architekt der »Perl 5 Porters«, einer Gruppe ziemlich heller Leute, die viel mit den letzten Perl-Versionen zu tun gehabt haben. Wenn Larry morgen von einem Bus überfahren wird, wird für lange Zeit tiefe Trauer einkehren, aber Perl würde unter der Regie dieser Gruppe weiterentwickelt werden.

Wenn Sie einen Fehler gefunden haben, können Sie das mitgelieferte Programm *perlbug* verwenden, das die wichtigsten Informationen (einschließlich Ihrer Problembeschreibung) zusammensammelt und an *perlbug@perl.com* schickt. Zur Zeit werden diese E-Mails von den Perl 5 Porters gelesen (zusammen mit den 20 bis 100 Nachrichten, die sie sich gegenseitig schicken) und manchmal auch beantwortet, wenn es sich wirklich um einen Fehler handelt. Wenn Sie sich an diese Adresse wenden, um Hilfestellung zu erhalten, werden Sie ziemlich rüde abgefertigt werden; beschränken Sie also den Smalltalk bei der Problembeschreibung auf das absolut notwendige Minimum, und rufen Sie nicht die Künstler selbst um Hilfe.

Nützlicher als eine direkte E-Mail an Larry oder die Bug-Adresse ist die weltweite Perl-Supportgruppe, die über die Newsgruppe *comp.lang.perl.misc* kommuniziert. Wenn Sie Internet-E-Mail empfangen, aber nicht auf das Usenet zugreifen können, dann können Sie trotzdem an dieser Gruppe teilnehmen, indem Sie eine Anfrage an *perl-users-request@cs.orst.edu* stellen, die einen Menschen erreicht, der Sie mit einem beidseitigen Mail-News-Gateway verbindet und Ihnen Hinweise schickt, wie dieser benutzt wird.

Wenn Sie die Newsgruppe abonnieren, werden Sie etwa 50 bis 200 »Postings« pro Tag zu allen Themen von Anfängerfragen bis zu komplizierten Portierungs- und Schnittstellenproblemen bekommen; manchmal auch das eine oder andere größere Programm.

Die Newsgruppe wird ständig von Perl-Experten verfolgt. Meistens wird Ihre Frage innerhalb weniger Minuten beantwortet, nachdem Ihr News-Artikel einen größeren Usenet-Rechner erreicht hat. Versuchen Sie einmal, solchen Support von Ihrem Softwarehersteller kostenlos zu bekommen! Wenn Sie einen kommerziellen Supportvertrag zu Perl abschließen wollen, lesen Sie die Perl FAQ (weiter oben in »Zusätzliche Ressourcen« beschrieben).

Danksagungen zur ersten Auflage

Zuerst danke ich von ganzem Herzen Chick Webb und Taos Mountain Software (im Silicon Valley). Die Leute bei TMS haben mir die Gelegenheit gegeben, für sie einen Einführungskurs in Perl zu schreiben (mit beträchtlicher Hilfe von Chick) und diesen Kurs auch ein paar Mal für sie zu halten. Aus dieser Erfahrung habe ich die Motivation und das Material bezogen, für mich selbst einen Kurs zu schreiben und diesen auch immer wieder zu halten. Daraus entstand schließlich auch dieses Buch. Ich glaube nicht, daß ich das hier ohne sie machen würde, und ich wünsche ihnen anhaltenden Erfolg bei der Vermarktung ihres Kurses. (Sollten sie nach einem guten Text für eine Neuauflage ihres Kurses suchen, dann hätte ich vielleicht einen Vorschlag ...)

Dank auch den Rezensenten: den Paten von Perl, Larry Wall (natürlich), Larry Kistler (Ausbildungsleiter by Pyramid), Tom Christiansen, mein Kollege als Perl-Trainer, den Teilnehmern meiner Kurse *Learning Perl* bei Intel und Pyramid sowie Tanya Herlick, Lar Kaufmann, Lenny Muellner, Linda Mui und Andy Oram bei O'Reilly & Associates.

Dieses Buch wurde komplett auf meinem Apple Macintosh Powerbook geschrieben und aufbereitet (zuerst das 140er, jetzt das 160er Modell). Die meiste Zeit war ich zum Schreiben gar nicht in meinem Büro – manchmal in einem Park, manchmal in einem Hotel, manchmal nur auf eine Wetterbesserung wartend, bis ich wieder skifahren konnte, meist aber in Restaurants. Einen relativ großen Teil habe ich tatsächlich im Beaverton McMenamin's geschrieben, gleich in der Nähe meines Hauses. In dieser Kneipenkette gibt es die beste Kleinbrauerei, den besten Käsekuchen und die saftigsten Sandwiches im Umkreis meiner Stadt. In dieser idealen Arbeitsumgebung habe ich doch einiges an Bier und auch an Käsekuchen zu mir genommen, und mein Powerbook hat an den vier Tischen mit Steckdosen so manches Kilowatt Strom vertilgt. Ich danke den Mitarbeitern des Beaverton McM für ihre großzügige Gastfreundschaft (und einen Büroraum ohne Mietkosten). Einige frühe Stadien des Buches habe ich auch im Restaurant Beaverton Chili's heruntergehackt – auch den Leuten dort danke ich. (Sie hatten aber keine Steckdosen in der Nähe der Theke; darum bin ich, nachdem ich McM's entdeckt hatte, dorthin umgezogen. Das hat meinen Batterien dann doch ziemlich gutgetan.)

Mein Dank gilt auch dem »Netz« (allen voran den Abonnenten von *comp.lang.perl*) für die andauernde Unterstützung von Larry und mir und die nie enden wollende Neugierde, wie Perl am besten für sie einzusetzen sei.

Danke auch an Tim O'Reilly für seine taoistische Existenz.

Mein ganz besonderer, persönlicher Dank gilt meinem Freund Steve Talbott, der mich Schritt für Schritt auf diesem Weg unterstützt hat (und der auch den Bummel durch Perl am Ende des ersten Kapitels vorgeschlagen hat). Seine Kritikpunkte saßen immer genau richtig und seine unablässige Begabung, mir immer wieder zu zeigen, wo es lang geht, ermöglichten mir erst, aus diesem Buch ein Kunstwerk zu machen, von dem ich selbst sehr angetan bin.

Wie immer auch ein besonderer Dank an Lyle und Jack, von denen ich nahezu alles gelernt habe, was ich über Schreiben weiß.

Und zu guter Letzt gilt mein Dank meinem Freund und Partner Larry Wall, vor allem dafür, daß er uns allen Perl gegeben hat.

> Ein Randal mit einem L schrieb es auf,
> Ein Llama mit zwei L ist vorne drauf,
> von wem aber stammt das alles,
> Larry Wall, mit drei L, war es!
>
> A one L Randal wrote a book,
> A two L llama for the look,
> But to whom we owe it all
> Is the three L Larry Wall!

Randal

Danksagungen zur zweiten Auflage

Ich danke Larry Wall dafür, daß er Perl geschrieben hat, den Perl Porters für ihre unaufhörlichen Anstrengungen bei der Pflege von Perl und der gesamten Perl-Gemeinde für ihre Hilfsbereitschaft untereinander.

Danke auch an Jon Orwant, Nate Torkington und Larry Wall für ihre Korrektur des CGI-Kapitels.

Tom

In diesem Kapitel:
- *Die Geschichte von Perl*
- *Perl – wozu?*
- *Verfügbarkeit*
- *Grundbegriffe*
- *Ein Rundgang durch Perl*
- *Übung*

1 *Einführung*

Die Geschichte von Perl

Perl steht für »*P*ractical *E*xtraction and *R*eport *L*anguage« (Praktische Sprache für Daten-Extraktion und -Ausgabe), wurde aber auch schon als »*P*athologically *E*clectic *R*ubbish *L*ister« (krankhaft zusammengeschustertes Auflistungsprogramm für wirres Zeug) bezeichnet. Man braucht gar nicht lange darüber zu streiten, welche Definition denn nun richtig ist, weil beide von Larry Wall abgesegnet sind, dem Schöpfer und Chef-Architekten von Perl, seinem Entwickler und Betreuer. Er schuf Perl, als er aus einem Dateiablagesystem ähnlich den Usenet-News Berichte für ein Fehlermeldesystem erstellte und *awk* dabei die Luft ausging. Larry, fauler Programmierer, der er nun einmal ist, beschloß das Problem gründlich zu beseitigen und ein Allzweck-Werkzeug zu schaffen, das er für auch noch mindestens einen weiteren Zweck verwenden konnte. Heraus kam die erste Version von Perl.

Nachdem er mit dieser ersten Version von Perl eine Zeitlang herumgespielt und sie dabei hier und da ergänzt hatte, veröffentlichte er sie für die Gemeinde der Usenet-Leser, allgemein bekannt als »das Netz«. Die Anwender hinter dieser nebulösen Masse von (Zehntausenden) Systemen auf der ganzen Welt meldeten sich und fragten ihn, wie man das eine oder andere lösen könnte – bei vielem hätte Larry nie daran gedacht, daß sein kleines Perl auch das in den Griff bekäme.

Das Ergebnis war, daß Perl größer und größer und immer noch größer wurde – etwa in gleichem Maß wie der UNIX-Kernel. (Für die Neulinge hier: Der gesamte UNIX-Kernel benötigte in den Anfangszeiten nicht mehr als 32K! Heute sind wir froh, wenn wir ihn unter ein paar MB bekommen können.) Die Leistungsfähigkeit von Perl wuchs. Seine Portabilität nahm zu. Was einmal eine kleine Programmiersprache war, hatte jetzt eine tausendseitige Dokumentation, die über verschiedene Man-Pages verteilt war, ein 600seitiges Referenzhandbuch, eine Reihe von Usenet-Gruppen mit mehr als 200.000 Abonnenten und jetzt auch noch diese kleine Einführung.

Larry ist nicht länger der einzige Verwalter von Perl, aber er trägt immer noch den Titel des Chef-Architekten. Und Perl wächst immer noch.

Dieses Buch wurde mit der Version 5.0, Patchlevel 4 von Perl getestet (die aktuelle Version, während ich dies schreibe). Alles, was Sie hier finden, sollte mit Version 5.0 und späteren Releases von Perl funktionieren. Tatsächlich funktionieren auch Perl 1.0-Programme noch ziemlich gut mit neueren Versionen, abgesehen von einigen Veränderungen, die der Fortschritt mit sich brachte.

Perl – wozu?

Perl ist wie geschaffen dafür, dem UNIX-Benutzer für Aufgaben zur Verfügung zu stehen, die mit der Shell zu hart oder zu kritisch in ihrer Portabilität, aber auch zu ausgefallen, zu kurzlebig oder zu kompliziert sind, um sie in C oder der Sprache eines anderen UNIX-Werkzeugs zu codieren.

Sind Sie mit Perl einmal einigermaßen vertraut, wird Ihnen auffallen, daß Sie plötzlich weniger Zeit damit verbringen, das Quoting der Shell (oder Deklarationen in C) richtig hinzubekommen und mehr Zeit dafür haben, Usenet News zu lesen oder zum Skifahren zu gehen – Perl ist ein Werkzeug mit enormer Hebelwirkung. Mit knappen, bündigen Konstruktionen ermöglicht Ihnen Perl (ohne viel Aufhebens) eine Reihe von sehr eleganten Spontanlösungen oder allgemein verwendbaren Werkzeugen. Diese Werkzeuge können Sie dann auch in Ihrem nächsten Job wiederverwenden, weil Perl hoch portabel und überall verfügbar ist – und damit haben Sie dann *noch* mehr Zeit, Usenet News zu lesen oder Ihre Freunde in Karaoke-Bars zu belästigen.

Wie in jeder Sprache, kann man auch in Perl Programme schreiben, die nachher kein Mensch mehr entziffern kann. Wenn man allerdings ein wenig aufpaßt, kann man diesen häufigen Vorwurf vermeiden. Zugegeben, für den Nicht-Eingeweihten sieht Perl manchmal wie ein Rauschen auf der Leitung aus, aber für den gereiften Perl-Programmierer ist es ein mit einer Prüfsumme versehenes Rauschen auf der Leitung, das er als Lebensaufgabe sieht. Wenn Sie den Richtlinien in diesem Buch folgen, dann sollten Ihre Programme leicht zu lesen und zu pflegen sein, und Sie werden auch nicht gerade einen Wettbewerb für verworrenes Perl gewinnen.

Verfügbarkeit

Wenn Sie Perl von der Shell aus aufrufen wollen und ein

```
perl: not found
```

erhalten, dann ist Ihr Systemverwalter wohl noch nicht von dem Fieber befallen. Aber auch wenn es noch nicht auf Ihrem System verfügbar ist, können Sie Perl (beinahe) kostenlos erhalten.

Perl wird im Rahmen der GNU General Public License[1] vertrieben: Diese besagt in etwa: »Sie dürfen die Binärdateien von Perl nur weitergeben, wenn Sie auch deren Quellcode kostenlos verfügbar machen, und wenn Sie Perl verändern, müssen Sie die Änderungen ebenfalls im Quellcode weitergeben.« Und das bedeutet soviel wie kostenlos. Sie erhalten die Quellen für Perl zum Preis eines leeren Bandes oder einiger Megabyte über eine Leitung. Es kann auch niemand Perl einfach wegsperren und Ihnen, mit einer eigentümlichen Auffassung von »unterstützter Hardware-Konfiguration«, nur die Binärdateien verkaufen.

Es ist ja auch nicht nur kostenlos, sondern läuft richtig gut auf fast allem, was sich UNIX oder UNIX-ähnlich nennt und einen C-Compiler hat. Dem ist so, weil das Paket ein sagenumwobenes Konfigurationsskript, *Configure*, enthält, das die Systemverzeichnisse auf der Suche nach brauchbaren Dingen dreht und wendet. Es paßt die Include-Dateien und die definierten Symbole entsprechend an, wobei es sich zur Bestätigung seiner Suchergebnisse an Sie wendet.

Es hat immer wieder Leute gegeben, die derart verrückt nach Perl waren, daß sie es neben UNIX und UNIX-ähnlichen Systemen auch auf den Amiga, den Atari ST, die Macintosh-Familie, VMS, OS/2 und sogar MS-DOS, Windows NT und Windows 95 portiert haben – und wenn Sie dies lesen, werden es vermutlich schon wieder mehr Systeme sein. Die Quellen für Perl (und viele vorkompilierte Binärdateien für Nicht-UNIX-Architekturen) finden Sie im Comprehensive Perl Archive Network (CPAN). Wenn Sie sich mit dem World Wide Web auskennen, finden Sie einen CPAN-Spiegel über *http://www.perl.com/CPAN*.

Grundbegriffe

Ein Shellskript ist eigentlich nichts anderes als eine Reihe von Shellkommandos, die in eine Textdatei gepackt wurden. Danach macht man die Datei ausführbar, indem man das Execute-Bit (durch *chmod +x dateiname*) einschaltet, und kann dann den Dateinamen hinter dem Shellprompt eingeben. Schon haben wir ein Shellprogramm! Beispielsweise kann ein Skript, das hintereinander das *date*-Kommando und das *who*-Kommando aufruft, wie folgt erzeugt werden:

```
% echo date >einskript
% echo who >>einskript
% cat einskript
date
who
% chmod +x einskript
% einskript
[Ausgabe von date, danach Ausgabe von who]
%
```

1 Oder unter der etwas liberaleren Artistic License, die mit den Quelldateien verteilt wird.

In ganz ähnlicher Weise ist ein Perl-Programm nichts anderes als eine Menge von Anweisungen und Definitionen in Perl, die in eine Datei gepackt wurden. Dann schalten Sie wieder das Execute-Bit an[2] und geben den Dateinamen am Shellprompt ein. Die Datei muß allerdings noch anzeigen, daß es sich um ein Perl-Programm und nicht um ein Shellprogramm handelt – wir brauchen also einen weiteren Schritt.

Normalerweise ist dieser Schritt damit getan, daß man

```
#!/usr/bin/perl
```

in der ersten Zeile der Datei plaziert. Wenn Ihr Perl jedoch an einem unüblichen Platz steht oder Ihr UNIX-ähnliches System die Zeile mit `#!` nicht versteht, müssen Sie ein bißchen mehr Aufwand treiben. Fragen Sie denjenigen, der Perl installiert hat. Die Beispiele in diesem Buch gehen davon aus, daß Sie diesen üblichen Mechanismus verwenden.

Perl ist wie C eine weitgehend frei formatierbare Sprache – Leerraum zwischen Eingabesymbolen (Programmelementen wie `print` oder `+`) ist optional, wenn nicht gerade zwei solcher Eingabesymbole hintereinander als ein weiteres Symbol mißverstanden werden können. Dies würde einen Leerraum beliebiger Art notwendig machen. (Leerraum besteht aus Leerzeichen, Tabs, Newlines (Zeilenschaltung), Returns (Wagenrücklauf) oder Formfeeds (Seitenvorschub).) Einige wenige Befehlsketten gibt es, die eine bestimmte Art von Leerraum an einer bestimmten Stelle erfordern, aber auf diese wird gesondert hingewiesen, wenn sie drankommen. Wenn nicht gesondert erwähnt, können Sie davon ausgehen, daß Art und Menge des Leerraumes zwischen Eingabesymbolen beliebig sind.

Obwohl eigentlich jedes Perl-Programm komplett in einer Zeile geschrieben werden kann, hat es typischerweise Einrückungen wie ein C-Programm – mit geschachtelten Abschnitten, die weiter eingerückt sind als die umgebenden Abschnitte. Sie werden im Buch noch genügend Beispiele für den typischen Einrückungsstil finden.

Wie in einem Shellskript sind auch in einem Perl-Programm alle Perl-Anweisungen der Datei in einer großen Routine zur Ausführung zusammengefaßt. Das Konzept einer »main«-Routine wie in C gibt es in Perl nicht.

Kommentare in Perl sind wie (moderne) Shellkommentare. Alles zwischen einem ungeschützten Nummernzeichen (`#`) und dem Ende der Zeile ist Kommentar. Mehrzeilige Kommentare wie in C gibt es in Perl nicht.

Im Gegensatz zu den meisten Shells (aber ähnlich wie auch *awk* und *sed*) liest und kompiliert der Perl-Interpreter das gesamte Programm, bevor er auch nur eine Zeile davon ausführt. Das bedeutet, daß man, wenn das Programm einmal gestartet ist, nie einen Syntaxfehler erhalten kann und daß Leerraum und Kommentare einfach verschwinden, ohne das Programm zu verlangsamen. Diese Kompilierungsphase sorgt, wenn sie

2 Allerdings nur auf UNIX-Systemen. Anweisungen, wie Sie Ihre Skripten auf Nicht-UNIX-Systemen ausführbar machen, finden Sie in der Perl-FAQ oder in den Release Notes Ihrer Portierung.

einmal gestartet ist, für die rasche Ausführung der Perl-Anweisungen, und sie bietet einen zusätzlichen Anreiz, C als Systemsprache aufzugeben, wenn C bloß verwendet wird, weil es kompiliert ist.

Diese Kompilierung braucht ihre Zeit – ein Perl-Programm ist nicht effektiv, wenn es eine kleine schnelle Aufgabe (aus vielen potentiellen Aufgaben) erledigt und dann endet, weil die eigentliche Laufzeit des Programms von der Kompilierungszeit in den Schatten gestellt wird.

Perl ist also wie ein Compiler und wie ein Interpreter. Ein Compiler, weil das Programm vollständig gelesen und analysiert wird, bevor die erste Anweisung ausgeführt wird. Ein Interpreter, weil nirgendwo Objektcode herumsteht und Plattenplatz einnimmt. Irgendwie ist es das Beste von beidem. Natürlich wäre eine Verfügbarkeit des kompilierten Objektcodes zwischen einzelnen Aufrufen von Vorteil. In der Tat gibt es bereits eine halbwegs funktionierende Version eines solchen Compilers, die in der Version 5.005 mit aufgenommen werden soll. Lesen Sie dazu die Perl-FAQ.

Ein Rundgang durch Perl

Unsere Reise durch Perl beginnen wir mit einem kleinen Spaziergang. Diese Führung zeigt eine Reihe unterschiedlicher Merkmale, während wir an einer kleinen Applikation arbeiten. Die Erklärungen sind hier höchst knapp – jeder Themenbereich wird weiter hinten in diesem Buch *viel* ausführlicher besprochen. Aber durch diesen kleinen Bummel sollen Sie ein wenig Gefühl für die Sprache bekommen – dann können Sie sich immer noch überlegen, ob Sie das Buch bis zum Ende durcharbeiten wollen oder doch lieber noch ein bißchen Usenet News lesen oder zum Skifahren aufbrechen.

Das »Hallo Welt«-Programm

Schauen wir uns ein kleines Programm an, das auch wirklich etwas bewirkt. Hier ist es, das grundlegende »Hallo Welt«-Programm:

```
#!/usr/bin/perl -w
print ("Hallo Welt!\n");
```

In der ersten Zeile steht die Zauberformel, daß es sich um ein Perl-Programm handelt. Für Perl ist es zudem ein Kommentar – denken Sie daran, daß alles zwischen einem Doppelkreuz und dem Ende dieser Zeile ein Kommentar ist, wie in vielen anderen interpretierten Programmiersprachen auch. Der erste Kommentar eines Programms unterscheidet sich von allen anderen: Perl sucht in dieser Zeile nach optionalen Argumenten. In diesem Fall wurde die Option `-w` verwendet. Dieser sehr wichtige Schalter teilt Perl mit, daß es zusätzliche Warnungen bei möglicherweise gefährlichen Konstrukten ausgeben soll. Sie sollten Ihre Programme immer mit der Option `-w` entwickeln.

Die zweite Zeile bildet den vollständigen ausführbaren Teil dieses Programms. Hier sehen wir eine `print`-Anweisung. Sie beginnt mit dem Schlüsselwort `print` und trägt ein Argument, eine Zeichenkette ähnlich wie in C. Innerhalb dieser Zeichenkette steht die

Zeichenkombination `\n` für ein Newline-Zeichen, genau wie in C. Die print-Anweisung wird mit einem Semikolon (`;`) beendet. Wie in C werden auch in Perl alle einfachen Anweisungen[3] durch ein Semikolon abgeschlossen.

Wenn Sie dieses Programm starten, aktiviert der Kernel einen Perl-Interpreter, der das gesamte Programm analysiert (beide Zeilen, auch die erste, die Kommentarzeile, werden mitgezählt) und dann die kompilierte Form ausführt. Die erste und einzige Operation ist die Ausführung des `print`-Operators, der seine Argumente an die Ausgabe schickt. Wenn das Programm vollständig durchlaufen ist, endet der Perl-Prozeß und gibt dabei einen ordnungsgemäßen Returncode an die aufrufende Shell zurück.

Schon bald werden Sie auf Perl-Programme stoßen, in denen `print` und andere Funktionen mal mit und mal ohne Klammern aufgerufen werden. Die Regel ist einfach: In Perl sind Klammern für eingebaute Funktionen nie verlangt oder verboten. Ihre Benutzung kann die Lesbarkeit des Programms fördern oder herabsetzen, wägen Sie also selber ab.

Fragen stellen und sich das Ergebnis merken

Jetzt wollen wir's ein bißchen geistreicher machen. Der Gruß `Hallo Welt` ist doch etwas kühl und wenig flexibel. Das Programm soll Sie mit Namen ansprechen. Dazu brauchen wir einen Platz für den Namen, eine Möglichkeit, um nach dem Namen zu fragen, und eine Möglichkeit, eine Antwort entgegenzunehmen.

Eine *Skalarvariable* ist eine Art Platzhalter, um Werte (etwa einen Namen) aufzunehmen. In diesem Programm benutzen wir die Skalarvariable `$name`, um Ihren Namen aufzunehmen. Was diese Variablen alles aufnehmen, und was Sie damit machen können, werden wir uns im Kapitel 2 näher ansehen. Im Moment gehen Sie einfach davon aus, daß Sie in einer Skalarvariablen eine einzelne Zahl oder einen String (eine Zeichenkette) aufbewahren können.

Das Programm muß nach dem Namen fragen. Um das zu erreichen, benötigen wir eine Möglichkeit, den Benutzer zu einer Eingabe aufzufordern und diese Eingabe entgegenzunehmen. Das vorhergehende Programm hat uns gezeigt, wie wir den Benutzer nach etwas fragen – wir verwenden den `print`-Operator. Und die Methode, um eine Zeile vom Terminal hereinzubekommen, besteht in der Verwendung des `<STDIN>`-Operators, der sich (so wie wir ihn hier verwenden) eine Eingabezeile holt. Diese Eingabe weisen wir der Variablen `$name` zu. Damit haben wir folgendes Programm:

```
print "Wie heißen Sie? ";
$name = <STDIN>;
```

An dieser Stelle trägt der Wert in `$name` das abschließende Newline-Zeichen (`Randal` wird als `Randal\n` eingelesen.) Um dieses loszuwerden, verwenden wir den Operator

3 Das Semikolon kann bei `eval`, oder wenn die Anweisung die letzte eines Blocks oder einer Datei ist, weggelassen werden.

`chomp()`. Dieser hat als einziges Argument eine Skalarvariable und entfernt das Newline-Zeichen am Ende der Zeichenkette in der Variablen:

```
chomp ($name);
```

Alles, was wir jetzt noch tun müssen, ist `Hallo` zu sagen, gefolgt vom Wert der Variablen `$name`. Ähnlich der Shell können wir dafür die Variable in die Zeichenkette innerhalb der doppelten Apostrophe einbauen:

```
print "Hallo $name!\n";
```

Wie bei der Shell können wir auch hier einen Backslash (rückwärts gerichteter Schrägstrich, \) vor das Dollarzeichen stellen, wenn wir tatsächlich ein Dollarzeichen statt einer Referenz auf eine Skalarvariable bekommen wollen.

Wenn wir alles zusammenfügen, erhalten wir:

```
#!/usr/bin/perl -w
print "Wie heißen Sie? ";
$name = <STDIN>;
chomp ($name);
print "Hallo $name!\n";
```

Auswahlmöglichkeiten einbauen

Jetzt wollen wir für Randal einen speziellen Gruß, für alle anderen nur einen normalen Gruß einbauen. Dafür müssen wir den Namen, der eingegeben wurde, mit der Zeichenkette `Randal` vergleichen und etwas Bestimmtes machen, wenn es zusammenpaßt. Wir erweitern unser Programm um eine C-ähnliche *if-then-else*-Verzweigung und einen Vergleich:

```
#!/usr/bin/perl
print "Wie heißen Sie? ";
$name = <STDIN>;
chomp ($name);
if ($name eq "Randal") {
    print "Hallo Randal! Schön, daß Du da bist!\n";
} else {
    print "Hallo $name!\n"; # Standard-Grußformel
}
```

Der `eq`-Operator vergleicht zwei Zeichenketten. Wenn Sie identisch sind (Zeichen für Zeichen, und auch noch gleich lang), ist das Ergebnis »wahr«. (In C oder C++ gibt es keinen vergleichbaren Operator.[4])

Die `if`-Anweisung wählt aus, welcher *Anweisungsblock* (innerhalb geschweifter Klammern) ausgeführt wird – wenn der Ausdruck wahr ist, ist das der erste Block, im anderen Fall ist es der zweite Block.

4 Gut, OK, es gibt eine Funktion in der Standard-C-Bibliothek. Aber dabei handelt es sich nicht um einen Operator.

Das Geheimwort erraten

So, den Namen haben wir jetzt. Jetzt soll die Person, die das Programm aufruft, ein Geheimwort erraten. Das Programm soll jeden außer Randal so lange nach dem Wort fragen, bis es richtig erraten wurde:

```
#!/usr/bin/perl -w
$geheimwort = "Lama"; # das geheime Wort
print "Wie heißen Sie? ";
$name = <STDIN>;
chomp $name;
if ($name eq "Randal") {
    print "Hallo Randal! Schön, daß Du da bist!\n";
} else {
    print "Hallo $name!\n"; # Standard-Grußformel
    print "Wie lautet das Geheimwort? ";
    $rateversuch = <STDIN>;
    chomp ($rateversuch);
    while ($rateversuch ne $geheimwort) {
        print "Falsch geraten, noch einmal. Wie lautet das Geheimwort? ";
        $rateversuch = <STDIN>;
        chomp ($rateversuch);
    }
}
```

Erst einmal definieren wir das Geheimwort, indem wir es in eine weitere Skalarvariable – `$geheimwort` – stecken. Nach der Begrüßung wird die (Nicht-Randal-)Person nach dem ersten Tip gefragt (durch ein weiteres `print`). Der Tip wird mit Hilfe des `ne`-Operators mit dem Geheimwort verglichen, wobei »wahr« geliefert wird, wenn die Zeichenketten nicht gleich sind (das logische Gegenteil des `eq`-Operators). Das Ergebnis des Vergleichs steuert eine `while`-Schleife, die den Block so lange ausführt, wie das Ergebnis des Vergleichs wahr ist.

Das ist nun natürlich kein besonders sicheres Programm, weil jeder, der keine Lust mehr hat zu raten, das Programm einfach abbrechen und zur Kommandozeile zurückkehren oder sich sogar den Quellcode ansehen kann, um das Wort herauszufinden. Wir wollten aber eigentlich gar kein Sicherheitssystem bauen, sondern nur ein Beispiel für diesen Abschnitt.

Mehr als ein Geheimwort

Wir wollen uns ansehen, wie wir das Programm so umbauen können, daß mehrere Geheimwörter zulässig sind. Mit dem, was wir bereits kennen, könnten wir den Tip wiederholt mit einer Reihe von zulässigen Antworten vergleichen, die in unterschiedlichen Skalarvariablen abgelegt sind. Es wäre allerdings sehr schwierig, eine solche Liste zu ändern, aus einer Datei einzulesen oder auf der Basis des Wochentags zu ermitteln.

Besser ist es, alle zulässigen Antworten in einer Datenstruktur abzulegen, die man als *Liste* oder *Array* bezeichnet. Jedes *Element* des Arrays ist eine eigene Skalarvariable, die individuell gesetzt oder abgefragt werden kann. Es ist auch möglich, das ganze Array in einem großen Rundumschlag mit einem Wert zu belegen. Dem gesamten Array `@worte` können wir einen Wert zuweisen, damit enthält es drei mögliche gültige Paßwörter:

```
@worte = ("Kamel","Lama","Alpaka");
```

Die Namen von Arrayvariablen beginnen mit einem `@` und werden dadurch von den Namen der Skalarvariablen unterschieden. Eine andere Möglichkeit, dieses zu formulieren, ohne daß wir die vielen Anführungszeichen schreiben müssen, besteht in der Anwendung des `qw()`-Operators:

```
@worte = qw(Kamel Lama Alpaka);
```

Dies bedeutet genau das gleiche; `qw` sorgt dafür, daß die drei Strings gewissermaßen implizit von Anführungszeichen umschlossen sind.

Ist ein Array einmal mit Werten belegt, dann können wir mit Hilfe einer Indexreferenz auf jedes Element zugreifen. `$worte[0]` ist also `Kamel`, `$worte[1]` ist `Lama`, und `$worte[2]` ist `Alpaka`. Der Index kann auch ein Ausdruck sein – wenn wir also `$i` mit 2 belegen, dann steht in `$worte[$i]` der Wert `Alpaka`. (Eine Indexreferenz beginnt mit `$` statt mit `@`, weil sie sich auf einzelne Elemente und nicht auf das gesamte Array bezieht.) Zurück zu unserem obigen Beispiel:

```
#!/usr/bin/perl -w
@worte = qw(Kamel Lama Alpaka);
print "Wie heißen Sie? ";
$name = <STDIN>;
chomp ($name);
if ($name eq "Randal") {
    print "Hallo Randal! Schön, daß Du da bist!\n";
} else {
    print "Hallo $name!\n";        # Standard-Grußformel
    print "Wie lautet das Geheimwort? ";
    $rateversuch = <STDIN>;
    chomp ($rateversuch);
    $i = 0; # erstes Wort zuerst probieren
    $richtig = "vielleicht";              # wurde das Wort richtig geraten oder nicht?
    while ($richtig eq "vielleicht") {    # weiter testen, bis wir es wissen
        if ($worte[$i] eq $rateversuch) { # richtig?
            $richtig = "Ja";              # Ja!
        } elsif ($i < 2) {                # müssen wir noch andere Worte ansehen?
            $i = $i + 1;                  # beim nächsten Mal das nächste Wort
        } else {                          # keine weiteren Worte, also falsch
            print "Falsch geraten, noch einmal. Wie lautet das Geheimwort? ";
            $rateversuch = <STDIN>;
            chomp ($rateversuch);
            $i = 0;                       # wieder mit dem ersten Wort anfangen
        }
    } # Ende der while-Schleife
} # Ende von "ungleich Randal"
```

Wie Sie sehen, verwenden wir die Skalarvariable `$richtig`, um anzuzeigen, daß wir entweder noch nach einem gültigen Paßwort suchen oder daß wir bereits eines gefunden haben.

In diesem Programm ist auch der `elsif`-Block der `if-then-else`-Anweisung zu sehen. Dieses spezielle Konstrukt gibt es nicht in allen Programmiersprachen; es stellt eine Abkürzung eines `else`-Blocks mit einer neuen `if`-Abfrage dar, wobei aber kein weiteres Paar von geschweiften Klammern hineingeschachtelt wird. Diese Überprüfung einer Reihe von Bedingungen mit einer `if-elsif-elsif-elsif-else`-Folge ist typisch für Perl. Perl hat kein äquivalentes Schlüsselwort zur `switch`-Anweisung in C oder zur `case`-Anweisung in Pascal, obwohl es nicht schwer wäre, eine solche selber zu programmieren. In Kapitel 2 von *Programmieren mit Perl* oder der *perlsyn* (1)-Man-Page finden Sie Näheres.

Jeder Person ihr eigenes Geheimwort zuordnen

Im vorigen Programm hatte jeder Erfolg, der eines der drei Worte erriet. Wenn wir für jede Person ein anderes Geheimwort wollen, brauchen wir eine Tabelle, in der Personen und Worte aufgelistet sind.

Person	**geheimes Wort**
Fred	Kamel
Barney	Lama
Betty	Alpaka
Wilma	Alpaka

Interessant ist, daß Betty und Wilma das gleiche Geheimwort haben. Das ist auch kein Problem.

Am einfachsten speichert man so eine Tabelle in Perl mit einem *Hash* (assoziatives Array). Jedes Element des Hash nimmt einen eigenen Skalarwert auf (wie auch der andere Array-Typ), aber die Hashes werden durch einen Schlüssel referenziert. Dieser Schlüssel kann jeder Skalarwert sein (Zahl oder Zeichenkette, auch nicht ganzzahlige und negative Werte). Um so einen Hash, nennen wir ihn `%worte` (zu beachten ist das % statt des @), mit den Schlüsseln und Werten aus obiger Tabelle zu bilden, weisen wir `%worte` einen Wert zu (genau, wie wir es vorher mit dem anderen Array getan haben):

```
%worte = qw(
    fred      Kamel
    barney    Lama
    betty     Alpaka
    wilma     Alpaka
);
```

Jedes Wertepaar in der Liste repräsentiert einen Schlüssel und dessen korrespondierenden Wert im Hash. Hier ist auch zu sehen, wie wir die Zuweisung ohne irgendein Fortsetzungszeichen über zwei Zeilen aufgespalten haben – Leerraum hat in einem Perl-Programm so gut wie nie eine Bedeutung.

Um nun das geheime Wort für Betty zu finden, müssen wir Betty als Schlüssel in einer Referenz auf den Hash `%worte` verwenden, in einem Ausdruck wie `$worte{'betty'}`. Der Wert dieser Referenz ist `Alpaka`, genau wie vorher bei dem anderen Array. Und wie vorher kann auch hier jeder beliebige Ausdruck der Schlüssel sein: Wenn wir `$person` mit `betty` belegen und `$worte{$person}` auswerten, erhalten wir ebenfalls `Alpaka`.

Wenn wir dies alles zusammensetzen, erhalten wir folgendes Programm:

```
#!/usr/bin/perl
%worte = qw(
    fred        Kamel
    barney      Lama
    betty       Alpaka
    wilma       Alpaka
);
print "Wie heißen Sie? ";
$name = <STDIN>;
chomp ($name);
if ($name eq "Randal") {
    print "Hallo Randal! Schön, daß Du da bist!\n";
} else {
    print "Hallo $name!\n";       # Standard-Grußformel
    $geheimwort = $worte{$name}; # Geheimwort holen
    print "Wie lautet das Geheimwort? ";
    $rateversuch = <STDIN>;
    chomp ($rateversuch);
    while ($rateversuch ne $geheimwort) {
        print "Falsch geraten, noch einmal. Wie lautet das Geheimwort? ";
        $rateversuch = <STDIN>;
        chomp ($rateversuch);
    }
}
```

Interessant ist hier, wie das Geheimwort herausgesucht wird. Wenn das Wort nicht gefunden wird, ist der Wert von `$geheimwort` eine leere Zeichenkette,[5] die wir auch dann überprüfen können, wenn wir für jeden sonstigen Benutzer ein Standard-Geheimwort einführen wollen. Das sieht dann so aus:

```
[... andere Programmteile gelöscht ...]
    $geheimwort = $worte{$name}; # Geheimwort holen
    if ($geheimwort eq "") {     # Hoppla, nichts gefunden
        $geheimwort = "groucho"; # warum nicht?
    }
    print "Wie lautet das Geheimwort? ";
[... andere Programmteile gelöscht ...]
```

5 Um genau zu sein: Es ist der Wert `undef`, der aber für den `eq`-Operator wie eine leere Zeichenkette aussieht. Wenn Sie auf der Kommandozeile die Option `-w` angäben, würden Sie eine Warnung erhalten; deswegen lassen wir diesen Schalter hier weg.

Die Verarbeitung unterschiedlicher Eingabeformate

Wenn ich nun `Randal L. Schwartz` oder `randal` statt `Randal` eingebe, werde ich mit den anderen Benutzern in einen Topf geworfen, weil der Vergleich mit `eq` ein exakter Vergleich ist. Schauen wir uns einen Weg an, damit fertigzuwerden.

Stellen wir uns vor, ich will nach jeder Zeichenkette suchen, die mit `Randal` beginnt, und nicht nur nach einer Zeichenkette, die mit `Randal` identisch ist. Mit *sed*, *awk* oder *grep* könnte ich das mit einem *regulären Ausdruck* erledigen: einem Muster, das die passenden Zeichenketten definiert. Wie in *sed*, *awk* oder *grep* ist auch in Perl der reguläre Ausdruck, der auf alle Zeichenketten paßt, die mit Randal beginnen, `^Randal`. Wenn wir dies mit der Zeichenkette in `$name` vergleichen wollen, verwenden wir den Vergleichsoperator wie folgt:

```
if ($name =~ /^Randal/) {
    ## ja, das passt
} else {
    ## nein, passt nicht
}
```

Beachten Sie, daß der reguläre Ausdruck in Schrägstriche eingeschlossen ist. Innerhalb der Schrägstriche sind Leerzeichen und anderer Leerraum genauso von Bedeutung wie innerhalb von Zeichenketten.

Jetzt haben wir es schon fast, aber noch wird `randal` nicht akzeptiert und `Randall` nicht abgewiesen. Um `randal` einzuschließen, hängen wir die *ignore-case*-Option (Nichtberücksichtigung von Groß- und Kleinschreibung) an, die durch ein kleines `i` hinter dem schließenden Schrägstrich dargestellt wird. Um `randall` auszuschließen, markieren wir die Wortgrenze mit einer *word-boundary*-Marke (Wortgrenze) in Form von `\b` im regulären Ausdruck (ähnlich *vi* und einigen Versionen von *grep*). Dies stellt sicher, daß das Zeichen hinter dem ersten `l` im regulären Ausdruck nicht auch noch dazu gehört. Damit ändert sich der reguläre Ausdruck zu `/^randal\b/i`, was soviel bedeutet wie »`randal` am Anfang der Zeichenkette, dahinter weder Ziffer noch Buchstabe und egal, ob Groß- oder Kleinschreibung«.

Setzen wir das alles zusammen, sieht es so aus:

```
#!/usr/bin/perl
%worte = qw(
    fred        Kamel
    barney      Lama
    betty       Alpaka
    wilma       Alpaka
);
print "Wie heißen Sie? ";
$name = <STDIN>;
chomp ($name);
if ($name =~ /^randal\b/i) {
    print "Hallo Randal! Schön, daß Du da bist!\n";
} else {
    print "Hallo $name!\n";          # Standard-Grußformel
```

```
        $geheimwort = $worte{$name};        # Geheimwort holen
        if ($geheimwort eq "") {            # Hoppla, nicht gefunden
            $geheimwort = "groucho";        # warum nicht?
        }
        print "Wie lautet das Geheimwort? ";
        $rateversuch = <STDIN>;
        chomp ($rateversuch);
        while ($rateversuch ne $geheimwort) {
            print "Falsch geraten, noch einmal. Wie lautet das Geheimwort? ";
            $rateversuch = <STDIN>;
            chomp ($rateversuch);
        }
    }
```

Wie Sie sehen, ist dieses Programm schon etwas ganz anderes als das einfache `Hallo Welt`, aber es ist immer noch sehr klein und handlich – und dafür, daß es so klein ist, macht es schon ganz schön was her. Das ist Perl!

In Perl gibt es alle Merkmale regulärer Ausdrücke aus allen Standard-UNIX-Hilfsprogrammen (und auch aus einigen der weniger standardisierten). Nicht nur das, sondern in Perl funktioniert dieses Vergleichen von Zeichenketten am schnellsten auf der Welt – Sie haben also sicher keine Geschwindigkeitseinbußen. (Schreibt man in Perl ein *grep*-ähnliches Programm, so schlägt es bei den meisten Eingabearten oft sogar das vom Hersteller ausgelieferte, in C geschriebene *grep*.[6] Das heißt, daß *grep* nicht einmal das eine richtig kann.)

Gerechtigkeit für alle

Jetzt können wir also `Randal` oder `randal` oder `Randal L. Schwartz` eingeben, aber wie sieht's mit allen anderen aus? Barney muß immer noch genau `barney` sagen (nicht einmal `barney` mit einem Leerzeichen dahinter funktioniert).

Um auch zu Barney gerecht zu sein, müssen wir uns von allem, was eingegeben wird, das erste Wort schnappen und es – noch bevor wir es in der Tabelle nachsehen – in Kleinbuchstaben umbauen. Das erledigen wir mit zwei Operatoren, dem *substitute*-Operator, der einen regulären Ausdruck durch eine Zeichenkette ersetzt, und dem *translate*-Operator, der die Zeichenkette in Kleinbuchstaben umwandelt.

Zuerst zum *substitute*-Operator. Wir nehmen uns den Inhalt von `$name` vor, suchen das erste Zeichen, das nicht mehr zum Wort gehört, und löschen alles bis zum Ende der Zeichenkette. Der reguläre Ausdruck, den wir hier brauchen, lautet `/\W.*/` – das `\W` steht für ein Zeichen, das nicht zu einem Wort gehört (alles außer einem Buchstaben, einer Zahl oder einem Unterstrich); und `.*` bedeutet jedes Zeichen von dort bis zum Ende der Zeile. Um nun diese Zeichen zu entfernen, müssen wir das, was auf diesen regulären Ausdruck paßt, durch nichts ersetzen:

```
$name =~ s/\W.*//;
```

---

6 Lediglich GNU *egrep* spielt etwa in der gleichen Liga, kann aber längst nicht alles das, was Perl kann.

Wir verwenden den gleichen =~-Operator wie vorher, jetzt haben wir aber auf der rechten Seite einen *substitute*-Operator: den Buchstaben `s` und dahinter einen regulären Ausdruck und eine Zeichenkette, jeweils durch Schrägstriche getrennt. Die Zeichenkette in diesem Beispiel ist das Nichts zwischen dem zweiten und dritten Schrägstrich. Dieser Operator sieht genauso aus wie die Ersetzungsfunktionen in diversen anderen Editoren, und er verhält sich auch so.

Um nun das, was noch übrig ist, auch noch in Kleinbuchstaben umzuwandeln, setzen wir die Zeichenkette mit dem `tr`-Operator[7] um. Er sieht dem `tr`-Befehl aus UNIX sehr ähnlich und braucht ebenfalls eine Liste mit Zeichen, die er finden soll, und eine Liste mit Zeichen, durch die er sie ersetzen soll. Um in unserem Beispiel den Inhalt von `$name` in Kleinbuchstaben darzustellen, verwenden wir:

```
$name =~ tr/A-Z/a-z/;
```

Die Schrägstriche trennen die Listen der zu suchenden und der zu ersetzenden Zeichen. Der Strich zwischen `A` und `Z` steht für alle Zeichen dazwischen, wir haben also zwei Listen mit je 26 Zeichen. Findet der `tr`-Operator ein Zeichen aus der ersten Liste, so ersetzt er es durch das korrespondierende Zeichen aus der zweiten Liste. Dadurch wird aus jedem groß geschriebenen `A` ein klein geschriebenes `a` und so weiter.[8]

Wenn wir alles zusammensetzen, erhalten wir:

```
#!/usr/bin/perl
%worte = qw(
    fred        Kamel
    barney      Lama
    betty       Alpaka
    wilma       Alpaka
);
print "Wie heißen Sie? ";
$name = <STDIN>;
chomp ($name);
$originaler_name = $name; # merken fuer Gruss
$name =~ s/\W.*//;        # alles hinter dem ersten Wort vergessen
$name =~ tr/A-Z/a-z/;     # alles in Kleinbuchstaben
if ($name eq "randal") {  # jetzt koennen wir vergleichen
    print "Hallo Randal! Schön, daß Du da bist!\n";
} else {
    print "Hallo $originaler_name!\n"; # Standard-Grußformel
    $geheimwort = $worte{$name}; # Geheimwort holen
    if ($geheimwort eq "") { # Hoppla, nicht gefunden
        $geheimwort = "groucho"; # warum nicht?
    }
    print "Wie lautet das Geheimwort? ";
```

7 Das funktioniert allerdings nicht mit diakritischen Zeichen. Dafür können Sie die `uc`-Funktion verwenden. Lesen Sie Näheres in der Man-Page *perllocale*(1) nach, die seit der Version 5.004 mit Perl mitgeliefert wird.

8 Den Experten wird auffallen, daß ich auch so etwas wie `s/(\S*).*/\L$1/` hätte zusammenbasteln können, um alles in einem Durchgang zu erledigen, aber Experten lesen dieses Kapitel vermutlich überhaupt nicht.

```
        $rateversuch = <STDIN>;
        chomp ($rateversuch);
        while ($rateversuch ne $geheimwort) {
            print "Falsch geraten, noch einmal. Wie lautet das Geheimwort? ";
            $rateversuch = <STDIN>;
            chomp ($rateversuch);
        }
    }
```

Schauen Sie einmal, wie hier aus dem regulären Ausdruck zur Prüfung meines Namens `Randal` wieder ein einfacher Vergleich wurde. Nun, sowohl aus `Randal L. Schwartz` wie auch aus `Randal` wurde nach all dem Ersetzen und Übersetzen `randal`. Und auch für alle anderen geht es gerecht zu: Aus `Fred` und auch aus `Fred Feuerstein` wird `fred`, aus `Barney Geroellheimer` und `Barney, der kleine Freund` wird `barney` und so weiter.

Mit nur ein paar Anweisungen haben wir das Programm nun schon viel benutzerfreundlicher gemacht. Sie werden sehen, daß es eine der vielen Stärken von Perl ist, eine komplizierte Bearbeitung von Zeichenketten mit wenigen Tastendrucken umzusetzen.

Durch das Umarbeiten des Namens, um ihn zu vergleichen und in der Tabelle nachlesen zu können, haben wir allerdings den Namen, so wie er eingegeben wurde, zerstört. Bevor das Programm also den Namen zerlegt, sichert es ihn in `$originaler_name`. (Wie die Symbole in C bestehen Variablennamen in Perl aus Buchstaben, Ziffer und Unterstrichen und können fast beliebig lang sein.) Wir können `$originaler_name` also später wieder verwenden.

Es gibt viele Möglichkeiten, mit denen man in Perl Zeichenketten kontrollieren und zurechtsetzen kann. Über die meisten davon werden Sie im Kapitel 7 und im Kapitel 15 Informationen finden.

Ein bißchen modularer

Jetzt haben wir soviel zum Code dazugebaut, daß wir uns durch viele detaillierte Zeilen hindurcharbeiten müssen, um den Programmfluß im ganzen zu überblicken. Wir müßten die übergeordnete Logik (Frage nach dem Namen, Schleife über die eingegebenen Geheimworte) von den Details (Vergleich eines Geheimwortes mit einem anerkannten Wort) trennen. Das könnten wir einfach nur wegen der Übersichtlichkeit tun, oder vielleicht, weil eine Person den übergeordneten Teil schreibt und eine andere die Details (oder sie vielleicht auch schon geschrieben hat).

In Perl gibt es *Unterprogramme* (Subroutinen) mit *Parametern* und *Rückgabewerten*. Ein Unterprogramm wird einmal in einem Programm definiert und kann aus jedem beliebigen Ausdruck heraus und beliebig oft aufgerufen werden.

Jetzt wollen wir mal ein Unterprogramm namens `wort_richtig` für unser kleines, aber schnell größer werdendes Programm basteln. Das Unterprogramm bekommt einen bereinigten Namen und ein geratenes Wort und gibt *wahr* zurück, wenn das Wort richtig ist, und *falsch*, wenn nicht. So sieht die Definition eines solchen Unterprogramms aus:

```
sub wort_richtig {
    my($einname,$einrateversuch) = @_; # Parameter benennen
    $einname =~ s/\W.*//; # alles hinter dem ersten Wort vergessen
    $einname =~ tr/A-Z/a-z/; # alles in Kleinbuchstaben
    if ($einname eq "randal") { # der braucht nicht zu raten
        return 1; # Rueckgabewert ist wahr
    } elsif (($worte{$einname} || "groucho") eq $einrateversuch) {
        return 1; # Rueckgabewert ist wahr
    } else {
        return 0; # Rueckgabewert ist falsch
    }
}
```

Die Definition eines Unterprogramms besteht zunächst einmal aus dem reservierten Wort `sub`, gefolgt vom Namen des Unterprogramms. Danach folgt ein Block mit Code, der von geschweiften Klammern umgeben ist. Diese Definition kann überall in der Programmdatei stehen, die meisten stellen sie jedoch ans Ende.

Die erste Zeile dieser speziellen Definition ist eine Zuweisung, in der die Werte der beiden Aufrufparameter dieses Unterprogramms in zwei lokale Variablen mit den Namen `$einname` und `$einrateversuch` kopiert werden. (Mit `my()` werden die beiden Variablen als privat im umschließenden Block – in diesem Fall die gesamte Subroutine – definiert; die Parameter liegen ursprünglich in dem speziellen lokalen Array `@_`.)

In den nächsten beiden Zeilen wird der Name bereinigt, genau wie in der vorigen Version des Programms.

Die `if-elsif-else`-Anweisung entscheidet, ob das geratene Wort (`$einrateversuch`) in bezug auf den Namen (`$einname`) korrekt ist. `Randal` sollte gar nicht erst mit dem Unterprogramm in Berührung kommen, wenn er aber dennoch bis dahin gelangt, wird jedes geratene Wort gutgeheißen.

Mit einer return-Anweisung kann ein unmittelbarer Rücksprung zum Aufrufer unter Rückgabe des übergebenen Wertes erzwungen werden. Falls keine explizite return-Anweisung vorhanden ist, wird als Rückgabewert der letzte ausgewertete Ausdruck verwendet. Wie der Rückgabewert verwendet wird, werden wir gleich sehen, wenn wir mit der Beschreibung der Definition des Unterprogramms fertig sind.

Die Prüfung im `elsif`-Abschnitt sieht ein bißchen kompliziert aus – also zerlegen wir sie einfach:

```
($worte{$einname} || "groucho") eq $einrateversuch
```

Innerhalb der Klammern steht als erstes unsere vertraute Suche im Hash, bei der aufgrund des Schlüssels in `$einname` ein Wert aus `%worte` herauskommt. Der Operator zwischen diesem Wert und der Zeichenkette `groucho` ist das `||` (logisches Oder), ähnlich wie es auch in C, *awk* und den verschiedenen Shells verwendet wird. Wenn die Suche im Hash einen Wert ergibt (wenn also der Schlüssel `$einname` im Array enthalten war), dann ist dies der Wert des ganzen Ausdrucks. Wenn der Schlüssel nicht gefunden wurde, wird statt dessen die Zeichenkette `groucho` verwendet. Das ist sehr typisch in Perl: einen Ausdruck anzugeben und mit `||` eine Standardbelegung vorzugeben, die verwendet wird, wenn der Ausdruck falsch ist.

In beiden Fällen, ob der Wert nun aus dem Hash kommt oder ob es der Standardwert `groucho` ist, vergleichen wir ihn mit dem, was geraten wurde. Wenn der Vergleich korrekt ist, geben wir 1 zurück, anderenfalls 0.

Als Regel formuliert: Wenn der Name `randal` lautet oder wenn das geratene Wort zu dem in `%worte` aufgrund des Namens gefundenen paßt (Standardbelegung `groucho`, wenn nicht vorhanden), gibt das Unterprogramm `1` zurück, andernfalls `0`.

Integrieren wir das jetzt in den Rest des Programms:

```
#!/usr/bin/perl
%worte = qw(
    fred        Kamel
    barney      Lama
    betty       Alpaka
    wilma       Alpaka
);
print "Wie heißen Sie? ";
$name = <STDIN>;
chomp ($name);
if ($name =~ /^randal\b/i) { # wieder so wie vorher schon mal :-)
    print "Hallo Randal! Schön, daß Du da bist!\n";
} else {
    print "Hallo $name!\n"; # Standard-Grußformel
    print "Wie lautet das Geheimwort? ";
    $rateversuch = <STDIN>;
    chomp ($rateversuch);
    while (! wort_richtig($name,$rateversuch)) {
        print "Falsch geraten, noch einmal. Wie lautet das Geheimwort? ";
        $rateversuch = <STDIN>;
        chomp ($rateversuch);
    }
}
[... fuegen Sie hier die Definition von wort_richtig ein ...]
```

Da, wo wir die Eingabe auf `Randal` prüfen, sind wir hier wieder bei dem regulären Ausdruck, weil es hier, soweit es das Hauptprogramm betrifft, keine Notwendigkeit gibt, den Vornamen abzuspalten und in Kleinbuchstaben umzusetzen.

Der große Unterschied ist die `while`-Schleife mit dem Unterprogramm `wort_richtig` darin. Hier sehen wir den Aufruf des Unterprogramms und die Übergabe der beiden Parameter `$name` und `$rateversuch`. Innerhalb des Unterprogramms wird der Wert von `$einname` mit dem ersten Parameter belegt, hier durch `$name`. Genauso wird `$einrateversuch` durch den zweiten Parameter, `$rateversuch`, belegt.

Der Wert, der aus dem Unterprogramm zurückgegeben wird (entweder `1` oder `0`, siehe die vorige Definition) wird durch den `!`-Operator (logisches Nicht) invertiert. Dieser

Operator liefert *wahr*, wenn der folgende Ausdruck falsch ist und umgekehrt. Das Resultat dieser Negation kontrolliert die `while`-Schleife. Man könnte auch sagen: »Solange das Wort nicht richtig ist ...«. Viele gut geschriebene Perl-Programme lesen sich wie Prosatext – zumindest wenn man sich mit Perl oder mit dem Prosatext ein paar Freiheiten erlaubt. (Einen Pulitzer-Preis werden Sie damit aber wahrscheinlich nicht gewinnen.)

Beachten Sie, daß das Unterprogramm davon ausgeht, daß der Hash `%worte` im Hauptprogramm belegt wird.

Eine solche stürmische Herangehensweise mit globalen Variablen ist für größere Programme natürlich nicht geeignet. Allgemein gesagt, sind Variablen, die nicht mit `my` angelegt wurden, global für das gesamte Programm, während die mit `my` angelegten nur so lange vorhanden sind, bis der Block, in dem sie angelegt wurden, zu Ende ist. Machen Sie sich keine Sorgen: Perl unterstützt eine ganze Reihe anderer Variablentypen, darunter solche, die privat in einer Datei (oder einem Package) sind, sowie solche, die privat in einer Funktion sind und ihre Werte zwischen zwei Funktionsaufrufen beibehalten (das könnten wir hier gut gebrauchen). An dieser Stelle unseres Perl-Kurses würde Sie eine Erklärung dieser Variablentypen nur verwirren und Ihr Leben schwieriger machen. Wenn Sie soweit sind, dann lesen Sie nach, was in *Programmieren mit Perl* über Gültigkeitsbereiche, Subroutinen, Module und Objekte steht, oder lesen Sie die Online-Dokumentation mit den Man-Pages *perlsub* (1), *perlmod* (1), *perlobj*(1) und *perltoot*(1).

Geheimworte in eine getrennte Datei übertragen

Stellen wir uns vor, wir möchten die Liste der geheimen Wörter von drei Programmen aus verwenden. Wenn wir die Wortliste so ablegen wie bisher, müssen wir alle drei Programme ändern, wenn Betty sich überlegt, daß ihr Geheimwort jetzt `Schwein` statt `Alpaka` sein soll. Das kann ganz schön in Arbeit ausarten, insbesondere, wenn Betty oft ein neues Geheimwort haben möchte.

Schreiben wir also die Wortliste in eine Datei und lesen diese Datei dann ein, um die Wortliste ins Programm zu bekommen. Dafür müssen wir einen Ein-/Ausgabekanal, genannt *Dateihandle*, erschaffen. Ihr Perl-Programm kennt schon automatisch drei Dateihandles, genannt `STDIN`, `STDOUT` und `STDERR`, die mit den drei Standard-Ein-/Ausgabekanälen in den meisten Programmierumgebungen übereinstimmen. Den Handle für `STDIN` haben wir schon benutzt, um Daten vom Benutzer unseres Programms einzulesen. Nun brauchen wir nur noch einen anderen Handle, der mit einer Datei unserer Wahl verbunden ist.

Hier sehen Sie einen kleinen Code-Ausschnitt, um diese Aufgabe zu erledigen:

```
sub worte_initialisieren {
    open (WORTLISTE, "wortliste");
    while ($name = <WORTLISTE>) {
        chomp ($name);
        $wort = <WORTLISTE>;
```

```
        chomp ($wort);
        $worte{$name} = $wort;
    }
    close (WORTLISTE);
}
```

Wir bauen ihn in ein Unterprogramm ein, damit der Hauptteil des Programms nicht durcheinandergebracht wird. Das bedeutet auch, daß wir später (nach einigen weiteren Umbauten an diesem Programm) ändern können, wo die Wortliste abgelegt werden oder wie ihr Format aufgebaut sein soll.

Im willkürlich gewählten Format dieser Liste steht in jeder Zeile ein Eintrag – abwechselnd Name und Wort. Unsere derzeitige Datenbasis sieht also etwa so aus:

```
fred
Kamel
barney
Lama
betty
Alpaka
wilma
Alpaka
```

Der Operator `open()` erzeugt einen Dateihandle namens `WORTLISTE` und verbindet ihn mit einer Datei namens *wortliste* im aktuellen Verzeichnis. Beachten Sie, daß dem Dateihandle kein so komisches Zeichen vorangestellt wird wie den drei unterschiedlichen Variablentypen. Dateihandles werden normalerweise in Großbuchstaben geschrieben, obwohl Perl selbst das nicht verlangt.

Die `while`-Schleife liest (mit Hilfe des Dateihandles `WORTLISTE`) Zeile für Zeile aus der Datei *wortliste*. Jede Zeile wird in der Variablen `$name` abgelegt. Am Ende der Datei liefert der Operator `<WORTLISTE>` einen leeren String,[9] der für die `while`-Schleife wie eine Verneinung der Bedingung aussieht und die Schleife abbricht. Dadurch kommen wir am Ende wieder heraus. Wenn Sie das Programm mit der Option `-w` gestartet hätten, hätten Sie überprüfen müssen, daß der Rückgabewert auch tatsächlich definiert ist. Der leere String, der von `<WORTLISTE>` zurückgegeben wird, ist nicht einfach nur leer, sondern wieder einmal `undef`. Mit der Funktion `defined` können Sie auf `undef` überprüfen, wenn es darauf ankommt. Beim Einlesen von Zeilen aus einer Datei würden Sie diese Funktion folgendermaßen anwenden:

```
while ( defined ($name = <WORTLISTE>) ) {
```

Aber wenn Sie so vorsichtig sein wollen, dann müssen Sie konsequenterweise auch überprüfen, ob `open` *wahr* zurückgeliefert hat, was auch keine schlechte Idee ist. Die eingebaute Funktion `die` wird oft dazu verwendet, eine Fehlermeldung auszugeben, falls etwas nicht funktioniert hat. Wir werden in der nächsten Version unseres Programms ein Beispiel dafür sehen.

9 Genaugenommen ist es `undef`, aber für die Besprechung hier reicht es aus.

Der Normalfall ist jedoch, daß wir eine Zeile (einschließlich des Newline) in `$name` eingelesen haben. Als erstes löschen wir Newline mit Hilfe des `chomp()`-Operators. Dann müssen wir aus der nächsten Zeile das Geheimwort lesen und es in `$wort` ablegen. Auch das wird um ein Newline kürzer gemacht.

In die letzte Zeile der `while`-Schleife wird `$wort` in `%worte` mit `$name` als Schlüsselbegriff eingebaut, so daß der Rest des Programms später darauf zugreifen kann.

Wenn die Daten gelesen sind, kann der Dateihandle mit dem Operator `close()` geschlossen werden. (Dateihandles werden ohnehin automatisch geschlossen, wenn das Programm sich beendet, aber wir versuchen hier, ordentlich zu sein. Wenn wir allerdings richtig ordentlich sein wollen, müssen wir auch den Rückgabewert von `close()` überprüfen, falls inzwischen die Festplattenpartition, auf der unsere Datei enthalten war, nicht mehr aufzufinden ist, das Netzwerk-Dateisystem nicht mehr erreichbar ist oder sonst eine Katastrophe passiert. Ja, diese Sachen passieren tatsächlich. Murphy ist immer bei uns.)

Diese Unterprogramm-Definition kann vor oder nach der anderen stehen. Wir rufen das Unterprogramm gleich zu Anfang des Programms auf, dort, wo bisher `%worte` belegt wurde. Alles zusammen könnte also jetzt so aussehen:

```
#!/usr/bin/perl
worte_initialisieren();
print "Wie heißen Sie? ";
$name = <STDIN>;
chomp $name;
if ($name =~ /^randal\b/i) { # wieder so wie vorher schon einmal :-)
    print "Hallo Randal! Schön, daß Du da bist!\n";
} else {
    print "Hallo $name!\n"; # Standard-Grußformel
    print "Wie lautet das Geheimwort? ";
    $rateversuch = <STDIN>;
    chomp ($rateversuch);
    while (! wort_richtig($name,$rateversuch)) {
        print "Falsch geraten, noch einmal. Wie lautet das Geheimwort? ";
        $rateversuch = <STDIN>;
        chomp ($rateversuch);
    }
}
## ab hier stehen die Unterprogramme
sub worte_initialisieren {
    open (WORTLISTE, "wortliste") ||
                              die "Kann Wortliste nicht öffnen: $!";
    while ( defined ($name = <WORTLISTE>)) {
        chomp ($name);
        $wort = <WORTLISTE>;
        chomp $wort;
        $worte{$name} = $wort;
    }
    close (WORTLISTE) || die "Konnte Wortliste nicht schliessen: $!";
}
```

```
sub wort_richtig {
    my($einname,$einrateversuch) = @_;  # Parameter benennen
    $einname =~ s/\W.*//;               # alles hinter dem ersten Wort vergessen
                                        # erstes Wort
    $einname =~ tr/A-Z/a-z/;            # alles in Kleinbuchstaben
    if ($einname eq "randal") {         # der braucht nicht zu raten
        return 1;                       # Rueckgabewert ist wahr
    } elsif (($worte{$einname} || "groucho") eq $einrateversuch) {
        return 1;                       # Rueckgabewert ist wahr
    } else {
        return 0;                       # Rueckgabewert ist falsch
    }
}
```

Jetzt sieht es schon fast wie ein ausgewachsenes Programm aus. Beachten Sie, daß die erste ausführbare Zeile ein Aufruf von `worte_initialisieren()` ist. Der Rückgabewert wird nicht weiter verwendet, was sinnvoll ist, weil wir nichts Besonderes zurückgegeben. In diesem Fall können wir getrost davon ausgehen, daß es sich um einen wahren Wert handelt (genauer den Wert `1`), denn wenn `close` gescheitert wäre, hätte `die` eine Meldung auf `STDERR` ausgegeben und das Programm beendet. Die Funktion `die` wird genauer im Kapitel 10 erläutert, aber weil es sehr wichtig ist, die Rückgabewerte von jeder Operation, die fehlschlagen könnte, zu überprüfen, wollen wir uns das gleich von Anfang an angewöhnen. Die Variable `$!` (ebenfalls im Kapitel 10 erklärt) enthält die Fehlermeldung des Systems, die erklärt, warum der Aufruf fehlgeschlagen ist.

Mit der Funktion `open()` kann man auch Ausgabedateien oder Programme als Dateien (hierzu gleich mehr) öffnen. In vollem Umfang präsentiert sich `open()` allerdings erst viel später, im Kapitel 10.

Ein wenig Sicherheit bieten

»Diese Liste mit Geheimwörtern muß mindestens einmal pro Woche geändert werden!«, so der Oberste Direktor der Geheimwortlisten aufgeregt. Na gut, erzwingen können wir die Änderung nicht, aber wir können zumindest eine Warnung ausgeben, wenn die Liste seit mehr als einer Woche nicht geändert worden ist.

Am besten machen wir das in dem Unterprogramm `worte_initialisieren()` – da befassen wir uns sowieso schon mit der Datei. In Perl gibt der Operator `-M` die Zeit in Tagen an, seit der eine Datei oder ein Dateihandle zuletzt geändert wurde; wir müssen nur nachsehen, ob dieser Wert für den Dateihandle `WORTLISTE` größer als sieben ist.

```
sub worte_initialisieren {
    open (WORTLISTE, "wortliste") ||
                            die "kann wortliste nicht oeffnen: $!";
    if (-M WORTLISTE >= 7.0) { # buerokratische Regeln erfuellen
        die "Tut mir leid, die Wortliste ist aelter als sieben Tage.";
    }
    while ($name = <WORTLISTE>) {
        chomp ($name);
```

```
            $wort = <WORTLISTE>;
            chomp ($wort);
            $worte{$name} = $wort;
        }
        close (WORTLISTE) || die "Konnte Wortliste nicht schliessen: $!";
    }
```

Der Wert von `-M WORTLISTE` wird mit 7 verglichen; wenn er größer ist, haben wir eine Regelverletzung gefunden.

Der Rest des Programms bleibt unverändert, und um noch einigen Bäumen das Leben zu retten, wiederhole ich es hier auch nicht schon wieder.

Außer dem Alter einer Datei können wir auch ihren Eigentümer, ihre Größe, die letzte Zugriffszeit und alles andere, was das System über eine Datei weiß, herausfinden. Mehr dazu im Kapitel 10.

Jemanden warnen, wenn etwas schiefgeht

Schauen wir mal, wie weit wir im System gehen können, wenn wir jedesmal eine E-Mail versenden, wenn jemand sein geheimes Wort falsch rät. Dank des modularen Aufbaus müssen wir nur das Unterprogramm `wort_richtig()` ändern – dort haben wir schon alle Informationen, die wir brauchen.

Die E-Mail wird an Sie geschickt, wenn Sie Ihre eigene E-Mail-Adresse an der Stelle einsetzen, wo im Programmausschnitt »`IhreEmailAdresse`« steht. Und das müssen wir dafür tun: Unmittelbar vor der Rückgabe der `0` aus dem Unterprogramm legen wir einen Dateihandle an, der eigentlich ein Prozeß (*mail*) ist, wie etwa hier:

```
sub wort_richtig {
    my($einname,$einrateversuch) = @_      #; Parameter benennen
    $einname =~ s/\W.*//;                  # alles hinter dem ersten Wort vergessen
                                           # erstes Wort
    $einname =~ tr/A-Z/a-z/;               # alles in Kleinbuchstaben
    if ($einname eq "randal") {            # der braucht nicht zu raten
        return 1;                          # Rueckgabewert ist wahr
    } elsif (($worte{$einname}||"groucho") eq $einrateversuch) {
        return 1;                          # Rueckgabewert ist wahr
    } else {
        open MAIL,"|mail IhreEmailAdresse";
        print MAIL "Achtung: $einname $einrateversuch geraten\n";
        close MAIL;
        return 0;                          # Rueckgabewert ist falsch
    }
}
```

Die erste neue Anweisung hier ist das `open()`, das am Anfang seines zweiten Arguments ein Pipe-Zeichen hat. Das ist das Sonderzeichen dafür, daß wir hier ein Kommando und nicht eine Datei öffnen. Weil die Pipe am Anfang des Kommandos steht, öffnen wir den Befehl und können dann etwas hineinschreiben (wenn Sie die Pipe ans Ende stellen, können Sie statt dessen die Ausgabe des Befehls lesen).

Die nächste Anweisung, ein `print`, zeigt, daß ein Dateihandle, der zwischen dem Schlüsselwort `print` und den Werten, die ausgegeben werden sollen, steht, diesen Dateihandle anstelle von `STDOUT`[10] zur Ausgabe selektiert. Das führt dazu, daß die Meldung als Eingabe beim *mail*-Befehl landet.

Zu guter Letzt schließen wir den Dateihandle wieder – und ab geht die Post mit *mail.*

Um genau zu sein, hätten wir sowohl die richtigen Eingaben als auch die falschen verschicken können, aber wenn mir dann jemand beim E-Mail-Lesen über die Schulter schaut (oder im E-Mail-System herumspioniert), könnte er ein bißchen zuviel nützliche Information finden.

Perl kann Kommandos mit genauer Kontrolle über deren Argumente aufrufen, Dateihandles öffnen oder sogar eine Kopie des momentanen Programms abspalten und zwei (oder mehr) dieser Kopien gleichzeitig ausführen. Backquotes (rückwärtsgerichtete einfache Anführungszeichen) bieten (wie Backquotes in der Shell) eine einfache Möglichkeit, die Ausgabe eines Programms als Daten zu übernehmen. Das alles wird in Kapitel 14 beschrieben – lesen Sie also weiter.

Mehrere Geheimwortdateien im aktuellen Verzeichnis

Ändern wir einmal ein wenig die Definition des Namens der Datei mit den geheimen Wörtern. Statt nur einer Datei namens *wortliste* wollen wir uns alles im aktuellen Verzeichnis ansehen, was mit `.geheim` endet. In der Shell sagen wir

```
echo *.geheim
```

und bekommen eine einfache Liste all dieser Namen. Wie Sie gleich sehen werden, verwendet Perl bei den Wildcards eine ähnliche Syntax.

Nehmen wir uns nochmal die Definition von `worte_initialisieren` vor:

```
sub worte_initialisieren {
    while ( defined($dateiname = glob("*.geheim")) ) {
    open (WORTLISTE, $dateiname) ||
                              die "Kann Wortliste nicht oeffnen: $!";
        if (-M WORTLISTE < 7.0) {
            while ($name = <WORTLISTE>) {
                chomp $name;
                $wort = <WORTLISTE>;
                chomp $wort;
                $worte{$name} = $wort;
            }
         }
         close (WORTLISTE) || die "Konnte Wortliste nicht schliessen: $!";
    }
}
```

10 Genaugenommen der momentan selektierte Dateihandle.

Zunächst einmal haben wir eine `while`-Schleife um den Großteil der Routine aus der vorigen Version herumgebaut. Das Neue ist hier die Funktion `glob`. So etwas nennt man aus historischen Gründen einen *Dateinamen-Glob*. Ganz ähnlich wie bei `<STDIN>` liefert er jedesmal, wenn darauf zugegriffen wird, den nächsten Wert: eine Reihe von Dateinamen, die auf das Muster der Shell passen, in diesem Fall `*.geheim`. Wenn es keine weiteren Dateinamen mehr gibt, liefert der *Dateinamen-Glob* eine leere Zeichenkette zurück.[11]

Wenn also das aktuelle Verzeichnis `fred.geheim` und `barney.geheim` enthält, dann ist `$dateiname` im ersten Durchlauf der `while`-Schleife mit `barney.geheim` belegt (die Dateinamen erscheinen in alphabetischer Reihenfolge). Im zweiten Durchlauf besteht `$dateiname` aus `fred.geheim`. Einen dritten Durchlauf gibt es nicht, weil der Glob bei seinem dritten Aufruf eine leere Zeichenkette zurückgibt, die wiederum von der `while`-Schleife als Fehler interpretiert wird, was schließlich zum Verlassen des Unterprogramms führt.

Innerhalb der `while`-Schleife öffnen wir die Datei und überprüfen, ob sie noch nicht veraltet ist (weniger als sieben Tage seit der letzten Änderung). Dateien, die aktuell genug sind, durchsuchen wir wie vorher schon beschrieben.

Beachten Sie, daß das Unterprogramm verlassen wird, ohne ein geheimes Wort in den Hash `%wort` geschrieben zu haben, wenn keine Dateien vorhanden sind, die auf `*.geheim` passen und weniger als sieben Tage alt sind. Das heißt, daß jeder das Wort `groucho` benutzen muß. Na ja. (In *echtem* Code hätte ich vor der Rückkehr aus dem Unterprogramm die Anzahl der Einträge in `%worte` übeprüft und mit `die()` abgebrochen, wenn sie nicht gepaßt hätte. Schauen Sie sich den Operator `key()` an, wenn wir in Kapitel 5 den Hash ausführlich beschreiben.)

Auflisten der Geheimworte

Jetzt möchte der Oberste Direktor der Geheimwortlisten einen Bericht über alle momentan benutzten Geheimwörter mitsamt der Angabe, wie alt sie schon sind. Legen wir das Geheimwortprogramm einmal einen Moment beiseite, dann haben wir Zeit für ein Berichtsprogramm für unseren Herrn Direktor.

Zuerst brauchen wir alle Geheimwörter und stehlen hierfür einfach ein bißchen Code aus dem Unterprogramm `worte_initialisieren()`.

```
while ( defined($dateiname = glob("*.geheim")) ) {
open (WORTLISTE, $dateiname) || die "Kann die Wortliste nicht oeffnen: $!";
if (-M WORTLISTE < 7.0) {
    while ($name = <WORTLISTE>) {
        chomp ($name);
        $wort = <WORTLISTE>;
        chomp ($wort);
```

11 Ja, ja, auch hier wieder `undef`.

```
    ### Neues kommt hierher
            }
        }
        close (WORTLISTE) || die "Konnte die Wortliste nicht schliessen: $!";
}
```

An der Stelle »`Neues kommt hierher`« wissen wir drei Dinge: den Dateinamen (in `$dateiname`), einen Benutzernamen (in `$name`) und dessen Geheimwort (in `$wort`). Hier können wir die in Perl eingebauten Hilfen zur Report-Generierung gut einsetzen. Wir definieren irgendwo im Programm ein Format (normalerweise weiter hinten in der Datei, etwa wie ein Unterprogramm):

```
format STDOUT =
@<<<<<<<<<<<<<<< @<<<<<<<<<< @<<<<<<<<<<<<
$dateiname, $name, $wort
.
```

Die Formatdefinition beginnt mit `format STDOUT =` und endet mit einem einzelnen Punkt. Die zwei Zeilen dazwischen sind das eigentliche Format. Die erste Zeile dieses Formats ist eine *Felddefinitionszeile (field definition line)*, in der Anzahl, Länge und Typ der Felder angegeben werden. In diesem Format hier haben wir drei solcher Felder. Auf eine Felddefinitionszeile folgt immer eine *Feldwertzeile (field value line)*. In der Wertezeile steht eine Liste von Ausdrücken, die bei der Verwendung des Formats ausgewertet werden. Das, was dabei herauskommt, wird in die Felder eingefügt, die in der oberen Zeile definiert wurden.

Wir wollen dieses Format mit der Funktion `write` folgendermaßen aufrufen:

```
#!/usr/bin/perl
while ( defined($dateiname = glob("*.geheim")) ) {
    open (WORTLISTE, $dateiname) || die "Kann Wortliste nicht oeffnen: $!";
    if (-M WORTLISTE < 7.0) {
        while ($name = <WORTLISTE>) {
            chomp ($name);
            $wort = <WORTLISTE>;
            chomp ($wort);
            write; # Format STDOUT auf STDOUT aufrufen
        }
    }
    close (WORTLISTE) || die "Konnte Wortliste nicht schliessen: $!";
}
format STDOUT =
@<<<<<<<<<<<<<<< @<<<<<<<<<< @<<<<<<<<<<<<
$dateiname, $name, $wort
.
```

Wenn das Format aufgerufen wird, berechnet Perl die Ausdrücke in den Feldern und erzeugt eine Zeile für den Dateihandle `STDOUT`. Weil `write` bei jedem Schleifendurchlauf einmal aufgerufen wird, erhalten wir einige Zeilen mit Text in Spalten – für jedes Geheimwort eine.

Tja, benannt haben wir die Spalten jetzt noch nicht. Aber das ist ganz einfach. Wir müssen nur noch ein Seitenkopfformat einbauen, etwa so:

```
format STDOUT_TOP =
Seite @<<
$%

Dateiname        Name       Wort
================ ========== ============
.
```

Dieses Format heißt `STDOUT_TOP` und wird einmal aufgerufen, wenn das Format `STDOUT` zum erstenmal verwendet wird, und dann immer wieder, nachdem 60 Ausgabezeilen an `STDOUT` geschickt wurden. Die Spaltenüberschriften stehen in einer Reihe mit den Spalten aus dem Format `STDOUT` – es sieht also alles sehr hübsch aus.

In der ersten Zeile dieser Formatanweisung finden wir auch konstanten Text (Seite) mit einer drei Zeichen langen Felddefinition. Die folgende Zeile ist eine Feldwertzeile, hier mit einem einzigen Ausdruck. Dieser Ausdruck ist die Variable $%[12], in der die Zahl der ausgegebenen Seiten steht – sehr nützlich vor allem in Formaten für Seitenköpfe.

Die dritte Zeile dieser Formatangabe ist leer. Und weil diese Zeile keine Felder enthält, ist auch die folgende Zeile keine Feldwertzeile. Diese Leerzeile wird direkt in die Ausgabe geschrieben und erzeugt dort eine Leerzeile zwischen der Seitennummer und den Spaltenköpfen.

Auch die letzten beiden Zeilen dieses Formats enthalten keine Felder, werden also auch direkt in die Ausgabe kopiert. Dieses Format erzeugt damit vier Zeilen, von denen eine etwas enthält, was sich von Seite zu Seite ändert.

Hängen Sie diese Definition einfach in das vorige Programm ein, um sie zum Laufen zu bringen. Perl erkennt das Seitenkopfformat automatisch.

Perl kennt auch zentrierte oder rechtsbündige Felder, und es gibt sogar ein *Absatzformat (filled paragraph area)*. Mehr darüber in Kapitel 11.

Veraltete Wortlisten besonders hervorheben

Wenn wir so die `*.geheim`-Dateien im aktuellen Verzeichnis durchsuchen, finden wir wahrscheinlich auch Dateien, die zu alt sind. Bis jetzt übergehen wir diese einfach. Gehen wir doch noch einen Schritt weiter: Wir benennen sie um in `*.geheim.alt`. Nun zeigt uns ein *ls* des Verzeichnisses einfach und schnell, welche Dateien zu alt sind – allein durch den Namen.

12 Leichter merkbare Namen für diese vordefinierten skalaren Variablen erhalten Sie mit dem Modul `English`.

So sieht das Unterprogramm `worte_initialisieren()` mit dieser Änderung aus:

```
sub worte_initialisieren {
    while ( defined($dateiname = glob("*.geheim")) ) {
        open (WORTLISTE, $dateiname) ||
                                die "Kann Wortliste nicht oeffnen: $!";
        if (-M WORTLISTE < 7.0) {
            while ($name = <WORTLISTE>) {
                chomp ($name);
                $wort = <WORTLISTE>;
                chomp ($wort);
                $worte{$name} = $wort;
            }
        } else { # Datei umbenennen, damit sie besser auffaellt
            rename ($dateiname,"$dateiname.alt") ||
                die "Kann $dateiname nicht in $dateiname.alt umbenennen: $!";
        }
        close (WORTLISTE) || die "Konnte Wortliste nicht schliessen: $!";
    }
}
```

Schauen Sie sich den neuen `else`-Zweig in der Altersprüfung der Dateien an. Wenn die Datei älter als sieben Tage ist, wird sie mit der Funktion `rename()` umbenannt. Dieser Operator hat zwei Parameter: Er ändert den Namen, den er im ersten Parameter bekommt, in den Namen, der im zweiten Parameter steht.

Perl hat eine umfangreiche Sammlung von Operatoren zur Bearbeitung von Dateien – fast alles, was man von einem C-Programm aus mit einer Datei tun kann, kann man auch mit Perl erledigen.

Eine Datenbank der letzten richtigen Rateversuche einrichten

Jetzt wollen wir festhalten, wann die Benutzer den letzten richtigen Rateversuch machten. Eine Datenstruktur, die auf den ersten Blick dafür geeignet erscheint, ist ein Hash. Beispielsweise weist der Ausdruck

```
$zuletzt_richtig{$name} = time;
```

die aktuelle Zeit im internen Format (irgendeine große ganze Zahl über 800 Millionen, die mit jeder Sekunde um 1 größer wird) einem Element in `%zuletzt_richtig` zu, das den Namen als Schlüssel hat. Mit der Zeit würde daraus eine Datenbank entstehen, die die letzten richtigen Rateversuche des geheimen Worts für jeden Aufrufer des Programms verzeichnet.

Aber: Zwischen unterschiedlichen Aufrufen des Programms existiert dieser Hash nicht. Jedesmal, wenn das Programm aufgerufen wird, wird der Hash neu erzeugt. Also bekommen wir höchstens einen Hash mit einem Element und vergessen es sofort wieder, wenn das Programm zu Ende ist.

Die Funktion `dbmopen()`[13] bildet einen Hash auf eine Datei auf der Festplatte ab (eigentlich sind es sogar zwei Dateien) – *DBM* genannt. So wird sie verwendet:

```
dbmopen (%zuletzt_richtig,"letztdb",0666) ||
                                    die "Kann letztdb nicht mit dbmopen oeffnen: $!";
$zuletzt_richtig{$name} = time;
dbmclose (%zuletzt_richtig) || die "Kann letztdb nicht mit dbmclose schliessen: $!";
```

Mit der ersten Anweisung wird die Abbildung erzeugt – dabei werden auf der Platte die Dateien `letztdb.dir` und `letztdb.pag` (so lauten die Standardnamen für ein DBM namens `letztdb`) benutzt. Die Zugriffsrechte auf diese beiden Dateien sind 0666, falls die Dateien angelegt werden müssen (wie es im ersten Durchlauf der Fall ist).[14] Diese Zugriffsrechte bedeuten, daß jeder die Dateien lesen oder beschreiben kann. Wenn Sie mit einem UNIX-System arbeiten, finden Sie eine Beschreibung der Bits für die Zugriffsrechte in der Man-Page *chmod* (2). Auf Nicht-UNIX-Systemen kann *chmod* funktionieren oder auch nicht. Beispielsweise gibt es keine Zugriffsrechte auf Dateien unter MS-DOS, unter Windows NT allerdings schon. Lesen Sie die Release Notes Ihrer Perl-Portierung, wenn Sie sich nicht sicher sind. In der zweiten Anweisung sehen wir, wie wir den so abgebildeten Hash wie einen ganz normalen Hash benutzen. Allerdings führt das Erstellen oder Erneuern eines Eintrags im Hash automatisch auch zu einer Aktualisierung der DBM-Dateien auf der Platte. Wenn später auf den Hash zugegriffen wird, kommen die Werte des Hash direkt aus der Datei auf der Platte. Damit erhält der Hash eine Existenz über den aktuellen Aufruf des Programms hinaus – ein eigenständiges Dasein. Mit der dritten Anweisung wird der Hash wieder von der DBM getrennt – ähnlich wie die Operation `close()` bei einer Datei.

Obwohl nun diese drei Anweisungen all das, was mit der Datenbank zu tun hat, sehr schön erledigen (und sie beim ersten Mal sogar anlegen), haben wir immer noch keine Möglichkeit, uns diese Informationen näher anzusehen. Dafür können wir uns ein neues kleines Programm schreiben, das etwa so aussieht:

```
#!/usr/bin/perl -w
dbmopen (%zuletzt_richtig,"letztdb",0666) ||
                                    die "Kann letztdb nicht mit dbmopen oeffnen: $!";
foreach $name (sort keys (%zuletzt_richtig)) {
    $wann = $zuletzt_richtig{$name};
    $hours = (time() - $wann) / 3600; # abgelaufene Stunden berechnen
    write;
}

format STDOUT =
User @<<<<<<<<<<<: Der letzte richtige Tip war vor @<<< Stunden.
$name, $hours
.
```

13 Wir könnten auch die auf einer niedrigeren Ebene angesiedelte Funktion `tie` mit einer bestimmten Datenbank verwenden, wie es in den Kapiteln 5 und 7 von *Programmieren mit Perl* oder in den Man-Pages zu *perltie* (1) and *AnyDBM_File*(3) beschrieben wird.

14 Genauer gesagt, werden die Zugriffsrechte das Ergebnis der logischen Und-Verknüpfung von 0666 und der aktuellen *umask* des Prozesses sein.

Hier haben wir einige neue Operationen: eine foreach-Schleife, das Sortieren einer Liste und das Herausholen der Schlüsselbegriffe aus einem Hash.

Zunächst die Funktion keys(). Ihr wird der Name eines Hash als Argument übergeben, und sie gibt darauf eine Liste aller Schlüssel in diesem Hash in beliebiger Reihenfolge zurück. (Das funktioniert genau wie der Operator keys in *awk*.) Bei dem vorher schon definierten Hash %worte kommt so in etwa fred, barney, betty, wilma in irgendeiner Reihenfolge heraus. Der Hash %zuletzt_richtig enthält eine Liste aller Benutzer, die ihr eigenes Geheimwort erfolgreich erraten haben.

Die Funktion sort sortiert eine Liste in alphabetischer Reihenfolge (so als ob man dem *sort*-Befehl eine Textdatei übergibt). Damit stellen wir sicher, daß die Liste, die von der foreach-Anweisung verarbeitet wird, immer alphabetisch sortiert ist.

Kommen wir schließlich zur foreach-Anweisung in Perl, die der foreach-Anweisung der C-Shell sehr ähnlich ist. Aus einer angegebenen Liste von Werten weist sie jeden Wert der Reihe nach einer Skalarvariablen (hier: $name) zu und führt den Schleifenrumpf (einen Block) mit jedem dieser Werte einmal aus. Mit fünf Namen in der %zuletzt_richtig-Liste erhalten wir also fünf Schleifendurchläufe, jedesmal mit einem anderen Wert für $name.

Im Schleifenrumpf der foreach-Schleife wird eine Reihe von Variablen belegt, die im STDOUT-Format benötigt werden, und schließlich wird das Format aufgerufen. Beachten Sie, daß wir das Alter des Eintrags ermitteln, indem wir die gespeicherte Systemzeit (im Hash) von der aktuellen Zeit (wie sie von time kommt) abziehen und das Ergebnis dann durch 3600 dividieren, um Sekunden in Stunden umzurechnen.

Perl bietet einfache Möglichkeiten, um textorientierte Datenbanken (wie die Paßwort-Datei) und Datenbanken mit fester Datensatzlänge (wie die Datenbank für das »letzte Login«, die vom login-Programm verwaltet wird) anzulegen und zu pflegen. Diese Möglichkeiten werden in Kapitel 17 genauer beschrieben.

Die fertigen Programme

Hier sind nun die fertigen Programme aus unserer Führung – experimentieren Sie ein bißchen damit herum!

Als erstes das »Sag Hallo«-Programm

```
#!/usr/bin/perl
worte_initialisieren();
print "Wie heißen Sie? ";
$name = <STDIN>;
chomp($name);
if ($name =~ /^randal\b/i) { # wieder so wie vorher schon mal :-)
    print "Hallo Randal! Schön, daß Du da bist!\n";
} else {
    print "Hallo $name!\n"; # Standard-Grußformel
    print "Wie lautet das Geheimwort? ";
    $rateversuch = <STDIN>;
```

```
        chomp $rateversuch;
        while (! wort_richtig($name,$rateversuch)) {
            print "Falsch geraten, noch einmal. Wie lautet das Geheimwort? ";
            $rateversuch = <STDIN>;
            chomp $rateversuch;
        }
    }

    dbmopen (%zuletzt_richtig,"letztdb",0666);
    $zuletzt_richtig{$name} = time;
    dbmclose (%zuletzt_richtig);
    sub worte_initialisieren {
        while ($dateiname = glob("*.geheim")) {
            open (WORTLISTE, $dateiname)||
                                  die "Kann $dateiname: nicht oeffnen: $!";
            if (-M WORTLISTE < 7.0) {
                while ($name = <WORTLISTE>) {
                    chomp ($name);
                    $wort = <WORTLISTE>;
                    chomp ($wort);
                    $worte{$name} = $wort;
                }
              } else { # Datei umbenennen, damit sie besser auffaellt
                rename ($dateiname,"$dateiname.alt") ||
                     die "Kann $dateiname nicht in $dateiname.alt umbenennen: $!";
            }
            close WORTLISTE;
        }
    }
    sub wort_richtig {
        my($einname,$einrateversuch) = @_ #; Parameter benennen
        $einname =~ s/\W.*//; # alles hinter dem ersten Wort vergessen
        $einname =~ tr/A-Z/a-z/; # alles in Kleinbuchstaben
        if ($einname eq "randal") { # der braucht nicht zu raten
            return 1; #   Rueckgabewert ist wahr
        } elsif (($worte{$einname} || "groucho") eq $einrateversuch) {
            return 1; # Rueckgabewert ist wahr
        } else {
            open (MAIL, "|mail IhreEMailAdresse");
            print MAIL "Achtung: $einname hat $einrateversuch geraten \n";
            close MAIL;
            return 0; # Rueckgabewert ist falsch
        }
    }
```

Als nächstes haben wir die Ausgabe der Geheimwörter:

```
#!/usr/bin/perl
while ($dateiname = glob("*.geheim")) {
    open (WORTLISTE, $dateiname) ||
                              die "Kann $dateiname nicht oeffnen: $!";
    if (-M WORTLISTE < 7.0) {
        while ($name = <WORTLISTE>) {
            chomp ($name);
```

```
            $wort = <WORTLISTE>;
            chomp ($wort);
            write; # Format STDOUT auf STDOUT anwenden
        }
    }
    close (WORTLISTE);
}
format STDOUT =
@<<<<<<<<<<<<<<< @<<<<<<<<< @<<<<<<<<<<<
$dateiname, $name, $wort
.
format STDOUT_TOP =
Seite @<<
$%

Dateiname         Name       Wort
================ ========== ============
.
```

Und schließlich noch das »Wann ein Wort zuletzt benutzt wurde«-Anzeigeprogramm:

```
#!/usr/bin/perl
dbmopen (%zuletzt_richtig,"letztdb",0666);
foreach $name (sort keys %zuletzt_richtig) {
    $wann = $zuletzt_richtig{$name};
    $hours = (time - $wann) / 3600; # abgelaufene Stunden berechnen
    write;
}

format STDOUT =
User @<<<<<<<<<<<: Der letzte richtige Tip war vor @<<< Stunden.
$name, $hours
.
```

Zusammen mit den Geheimwortlisten (Dateien mit dem Namen `irgendwas.`*geheim* im aktuellen Verzeichnis) und der Datenbank `letztdb.dir` und `letztdb.pag` haben Sie jetzt alles, was Sie brauchen.

Übung

Normalerweise endet jedes Kapitel mit einigen Übungen, deren Lösungen in Anhang A stehen. Während dieses Rundgangs durch Perl wurden alle Antworten schon gegeben.

1. Schreiben Sie die Beispielprogramme ab, und bringen Sie sie zum Laufen. (Die Geheimwortlisten müssen Sie auch anlegen.) Wenn Sie Hilfe brauchen, fragen Sie einfach einen Perl-Guru aus der Nachbarschaft.

In diesem Kapitel:

- Skalare Daten – was ist das?
- Zahlen
- Zeichenketten
- Skalare Operatoren
- Skalarvariablen
- Skalare Operatoren und Funktionen
- <STDIN> als skalarer Wert
- Ausgabe mit print
- Der undefinierte Wert
- Übungen

2 Skalare Daten

Skalare Daten – was ist das?

Ein *Skalar* ist die einfachste Art von Daten, mit denen Perl arbeitet. Ein Skalar ist entweder eine Zahl (etwa 4 oder 3.25E20) oder eine Zeichenkette (etwa »Hallo« oder das Grundgesetz). Sie denken vielleicht, daß Zahlen und Zeichenketten ziemlich unterschiedliche Dinge sind, aber Perl verwendet sie fast beliebig austauschbar, und daher beschreiben wir sie auch gemeinsam.

Auf einen skalaren Wert kann man Operatoren (wie etwa *Plus* oder *Aneinanderhängen*) anwenden und erhält normalerweise wieder einen skalaren Wert. Ein skalarer Wert kann in einer skalaren Variablen abgelegt werden. Skalare können von Dateien und Geräten gelesen und auch geschrieben werden.

Zahlen

Obwohl Skalare entweder Zahl oder Zeichenkette sind,[1] ist es besser, sie zunächst einmal getrennt zu betrachten. Zuerst die Zahlen, die Zeichenketten folgen gleich ...

Intern haben alle Zahlen das gleiche Format

Wie Sie gleich sehen werden, können Sie sowohl mit ganzen Zahlen (Integer, wie etwa 17 oder 342) arbeiten als auch mit Gleitkommazahlen (*floating-point*, reelle Zahlen mit Dezimalkomma wie 3,14 oder 1,35 mal 10^{25}; in Perl wird aber anstelle des Dezimalkommas wie im Amerikanischen üblich ein Dezimalpunkt verwendet). Intern rechnet Perl allerdings nur mit Gleitkommazahlen doppelter Genauigkeit.[2]

---

1 Oder Referenzen, aber das ist ein Thema für Fortgeschrittene.

2 Eine »Gleitkommazahl doppelter Genauigkeit« ist das, was der C-Compiler, mit dem Perl übersetzt wurde, aus der Deklaration `double` gemacht hat.

Das heißt, daß es in Perl intern eigentlich keine ganzen Zahlen gibt – eine ganzzahlige Konstante wird im Programm wie die entsprechende Gleitkommazahl behandelt.[3] Die Konvertierung wird Ihnen wahrscheinlich gar nicht auffallen (oder wird sie nicht interessieren), aber sie sollten zumindest nicht nach reinen Operationen für ganze Zahlen (im Gegensatz zu Gleitkommazahlen) suchen – es gibt sie nämlich nicht.

Gleitkomma-Literale

Unter einem *Literal* versteht man die zeichengetreue Darstellung eines Wertes im Text des Perl-Programms – in Ihrem Programm könnten Sie das auch als *Konstante* bezeichnen; wir verwenden aber lieber die Bezeichnung *Literal.* Ein Literal ist die Darstellung von Daten *im* Quellcode Ihres Programms als Eingabe für den Perl-Compiler. (Daten, die in eine Datei geschrieben oder von dort gelesen werden, werden ähnlich behandelt, aber nicht genauso.)

Perl akzeptiert alle Formulierungsarten für Gleitkommazahlen, wie sie auch in C üblich sind. Zahlen sind mit und ohne Dezimalpunkt erlaubt (einschließlich eines voranstehenden Plus oder Minus), und auch das Anhängen einer Zehnerpotenz (Exponentialdarstellung) mit der E-Notation gibt es. Einige Beispiele:

```
1.25      # ungefähr 1 und ein Viertel
7.25e45   # 7,25 mal 10 hoch 45 (eine ziemlich große Zahl)
-6.5e24   # minus 6,5 mal 10 hoch 24
          # (eine ziemlich große negative Zahl)
-12e-24   # minus 12 mal 10 hoch -24
          # (eine ziemlich kleine negative Zahl)
-1.2E-23  # das gleiche, nur anders ausgedrückt
```

Ganzzahlige Literale

Bei ganzzahligen Literalen geht es auch ganz einfach und direkt, etwa so:

```
12
15
-2004
3485
```

Beginnen Sie die Zahl nicht mit einer 0, weil Perl auch die Verwendung von oktalen und hexadezimalen Literalen kennt. Oktalzahlen beginnen mit einer führenden 0; Hexadezimalzahlen mit einem führenden `0x` oder `0X`.[4] Die Hex-Ziffern A bis F (egal, ob groß oder klein geschrieben) stehen für die normalen Zahlenwerte 10 bis 15. Ein Beispiel:

```
0377 # 377 oktal, das gleiche wie 255 dezimal
-0xff # negative FF hexadezimal, das gleiche wie -255 dezimal
```

3 Außer Sie verwenden den »Integer-Modus«, aber der ist defaultmäßig ausgeschaltet.

4 Der Hinweis mit der »führenden Null« funktioniert nur bei Literalen – bei der automatischen Konvertierung von Zeichenketten in Zahlen gibt es sie nicht. Mit `oct()` und `hex()` können Sie einen Datenstring, der wie ein oktaler oder hexadezimaler Wert aussieht, in eine Zahl konvertieren.

Zeichenketten

Zeichenketten[5] (Strings) sind aufeinanderfolgende einzelne Zeichen (etwa wie in `Hallo`). Jedes Zeichen ist ein 8-Bit-Wert aus der vollen 256-Zeichen großen Tabelle (das Zeichen NUL hat nicht die Sonderbedeutung wie in anderen Sprachen).

Die kürzestmögliche Zeichenkette enthält überhaupt keine Zeichen. Die längste Zeichenkette nimmt Ihren gesamten Hauptspeicher ein (damit könnten Sie dann allerdings nichts mehr anfangen). Das ist so, weil Perl bei jeder Gelegenheit nach dem Prinzip »keine eingebauten Grenzen« vorgeht. Typischerweise bestehen Zeichenketten aus druckbaren Zeichen mit Buchstaben und Ziffern zwischen ASCII 32 und ASCII 126. Die Fähigkeit, jedes Zeichen zwischen 0 und 255 in einer Zeichenkette zu verwenden, bedeutet allerdings, daß Sie in einer Zeichenkette rohe Binärdaten ablegen, durchsuchen und verändern können – damit hätten die meisten anderen Hilfsprogramme große Schwierigkeiten. (Sie könnten zum Beispiel Ihr Betriebssystem patchen, indem Sie es in eine Zeichenkette in Perl einlesen, ändern und wieder herausschreiben.)

Wie Zahlen haben auch Zeichenketten eine Darstellung als Literal (die Art und Weise, wie Zeichenketten in einem Perl-Programm ausgedrückt werden). Diese Darstellung von Zeichenketten als Literale kennt zwei unterschiedliche Arten: in *einfachen Anführungsstrichen* und in *doppelten Anführungsstrichen.*[6] Eine andere Form, die diesen beiden sehr ähnlich sieht, sind Zeichenketten, die in rückwärts gerichteten Anführungsstrichen eingeschlossen sind. Das ist eigentlich keine literale Zeichenkette, sondern eine Möglichkeit, externe Befehle aufzurufen und deren Ausgabe zurückzubekommen. Wir behandeln das in Kapitel 14.

Zeichenketten in einfachen Anführungsstrichen

Eine *Zeichenkette in einfachen Anführungsstrichen* ist eine Reihe von Zeichen, die mit einfachen Anführungsstrichen beginnt und endet. Die einfachen Anführungsstriche sind nicht Teil der Zeichenkette – sie sind nur da, damit Perl Anfang und Ende der Zeichenkette erkennt. Innerhalb dieser Anführungszeichen ist jedes Zeichen (auch Newline-Zeichen, wenn die Zeichenkette über mehrere Zeilen geht) erlaubt. Zwei Ausnahmen: Um ein einfaches Anführungszeichen in eine solche Zeichenkette zu bringen, stellen Sie einen Backslash (\) voran. Und um einen Backslash in eine solche Zeichenkette zu bringen, stellen Sie einen weiteren Backslash vor den Backslash. Mit anderen Worten:

```
'Hallo'           # fünf einzelne Zeichen: H, a, l, l, o
'tu\'s nicht'     # zehn einzelne Zeichen: t, u, Apostroph, s, Leerzeichen, n, i, c, h, t
''                # der leere String (keine Zeichen)
'ich\\Idiot'      # ich, gefolgt von einem Backslash, gefolgt von Idiot
'Hallo\n'         # Hallo gefolgt von einem Backslash, dahinter ein n
'Hallo
zusammen'         # Hallo, neue Zeile, zusammen (insgesamt 14 Zeichen)
```

5 Diese Übersetzung verwendet die Begriffe *Zeichenkette* und *String* gleichbedeutend nebeneinander.

6 Es gibt auch noch *here*-Strings, ähnlich wie die *here*-Dokumente der Shell. Sie werden in Kapitel 19 erklärt. Lesen Sie dazu auch Kapitel 2 von *Programmieren mit Perl* und *perldata* (1).

Beachten Sie, daß das `\n` innerhalb der einfach angeführten Zeichenkette nicht als Newline interpretiert wird, sondern als die zwei Zeichen Backslash und `n`. (Der Backslash hat nur dann eine Sonderbedeutung, wenn unmittelbar darauf ein weiterer Backslash oder ein einfaches Apostroph folgt.)

Zeichenketten in doppelten Anführungsstrichen

Eine *Zeichenkette in doppelten Anführungsstrichen* ist einer Zeichenkette in C sehr ähnlich. Nochmal: es handelt sich um eine Reihe von Zeichen, nur daß sie diesmal von doppelten Anführungsstrichen eingeschlossen sind. Hier entfaltet aber nun der Backslash seine gesamte Macht, Steuerzeichen anzugeben – oder sogar absolut jedes Zeichen durch oktale und hexadezimale Angabe. Hier ein paar Zeichenkette in doppelten Anführungsstrichen:

```
"Hallo Welt\n"    # Hallo Welt, danach ein Newline (neue Zeile)
"Neu \177"        # Neu, Leerzeichen, danach das Löschzeichen (oktal 177)
"Kaffee\tTee"     # ein Kaffee, ein Tabulator und ein Tee
```

Der Backslash kann vor einer Reihe von Zeichen stehen, so daß sie dann etwas anderes bedeuten (man nennt so etwas einen *Backslash-Schutz* (*backslash escape*)). Eine komplette Liste aller Backslash-Sonderzeichen innerhalb doppelter Anführungsstriche steht in Tabelle 2-1.

Tabelle 2-1: Sonderzeichen in Zeichenketten in doppelten Anführungsstrichen

Ausdruck	**Bedeutung**
`\n`	Newline, neue Zeile
`\r`	Return, Rücklauf, Wagenrücklauf
`\t`	Tabulator
`\f`	Formfeed, neue Seite, Seitenvorschub
`\b`	Backspace, Rückschritt
`\a`	Tonsignal
`\e`	Escape
`\007`	jeder oktale ASCII-Wert (hier: 007 = Tonsignal)
`\x7f`	jeder hexadezimale ASCII-Wert (hier: 7f = DEL)
`\cC`	jedes »Control«-Zeichen (hier: Control-C)
`\\`	Backslash
`\"`	doppeltes Anführungszeichen
`\l`	nächsten Buchstaben klein schreiben
`\L`	alle folgenden Buchstaben bis `\E` klein schreiben `\E`
`\u`	nächsten Buchstaben groß schreiben
`\U`	alle folgenden Buchstaben bis `\E` groß schreiben `\E`

Tabelle 2-1: Sonderzeichen in Zeichenketten in doppelten Anführungsstrichen (Fortsetzung)

Ausdruck	Bedeutung
`\Q`	alle nicht-alphanumerischen Zeichen bis zum nächsten `\E` mit Backslashes schützen
`\E`	hebt die Wirkung von `\L`, `\U` und `\Q` wieder auf

Ein weiteres Merkmal dieser Zeichenketten in doppelten Anführungsstrichen ist ihre *Variablen-Interpolation*, was bedeutet, daß Variablennamen innerhalb der Zeichenketten beim Zugriff durch ihre Werte ersetzt werden. Wir wissen bisher noch nicht, wie eine Variable aussieht (außer aus dem kleinen Rundgang), ich komme aber später noch einmal darauf zurück.

Skalare Operatoren

Ein Operator erzeugt einen neuen Wert (ein *Ergebnis*) aus einem oder mehreren anderen Werten (den *Operanden*). Ein + ist beispielsweise ein Operator, weil es zwei Zahlen nimmt (die Operanden, etwa 5 und 6) und einen neuen Wert produziert (11, das Ergebnis).

Die Operatoren und Ausdrücke in Perl sind im wesentlichen eine Obermenge von denen, die in anderen ALGOL/Pascal-ähnlichen Sprachen wie etwa C oder Java verfügbar sind. Ein Operator erwartet entweder numerische Operanden oder String-Operanden (ggf. auch eine Kombination von beiden). Wenn Sie einen String-Operanden angeben, wo eine Zahl erwartet wird (oder anders herum), konvertiert Perl den Operanden automatisch nach eher intuitiven Regeln, die im Abschnitt »Konvertierung zwischen Zahlen und Zeichenketten« näher beschrieben werden.

Operatoren für Zahlen

Perl bietet die typischen gewöhnlichen Operatoren für Addition, Subtraktion, Multiplikation und Division. Beispiel:

```
2 + 3      # 2 plus 3 oder 5
5.1 - 2.4  # 5.1 minus 2.4, oder etwa 2.7
3 * 12     # 3 mal 12 = 36
14 / 2     # 14 geteilt durch 2 oder 7
10.2 / 0.3 # 10.2 geteilt durch 0.3 oder etwa 34
10 / 3     # grundsätzlich Gleitkomma-Division, also etwa 3.3333333...
```

Darüber hinaus bietet Perl den *Potenzierungs*-Operator, wie er aus FORTRAN bekannt ist und der in Pascal und C immer wieder vermißt wurde. Der Operator wird durch den doppelten Stern ausgedrückt, also etwa `2**3`, was zwei hoch drei, also acht, bedeutet. (Paßt ein Ergebnis nicht mehr in eine Gleitkommazahl doppelter Genauigkeit, wie etwa eine negative Zahl mit einem nicht-ganzzahligen Exponenten oder eine große Zahl mit einem großen Exponenten, wird ein fataler Fehler erzeugt.)

Auch einen *Modulo*-Operator gibt es in Perl. Der Wert des Ausdrucks `10 % 3` ist der Rest, der übrigbleibt, wenn `10` durch drei geteilt wird, also eins. Beide Werte werden zuerst auf ihre ganzzahligen Werte reduziert: `10.3 % 3.2` wird folglich als `10 % 3` gerechnet.

Die Operatoren für logische Vergleiche sind <, <=, ==, >=, > und `!=`. Sie vergleichen zwei Werte numerisch und liefern *wahr* oder *falsch* zurück. Beispielsweise liefert `3 > 2` *wahr*, weil drei größer ist als zwei, während `5 != 5` *falsch* liefert, weil es nicht richtig ist, daß fünf nicht gleich fünf ist. Zu den Definitionen von *wahr* und *falsch* kommen wir später – im Moment können Sie sich vorstellen, daß eins für *wahr* und Null für *falsch* steht. (Diese Operatoren kommen auch noch einmal in Tabelle 2-2 vor.)

Sie haben sich vielleicht über das Wort »etwa« in den Kommentaren der Code-Beispiele am Beginn dieses Abschnitts gewundert. Bekommt man denn nicht 2.7 heraus, wenn man 2.4 von 5.1 abzieht? Im Mathematikunterricht schon, aber mit Computern normalerweise nicht. Statt dessen bekommen Sie eine Annäherung, die nur auf eine gewisse Anzahl von Stellen genau ist. Computer speichern Zahlen nicht so ab, wie Mathematiker über sie nachdenken. Aber wenn Sie nicht irgendwelche extremen Berechnungen ausführen, sollten Sie die erwarteten Ergebnisse erhalten.

Vergleichen Sie die folgenden Anweisungen, und Sie werden sehen, was der Computer als Ergebnis der Subtraktion herausbekommen hat (die Funktion `printf` wird in Kapitel 6 beschrieben):

```
printf("%.51f\n", 5.1 - 2.4);
# 2.699999999999999733546474089962430298328399658203125

print(5.1 - 2.4, "\n");
# 2.7
```

Machen Sie sich darüber aber nicht allzuviele Sorgen: Die Funktion `print` hat ein Default-Format für Gleitkommazahlen, daß normalerweise solche Ungenauigkeiten in der internen Darstellung versteckt. Wenn Sie damit doch Probleme bekommen, können Sie die Module Math::BigInt und Math::BigFloat verwenden, um Arithmetik beliebiger Genauigkeit für ganze und Gleitkommazahlen zu erhalten, wenn auch um den Preis etwas geringerer Ausführungsgeschwindigkeit. Näheres finden Sie in Kapitel 7 von *Programmieren mit Perl* oder der Online-Dokumentation dieser Module.

Operatoren für Zeichenketten

Zeichenketten können mit dem Operator . (ja, nur ein einzelner Punkt) aneinandergehängt (konkateniert) werden. Damit wird noch keine der Zeichenketten verändert, genausowenig wie bei 2 + 3 die 2 oder die 3 verändert wird. Die (längere) Zeichenkette, die dabei herauskommt, kann dann weiterverarbeitet oder in einer Variablen gespeichert werden.

```
"Hallo" . "Welt"        # das gleiche wie "HalloWelt"
'Hallo Welt' . "\n"     # das gleiche wie "Hallo Welt\n"
"Fred" . " " . "Barney" # das gleiche wie "Fred Barney"
```

Zu beachten ist, daß die Verarbeitung der beiden Zeichenketten explizit mit dem Operator . aufgerufen werden muß. Es reicht nicht, die beiden Werte nur nahe genug aneinander zu plazieren.

Ein weiterer Satz von Operatoren auf Zeichenketten sind die Vergleichsoperatoren. Diese Operatoren sind ähnlich wie in FORTRAN – wie etwa `lt` für *less than* (kleiner als) und so weiter. Die Operatoren vergleichen wie üblich die ASCII-Werte der einzelnen Zeichen der Zeichenketten miteinander. Eine vollständige Übersicht über die Vergleichsoperatoren (für Zahlen und Zeichenketten) finden Sie in Tabelle 2-2.

Tabelle 2-2: Vergleichsoperatoren für Zahlen und Zeichenketten

Vergleich	**Zahl**	**Zeichenkette**
gleich (*equal*)	==	eq
ungleich (*not equal*)	!=	ne
kleiner als (*less than*)	<	lt
größer als (*greater than*)	>	gt
kleiner oder gleich (*less or equal*)	<=	le
größer oder gleich (*greater or equal*)	>=	ge

Sie werden sich vielleicht wundern, warum es für Zahlen und Zeichenketten unterschiedliche Operatoren gibt, wo sie doch eigentlich automatisch hin- und herkonvertiert werden. Nehmen Sie einmal die zwei Werte 7 und 30. Wenn sie als Zahlen verglichen werden, ist 7 ganz klar kleiner als 30, werden sie aber als Zeichenketten verglichen, dann kommt die Zeichenkette `"30"` noch vor der Zeichenkette `"7"`, ist also kleiner (weil der ASCII-Wert von 3 kleiner ist als der von 7). Sie müssen also in Perl den Typ des Vergleichs angeben – Zahlen oder Zeichenketten.

Beachten Sie auch, daß diese Vergleiche ziemlich genau anders herum sind als in der Shell-Programmierung von UNIX. Dort wird `-eq` für den numerischen Vergleich und `=` für den Vergleich von Zeichenketten verwendet.

Noch ein weiterer Operator für Zeichenketten ist der *Wiederholungsoperator* zur Wiederholung von Zeichenketten. Er besteht nur aus einem kleinen `x`. Dieser Operator macht aus seinem linken Operanden (einer Zeichenkette) so viele aneinanderhängende Kopien, wie in seinem rechten Operanden (einer Zahl) angegeben ist. Ein Beispiel:

```
"Fred" x 3       # ist "FredFredFred"
"Barney" x (4+1) # ist "Barney" x 5 und damit
                 # "BarneyBarneyBarneyBarneyBarney"
(3+2) x 4        # ist 5 x 4 genauer gesagt "5" x 4, und ergibt "5555"
```

Das letzte Beispiel muß man mal langsam vor sich hin sprechen. Die Klammern um `(3 + 2)` bewirken, daß dieser Ausdruck als erstes ausgewertet wird – heraus kommt fünf. (Die Klammern funktionieren genauso wie in in der Mathematik.) Der Wiederholungsoperator erwartet aber eine Zeichenkette als linken Operanden. Deswegen wird die Zahl `5` in die Zeichenkette `"5"` umgewandelt (nach Regeln, die später noch detailliert beschrieben werden), eine Zeichenkette, die einfach nur ein Zeichen lang ist. Diese neue Zeichenkette wird dann viermal kopiert, und heraus kommt die Zeichenkette `5555` mit vier Zeichen. Hätten wir die Reihenfolge der Operanden umgedreht, dann hätten wir fünf Kopien der Zeichenkette `4` erzeugt, und es wäre `44444` herausgekommen. Die Zeichenketten-Wiederholung ist also nicht kommutativ.

Der Kopienzähler (der rechte Operand) wird zuerst auf einen ganzzahligen Wert gestutzt (aus 4,8 wird 4), bevor er verwendet wird. Ein Kopienzähler kleiner als eins führt zu einer leeren Zeichenkette mit der Länge Null.

Präzedenz und Assoziativität der Operatoren

Die Präzedenz von Operatoren legt fest, wie mehrdeutige Fälle zu lösen sind, bei denen zwei Operatoren auf drei Operanden zu wirken versuchen. Führen wir in dem Beispiel `2+3*4` zuerst die Addition aus oder zuerst die Multiplikation? Mit der Addition zuerst bekämen wir `5*4`, also `20`. Mit der Multiplikation (wie es uns im Mathematikunterricht beigebracht wurde), bekämen wir aber `2+12`, also `14`. Zum Glück entscheidet sich Perl für die übliche mathematische Definition, führt also zuerst die Multiplikation aus. Weil das so ist, sagen wir, die Multiplikation hat *Präzedenz* vor der Addition.

Über diese Präzedenzregeln kann man sich mit der Benutzung von runden Klammern hinwegsetzen. Alles, was innerhalb einer Klammer steht, wird vollständig ausgewertet, bevor der Operator außerhalb der Klammer zum Einsatz kommt (wie Sie es im Mathematikunterricht gelernt haben). Wenn ich die Addition also wirklich vor der Multiplikation ausgewertet haben will, kann ich `(2+3)*4` sagen, und heraus kommt `20`. Und auch anders herum: Wenn Sie zeigen wollen, daß die Multiplikation vor der Addition ausgeführt wird, könnten Sie dekorative, aber nutzlose Klammern, wie in `2+(3*4)` einbauen.

Während die Präzedenz bei Addition und Multiplikation noch ziemlich intuitiv ist,[7] haben wir schon ziemliche Probleme, wenn wir eine Aneinanderreihung von Zeichenketten im Vergleich zu einer Potenzierung vor uns haben. Der einzig richtige Weg, um dieses Problem zu lösen, ist ein Blick in die einzig wahre und durch nichts zu ersetzende Übersichtstafel der Operatorenpräzedenz in Perl, wie Sie in Tabelle 2-3 zu finden ist. (Einige der Operatoren sind noch nicht beschrieben, und einige werden auch im ganzen Buch nicht mehr vorkommen – das soll Sie aber nicht davon abhalten, sie sich dennoch anzuschauen.) Operatoren, die es in C auch gibt, haben auch die gleiche Präzedenz wie in C.

Tabelle 2-3: Assoziativität und Präzedenz von Operatoren (in absteigender Reihenfolge)

Assoziativität	Operator
links	die Listen-Operatoren (links-gerichtet)
links	`->` (Methodenaufruf, Dereferenzierung)

7 Erinnern Sie sich an den Algebra-Unterricht am Gymnasium? Wenn nicht, können Sie ruhig immer Klammern verwenden, um die Ausdrücke klarer zu machen.

Tabelle 2-3: Assoziativität und Präzedenz von Operatoren (in absteigender Reihenfolge)

Assoziativität	**Operator**
keine	`++ --` (Autoinkrementierung, Autodekrementierung)
rechts	`**` (Potenzierung)
rechts	`! ~ \ + -` (logisches Nicht, bitweises Nicht, Referenz-Operator, unäres Plus, unäres Minus)
links	`=~ !~` (paßt, paßt nicht)
links	`* / % x` (Multiplikation, Division, Restbildung, String-Wiederholung)
links	`+ - .` (Addition, Subtraktion, String-Konkatenation)
keine	Benannte unäre Operatoren (wie chomp)
links	`&` (bitweises Und)
links	`| ^` (bitweises Oder, bitweises Exklusiv-Order)
links	`&&` (logisches Und)
links	`||` (logisches Oder)
keine	`.. ...` (nicht inklusiver und inklusiver Bereich)
rechts	`?:` (if-then-else)
rechts	`= += -= *=` usw. (Zuweisung und binäre Zuweisung)
links	`, =>` (Komma und Komma-Pfeil)
keine	Listen-Operatoren (rechts-gerichtete)
rechts	`not` (logisches Nicht)
links	`and` (logisches Und)
links	`or xor` (logisches Oder, logisches Exklusiv-Oder)

In dieser Übersichtstafel hat jeder einzelne Operator eine höhere Präzedenz als alle, die in der Liste davor stehen, und eine niedrigere Präzedenz als alle, die danach kommen.

Operatoren, die auf der gleichen Ebene stehen, werden statt dessen nach den Regeln der *Assoziativität* aufgelöst. Wie die Präzedenz, so löst auch die Assoziativität die Probleme der Reihenfolge von Operationen, wenn zwei gleichrangige Operatoren Zugriff auf drei Operanden haben wollen:

```
2 ** 3 ** 4  # 2 ** (3 ** 4) oder 2 ** 81 oder etwa 2.41e24
72 / 12 / 3  # (72 / 12) / 3 oder 6/3 oder 2
30 / 6 * 3   # (30/6)*3 oder 15
```

Im ersten Fall ist der Operator `**` rechts-assoziativ, wir können uns also rechts eine Klammer vorstellen. Im Vergleich dazu sind die Operatoren `*` und `/` links-assoziativ, und damit ist sozusagen der linke Teil geklammert.

Konvertierung zwischen Zahlen und Zeichenketten

Wird eine Zeichenkette als Operand für einen numerischen Operator (etwa ein +) eingesetzt, dann konvertiert Perl die Zeichenkette automatisch in ihren numerischen Wert, als wenn sie als dezimale Gleitkommazahl eingegeben worden wäre.[8] Nicht-numerisches Zeug am Ende und Leerraum am Anfang wird höflich und schweigend ignoriert; aus `' 123.45fred'` (mit einem Leerzeichen am Anfang) wird also `123.45`, und es gibt nicht einmal eine Warnung.[9] Im Extremfall bedeutet das, daß etwas, das überhaupt keine Zahl mehr enthält, ohne Warnung eine Null wird (wenn etwa `fred` als Zahl verwendet wird).

Genauso verhält es sich, wenn ein numerischer Wert angegeben wird, wo eine Zeichenkette erwartet wird (so etwa beim Operator `.` für das Aneinanderhängen von Zeichenketten). Der numerische Wert wird dann umgebaut zu einer Zeichenkette, die der gedruckten Darstellung der Zahl einigermaßen entspricht. Wenn Sie also etwa ein `X` und das Ergebnis von 4 mal 5 aneinanderhängen wollen, können Sie das einfach durch diese Eingabe tun:

```
"X" . (4 * 5) # das gleiche wie "X" . 20 oder "X20"
```

(Denken Sie daran, daß wegen der Klammern `4*5` zuerst berechnet und dann erst der Operator zum Aneinanderhängen von Zeichenketten beachtet wird.)

Kurz gesagt: Sie brauchen sich nicht darum zu kümmern, ob Sie eine Zahl oder eine Zeichenkette haben (in den meisten Fällen). Perl konvertiert das schon für Sie.

Skalarvariablen

Eine Variable ist der Name für einen Behälter, der einen oder mehrere Werte enthält. Der Name der Variablen ist im ganzen Programm gleich, aber der Wert oder die Werte, die in dieser Variablen enthalten sind, ändern sich normalerweise immer wieder, während das Programm ausgeführt wird.

Eine Skalarvariable enthält einen einzelnen skalaren Wert (der eine Zahl, eine Zeichenkette oder eine Referenz darstellt). Die Namen von Skalarvariablen beginnen mit einem Dollarzeichen und einem Buchstaben dahinter – danach können weitere Buchstaben, Ziffern oder Unterstriche stehen.[10] Zwischen Groß- und Kleinschreibung wird unterschieden: Die Variable `$A` ist eine andere Variable als `$a`. Und wirklich alle Buchstaben, Ziffern und Unterstriche sind signifikant. Die Variable

```
$eine_sehr_lange_Variable_mit_dem_letzten_Zeichen_1
```

8 Für hexadezimale und oktale Werte gibt es keine automatische Konvertierung. Diese müssen mit `hex()` und `oct()` umgerechnet werden.

9 Es sei denn, Sie schalten die Option `-w` auf der Kommandozeile ein, was Sie aus Sicherheitsgründen immer tun sollten.

10 Allerdings begrenzt auf 255 Zeichen. Wir hoffen, das reicht.

unterscheidet sich von:

```
$eine_sehr_lange_Variable_mit_dem_letzten_Zeichen_2
```

Sie sollten generell Ihre Variablen so benennen, daß sie eine gewisse Aussagefähigkeit in bezug auf ihren Wert haben. So ist `$xyz124` sicherlich weniger aussagekräftig als `$zeilen_laenge`.

Skalare Operatoren und Funktionen

Die übliche Operation auf einer Skalarvariablen ist die *Zuweisung*, die Methode, um einer Variablen einen Wert zu geben. Der Zuweisungsoperator in Perl ist das Gleichheitszeichen (wie in C oder FORTRAN). Dabei steht ein Variablenname auf der linken Seite, dem dann der Wert des Ausdrucks auf der rechten Seite gegeben wird, etwa so:

```
$a = 17;      # weise $a den Wert 17 zu
$b = $a + 3; # weise $b den aktuellen Wert von $a plus 3 (20) zu
$b = $b * 2; # weise $b den Wert von $b mit 2 multipliziert (40) zu
```

Interessant ist hier, daß in der letzten Zeile die Variable `$b` zweimal verwendet wird: einmal, um ihren Wert zu erhalten (auf der rechten Seite des =), und einmal, um festzulegen, wo der berechnete Ausdruck hingetan werden soll (auf der linken Seite des =). Dies ist zulässig, sicher und auch sehr verbreitet. Es ist sogar so geläufig, daß wir es auch in einer praktischen Abkürzung hinschreiben können, wie wir gleich sehen werden.

Vielleicht ist Ihnen aufgefallen, daß Skalarvariablen immer mit einem `$` am Anfang angesprochen werden. In der Shell verwenden Sie `$`, um den Wert zu erhalten. Sie lassen `$` aber weg, wenn Sie einen neuen Wert zuweisen. In Java oder C lassen Sie das `$` vollständig weg. Wenn Sie viel hin- und herspringen, werden Sie feststellen, daß Sie immer wieder einmal etwas Falsches tippen. Damit muß man rechnen. (Ich habe daher ganz einfach aufgehört, Shell-, C- oder *awk*-Programme zu schreiben, bei Ihnen ist das aber vielleicht nicht so einfach möglich.)

Eine solche skalare Zuweisung kann, wie in C, als Wert und auch als Operation eingesetzt werden. Anders ausgedrückt: `$a=3` besitzt einen Wert, genau wie `$a+3` einen Wert besitzt. Der Wert ist die zugewiesene Zahl, also bei `$a=3` der Wert `3`. Auf den ersten Blick klingt das vielleicht komisch, aber eine Zuweisung als Wert kann nützlich sein, wenn Sie einer Variablen in einem Ausdruck einen vorübergehenden Wert zuweisen wollen, oder wenn Sie ein und denselben Wert in mehrere Variablen kopieren wollen. Ein Beispiel:

```
$b = 4 + ($a = 3);        # weise $a den Wert 3 zu, addiere dann 4 hinzu
                          # damit erhaelt $b den Wert 7
$d = ($c = 5);            # weise zuerst $c den Wert 5 zu, danach auch noch $d
$d = $c = 5;              # das gleiche ohne Klammern
```

Das letzte Beispiel funktioniert, weil die Zuweisung rechts-assoziativ ist.

Operatoren für binäre Zuweisung

Ausdrücke wie `$a = $a + 5` (wo also die gleiche Variable auf beiden Seiten der Zuweisung erscheint) kommen so oft vor, daß es in Perl eine Kurzform für die Operation *Ändern einer Variablen* gibt – die *binäre Zuweisung*. Für fast alle binären Operatoren, die einen Wert berechnen, gibt es eine korrespondierende Form für die binäre Zuweisung, bei der einfach ein Gleichheitszeichen angehängt wird. So sind etwa die folgenden beiden Zeilen identisch:

```
$a = $a + 5; # ohne den binären Zuweisungsoperator
$a += 5;     # mit dem binären Zuweisungsoperator
```

Und auch diese sind gleich:

```
$b = $b * 3;
$b *= 3;
```

In jedem dieser Fälle wird durch den Operator der Wert der Variablen irgendwie geändert, statt einfach mit dem Ergebnis irgendeines neuen Ausdrucks überschrieben zu werden.

Sehr häufig kommt auch der Operator zum Aneinanderhängen von Zeichenketten als Zuweisungsoperator vor:

```
$str = $str . " "; # an $str wird ein Leerzeichen angehängt
$str .= " ";       # das gleiche mit dem Zuweisungsoperator
```

Das ist mit fast allen binären Operatoren zulässig. Zum Beispiel wird ein Operator *Potenzieren mit* als **= geschrieben. `$a **= 3` bedeutet also »potenziere die Zahl in `$a` mit drei und schreibe das Ergebnis in `$a` zurück«.

Wie der einfache Zuweisungsoperator haben auch diese Operatoren einen Wert: den Wert der neuen Variablen. Als Beispiel:

```
$a = 3;
$b = ($a += 4); # $a und $b haben jetzt beide den Wert 7
```

Autoinkrement and Autodekrement

Als ob es noch nicht einfach genug wäre, mit `$a += 1` zu `$a` eins dazuzuzählen, geht Perl noch weiter und verkürzt auch das noch einmal. Der Operator ++ (als *Autoinkrement*-Operator bezeichnet) zählt zu seinem Operanden eins dazu und gibt den erhöhten Wert zurück, also beispielsweise:

```
$a += 1;    # mit Zuweisungsoperator
++$a;       # mit vorangestelltem Autoinkrement-Operator
$d = 17;
$e = ++$d; # $e und $d haben jetzt beide den Wert 18
```

Der Operator ++ wird hier als *Präfix*-Operator verwendet, das heißt, der Operator steht auf der linken Seite seines Operanden (vorangestellt). Autoinkrement kann auch in *Suf-*

fix-Form verwendet werden (rechts vom Operanden; dahinter). Dann ist das Ergebnis des Ausdrucks der Wert der Variablen, *bevor* sie hochgezählt wird. Ein Beispiel:

```
$c = 17;
$d = $c++; # $d ist 17, aber $c hat jetzt den Wert 18
```

Da sich der Wert des Operanden ändert, muß der Operand eine Skalarvariable sein und kein Ausdruck, Sie können also nicht `++16` sagen, um `17` zu erhalten, und Sie können auch nicht `++($a+$b)` sagen, um irgendwie eins mehr als die Summe von `$a` und `$b` zu erhalten.

Der Autodekrement-Operator (`--`) funktioniert genauso wie der Autoinkrement-Operator, nur daß er eben eins abzieht statt eins dazuzuzählen. Wie der Autoinkrement-Operator kennt auch der Autodekrement-Operator eine Form als Präfix und als Suffix. Ein Beispiel:

```
$x = 12;
--$x;      # $x ist jetzt 11
$y = $x--; # $y ist 11, $x ist jetzt 10
```

Die Autoinkrement- und Autodekrement-Operatoren können auch für das automatische Herauf- und Herunterzählen von Gleitkommazahlen benutzt werden. Wenn man also eine Variable mit dem Wert 4.2 autoinkrementiert, kommt wie erwartet das Ergebnis 5.2 heraus.[11]

Die Funktionen chop() und chomp()

Sehr hilfreich ist auch die eingebaute Funktion `chop()`. Diese Funktion nimmt einzelnes Argument – den Namen einer Skalarvariablen – an und schneidet das letzte Zeichen des String-Wertes dieser Variablen ab. Ein Beispiel:

```
$x = "Hallo Welt";
chop($x); # $x ist jetzt "Hallo Wel"
```

Beachten Sie, daß hier der Wert des Arguments geändert wird; daher muß hier eine Skalarvariable stehen und nicht nur ein skalarer Wert. Es würde z.B. nicht viel Sinn machen, `chop('suey')` zu schreiben, um `sue` daraus zu machen, weil nichts da ist, wo der Wert hingeschrieben werden könnte. Außerdem hätten Sie dann ja auch gleich `'sue'` hinschreiben können.

Der Wert, der zurückgegeben wird, ist das abgeschnittene Zeichen (im obigen Beispiel der Buchstabe `t` aus `Welt`). Das heißt, daß der folgende Code vermutlich falsch ist:

```
$x = chop($x);  # FALSCH: ersetzt $x durch sein letztes Zeichen
chop($x);       # RICHTIG: wie vorher, entfernt das letzte Zeichen
```

11 Autoinkrementierung funktioniert sogar mit Strings. Lesen Sie dazu *Programmieren mit Perl* oder *perlop* (1).

Wenn `chop()` eine leere Zeichenkette bekommt, passiert nichts und es wird auch nichts zurückgegeben – ohne eine Fehlermeldung oder die geringste Klage.[12] Die meisten Operationen in Perl haben ein sinnvolles Verhalten in Grenzfällen. Das bedeutet, daß Sie sie bis an ihre Grenzen (und darüber hinaus) ausreizen können, oft sogar ohne eine Warnung. Es gibt Leute, die genau das für einen der grundlegenden Mängel von Perl halten, der Rest von uns schreibt die heißesten Programme, ohne sich um die kleinen Haken zu kümmern. Entscheiden *Sie*, zu welchem der beiden Lager Sie gehören wollen.

Wenn Sie `chop()` auf eine Zeichenkette anwenden, von der bereits ein Zeichen entfernt worden ist, dann geht ein weiteres Zeichen in die ewigen Jagdgründe. Ein Beispiel:

```
$a = "Hallo Welt\n";
chop $a; # $a ist jetzt "Hallo Welt"
chop $a; # Huch! $a ist jetzt "Hallo Wel"
```

Wenn Sie sich nicht sicher sind, ob die Variable ein Newline am Ende hat, können Sie den etwas sicheren Operator `chomp()` verwenden, der nur Newline-Zeichen entfernt.[13] wie zum Beispiel hier:

```
$a = "Hallo Welt\n";
chomp ($a); # $a ist jetzt "Hallo Welt"
chomp ($a); # Aha! Keine Veränderung in $a
```

Interpolation von Skalaren in Zeichenketten

Steht die Literal-Darstellung einer Zeichenkette in doppelten Anführungsstrichen, so findet darin eine *Variableninterpolation* statt (und außerdem wird noch nach Backslash-Sonderzeichen gesucht). Das heißt, daß die Zeichenkette nach möglichen Namen von Skalarvariablen[14] durchsucht wird – also nach einem Dollarzeichen, gefolgt von Buchstaben, Ziffern oder Unterstrichen. Wird eine Variablenreferenz gefunden, so wird sie durch ihren momentanen Wert ersetzt (oder durch eine leere Zeichenkette, wenn der Skalarvariablen noch kein Text zugewiesen wurde). Zum Beispiel:

```
$a = "Fred";
$b = "etwas Text $a";              # $b ist jetzt "etwas Text Fred"
$c = "unbekannte Variable $was";   # $c ist "unbekannte Variable "
```

Der Text, der anstelle des Variablennamens eingesetzt wird, wird nicht noch einmal durchsucht; wenn also im ersetzten Wert noch weitere Dollarzeichen sind, findet keine weitere Ersetzung mehr statt:

```
$x = '$fred'; # ein wörtliches Dollarzeichen und danach "Fred"
$y = "hey $x"; # der Wert ist 'hey $fred': keine zweimalige Ersetzung
```

12 Es sei denn, Sie verwenden die gesundheitsfördernde Option `-w`.

13 Oder was eben gerade als Datensatztrennzeichen für die Eingabe eingestellt ist.

14 Und von Array-Variablen, von denen wissen wir aber bis Kapitel 3 noch nichts.

Wenn Sie verhindern wollen, daß eine Variable durch ihren Wert ersetzt wird, müssen Sie entweder diesen Teil der Zeichenkette so umbauen, daß er in einfachen Anführungszeichen erscheint, oder dem Dollarzeichen einen Backslash voranstellen, durch den die Sonderbedeutung des Dollarzeichens aufgehoben wird:

```
$fred   = 'Hi';
$barney = "Ein Test von " . '$fred'; # wortwoertlich: 'Ein Test von $fred'
$barney2= "Ein Test von \$fred";     # ebenso
```

Als Variablenname wird der längstmögliche Variablenname genommen, der an dieser Stelle einer Zeichenkette Sinn macht. Das kann zum Problem werden, wenn Sie unmittelbar hinter dem ersetzten Wert noch konstanten Text haben wollen, der mit einem Buchstaben, einer Ziffer oder einem Unterstrich beginnt. Wenn nun Perl nach Variablennamen sucht, würde es diese Zeichen für Bestandteile des Variablennamens halten, was Sie aber eigentlich nicht wollten. Perl bietet hierfür genau wie die Shell ein Begrenzungszeichen für den Variablennamen. Schließen Sie einfach den *Namensteil* der Variablen in geschweiften Klammern ein. Alternativ können Sie auch den Teil der Zeichenkette an der Stelle beenden und den nächsten Teil mit dem Konkatenationsoperator anhängen.

```
$fred   = "Zahl"; $fredtag = "falsch";
$barney = "Es ist $fredtag";          # nicht Zahltag, sondern "Es ist falsch!"
$barney = "Es ist ${fred}tag";        # jetzt wird $barney zu "Es ist Zahltag"
$barney2 = "Es ist $fred"."tag";      # eine andere Methode, das zu machen
$barney3 = "Es ist " . $fred . "tag"; # und noch eine Möglichkeit
```

Mit den Backslash-Operatoren für Groß- und Kleinschreibung kann hier die Schreibweise der Buchstaben, die bei der Variablenersetzung herauskommen, geändert werden.[15] Beispiel:

```
$ganzgrossfred  = "\Ufred";                        # $ganzgrossfred ist "FRED"
$fred        = "fred"; $ganzgrossfred = "\U$fred"; # das gleiche
$grossfred   = "\u$fred";                          # $grossfred ist "Fred"
$barney      = "\LBARNEY";                         # $barney ist jetzt "barney"
$grossbarney = "\u\LBARNEY";                       # $grossbarney ist jetzt "Barney"
$ganzgrossbarney = "BARNEY"; $grossbarney = "\u\L$ganzgrossbarney"; # das gleiche
```

Wie Sie sehen, werden diese Operatoren zur Groß- und Kleinschreibung innerhalb einer Zeichenkette beibehalten, bis sie tatsächlich benutzt werden. Wenn also der erste Buchstabe von `Barney` nicht unmittelbar hinter dem `\u` steht, bleibt er wegen des `\u` dennoch in Großbuchstaben.

Der Ausdruck *Variableninterpolation* wird oft gleichbedeutend mit *Ersetzung bei doppelten Anführungszeichen* verwendet, weil in Zeichenketten innerhalb doppelter Anführungszeichen prinzipiell Variableninterpolation stattfindet. Das gilt auch für Zeichenketten in rückwärts gerichteten Anführungsstrichen, die in Kapitel 14 beschrieben werden.

15 Möglicherweise werden Sie die Benutzung der Funktionen `uc`, `ucfirst`, `lc` und `lcfirst` einfacher finden.

<STDIN> als skalarer Wert

Wenn Sie der typische Hacker sind, werden Sie sich an dieser Stelle sicher fragen, wie man einen Wert in ein Perl-Programm einfügt. Hier ist die einfachste Möglichkeit: jedesmal, wenn Sie `<STDIN>` an einer Stelle verwenden, wo eine Skalarvariable erwartet wird, liest Perl die nächste komplette Zeile von der *Standardeingabe* (bis zum ersten Newline) und verwendet diese Zeichenkette als den Wert von `<STDIN>`. »Standardeingabe« kann ziemlich viel sein, aber Sie nicht gerade etwas Verrücktes anstellen, bedeutet es das Terminal des Benutzers, der das Programm aufgerufen hat (wahrscheinlich Sie). Wenn dort nichts zu lesen ansteht (der Normalfall, wenn Sie nicht gerade eine komplette Zeile vorausgetippt haben), hält das Perl-Programm an und wartet, bis Sie einige Zeichen und dahinter ein Newline (Eingabetaste) eingegeben haben.

Der Wert der Zeichenkette `<STDIN>` hat in der Regel ein Newline am Ende. Nahezu immer werden Sie dieses Newline sofort wieder loswerden wollen (zwischen `hallo` und `hallo\n` ist ein großer Unterschied). Hier kommt unser Freund, die Funktion `chomp()`, zu Hilfe. Eine typische Eingabefolge sieht also etwa so aus:

```
$a = <STDIN>;  # Text einlesen
chomp($a);     # das störende Newline entfernen
```

Normalerweise werden diese zwei Zeilen so abgekürzt:

```
chomp($a = <STDIN>);
```

Die Zuweisung innerhalb der Klammern bleibt eine Referenz auf `$a`, auch nachdem diesem mit dem `<STDIN>`-Operator ein Wert zugewiesen wurde. Die `chomp()`-Funktion wirkt damit also auf `$a`. (Dies gilt allgemein für den Zuweisungsoperator – eine Zuweisung kann überall dort verwendet werden, wo eine Variable erforderlich ist. Die Aktionen beziehen sich dann immer auf die Variable auf der linken Seite des Gleichheitszeichens.)

Ausgabe mit print

Mit `<STDIN>` bekommen wir also Daten herein. Und wie bekommen wir etwas wieder hinaus? Mit der Funktion `print()`. Diese Funktion nimmt die Werte in ihren Klammern und stellt sie einfach und ohne weitere Verzierungen in die Ausgabe. Das ist auch hier, wenn Sie keine komischen Dinge treiben, Ihr Terminal. Ein Beispiel:

```
print("Hallo Welt\n"); # Ausgabe von Hallo Welt, danach ein Newline
print "Hallo Welt\n";  # genau das gleiche
```

Beachten Sie, daß das zweite Beispiel zeigt, wie `print` ohne Klammern verwendet wird. Ob Sie Klammern oder nicht verwenden sollten, ist hauptsächlich eine Frage des Programmierstils und der Fingerfertigkeit, ein paar Fälle gibt es allerdings, wo die Klammern zur Vermeidung von Mehrdeutigkeit nötig sind.

Wir werden später noch sehen, daß Sie `print` auch eine Liste von Werten übergeben können. Das kommt aber erst im Abschnitt »Normale Ausgaben mit `print`« in Kapitel 6. Über Listen haben wir noch nicht gesprochen, daher wollen dies erst einmal zurückstellen.

Der undefinierte Wert

Was geschieht eigentlich, wenn Sie eine Skalarvariable verwenden, bevor Sie ihr einen Wert zuweisen? Nichts Schlimmes und sicher nichts Fatales. Vor ihrer ersten Zuweisung haben Variablen den Wert `undef`. Der Wert sieht wie Null aus, wenn er als Zahl benutzt wird, und wie eine leere Zeichenkette der Länge Null, wenn er als Zeichenkette benutzt wird. Wenn Sie die Option `-w` einschalten, bekommen Sie aber eine Warnung – eine gute Möglichkeit, Programmierfehler herauszubekommen.

Viele Operatoren geben `undef` zurück, wenn ihre Argumente außerhalb des Bereiches liegen oder keinen Sinn machen. Wenn Sie nicht etwas ganz Spezielles anstellen, erhalten Sie eine Null oder eine leere Zeichenkette, ohne daß das irgendwelche Folgen hätte. In der Praxis ist es kaum ein Problem.

Ein Operator, bei dem wir gesehen haben, daß er unter bestimmten Umständen ein `undef` zurückgibt, ist der Operator `<STDIN>`. Normalerweise gibt dieser Operator die nächste Eingabezeile, die gelesen wurde, als Zeichenkette zurück. Wenn es allerdings keine weiteren Zeilen zu lesen gibt (etwa wenn Sie am Terminal ein `STRG-D` gedrückt haben oder eine Datei keine weiteren Daten enthält), dann liefert dieser Operator ein `undef` als Wert. In Kapitel 6 werden wir sehen, wie man dies prüfen und ggf. Aktionen für den Fall auslösen kann, daß keine weiteren Daten mehr verfügbar sind.

Übungen

Die Antworten stehen in Anhang A.

1. Schreiben Sie ein Programm, das den Umfang eines Kreises mit Radius `12,5` berechnet. Der Umfang ist 2π mal Radius, also ungefähr `2` mal `3,141592654` mal Radius.
2. Ändern Sie das Programm aus der vorigen Übung, so daß es den Benutzer nach der Eingabe eines Radius fragt und diese Eingabe entgegennimmt.
3. Schreiben Sie ein Programm, das nach zwei Zahlen fragt, diese einliest und dann als Ergebnis die Multiplikation der beiden Zahlen ausgibt.
4. Schreiben Sie ein Programm, das eine Zeichenkette und eine Zahl einliest und dann die Zeichenkette so oft hintereinander in jeweils einer neuen Zeile ausgibt, wie durch die Zahl angegeben ist. (Tip: Verwenden Sie den Operator »`x`«.)

In diesem Kapitel:

- *Was sind Listen und Arrays?*
- *Literale Darstellung*
- *Variablen*
- *Arrayoperatoren und Funktionen*
- *Skalare und Listenkontexte*
- *<STDIN> als Array*
- *Variableninterpolation von Arrays*
- *Übungen*

3

Arrays und Listen

Was sind Listen und Arrays?

Eine *Liste* besteht aus geordneten skalaren Daten. Ein Array ist eine Variable, die eine Liste enthält. Jedes *Element* des Arrays ist eine separate skalare Variable mit einem unabhängigen skalaren Wert. Diese Werte sind geordnet, d.h. es gibt eine festgelegte Folge vom ersten zum letzten Element.

Arrays können beliebig viele Elemente haben. Das kleinstmögliche Array hat keine Elemente, während das größte den gesamten verfügbaren Speicher füllen kann. Dies entspricht wieder einmal der Perl-Philosophie, keine unnötigen Beschränkungen einzuführen.

Literale Darstellung

Ein *Listenliteral* (also die Art und Weise, in der der Wert einer Liste in Ihrem Programm dargestellt wird), besteht aus durch Kommata getrennten Werten, die in runden Klammern eingeschlossen sind. Diese Werte bilden die Elemente der Liste. Beispiel:

```
(1,2,3)              # ein Array mit den drei Werten 1, 2 und 3
("fred",4.5)         # zwei Werte, "fred" und 4.5
```

Die Elemente einer Liste müssen nicht notwendigerweise Konstanten sein; es kann sich auch um Ausdrücke handeln, die jedes Mal erneut ausgewertet werden, wenn das Literal ausgewertet wird. Ein Beispiel:

```
($a,17)              # zwei Werte: der aktuelle Wert von $a und 17
($b+$c,$d+$e)        # zwei Werte
```

Die leere Liste (eine Liste ohne Elemente) wird durch ein leeres Paar runder Klammern dargestellt:

```
() # die leere Liste (keine Elemente)
```

Ein Element des Listenliterals kann den Operator zur *Listenkonstruktion* enthalten. Dieser besteht aus zwei skalaren Werten, die durch zwei aufeinanderfolgende Punkte getrennt werden. Dieser Operator erzeugt eine Liste der Werte zwischen dem linken und dem rechten Skalar, wobei jeweils um eins heraufgezählt wird:

```
(1 .. 5)            # das gleiche wie (1, 2, 3, 4, 5)
(1.2 .. 5.2)        # das gleiche wie (1.2, 2.2, 3.2, 4.2, 5.2)
(2 .. 6,10,12)      # das gleiche wie (2,3,4,5,6,10,12)
($a .. $b)          # der Bereich wird durch die aktuellen Werte von $a und $b bestimmt.
```

Wenn der rechte Skalar kleiner als der linke ist, ist das Ergebnis eine leere Liste. Es ist nicht möglich, herunterzuzählen, indem die beiden Werte vertauscht werden. Wenn der Endwert nicht eine ganzzahlige Anzahl von Schritten über dem Startwert liegt, dann hört die Liste auf, wenn der nächste Wert außerhalb des Bereiches liegen würde.

```
(1.3 .. 6.1) # das gleiche wie (1.3,2.3,3.3,4.3,5.3)
```

Listenliterale mit vielen kurzen Textstrings sehen oft ziemlich unansehnlich aus mit allen ihren Anführungsstrichen und Kommata:

```
@a = ("fred","barney","betty","wilma"); # würg!
```

Deswegen gibt es eine Abkürzung, die *quote word*-Funktion, die eine Liste aus den nichtleeren Teilen zwischen den Klammern erzeugt:[1]

```
@a = qw(fred barney betty wilma); # besser!
@a = qw(
    fred
    barney
    betty
    wilma
);                                # das gleiche
```

Eine mögliche Verwendung eines Listenliterals ist die als Argumente der Funktion `print`, über die wir schon gesprochen haben. Die Listenelemente werden ohne Leerraum dazwischen ausgeben:

```
print("Die Antwort ist ",$a,"\n"); # ein literales Array aus drei Elementen
```

Diese Anweisung gibt `Die Antwort ist` aus, gefolgt von einem Leerzeichen, dem Wert von `$a` und einem Newline. Bleiben Sie dran, wir zeigen Ihnen noch andere Verwendungen für Listenliterale.

1 Genau gesagt können Sie anstelle der Klammern auch jedes andere Zeichen, das nicht leer und nicht alphanumerisch ist, verwenden – genau wie in den Funktionen zum Mustervergleich, über die wir später sprechen werden.

Variablen

Eine Arrayvariable nimmt einen einzelnen Listenwert (also Null oder mehr skalare Werte) auf. Die Namen von Arrayvariablen ähneln denen von skalaren Variablen; sie unterscheiden sich lediglich durch das erste Zeichen, das bei Arrayvariablen ein Klammeraffe (`@`) anstelle des Dollarzeichens (`$`) ist. Ein Beispiel:

```
@fred # die Arrayvariable @fred
@Ein_sehr_langer_Name_einer_Arrayvariablen
@Ein_sehr_langer_Name_einer_Arrayvariablen_der_sich_davon_unterscheidet
```

Beachten Sie immer, daß die Arrayvariable `@fred` nichts mit der skalaren Variable `$fred` zu tun hat. Für unterschiedliche Dinge verwaltet Perl auch unterschiedliche Namensräume.

Der Wert einer Arrayvariablen, der noch kein Wert zugewiesen wurde, ist `()`, also die leere Liste.

Ein Ausdruck kann sich auf Arrayvariablen insgesamt oder auf einzelne Elemente des Array beziehen, die gelesen oder verändert werden sollen.

Arrayoperatoren und Funktionen

Arrayfunktionen und -operatoren arbeiten auf ganzen Arrays. Manche geben eine Liste zurück, die dann entweder als Parameter einer anderen Arrayfunktion verwendet oder einer Arrayvariablen zugewiesen werden kann.

Zuweisung

Der wahrscheinlich wichtigste Arrayoperator ist vermutlich der Arrayzuweisungsoperator, der einer Arrayvariablen einen Wert zuweist. Wie der skalare Zuweisungsoperator wird auch dieser Operator durch ein Gleichheitszeichen (=) dargestellt. Perl findet anhand der Variablen, der ein Wert zugewiesen soll, heraus, ob es sich um eine skalare oder eine Arrayzuweisung handelt. Ein Beispiel:

```
@fred = (1,2,3); # @fred wird das aus drei Elementen bestehende Literal zugewiesen
@barney = @fred; # und wird jetzt an @barney zugewiesen
```

Wenn ein skalarer Wert einer Arrayvariablen zugewiesen wird, wird dieser skalare Wert das einzige Element des Arrays.

```
@huh = 1; # 1 wird automatisch in die Liste (1) umgewandelt
```

Die Namen von Arrayvariablen dürfen auch in Listenliteralen auftauchen. Wenn der Wert der Liste ermittelt wird, ersetzt Perl die Namen mit den aktuellen Werten des Array wie in den folgenden Beispielen.

```
@fred = qw(eins zwei);
@barney = (4,5,@fred,6,7);    # @barney wird zu
                              # (4,5,"eins","zwei",6,7)
@barney = (8,@barney);        # stellt @barney eine 8 voran
@barney = (@barney,"Ende");   # und ein "Ende" hintendran
                              # @barney ist jetzt (8,4,5,"eins","zwei",6,7,"Ende")
```

Beachten Sie, daß die eingefügten Arrayelemente auf derselben Ebene stehen wie der Rest des Literals: eine Liste kann nicht andere Listen als Elemente enthalten.[2]

Wenn ein Listenliteral nur Variablenreferenzen (keine Ausdrücke) enthält, kann ein solches Listenliteral auch als Variable verwendet werden. Das bedeutet, daß so ein Listenliteral auf der linken Seite einer Zuweisung verwendet werden kann. Jede skalare Variable im Listenliteral erhält den entsprechenden Wert der Liste auf der rechten Seite der Zuweisung. Beispiele:

```
($a,$b,$c) = (1,2,3);        # $a wird 1, $b 2 und $c 3
($a,$b) = ($b,$a);           # vertauschen von $a und $b
($d,@fred) = ($a,$b,$c);     # $a an $d, ($b,$c) an @fred zuweisen
($e,@fred) = @fred;          # erstes Element von @fred entfernen und $e zuweisen
                             # damit ist @fred gleich ($c) und $e gleich $b
```

Wenn die Anzahl der zugewiesenen Elemente nicht mit der Anzahl der Variablen übereinstimmt, die die Werte aufnehmen sollen, dann werden überschüssige Werte (auf der rechten Seite der Zuweisung) stillschweigend verworfen; überschüssige Variablen auf der linken Seite erhalten den Wert `undef`.

Wenn in der Literalliste des Arrays eine Arrayvariable stehen soll, dann muß diese an letzter Stelle stehen, denn diese Variable ist »gierig« und nimmt alle verbleibenden Werte auf. (OK, Sie könnten andere Variablen dahinter stellen, aber die würden einfach nur `undef` zugewiesen bekommen.)

Wenn eine Arrayvariable an eine Skalarvariable zugewiesen wird, erhält die Skalarvariable als Wert die Länge des Array wie im folgenden Beispiel:

```
@fred = (4,5,6);    # @fred initialisieren
$a = @fred;         # $a wird 3, die aktuelle Länge von @fred
```

Die Länge des Arrays wird auch immer dann verwendet, wenn eine Arrayvariable benutzt wird, wo eigentlich ein skalarer Wert benötigt wird. (In einem der folgenden Abschnitte mit dem Namen »Skalare und Listenkontexte« werden wir sehen, daß man dieses die Verwendung eines Arraynamens in einem *skalaren Kontext* nennt.) Um beispielsweise die Länge eines Arrays minus eins zu bekommen, können Sie `@fred-1` verwenden, denn der Subtraktionsoperator erwartet bei beiden Operanden, daß sie skalar sind. Beachten Sie auch das folgende Phänomen:

```
$a  = @fred;   # $a enthält jetzt die Länge von @fred
($a) = @fred;  # $a enthält das erste Element von @fred
```

2 Obwohl *Listenreferenzen* durchaus als Listenelemente erlaubt sind, sind das nicht wirklich Listen als Listenelemente. Praktisch funktioniert es aber genauso und ermöglicht damit mehrdimensionale Arrays. Lesen Sie dazu Kapitel 4 von *Programmieren mit Perl* oder *perllol* (1), um Näheres zu erfahren.

Die erste Zuweisung ist eine skalare Zuweisung; deswegen wird `@fred` als Skalar betrachtet und der Wert davon genommen. Die zweite Zuweisung ist eine Arrayzuweisung (selbst, wenn nur ein Wert verwendet wird) und führt daher dazu, daß das erste Element von `@fred` zugewiesen und der Rest stillschweigend verworfen wird.

Der Wert einer Arrayzuweisung ist selbst wiederum ein Listenwert und kann genauso aneinandergehängt werden, wie das mit skalaren Werten möglich ist. Ein Beispiel:

```
@fred = (@barney =  (2,3,4));      # @fred und @barney werden zu (2,3,4)
@fred = @barney =  (2,3,4);        # das gleiche
```

Zugriff auf Arrayelemente

Bisher haben wir immer mit ganzen Arrays gearbeitet und Werte mit Arrayzuweisungen hinzugefügt oder entfernt. Viele nützliche Programme arbeiten mit Arrays, ohne jemals auf ein bestimmtes Arrayelement zuzugreifen. Perl bietet jedoch auch die traditionellen Indexfunktionen, um auf ein Arrayelement über den numerischen Index zuzugreifen.

Indizes werden mit bei Null beginnenden, fortlaufenden Ganzzahlen numeriert.[3] Das erste Element des Arrays `@fred` heißt also `$fred[0]`, Beachten Sie, daß das `@` der Arraynamens zu `$` wird. Das liegt daran, daß es sich bei einem Arrayelement um eine skalare Variable handelt, der entweder ein Wert zugewiesen, oder die wie im folgenden Beispiel in einem Ausdruck verwendet werden kann:

```
@fred = (7,8,9);
$b = $fred[0];  # 7 (das erste Element von @fred) wird an $b zugewiesen
$fred[0] = 5;   # jetzt ist @fred (5,8,9)
```

Auf die anderen Elemente kann genauso einfach zugegriffen werden:

```
$c = $fred[1];                     # 8 an $c zuweisen
$fred[2]++;                        # das dritte Element von @fred um eins erhöhen
$fred[1] += 4;                     # zum zweiten Element 4 addieren
($fred[0],$fred[1]) = ($fred[1],$fred[0]); # die ersten beiden vertauschen
```

Der Zugriff auf eine Liste von Elementen aus demselben Array (wie im letzten Beispiel) wird *Slice* genannt und tritt so häufig auf, daß es eine besondere Schreibweise dafür gibt:

```
@fred[0,1];                    # das gleiche wie ($fred[0],$fred[1])
@fred[0,1] = @fred[1,0];       # die ersten beiden Elemente vertauschen
@fred[0,1,2] = @fred[1,1,1];   # alle drei Elemente sind jetzt gleich dem zweiten
@fred[1,2] = (9,10);           # die letzten beiden Werte auf 9 und 10 setzen
```

3 Es ist möglich, den Index des ersten Elements auf etwas anderes (zum Beispiel »1«) zu ändern. Das hat jedoch ziemlich drastische Konsequenzen, wird vermutlich die Leute verwirren, die Ihren Code pflegen müssen und möglicherweise auch Fehlfunktionen in Routinen, die Sie von anderen erhalten, nach sich ziehen. Ich empfehle Ihnen daher dringend, dies als Tabu-Feature zu betrachten.

Beachten Sie, daß die Slice-Operation ein `@`-Präfix anstelle eines `$` verwendet. Das liegt daran, daß Sie hier eine Arrayvariable anlegen, indem Sie einen Teil aus dem Array hinausnehmen, und nicht eine Skalarvariable auf ein Element zugreift.

Slices funktionieren auch auf literalen Listen und jeder Funktion, die einen Listenwert zurückgibt:

```
@who = (qw(Fred Barney Betty Wilma))[2,3];
# wie @x = qw(Fred Barney Betty Wilma); @who = @x[2,3];
```

Die Indexwerte in diesen Beispielen sind immer konstante Ganzzahlen gewesen, aber es kann auch jeder andere Ausdruck verwendet werden, der eine Zahl zurückgibt, die dann verwendet wird, um das gewünschte Element herauszusuchen:

```
@fred = (7,8,9);
$a = 2;
$b = $fred[$a];        # wie $fred[2] oder der Wert 9
$c = $fred[$a-1];      # $c wird zu $fred[1] oder 8
($c) = (7,8,9)[$a-1]; # das gleiche mit Slices
```

Perl-Programme können also ähnlich wie viele traditionelle Programmiersprachen auf Arrays zugreifen.

Die Idee, einen Ausdruck als Index zu verwenden, läßt sich auch mit Slices realisieren. Denken Sie aber daran, daß der Index eines Slice eine Liste von Werten ist, der Ausdruck ist also ein Arrayausdruck anstelle eines skalaren Ausdrucks.

```
@fred = (7,8,9); # wie im vorigen Beispiel
@barney = (2,1,0);
@rueckfred = @fred[@barney];
# das gleiche wie @fred[2,1,0] oder ($fred[2],$fred[1],$fred[0]) oder
# (9,8,7)
```

Wenn Sie auf ein Arrayelement zugreifen, das nicht im Array enthalten ist (also einen Index verwenden, der größer ist als der des letzten Elements des Arrays), dann wird der Wert `undef` kommentarlos zurückgegeben.

```
@fred = (1,2,3);
$barney = $fred[7]; # $barney ist jetzt undef
```

Die Zuweisung eines Wertes an ein noch nicht existierendes Arrayelement erweitert das Array automatisch so weit wie nötig, eventuell dazwischenliegende Werte erhalten den Wert `undef`). Beispiel:

```
@fred = (1,2,3);
$fred[3] = "hi"; # @fred ist jetzt (1,2,3,"hi")
$fred[6] = "ho"; # @fred ist jetzt (1,2,3,"hi",undef,undef,"ho")
```

Sie können `$#fred` verwenden, um den Index des letzten Elements von Fred herauszubekommen. Sie können diesem Ausdruck sogar einen Wert zuweisen, um das Array wachsen oder schrumpfen zu lassen. Das ist aber normalerweise unnötig, weil das Array automatisch wächst oder schrumpft.

Ein negativer Index in einem Array zählt von hinten. Sie können das letzte Element also auch mit dem Index `-1` erhalten. Das vorletzte Element hat den Index `-2` und so weiter. Beispiel:

```
@fred = ("Fred", "Wilma", "Pebbles", "Dino");
print $fred[-1];          # gibt "Dino" aus
print $#fred;             # gibt 3 aus
print $fred[$#fred];      # gibt "Dino" aus
```

Die Funktionen push und pop

Eine typische Anwendung von Arrays ist ein Stapel von Informationen, bei dem Werte am rechten Ende der Liste hinzugefügt und wieder entfernt werden. Diese Operationen kommen so oft vor, daß es dafür eigene Funktionen gibt:

```
push(@meineliste,$neuerwert);       # wie @meineliste = (@meineliste,$neuerwert)
$alterwert = pop(@meineliste);      # entfernt das letzte Element von @meineliste
```

Die Funktion `pop` gibt `undef` zurück, wenn sie auf eine leere Liste angewendet wird, anstatt etwas Unperliges wie beispielsweise die Ausgabe einer Fehlermeldung oder Warnung zu tun.

Die Funktion `push` kann auch eine ganze Liste von Werten in das Array schieben. Die Werte werden zusammen auf das Ende der Liste geschoben. Ein Beispiel:

```
@mylist = (1,2,3);
push(@mylist,4,5,6); # @mylist = (1,2,3,4,5,6)
```

Beachten Sie, daß das erste Argument ein Name einer Arrayvariablen sein muß; die `push`- und `pop`-Operationen machen auf einer literalen Liste keinen Sinn.

Die Funktionen shift und unshift

Die Funktionen `push` und `pop` arbeiten auf der »rechten« Seite der Liste (also der mit den höchsten Indizes), die Funktionen `shift` und `unshift` machen das gleiche auf der »linken« Seite (der mit den niedrigsten Indizes). Einige Beispiele:

```
unshift(@fred,$a);        # das gleiche wie @fred = ($a,@fred);
unshift(@fred,$a,$b,$c); # das gleiche wie@fred = ($a,$b,$c,@fred);
$x = shift(@fred);        # das gleiche wie ($x,@fred) = @fred;
                          # mit einigen richtigen Werten
@fred = (5,6,7);
unshift(@fred,2,3,4);     # @fred ist jetzt (2,3,4,5,6,7)
$x = shift(@fred);        # $x erhält den Wert 2, @fred ist jetzt (3,4,5,6,7)
```

Wie `pop`, so gibt auch `shift` `undef` zurück, wenn die Arrayvariable leer ist.

Die Funktion reverse

Die Funktion `reverse` dreht die Reihenfolge der Elemente ihres Arguments um und gibt die umgedrehte Liste zurück. Beispiel:

```
@a = (7,8,9);
@b = reverse(@a);     # weist @b den Wert (9,8,7) zu
@b = reverse(7,8,9); # das gleiche
```

Beachten Sie, daß die Argumentliste nicht verändert wird; die Funktion `reverse` arbeitet auf einer Kopie. Wenn Sie ein Array selbst umdrehen wollen, müssen Sie den Rückgabewert wieder an dieselbe Variable zuweisen.

```
@b = reverse(@b); # dreht @b um
```

Die Funktion sort

Die Funktion `sort` sortiert ihre Argumente in aufsteigender ASCII-Reihenfolge, als ob es einfache Zeichenketten wären. Sie gibt dann die sortierte Liste zurück, ohne die ursprüngliche Liste zu verändern.

```
@x = sort("small","medium","large");
              # @x erhält den Wert "large","medium","small"
@y = (1,2,4,8,16,32,64);
@y = sort(@y); # @y erhält die Werte 1,16,2,32,4,64,8
```

Beachten Sie, daß das Sortieren der Zahlen nicht nach der numerischen Reihenfolge, sondern nach den Stringwerten jeder Zahl (1, 16, 2, 32 usw.) geschieht. Im Abschnitt »Fortgeschrittenes Sortieren« in Kapitel 15 werden Sie lernen, wie man numerisch, in absteigender Reihenfolge, oder auch nach dem dritten Zeichen eines jeden Strings (oder allem anderen, was Ihnen gerade einfällt) sortieren kann.

Die Funktion chomp

Die Funktion `chomp` funktioniert auf Arrayvariablen genauso wie auf Skalaren. Von jedem Element des Arrays wird das Datensatztrennzeichen entfernt. Das kann praktisch sein, wenn Sie eine Liste von Eingabezeilen als einzelne Arrayelemente eingelesen haben und die Newline-Zeichen aller Zeilen in einem Zug entfernen wollen. Ein Beispiel:

```
@stuff = ("Hallo\n","Welt\n","schöne Tage");
chomp(@stuff); # @stuff ist jetzt ("Hallo","Welt","schöne Tage")
```

Skalare und Listenkontexte

Wie Sie sehen, ist jeder Operator und jede Funktion so entworfen worden, daß er auf einer bestimmten Kombination aus Skalaren und Listen arbeitet und entweder einen Skalar oder eine Liste zurückgibt. Wenn ein Operator oder eine Funktion erwarten, daß ein bestimmter Operand ein Skalar ist, dann sagen wir, daß dieses Argument in einem *skalaren Kontext* ausgewertet wird. Entsprechend reden wir von einer *Auswertung in einem Listenkontext*, wenn das, was ausgewertet wird, als Listenwert erwartet wird.

Normalerweise ist das ziemlich unwichtig. Manchmal erhalten Sie aber ein völlig unterschiedliches Verhalten abhängig davon, ob Sie sich in einem skalaren oder einem Listenkontext befinden. Beispielsweise gibt `@fred` in einem Listenkontext den Inhalt des Arrays `@fred` zurück, in einem skalaren Kontext aber die Länge dieses Arrays. Diese Feinheiten werden bei der Beschreibung jedes Operators und jeder Funktion erwähnt.

Ein skalarer Wert, der in einem Listenkontext verwendet wird, wird in ein einelementiges Array umgewandelt.

<STDIN> als Array

Wir kennen schon eine Operation, die in einem Listenkontext einen anderen Wert zurückgibt: `<STDIN>`. Wie wir schon gesagt haben, gibt `<STDIN>` in einem skalaren Kontext die nächste Eingabezeile zurück. In einem Listenkontext aber werden alle verbleibenden Zeilen bis zum Ende der Datei eingelesen. Jede Zeile wird zu einem Element der Liste. Ein Beispiel:

```
@a = <STDIN>; # Standardeingabe in einem Listenkontext einlesen
```

Wenn derjenige, der dieses Programm benutzt, drei Zeilen eingibt und dann STRG-D[4] drückt, um das »Dateiende« anzuzeigen, dann enthält das Array drei Elemente. Jedes dieser Elemente ist eine Zeichenkette, die mit einem Newline-Zeichen endet. Das entspricht genau den drei ebenfalls mit Newline beendeten eingegebenen Zeilen.

Variableninterpolation von Arrays

Wie Skalare können auch Arraywerte in eine von doppelten Anführungszeichen umschlossene Zeichenkette interpoliert werden. Jedes einzelne Arrayelement wird dabei durch seinen Wert ersetzt, wie in den folgenden Beispielen:

```
@fred = ("Hallo","Dolly");
$y = 2;
$x = "Das ist $fred[1]s Haus";      # "Das ist Dollys Haus"
$x = "Das ist $fred[$y-1]s Haus";  # das gleiche
```

Beachten Sie, daß der Indexausdruck wie ein normaler Ausdruck ausgewertet wird, genauso, als ob er außerhalb der Zeichenkette stehen würde. Er wird nicht erst interpoliert.

Wenn Sie hinter einer einfachen skalaren Variablenreferenz eine wörtliche eckige linke Klammer verwenden wollen, müssen Sie die eckige Klammer wie im folgenden Beispiel begrenzen, damit sie nicht als Teil des Arrays betrachtet wird:

4 Manche Systeme verwenden statt dessen STRG-Z, um das Dateiende zu kennzeichnen, während andere dieses Zeichen wiederum dazu verwenden, den aktuellen Prozeß anzuhalten.

```
@fred = ("Hallo","Dolly");  # testweise den Wert an @fred zuweisen
$fred = "richtig";          # wir wollen "Das ist richtig[1]" ausgeben
$x = "Das ist $fred[1]";    # falsch, heraus kommt "Das ist Dolly"
$x = "Das ist ${fred}[1]";  # richtig (durch die geschweiften Klammern geschuetzt)
$x = "Das ist $fred"."[1]"; # richtig (eine andere Zeichenkette)
$x = "Das ist $fred\[1]";   # richtig (Der Backslash "versteckt" die eckige Klammer)
```

Entsprechend kann auch eine Liste von Werten einer Arrayvariablen interpoliert werden. Die einfachste Interpolation verwendet das gesamte Array, was durch die Angabe des Arraynamens (inklusive des führenden @-Zeichens) angegeben wird. In diesem Fall werden die Elemente der Reihe nach mit Leerzeichen dazwischen interpoliert:

```
@fred = ("a","bb","ccc",1,2,3);
$all = "Jetzt kommt @fred !";
    # $all erhält den Wert "Jetzt kommt a bb ccc 1 2 3 !"
```

Sie können auch mit einem Slice nur einen Teil des Arrays auswählen:

```
@fred = ("a","bb","ccc",1,2,3);
$all = "Jetzt kommt @fred[2,3] !";
                                # $all erhält den Wert "Jetzt kommt ccc 1 !"
$all = "Jetzt kommt @fred[@fred[4,5]] !"; # das gleiche
```

Auch hier können Sie den gleichen Quoting-Mechanismus verwenden, den wir bereits beschrieben haben, wenn Sie hinter einem Arraynamen eine wörtliche linke eckige Klammer anstelle eines Indexausdrucks haben möchten.

Übungen

Die Antworten stehen in Anhang A.

1. Schreiben Sie ein Programm, das eine Liste von Strings in getrennten Zeilen einliest und in umgekehrter Reihenfolge wieder ausgibt. Wenn Sie die Liste von einem Terminal einlesen, müssen Sie vermutlich Ihr Dateiendezeichen (vermutlich STRG-D unter Unix und Plan 9, ansonsten oft STRG-Z) eingeben, um die Liste zu beenden.
2. Schreiben Sie ein Programm, das eine Zahl und danach eine Liste von Strings (alles auf getrennten Zeilen) einliest und dann die Zeile ausgibt, die durch die Zahl bestimmt wird.
3. Schreiben Sie ein Programm, das eine Liste von Strings einliest und dann einen zufälligen String aus dieser Liste ausgibt. Um ein zufälliges Element aus `@einarray` auszuwählen, verwenden Sie

   ```
   srand;
   ```

   am Anfang Ihres Programms (damit wird der Zufallszahlengenerator initialisiert) und benutzen dann

   ```
   rand(@einarray)
   ```

   um einen zufälligen Wert zwischen 0 und der Länge von `@einarray` minus eins zu bekommen.

In diesem Kapitel:

- *Anweisungsblöcke*
- *Die Anweisung if/unless*
- *Die while/until-Anweisung*
- *Die for-Anweisung*
- *Die foreach-Anweisung*
- *Übungen*

4 Kontrollstrukturen

Anweisungsblöcke

Ein *Anweisungsblock* ist eine Folge von Anweisungen, die in geschweifte Klammern eingeschlossen ist, und sieht etwa so aus:

```
{
    erste_Anweisung;
    zweite_Anweisung;
    dritte_Anweisung;
    ...
    letzte_Anweisung;
}
```

Perl führt von der ersten bis zur letzten Anweisung jede der Reihe nach aus. (Später werde ich Ihnen zeigen, wie Sie die Ausführungsreihenfolge in einem Block verändern können, aber für jetzt soll uns das reichen.)

Syntaktisch gesehen kann ein Anweisungsblock immer da verwendet werden, wo auch eine einzelne Anweisung verwendet werden kann. Umgekehrt stimmt das allerdings nicht.

Das Semikolon hinter der letzten Anweisung können Sie weglassen. Sie können also Perl mit einem C-Akzent (mit Semikolon) oder mit einem Pascal-Akzent (ohne Semikolon) sprechen. Um später einfacher zusätzliche Anweisungen hinzufügen zu können, empfehlen wir aber üblicherweise, das Semikolon nur dann wegzulassen, wenn der gesamte Block auf einer Zeile steht. Vergleichen Sie diese beiden Blöcke, um beide Stile zu sehen:

```
    if ($fertig) { $hungrig++ }
    if ($muede) {
        $schlaefrig = ($hungrig + 1) * 2;
}
```

Die Anweisung if/unless

Das nächstschwierigere Element ist die `if`-Anweisung. Dieses Konstrukt erwartet einen Kontrollausdruck (der auf seinen Wahrheitswert hin ausgewertet wird) und einen Block. Optional kann noch ein *else* folgen, hinter dem ebenfalls ein Block stehen muß. Die `if`-Anweisung sieht also folgendermaßen aus:

```
if (ausdruck) {
    wahr_anweisung_1;
    wahr_anweisung_2;
    wahr_anweisung_3;
} else {
    falsch_anweisung_1;
    falsch_anweisung_2;
    falsch_anweisung_3;
}
```

(Wenn Sie ein C- oder Java-Hacker sind, dann dürfte Ihnen auffallen, daß die geschweiften Klammern auf jeden Fall vorhanden sein müssen. Damit kann ein Semikolon und die irreführende *Regel des hängenden else (dangling else)* vermieden werden.)

Während der Ausführung wertet Perl den Kontrollausdruck aus. Wenn der Ausdruck wahr ist, wird der erste Block (die *`wahr_anweisung`*-Anweisungen im obigen Beispiel) ausgeführt. Wenn der Ausdruck falsch ist, wird statt dessen der zweite Block (die *`falsch_anweisung`*-Anweisungen im obigen Beispiel) ausgeführt.

Aber was ist überhaupt *wahr* und *falsch*? Die Regeln dafür in Perl sind etwas merkwürdig, führen aber andererseits zu den erwarteten Ergebnissen. Der Kontrollausdruck wird in einem skalaren Kontext zu einer Zeichenkette ausgewertet (nichts ändert sich, wenn es bereits eine Zeichenkette ist, aber wenn es sich um eine Zahl handelt, wird sie in eine Zeichenkette konvertiert).[1] Wenn diese Zeichenkette entweder leer ist (also die Länge Null hat) oder eine Zeichenkette ist, die aus dem einzelnen Zeichen "0" (der Zahl Null) besteht, dann ist der Wert des Ausdrucks »falsch«. Alles andere ist automatisch »wahr«. Was sollen diese merkwürdigen Regeln? Nun, es ist schlicht einfacher, Sprünge anhand von leeren oder nicht-leeren Zeichenketten und anhand von Null oder Nicht-Null auszuführen, als zwei Interpretationen für wahr und falsch einzuführen. Zum besseren Verständnis einige Interpretationen von wahr und falsch:

```
0       # wird zu "0" konvertiert, also falsch
1-1     # ergibt 0, wird zu "0" konvertiert, also falsch
1       # wird zu "1" konvertiert, also wahr
""      # leere Zeichenkette, also falsch
"1"     # weder "" noch "0", also wahr
"00"    # weder ""noch "0", also wahr (Vorsicht, Falle!)
"0.000" # aus demselben Grund wahr (Vorsicht Falle!)
undef   # wird zu "" ausgewertet, also falsch
```

1 Intern stimmt das nicht ganz. Aber von außen gesehen verhält sich Perl genau so.

Praktisch gesehen ist die Interpretation von Werten als wahr oder falsch aber ziemlich intuitiv. Lassen Sie sich nicht von uns ins Bockshorn jagen.

Ein Beispiel einer vollständigen `if`-Anweisung:

```
print "Wie alt sind Sie? ";
$a = <STDIN>;
chomp($a);
if ($a < 18) {
    print "Ach, Sie dürfen ja noch nicht einmal wählen!\n";
} else {
    print "Sie sind alt genug! Na, dann gehen Sie auch wählen!\n";
    $waehler++; # Wahlberechtigte zählen
}
```

Sie können den `else`-Block weglassen, dann bleibt nur der *then*-Teil wie in folgendem Beispiel:

```
print "Wie alt sind Sie? ";
$a = <STDIN>;
chomp($a);
if ($a < 18) {
       print "Ach, Sie dürfen ja noch nicht einmal wählen!\n";
}
```

Manchmal wollen Sie vielleicht lieber den `then`-Teil weglassen und nur den `else`-Teil verwenden, weil es in Ihrem Fall natürlicher ist, »mach das, wenn dies falsch ist« zu sagen als »mach das, wenn das nicht wahr ist«. Für diese Fälle hat Perl die `unless`-Anweisung:

```
print "Wie alt sind Sie? ";
$a = <STDIN>;
chomp($a);
unless ($a < 18) {
    print "Sie sind alt genug! Na, dann gehen Sie auch wählen!\n";
    $waehler++;
}
```

`if` durch `unless` zu ersetzen, bedeutet: »Wenn der Kontrollausdruck falsch ist, dann mache ...«. (Auch ein `unless` kann einen else-Teil haben, genau wie ein `if`.)

Wenn Sie mehr als zwei Auswahlmöglichkeiten haben, fügen Sie Ihrer `if`-Anweisung einen `elsif`-Zweig hinzu:

```
if (ausdruck_1) {
    wahr1_anweisung_1;
    wahr1_anweisung_2;
    wahr1_anweisung_3;
} elsif (ausdruck_2)   {
    wahr2_anweisung_1;
    wahr2_anweisung_2;
    wahr2_anweisung_3;
```

```
} elsif (ausdruck_3) {
    wahr3_anweisung_1;
    wahr3_anweisung_2;
    wahr3_anweisung_3;
} else {
    alle_falsch_anweisung_1;
    alle_falsch_anweisung_2;
    alle_falsch_anweisung_3;
}
```

Jeder Ausdruck (hier *ausdruck_1*, *ausdruck_2* und *ausdruck_3*) wird der Reihe nach ausgewertet. Wenn ein Ausdruck wahr ist, wird der zugehörige Zweig ausgewertet und alle verbleibenden Kontrollausdrücke und zugehörigen Anweisungsblöcke übersprungen. Wenn alle Ausdrücke falsch sind, wird der `else`-Zweig ausgeführt (wenn es denn einen gibt). Sie müssen keinen `else`-Block benutzen, aber eigentlich ist das immer eine gute Idee. Außerdem können Sie soviele `elsif`-Zweige wie nötig verwenden.

Die while/until-Anweisung

Ohne irgendeine Form von Iteration (wiederholte Ausführung eines Anweisungsblocks) wäre keine Programmiersprache vollständig.[2] Eines der Perl-Konstrukte zur Iteration ist die `while`-Anweisung :

```
while (ausdruck) {
    anweisung_1;
    anweisung_2;
    anweisung_3;
}
```

Perl führt diese `while`-Anweisung aus, indem es den Kontrollausdruck (hier *ausdruck*) auswertet. Wenn der Wert (nach Perls Definition) wahr ist, wird der Rumpf der `while`-Anweisung einmal ausgeführt. Das wiederholt sich so lange, bis der Kontrollausdruck falsch ist, woraufhin die nächste Anweisung nach der `while`-Schleife ausgeführt wird. Ein Beispiel:

```
print "Wie alt sind Sie? ";
$a = <STDIN>;
chomp($a);
while ($a > 0) {
    print "Jetzt sind Sie gerade $a Jahre alt.\n";
    $a--;
}
```

Manchmal ist es einfacher, »bis etwas wahr ist« anstelle von »während das nicht wahr ist« zu sagen. Auch hier hat Perl eine Antwort parat. Ersetzen Sie `while` durch `until`, und Sie erhalten den gewünschten Erfolg.

2 Deswegen ist beispielsweise HTML keine Programmiersprache.

```
until (ausdruck) {
    anweisung_1;
    anweisung_2;
    anweisung_3;
}
```

Beachten Sie, daß sowohl bei `while` als auch bei `until` der Rumpf überhaupt nicht ausgeführt wird, wenn der Kontrollausdruck zur Abbruchbedingung ausgewertet wird. Wenn ein Benutzer im obigen Programmfragment beispielsweise ein Alter kleiner Null eingibt, überspringt Perl den gesamten Schleifenrumpf.

Es kann passieren, daß der Kontrollausdruck nie einen Wert hat, der zum Abbruch der Schleife führt. Das ist völlig in Ordnung und manchmal auch beabsichtigt und wird deswegen nicht als Fehler betrachtet. Es ist zum Beispiel eine Schleife denkbar, die so lange laufen soll, wie kein Fehler auftritt. Auf die Schleife könnte dann Code zur Fehlerbehandlung folgen. So etwas könnte beispielsweise in einem Dämon verwendet werden, der läuft, bis das System abstürzt.

Die do {} while/until-Anweisung

Die `while`/`until`-Anweisung, die Sie weiter oben gesehen haben, überprüft den Kontrollausdruck vor jedem Schleifendurchlauf. Wenn die Bedingung schon von Anfang an nicht erfüllt ist, wird die Schleife überhaupt nicht ausgeführt.

Aber manchmal wollen Sie die Bedingung lieber am Ende der Schleife überprüfen. Dafür stellt Perl die `do {} while`-Anweisung bereit, die genau[3] der normalen `while`-Anweisung entspricht, mit der Ausnahme, daß der Kontrollausdruck zum erstenmal nach dem ersten Schleifendurchlauf ausgewertet wird.

```
do {
    anweisung_1;
    anweisung_2;
    anweisung_3;
} while ausdruck;
```

Perl führt zunächst die Anweisungen im `do`-Block aus. Wenn es am Ende angekommen ist, wertet es den Kontrollausdruck aus. Wenn dieser falsch ist, wird die Schleife beendet, ansonsten wird der ganze Schleifenrumpf noch einmal ausgeführt, bevor der Kontrollausdruck erneut ausgewertet wird.

Wie bei einer normalen `while`-Schleife, kann die Auswertung des Kontrollausdrucks durch Verwendung von `until` anstelle von `while` umgedreht werden. Der Ausdruck wird aber weiterhin am Schleifenende ausgewertet. In einigen Fällen, insbesondere bei zusammengesetzten Kontrollausdrücken, ist dies die natürlichere Ausdrucksweise.

---

3 Nun ja, nicht ganz genau; die Anweisungen zur Schleifenkontrolle, die wir in Kapitel 9 vorstellen, funktionieren nicht mit dieser Variante.

```
$haltestellen = 0;
do {
    $haltestellen++;
    print "Nächster Halt? ";
    chomp($ort = <STDIN>);
} until $haltestellen > 5 || $ort eq 'zuhause';
```

Die *for*-Anweisung

Ein weiteres Schleifenkonstrukt von Perl ist die `for`-Anweisung, die der `for`-Anweisung von C oder Java verdächtig ähnlich sieht und auch ungefähr so funktioniert. Hier ist sie:

```
for (initialer_ausdruck; test_ausdruck; neuer_ausdruck) {
    anweisung_1;
    anweisung_2;
    anweisung_3;
}
```

Wenn wir das in bereits Bekanntes übersetzen, bekommen wir:

```
initialer_ausdruck;
while (test_ausdruck) {
    anweisung_1;
    anweisung_2;
    anweisung_3;
    neuer_ausdruck;
}
```

In beiden Fällen wird zunächst der Ausdruck *`initialer_ausdruck`* ausgewertet. In diesem Ausdruck wird typischerweise ein initialer Wert an eine Schleifenvariable zugewiesen, aber im Grunde genommen kann hier alles stehen; der Ausdruck darf sogar leer sein. Danach wird *`test_ausdruck`* ausgewertet. Wenn der Ausdruck wahr ist, wird der Schleifenrumpf ausgeführt; gefolgt vom Ausdruck *`neuer_ausdruck`*, der meistens, aber nicht notwendigerweise die Schleifenvariable inkrementiert. Perl wertet dann *`test_ausdruck`* erneut aus und wiederholt gegebenenfalls die Schleife.

In diesem Beispiel werden die Zahlen von 1 bis 10 ausgegeben, jeweils von einem Leerzeichen gefolgt:

```
for ($i = 1; $i <= 10; $i++) {
    print "$i ";
}
```

Zunächst wird die Variable `$i` auf 1 gesetzt. Anschließend wird der Wert dieser Variablen mit 10 verglichen, und tatsächlich ist sie kleiner oder gleich 10. Deswegen wird der Rumpf der Schleife (eine einzige `print`-Anweisung) ausgeführt, gefolgt vom dritten Ausdruck (dem Autoinkrement-Ausdruck `$i++`), der den Wert von `$i` auf `2` ändert. Weil das immer noch kleiner oder gleich `10` ist, wird das Ganze wiederholt, bis nach dem letzten Schleifendurchlauf der Wert von `$i` von `10` auf `11` geändert wird. `11` ist nicht kleiner oder gleich `10`, worauf Schleife beendet wird (`$i` hat danach den Wert `11`).

Die foreach-Anweisung

Ein weiteres Schleifenkonstrukt ist die `foreach`-Anweisung. Sie erwartet eine Liste von Werten und weist diese Werte nacheinander einer skalaren Variablen zu. Auf jede Zuweisung folgt ein Schleifendurchlauf. Das Ganze sieht so aus:

```
foreach $i (@eine_liste) {
    anweisung_1;
    anweisung_2;
    anweisung_3;
}
```

Entgegen dem Verhalten der C-Shell wird in Perl der Wert der skalaren Variable automatisch restauriert, wenn die Schleife endet; man könnte auch sagen, daß die skalare Variable lokal in der Schleife ist.

Ein Beispiel für `foreach`:

```
@a = (1,2,3,4,5);
foreach $b (reverse @a) {
    print $b;
}
```

Dieser Programmschnipsel gibt `54321` aus. Beachten Sie, daß die Liste, die von `foreach` verwendet wird, ein beliebiger Listenausdruck sein kann, nicht nur eine Arrayvariable. (Das ist typisch für alle Perl-Konstrukte, die eine Liste erwarten.)

Sie können den Wert der skalaren Variablen weglassen. In diesem Fall verwendet Perl die Variable `$_` als Default. Sie werden noch merken, daß diese Variable in vielen Perl-Operationen als Default verwendet wird; Sie können diese Variable wie einen temporären Datenbereich betrachten. (Alle Operationen, die defaultmäßig `$_` verwenden, können auch eine normale skalare Variable benutzen.) Beispielsweise gibt die Funktion `print` den Wert von `$_` aus, wenn kein anderer Wert angegeben wird. Das folgende Beispiel macht also das gleiche wie das vorhergehende:

```
@a = (1,2,3,4,5);
foreach (reverse @a) {
    print;
}
```

Sehen Sie, wie die Dinge einfacher werden, wenn wir die implizite Variable `$_` verwenden? Diese Konstruktion wird sogar noch nützlicher, wenn Sie erst einmal gelernt haben, wie viele Funktionen und Operatoren per Default `$_` verwenden. Wir haben hier einen der Fälle, wo das kürzere Konstrukt lesbarer ist als das längere.

Wenn die Liste, über die Sie iterieren wollen, aus echten Variablen besteht anstelle einer Funktion, die einen Listenwert zurückgibt, dann ist die Variable, die für die Iteration verwendet wird, in Wirklichkeit ein Aliasname für jede Variable der Liste und keine Kopie. Das bedeutet, daß Sie, wenn Sie die skalare Variable verändern, auch das jeweilige Listenelement verändern, für das die Variable steht.

```
@a = (3,5,7,9);
foreach $element (@a) {
    $element *= 3;
}
# @a ist jetzt (9,15,21,27)
```

Beachten Sie, wie die Änderung von `$element` auch jedes Element von `@a` verändert. Das ist kein Fehler in Perl, sondern ein Feature.

Übungen

Die Antworten finden Sie in Anhang A.

1. Schreiben Sie ein Programm, das nach der Außentemperatur fragt und »zu heiß« ausgibt, wenn die Temperatur über 22 Grad Celsius liegt, und sonst »zu kalt«.
2. Verändern Sie das Programm aus der letzten Übung so, daß es »zu heiß« ausgibt, wenn die Temperatur +über 24 Grad Celsius liegt, »zu kalt« bei unter 20 Grad Celsius und »gerade richtig« dazwischen.
3. Schreiben Sie ein Programm, das eine Liste von Zahlen (auf getrennten Zeilen) einliest, bis die Zahl 999 eingegeben wird, und dann die Summe aller bisher eingegebenen Zahlen (ohne die 999!) ausgibt. Wenn Sie beispielsweise 1, 2, 3 und 999 eingeben, soll das Programm mit 6 (1+2+3) antworten.
4. Schreiben Sie ein Programm, das eine Liste von Zeichenketten auf getrennten Zeilen einliest und dann diese Liste in umgekehrter Reihenfolge ausgibt, ohne die Funktion `reverse` zu verwenden. (Denken Sie daran, daß `<STDIN>` eine Liste von Zeichenketten einliest, wenn es in einem Arraykontext verwendet wird.)
5. Schreiben Sie ein Programm, das eine Tabelle der Zahlen von Null bis 32 und deren Quadratzahlen ausgibt. Wählen Sie eine Variante, in der Sie nicht alle Zahlen von 0 bis 32 in einer Liste haben müssen, und eine, in der Sie das gerade tun. (Um eine etwas schönere Ausgabe zu erhalten, können Sie

   ```
   printf "%5g%8g\n",$a,$b
   ```

   verwenden, womit `$a` mit fünf und `$b` mit acht Zeichen Breite ausgegeben wird.)

In diesem Kapitel:
- *Was ist ein Hash?*
- *Hash-Variablen*
- *Literale Darstellung eines Hashes*
- *Hash-Funktionen*
- *Hash Slices*
- *Übungen*

5 Hashes

Was ist ein Hash?

Ein Hash[1] ist in gewisser Hinsicht den bereits besprochenen Arrays ähnlich: Es handelt sich um eine Ansammlung skalarer Daten, deren individuelle Elemente über einen Index angesprochen werden können. Im Gegensatz zu einem Listenarray, sind die Indexwerte in einem Hash aber keine kleinen, nicht-negativen Ganzzahlen, sondern beliebige Skalare. Diese Skalare (auch *Schlüssel* genannt) werden später verwendet, um die Werte aus dem Array wieder herauszuholen.

Die Elemente eines Hash haben keine bestimmte Reihenfolge. Betrachten Sie sie statt dessen als einen Stapel Karteikarten. Die Überschrift (oder der Reiter) der Karte ist der Schlüssel und der Rest der Wert. Jedes Mal, wenn Sie einen Wert in den Hash einfügen, wird eine neue Karte angelegt. Wenn Sie diesen Wert dann später verändern wollen, müssen Sie den Schlüssel angeben, mit dem Perl die richtige Karte heraussucht. Es gibt also keine eigentliche Reihenfolge der Karten. Intern legt Perl die Karten (also die Schlüssel-Wert-Paare) in einer speziellen Reihenfolge ab, mit der die Karten leichter wieder aufgefunden werden können, ohne daß Perl alle Karten durchsuchen muß, um die richtige zu finden. Sie haben keinen Einfluß auf die Reihenfolge, also versuchen Sie auch gar nicht erst, diese zu manipulieren.[2]

Hash-Variablen

Der Name einer Hash-Variablen besteht aus einem Prozentzeichen (`%`), gefolgt von einem Buchstaben, worauf noch beliebig viele andere Buchstaben, Ziffern und Unterstriche folgen dürfen. Wie Sie sehen, sind die Regeln für den Teil nach dem Prozentzei-

1 Früher wurden Hashes »assoziative Arrays« genannt, aber wir sind es leid gewesen, für etwas so Gängiges einen Ausdruck mit sieben Silben zu haben. Deswegen haben wir ihn durch einen viel schöneren Begriff mit einer Silbe ersetzt.

2 In Modulen wie `IxHash` und `DB_file` gibt es dann doch eine Reihenfolge; das bringt einen merkbaren Geschwindigkeitsverlust mit sich.

chen genauso wie bei Skalar- und Arrayvariablen. Und genauso wie es keinen Zusammenhang zwischen `$fred` und `@fred` gibt, so gibt es auch keinen Zusammenhang zwischen `%fred` und den anderen beiden.

Anstatt sich auf den gesamten Hash zu beziehen, werden Sie einen Hash eher durch Anlegen oder Abfragen einzelner Elemente anlegen. Jedes Element im Hash ist eine eigene Skalarvariable, auf die über einen String-Index, den Schlüssel, zugegriffen wird. Die Elemente des Hash `%fred` heißen also `$fred{`*`$schluessel`*`}`, wobei *`$schluessel`* ein beliebiger skalarer Ausdruck ist. Achten Sie auch hier darauf, daß man ein anderes Präfix für den Zugriff auf ein Element als für den Zugriff auf den gesamten Hash braucht.

Wie bei Arrays werden neue Elemente einfach durch Zuweisung an ein Hash-Element erzeugt.

```
$fred{"aaa"} = "bbb"; # legt den Schluessel "aaa" und den Wert "bbb" an
$fred{234.5} = 456.7; # legt den Schluessel "234.5" und den Wert 456.7 an
```

Diese beiden Anweisungen erzeugen zwei Elemente im Hash. Wenn danach auf dasselbe Element (mit dem gleichen Schlüssel) zugegriffen wird, wird der vorher abgelegte Wert gespeichert:

```
print $fred{"aaa"}; # gibt "bbb" aus
$fred{234.5} += 3;  # Ergebnis: 459.7
```

Wenn man auf ein Element zugreift, das noch nicht existiert, wird `undef` zurückgegeben, genauso wie bei undefinierten Arrayelementen oder undefinierten skalaren Variablen.

Literale Darstellung eines Hashes

Manchmal müssen Sie auf einen vollständigen Hash zugreifen, beispielsweise um ihn zu initialisieren oder ihn in einen anderen Hash zu kopieren. Es gibt in Perl keine echte literale Darstellung für Hashs. Deswegen wird ein Hash in eine Liste aufgelöst. Jedes Elementpaar der Liste (die immer eine gerade Anzahl an Werten haben sollte), gibt einen Schlüssel und den dazugehörigen Wert an. Diese aufgeblätterte Darstellung kann einem anderen Hash zugewiesen werden, der dann den gleichen Hash erzeugt.

```
@fred_list = %fred;     # @fred_list erhält den Wert ("aaa","bbb","234.5",456.7)
%barney = @fred_list;   # %barney als Kopie von %fred anlegen
%barney = %fred;        # das gleiche, aber schneller
%smooth = ("aaa","bbb","234.5",456.7); # %smooth wie  %fred anlegen, aber aus Literalen
```

Die Reihenfolge der Schlüssel-Wert-Paare in dieser aufgeblätterten Darstellung ist zufällig; Sie haben keinen Einfluß darauf. Selbst, wenn Sie die Paare vertauschen und den Hash daraus neu anlegen, wird eine daraus neu erzeugte Liste wieder eine unbestimmte Reihenfolge haben, die Perl für den effizienten Zugriff auf die einzelnen Elemente festgelegt hat. Sie sollten sich nie auf eine bestimmte Reihenfolge verlassen.

Diese Aufblätterungstechnik kann beispielsweise dazu verwendet werden, einen Hash-Wert in eine andere Hash-Variable zu kopieren:

```
%copy = %original; # %original nach %copy kopieren
```

Sie können auch einen Hash aus vertauschten Schlüssel und Werten erzeugen, wenn Sie den Operator `reverse` verwenden, der hier gut funktioniert:

```
%rueckwaerts = reverse %normal;
```

Aber Achtung: Wenn `%normal` zwei identische Werte hat, dann wird daraus nur ein Element in `%rueckwaerts`. Sie sollten diese Technik daher nur verwenden, wenn Schlüssel und Werte jeweils nur einmal auftreten können.

Hash-Funktionen

In diesem Abschnitt geben wir einige Funktionen für Hashes an:

Die Funktion keys

Die Funktion `keys` erzeugt eine Liste aller aktuell vorhandenen Schlüssel im Hash *%hashname*. Es handelt sich also um die Elemente mit ungeraden Indizes (erstes, drittes, fünftes usw.) der Liste, die man durch Aufblättern von *%hashname* in einem Arraykontext erhält. Tatsächlich ist die Reihenfolge auch die gleiche. Wenn im Hash keine Elemente stehen, dann wird eine leere Liste zurückgegeben.

Wenn wir den Hash aus den vorangegangenen Beispielen verwenden:

```
$fred{"aaa"} = "bbb";
$fred{234.5} = 456.7;
@list = keys(%fred); # @list bekommt den Wert ("aaa",234.5) oder
                     # (234.5,"aaa")
```

Wie bei allen anderen eingebauten Funktionen sind auch hier die runden Klammern optional: `keys` *%fred* ist das gleiche wie `keys(`*%fred*`)`.

```
foreach $schluessel (keys (%fred)) { # ein Durchlauf für jeden Schlüssel in %fred
    print "Bei $schluessel ist der Wert $fred{$schluessel}\n"; # Schlüssel und Wert
                                                                  ausgeben
}
```

In diesem Beispiel ist auch zu sehen, daß die einzelnen Elemente eines Hash in Zeichenketten in doppelten Anführungsstrichen interpoliert werden können. Es ist allerdings nicht möglich, den gesamten Hash zu interpolieren.[3]

In einem skalaren Kontext gibt die Funktion `keys` die Anzahl der Elemente (Schlüssel-Wert-Paare) im Hash zurück. Sie können damit beispielsweise herausfinden, ob ein Hash leer ist.

3 Also, eigentlich geht es schon, wenn Sie einen Slice verwenden, aber hier reden wir nicht über Slices.

```
if (keys(%einhash)) { # wenn keys() nicht Null ist:
    ...; # Hash ist nicht leer
}
# ... oder ...

while (keys(%einhash) < 10) {
    ...; # durch die Schleife laufen, solange weniger als 10 Elemente vorhanden sind
}
```

Es reicht sogar schon, einfach nur `%einhash` in einem skalaren Kontext zu verwenden, um festzustellen, ob ein Hash leer ist oder nicht:

```
if (%einhash) { # wenn der Ausdruck wahr ist, ist etwas im Hash
    # mach was damit
}
```

Die Funktion values

Die Funktion `values(%arrayname)` gibt eine Liste aller aktuellen Werte in `%arrayname` in derselben Reihenfolge zurück wie die Schlüssel, die von `keys(%arrayname)` zurückgegeben werden. Wie immer sind die Klammern optional.

```
%nachname = (); # Leerung von %nachname erzwingen
$nachname{"fred"} = "Feuerstein";
$nachname{"barney"} = "Geroellheimer";
@nachnamen = values(%nachname); # Werte herausholen
```

Nach diesen Befehlen enthält `@nachnamen` entweder `('Feuerstein', 'Geroellheimer')` oder `('Geroellheimer', 'Feuerstein')`.

Die Funktion each

Um über einen vollständigen Hash zu iterieren (d.h. auf jedes Element zuzugreifen), können Sie `keys` verwenden und den jeweils zugehörigen Wert nachschlagen. Obwohl viele das so machen, ist es effizienter, `each(%hashname)` zu verwenden, das jeweils ein Schlüssel-Wert-Paar als zweielementige Liste zurückgibt. Wenn diese Funktion erneut mit demselben Hash als Argument aufgerufen wird, wird das nächste Paar zurückgegeben. Das geht so lange, bis alle Paare einmal zurückgegeben worden sind. Wenn keine weiteren Paare mehr da sind, wird die leere Liste zurückgegeben.

Um also beispielsweise durch den Hash `%nachname` aus dem letzten Beispiel durchzulaufen, können Sie etwa folgenden Code verwenden:

```
while (($vor,$nach) = each(%nachname)) {
    print "Der Nachname von $vor ist $nach\n";
}
```

Die Zuweisung eines neuen Wertes an den gesamten Hash setzt die Funktion `each` auf den Anfang des Hash zurück. Wenn Sie während einer Schleife, in der `each` verwendet wird, dem Hash Werte hinzufügen oder welche daraus löschen, dann wird `each` ziemlich verwirrt sein (und Sie wahrscheinlich auch).

Die Funktion delete

Bis jetzt wissen Sie, wie Sie einem Hash Elemente hinzufügen können, aber nicht, wie Sie daraus Werte wieder löschen können (außer dem gesamten Hash einen neuen Wert zuzuweisen). Perl stellt dafür die Funktion `delete` zur Verfügung. Das Argument von `delete` ist eine Referenz auf einen Hash-Wert, ganz genauso, als ob Sie diesen Wert nur ansehen wollten. Perl entfernt dann das Schlüssel-Wert-Paar aus dem Hash. Ein Beispiel:

```
%fred = ("aaa","bbb",234.5,34.56); # zwei Elemente in %fred hineinstecken
delete $fred{"aaa"};
# %fred enthält jetzt nur noch ein Schlüssel-Wert-Paar.
```

Hash Slices

Wie bei einer Arrayvariable (oder einem Listenliteral) kann auch auf Hashs eine Slice-Operation angewendet werden, um so den Zugriff auf jeweils mehr als ein Element zu ermöglichen. Die Ergebnisse eines Bowling-Wettbewerbs könnten Sie zum Beispiel folgendermaßen eintragen:

```
$ergebnisse{"fred"} = 205;
$ergebnisse{"barney"} = 195;
$ergebnisse{"dino"} = 30;
```

Das sieht ziemlich redundant aus und kann tatsächlich verkürzt werden:

```
($ergebnisse{"fred"},$ergebnisse{"barney"},$ergebnisse{"dino"}) =
    (205,195,30);
```

Aber selbst das enthält noch Redundanz. Verwenden wir also einen *Hash Slice*:

```
@ergebnisse{"fred","barney","dino"} = (205,195,30);
```

Na also, viel kürzer. Wir können auch einen Hash Slice mit Variableninterpolation verwenden:

```
@teilnehmer = qw(fred barney dino);
print "Ergebnisse:: @ergebnisse{@teilnehmer}\n";
```

Hash Slices können auch dazu verwendet werden, einen kleineren Hash in einen größeren einzufügen. Im folgenden Beispiel hat der kleinere Hash den Vorrang in dem Sinne, daß bei doppelten Schlüsseln der Wert aus dem kleineren Hash verwendet wird:

```
@liga{keys %ergebnisse} = values %ergebnisse;
```

Hier werden die Werte von `%ergebnisse` in `%liga` eingefügt. Das gleiche könnten Sie viel langsamer auch so erreichen:

```
%liga = (%liga, %ergebnisse); # %ergebnisse in %liga einfügen
```

Übungen

Die Antworten stehen in Anhang A.

1. Schreiben Sie ein Programm, das eine Zeichenkette einliest und dann diese Zeichenkette und den zugehörigen Wert, der sich aus der folgenden Tabelle ergibt, ausgibt.

Eingabe	**Ausgabe**
rot	Apfel
grün	Blatt
blau	Ozean

2. Schreiben Sie ein Programm, das eine Liste von Wörtern mit jeweils einem Wort pro Zeile bis zum Dateiende einliest und dann ausgibt, wie oft jedes Wort enthalten war. (Zusatzaufgabe: Sortieren Sie die Wörter bei der Ausgabe in aufsteigender ASCII-Reihenfolge.)

In diesem Kapitel:
- *Eingabe von STDIN*
- *Eingaben mit dem Zeileneingabeoperator*
- *Ausgaben auf STDOUT*
- *Übungen*

6 Grundlegende Ein-/Ausgabe-operationen

Eingabe von STDIN

Das Lesen von der Standardeingabe ist in Perl nicht schwierig. Wir haben das schon mit der `<STDIN>`-Operation gemacht. Wenn dieser Ausdruck in einem skalaren Kontext ausgewertet wird, wird die nächste Eingabezeile[1] oder, falls keine Zeilen mehr da sind, `undef` zurückgegeben.

```
$a = <STDIN>; # naechste Zeile lesen
```

Wenn der Ausdruck in einem Listenkontext ausgewertet wird, werden alle verfügbaren Zeilen in eine Liste geschrieben, eine Zeile einschließlich ihres Newline-Zeichens wird zu einem Listenelement. Wir haben das zwar schon gesehen, aber zur Erinnerung noch einmal ein Beispiel, wie das aussehen könnte:

```
@a = <STDIN>;
```

Eine häufige Aufgabe ist es, alle Zeilen auf einmal einzulesen und dann jede Zeile einzeln zu bearbeiten. Das kann zum Beispiel so aussehen:

```
while (defined($line = <STDIN>)) {
    # Zeile $line hier verarbeiten
}
```

Solange die eingelesene Zeile einen definierten Wert hat, wird die Schleife weiter ausgeführt. Wenn `<STDIN>` keine Zeilen mehr zum Lesen vorfindet, gibt es `undef` zurück, und die Schleife beendet sich.

1 Bis zum nächsten Newline oder was auch immer in der Variablen `$/` steht.

Das Einlesen eines skalaren Wertes von <STDIN> und die Benutzung dieses Wertes im Kontrollausdruck der Schleife (wie im vorstehenden Beispiel) kommt so häufig vor, daß es in Perl dafür eine Abkürzung gibt. Wenn der Kontrollausdruck einer Schleife nur aus dem Eingabeoperator (also <...>) besteht, dann wird die eingelesene Zeile automatisch nach $_ geschrieben.

```
while (<STDIN>) { # das gleiche wie "while(defined($_ = <STDIN>)) {"
    chomp; # das gleiche wie "chomp($_)"
    # hier kann noch mehr mit $_ gemacht werden
}
```

Weil die Variable $_ der Default für viele Operationen ist, können Sie sich so viel Schreibarbeit sparen.

Eingaben mit dem Zeileneingabeoperator

Eine andere Möglichkeit, Eingaben einzulesen, besteht mit dem Zeileneingabeoperator <>. Dieser wird aufgrund seiner Form auch als Diamant-(diamond)-Operator oder Winkel-(angle)-Operator bezeichnet. Er funktioniert in der Hinsicht wie <STDIN>, daß er eine einzelne Zeile in einem skalaren Kontext (bzw. undef, wenn alle Zeilen gelesen wurden) oder alle verbliebenen Zeilen in einem Listenkontext einliest. Anders als bei <STDIN> werden hier aber die Daten aus den Dateien gelesen, die Sie auf der Kommandozeile angegeben haben. Wenn Sie beispielsweise ein Programm namens *kitty* haben:

```
#!/usr/bin/perl
while (<>) {
    print $_;
}
```

und dieses Programm mit

```
kitty datei1 datei2 datei3
```

aufrufen, dann liest der Zeileneingabeoperator der Reihe nach zunächst alle Zeilen aus datei1, dann alle Zeilen aus datei2 und aus datei3. undef wird erst dann zurückgegeben, wenn alle Zeilen aus allen Dateien eingelesen worden sind. Wie Sie sehen, funktioniert *kitty* etwa wie der UNIX-Befehl *cat*, der alle Zeilen der angegebenen Dateien der Reihe nach auf die Standardausgabe schreibt. Und wie bei *cat* liest auch der Zeileneingabeoperator von der Standardeingabe, wenn Sie keine Dateinamen auf der Kommandozeile angeben.

Technisch gesehen guckt sich der Zeileneingabeoperator die Kommandozeilenargumente überhaupt nicht, statt dessen arbeitet er mit dem Array @ARGV. Dieses Array wird vom Perl-Interpreter mit den Kommandozeilenargumenten initialisiert. Jedes Kommandozeilenargument ist ein Element dieses Arrays. Sie können diese Liste interpretieren, wie Sie wollen.[2] Sie können sogar das Array in Ihrem Programm selbst beschreiben, damit der Zeileneingabeoperator auf dieser neuen Liste anstelle der Kommandozeilenargumente arbeitet:

```
@ARGV = ("aaa","bbb","ccc");
while (<>) { # verarbeitet die Dateien aaa, bbb und ccc
    print "Aktuelle Zeile: $_";
}
```

In Kapitel 10 zeigen wir Ihnen, wie Sie ganz bestimmte Dateien öffnen und schließen können. Diese Technik haben wir auch schon in unseren ersten, etwas schnell hingeschriebenen Programmen verwendet.

Ausgaben auf STDOUT

Perl verwendet die Funktionen `print` und `printf`, um auf die Standardausgabe zu schreiben. Schauen wir uns an, wie man diese benutzt.

Die Verwendung von print für normale Ausgaben

Wir haben `print` bisher auch schon benutzt, um Text auf der Standardausgabe auszugeben. Dieses Wissen wollen wir jetzt ein bißchen erweitern.

Die Funktion `print` akzeptiert eine Liste von Zeichenketten und schreibt die Zeichenketten der Reihe nach auf die Standardausgabe, ohne daß dazwischen oder dahinter irgendwelche zusätzlichen Trennzeichen ausgegeben werden würden. Was vielleicht nicht so ganz offensichtlich ist, ist die Tatsache, daß `print` auch nur eine Funktion ist, die eine Liste von Argumenten entgegennimmt und einen Wert ausgibt – genau wie jede andere Funktion auch. So kann man beispielsweise auch mit

```
$a = print("Hallo ", "Welt", "\n");
```

`Hallo Welt` ausgeben. Der Rückgabewert von `print` ist entweder wahr oder falsch, abhängig davon, ob die Zeichenketten erfolgreich ausgegeben werden konnten. Normalerweise funktioniert `print` immer, es sei denn es tritt ein I/O-Fehler auf. In unserem Beispiel ist `$a` also normalerweise `1`.

Manchmal müssen Sie wie im Beispiel gezeigt Klammern hinzufügen, insbesondere dann, wenn das, was Sie ausgeben wollen, auch mit einer öffnenden runden Klammer anfängt:

```
print (2+3),"Hallo";    # falsch! 5 wird ausgegeben, "Hallo" ignoriert
print ((2+3),"Hallo"); # richtig, gibt 5Hallo aus
print 2+3,"Hallo";      # auch richtig, gibt 5Hallo aus
```

2 Die Standard-Perl-Distribution enthält Module zum `getopt`-ähnlichen Parsen der Kommandozeilenargumente eines Perl-Programms. Lesen Sie dazu *Programmieren mit Perl* oder die Man-Page *perlmodlib*(1).

Die Verwendung von printf für formatierte Ausgaben

Manchmal benötigen Sie mehr Kontrolle über die Ausgabe, als das mit `print` möglich ist. Vielleicht sind Sie ja auch die Funktion `printf` zur formatierten Ausgabe in C gewöhnt. Keine Sorge: Perl hat eine kompatible Funktion desselben Namens.

Die Funktion `printf` akzeptiert eine Liste von Argumenten (die wie bei der Funktion `print` in optionalen runden Klammern eigneschlossen sein kann). Das erste Argument ist eine Zeichenkette, die die Formatierung der folgenden Argumente angibt. Wenn Sie mit der Standard-Funktion `printf` nicht vertraut sind, dann sollten Sie wohl besser die Man-Page zu *printf*(3) oder *perlfunc*(1) lesen oder sich die Beschreibung in *Programmieren mit Perl* ansehen. Ein Beispiel wollen wir aber immerhin bringen:

```
printf "%15s %5d %10.2f\n", $s, $n, $r;
```

Dieser Aufruf gibt `$s` in einem 15 Zeichen breiten Feld aus, gefolgt von einem Leerzeichen. Anschließend kommt `$n` als Ganzzahl im Dezimalsystem in einem fünf Zeichen breiten Feld, ein weiteres Leerzeichen, `$r` als Gleitkommazahl mit zwei Nachkommastellen in einem insgesamt 10 Zeichen breiten Feld und schließlich ein Newline.

Übungen

Die Antworten stehen in Anhang A.

1. Schreiben Sie ein Programm, das wie *cat* arbeitet, aber die Reihenfolge aller Zeilen aller Dateien, die auf der Kommandozeile stehen oder – falls keine Dateien angegeben werden – aller Zeilen von der Standardeingabe umdreht. (Auf manchen Systemen gibt es ein solches Programm namens *tac*.)
2. Ändern Sie das Programm aus der vorherigen Aufgabe dahingehend, daß die Reihenfolge der Zeilen jeder Datei, die auf der Kommandozeile angegeben wird, einzeln umgedreht wird. (Ja, das können Sie mit dem, was Sie bisher gelernt haben, bewältigen, selbst wenn Sie den Rundgang in Kapitel 1 unberücksichtigt lassen.)
3. Schreiben Sie ein Programm, das eine Liste von Zeichenketten auf getrennten Zeilen einliest und diese Zeichenketten in einer zwanzig Zeichen breiten Spalte rechtsbündig ausgibt. Wenn beispielsweise `Hallo` und `und tschuess` eingegeben wird, dann sollen `Hallo` und `und tschuess` jeweils rechtsbündig in einer zwanzig Zeichen breiten Spalte ausgegeben werden. (Stellen Sie sicher, daß das Programm wirklich nur eine zwanzig Zeichen breite Spalte verwendet, nicht etwa einundzwanzig Zeichen, was ein typischer Fehler wäre.)
4. Verändern Sie das Programm aus der vorigen Übung dahingehend, daß der Benutzer die Spaltenbreite selbst auswählen kann. Wenn beispielsweise `20`, `Hallo` und `und tschuess` eingegeben wird, dann soll das Programm das gleiche machen wie das vorige, aber wenn `30`, `Hallo` und `und tschuess` eingegeben wird, dann sollen `Hallo` und `und tschuess` in einer 30 Zeichen breiten Spalte ausgegeben werden.

In diesem Kapitel:

- *Konzepte regulärer Ausdrücke*
- *Einfache Anwendungen regulärer Ausdrücke*
- *Muster*
- *Mehr über den Vergleichsoperator*
- *Substitutionen*
- *Die Funktionen split und join*
- *Übungen*

7 Reguläre Ausdrücke

Konzepte regulärer Ausdrücke

Ein *regulärer Ausdruck* ist ein Muster, das mit einer Zeichenkette vergleichen wird. Dieser Mustervergleich ist entweder erfolgreich oder schlägt fehl. Manchmal ist der Erfolg oder Mißerfolg eines solchen Vergleichs das einzige, was sie wissen wollen. Es kann aber auch sein, daß Sie das, worauf ein Muster paßt, durch eine andere Zeichenkette ersetzen wollen, die möglicherweise wieder davon abhängt, wie und wo der reguläre Ausdruck paßte.

Viele Programme verwenden reguläre Ausdrücke, darunter die UNIX-Programme *grep, sed, awk, ed, vi emacs* und diversen Shells. Jedes Programm hat eine andere Menge von speziellen Zeichen in regulären Ausdrücken. Perl ist eine semantische Obermenge all dieser Programme: Jeder reguläre Ausdruck, der mit einem dieser Programme beschrieben werden kann, kann auch in Perl formuliert werden, wenn auch möglicherweise nicht mit den gleichen Zeichen.

Einfache Anwendungen regulärer Ausdrücke

Wenn wir nach allen Zeilen einer Datei suchen wollen, die die Zeichenkette `abc` enthalten, dann könnten wir den folgenden *grep*-Aufruf verwenden:

```
grep abc einedatei >ergebnis
```

In diesem Fall ist `abc` der reguläre Ausdruck, den *grep* in jeder Zeile sucht. Zeilen, die auf diesen Ausdruck passen, werden auf die Standardausgabe geschrieben und enden in unserem Beispiel wegen der Ausgabeumleitung in der Datei *ergebnis.*

In Perl können wir die Zeichenkette abc als regulären Ausdruck verwenden, indem wir sie in Schrägstriche einschließen:

```
if (/abc/) {
    print $_;
}
```

Aber womit wird der reguläre Ausdruck denn überhaupt verglichen? Nun, das ist wieder einmal unser alter Bekannter, die Variable $_. Wenn ein regulärer Ausdruck wie oben gezeigt in Schrägstriche eingeschlossen wird, dann wird der Inhalt der Variablen $_ mit diesem regulären Ausdruck verglichen. Wenn der reguläre Ausdruck paßt, dann gibt der Vergleichsoperator wahr zurück, ansonsten falsch.

In diesem Beispiel haben wir angenommen, daß die Variable $_ irgendeine Textzeile enthält und ausgegeben werden soll, wenn die Zeile die Zeichenfolge abc irgendwo enthält – ähnlich wie im oben gezeigten *grep*-Aufruf. Im Gegensatz zu *grep* arbeitet dieses Perl-Fragment aber nur mit einer einzigen Zeile. Um auf allen Zeilen zu arbeiten, muß noch eine Schleife hinzugefügt werden:

```
while ( <>) {
    if (/abc/) {
        print $_;
    }
}
```

Was aber, wenn wir nicht wissen, wie viele bs Zwischen dem a und dem c stehen sollen. Mit anderen Worten: Wir wollen jede Zeile ausgeben, die ein a, dann beliebig viele bs und schließlich ein c enthält. In *grep* würden wir das so formulieren:

```
grep "ab*c" datei >ergebnis
```

(Das Argument mit dem Asterisk steht in doppelten Anführungsstrichen, weil wir nicht wollen, daß es von der Shell expandiert wird, als sei es ein Jokerzeichen für Dateinamen. Damit es seinen Zweck erfüllt, muß es unverarbeitet an *grep* weitergegeben werden.) In Perl können wir das genauso machen:

```
while (<>) {
    if (/ab*c/) {
        print $_;
    }
}
```

Wie bei *grep* bedeutet dieser reguläre Ausdruck: »ein a, gefolgt von beliebig vielen (auch Null) bs und anschließend ein c«.

Wir werden noch mehr solche Mustervergleiche im Abschnitt »Mehr über den Vergleichsoperator« sehen, wenn wir uns alle möglichen Arten von regulären Ausdrücken ansehen.

Ein anderer einfacher Operator für reguläre Ausdrücke ist der Substitutionsoperator, der den Teil der Zeichenkette, der auf einen regulären Ausdruck paßt, durch einen anderen ersetzt. Dieser Substitutionsoperator sieht aus wie der s-Befehl im UNIX-Programm *sed* und besteht aus einem Schrägstrich, einem regulären Ausdruck, noch einem Schrägstrich, der Ersatzzeichenkette und schließlich einem dritten Schrägstrich. Das sieht dann etwa so aus:

```
s/ab*c/def/;
```

Die Variable (in diesem Fall `$_`) wird mit dem regulären Ausdruck (`ab*c`) verglichen. Wenn der Vergleich erfolgreich war, wird der Teil der Zeichenkette, der im Vergleich paßte, entfernt und durch die Ersatzzeichenkette (`def`) ersetzt. Wenn der Vergleich fehlgeschlagen ist, passiert gar nichts.

Wie beim Vergleichsoperator werden wir die Vielzahl an Optionen des Substitutionsoperators später (im Abschnitt »Substitutionen«) noch genauer kennenlernen.

Muster

Ein regulärer Ausdruck ist ein Muster. Einige Teile dieses Musters passen auf einzelne Zeichen einer Zeichenkette. Andere passen auf mehrere Zeichen. Wir schauen uns hier zunächst die Muster an, die auf einzelne Zeichen passen, und anschließend die, die auf mehrere passen.

Muster für einzelne Zeichen

Das einfachste und am häufigsten vorkommende Mustervergleichszeichen in regulären Ausdrücken ist ein einzelnes Zeichen, das genau auf sich selbst paßt. Mit anderen Worten: wenn wir den Buchstaben `a` in unseren regulären Ausdruck setzen, muß die verglichene Zeichenkette ebenfalls ein entsprechendes `a` enthalten.

Das zweithäufigste Mustervergleichszeichen ist der Punkt »`.`«. Dieser paßt auf jedes Zeichen außer einem Newline. Beispielsweise paßt das Muster `/a./` auf jede Folge aus zwei Buchstaben, deren erster Buchstabe ein `a` ist und die nicht »`a\n`« ist.

Eine Zeichenklasse in Mustervergleichen wird durch eckige Klammern und eine Zeichenliste in den Klammern dargestellt. Genau `/[abcde]/` paßt auf eine Zeichenkette, die einen der ersten fünf kleinen Buchstaben des Alphabets enthält, während `/[aeiouAEIOU]/` auf einen beliebigen der fünf Vokale, egal ob groß oder klein geschrieben, paßt. Wenn Sie in der Liste eine rechte eckige Klammer haben wollen, müssen Sie einen Backslash voranstellen oder die Klammer als erstes Zeichen der Liste angeben. Zeichenbereiche (wie `a` bis `z`) können durch die Endpunkte des Bereichs, verbunden mit einem Querstrich (-) dargestellt werden. Wenn Sie einen Querstrich wörtlich in der Liste haben wollen, dann müssen Sie ihm entweder einen Backslash voranstellen oder den Querstrich als letztes Zeichen der Liste angeben. Einige weitere Beispiele:

```
[0123456789]     # paßt auf eine einzelne Ziffer
[0-9]            # das gleiche
[0-9\-]          # paßt auf 0-9 oder minus
```

```
[a-z0-9]        # paßt auf einen beliebigen Kleinbuchstaben oder eine Ziffer
[a-zA-Z0-9_]    # paßt auf einen bel. Buchstaben, eine Ziffer oder einen Unterstrich
```

Es gibt auch negierte Zeichenklassen. Diese sehen genauso wie normale Zeichenklassen aus, werden aber mit einem Zirkumflex (oder Caret) in der Zeichenliste eingeleitet. Diese Zeichenklasse paßt auf ein einzelnes Zeichen, das nicht in der Liste ist. Ein Beispiel:

```
[^0-9]        # paßt auf eine einzelne Nicht-Ziffer
[^aeiouAEIOU] # paßt auf einen einzelnen Nicht-Vokal
[^\^]         # paßt auf jedes einzelne Zeichen außer dem Zirkumflex
```

Damit Sie es leichter haben, sind einige gebräuchliche Zeichenklassen schon vordefiniert (siehe Tabelle 7-1).

Tabelle 7-1: Vordefinierte Zeichen zur Abkürzung von Zeichenklassen

Konstrukt	**Äquivalente Klasse**	**verneintes Konstrukt**	**Verneinte äquivalente Klasse**
`\d` (eine Ziffer)	`[0-9]`	`\D` (keine Ziffer)	`[^0-9]`
`\w` (ein Wortzeichen)	`[a-zA-Z0-9_]`	`\W` (kein Wortzeichen)	`[^a-zA-Z0-9_]`
`\s` (Leerraum)	`[ \r\t\n\f]`	`\S` (kein Leerraum)	`[^ \r\t\n\f]`

Das Muster `\d` paßt auf eine Ziffer, das Muster `\w` auf ein Wortzeichen, genauer gesagt jedes Zeichen, das auch im Namen einer Perl-Variablen auftauchen darf. Das Muster `\s` paßt auf ein beliebiges Leerraumzeichen (»Whitespace«), was hier definiert ist als Wagenrücklauf (unter UNIX selten), Leerzeichen, Tabulator, Zeilen- oder Seitenvorschub. Die Versionen mit Großbuchstaben stellen die Komplemente dieser Klassen dar. Das `\W` paßt also auf ein Zeichen, das nicht in einem Variablennamen auftauchen darf, das Muster `\S` auf ein Zeichen, das kein Leerraum ist (also beispielsweise ein Buchstabe, ein Satzzeichen oder ein Steuerzeichen), und `\D` auf ein Zeichen, das keine Ziffer ist.

Diese abgekürzten Klassen können auch wieder als Teil von anderen Zeichenklassen verwendet werden:

```
[\da-fA-F] # paßt auf eine hexadezimale Ziffer
```

Gruppierende Muster

Die richtige Ausdrucksstärke regulärer Ausdrücke erreicht man aber erst, wenn man sagen kann: »einen oder mehrere davon« oder »bis zu fünf davon«. Schauen wir uns einmal an, wie das formuliert wird.

Folgen

Das erste (und wahrscheinlich am wenigsten offensichtliche) gruppierende Muster ist die *Folge*. Damit ist gemeint, daß `abc` auf ein `a`, gefolgt von einem `b`, wiederum gefolgt von einem `c` paßt. Das sieht ziemlich einfach aus, aber wir haben dem einen Namen gegeben, damit wir später darüber sprechen können.

Multiplikatoren

Wir haben schon einen Multiplikator, den Asterisk (*) gesehen. Dieser bezeichnet null oder mehr Zeichen des unmittelbar vorhergehenden Zeichen oder der unmittelbar vorhergehenden Zeichenklasse.

Zwei andere gruppierende Muster funktionieren ähnlich: Das Plus-Zeichen (+) bezeichnet eines oder mehrere des unmittelbar vorhergehenden Zeichens, und das Fragezeichen (?) bezeichnet null oder eines des unmittelbar vorhergehenden Zeichens. Beispielsweise paßt der reguläre Ausdruck `/fo+ba?r/` auf ein `f`, gefolgt von mindestens einem `o`, darauf ein `b`, ein optionales `a` und schließlich ein `r`.

In allen drei dieser gruppierenden Muster sind die Muster »gierig«. Das bedeutet, daß wenn so ein Multiplikator die Wahl hat, auf entweder fünf oder zehn Zeichen zu passen, er grundsätzlich die Zeichenkette nimmt, die aus zehn Zeichen besteht.

```
$_ = "fred xxxxxxxxxx barney";
s/x+/boom/;
```

In diesem Beispiel werden alle aufeinanderfolgenden `x` durch `boom` ersetzt (was `fred boom barney` ergibt), anstatt daß nur eines oder zwei der `x` ersetzt werden, obwohl eine kleinere Auswahl an `x` immer noch auf den regulären Ausdruck passen würde.

Wenn Sie sagen wollen, daß ein Ausdruck auf »fünf bis zehn `x`« passen soll, dann könnten Sie sich damit behelfen, zunächst fünf `x` anzugeben und danach fünf einzelne `x`, die alle von einem Fragezeichen gefolgt werden. Das sieht aber ziemlich häßlich aus. Zum Glück gibt es eine einfachere Lösung, den *allgemeinen Multiplikator*. Dieser besteht aus einem Paar zusammengehöriger geschweifter Klammern, zwischen denen eine oder zwei Zahlen stehen wie in `/x{5,10}/`. Das unmittelbar vorausgehende Zeichen (in diesem Fall der Buchstabe `x`) muß dann so oft, wie in den Klammern angegeben, gefunden werden – in diesem Fall also fünf bis zehnmal.[1]

Wenn Sie wie in `/x{5,}/` die zweite Zahl weglassen, dann bedeutet daß »so viele oder mehr« (in diesem Fall fünf oder mehr), wenn Sie wie in `/x{5}/` das Komma weglassen, dann bedeutet das genausoviele (in diesem Fall fünf `x`). Um »fünf oder weniger« ausdrücken zu können, müssen Sie wie in `/x{0,5}/` eine Null einsetzen.

Der reguläre Ausdruck `/a.{5}b/` paßt also auf die Buchstaben `a` und `b`, wenn dazwischen fünf beliebige (aber von Newline verschiedene) Zeichen stehen. (Denken Sie daran, daß ein Punkt auf jedes einzelne Zeichen außer Newline paßt und wir hier fünf davon suchen.) Die fünf Zeichen müssen nicht identisch sein. (Wir werden im nächsten Abschnitt lernen, wir wir erreichen können, daß die Zeichen identisch sind.)

---

1 Natürlich paßt `/\d{3}` nicht nur auf alle dreistelligen Zahlen. Der Ausdruck paßt ganz genauso auf alle Zahlen, die mehr als drei Ziffern enthalten. Damit der Ausdruck auf genau drei Ziffern paßt, müssen Sie Anker verwenden, die wir weiter unten im Abschnitt »Ankermuster« beschreiben.

Wir könnten ganz ohne `*`, `+` und `?` auskommen, weil sie äquivalent zu `{0,}`, `{1,}` und `{0,1}` sind. Aber die einbuchstabigen Sonderzeichen sind sowohl einfacher zu tippen als auch gewohnter.

Wenn zwei Multiplikatoren in einem einzigen Ausdruck vorkommen, dann wird die »Gierregel« durch die Regel »der am weitesten links stehende ist am gierigsten« ersetzt. Ein Beispiel:

```
$_ = "a xxx c xxxxxxxx c xxx d";
/a.*c.*d/;
```

In diesem Fall paßt das erste `.*` im regulären Ausdruck auf alle Zeichen bis zum zweiten `c`, obwohl der ganze Ausdruck auch dann noch passen würde, wenn dieser erste Multiplikator nur die Zeichen bis zum ersten `c` abdecken würde. Im Moment macht das noch keinen Unterschied für uns (das Muster paßt auf jeden Fall), aber wenn wir uns später die Teile des regulären Ausdrucks ansehen wollten, auf die ein bestimmter Teil paßte, dann spielt das schon eine Rolle.

Wir können erzwingen, daß ein Multiplikator nicht gierig (oder *faul*) ist, indem wir ihm ein Fragezeichen hintenanstellen.

```
$_ = "a xxx c xxxxxxxx c xxx d";
/a.*?c.*d/;
```

Hier paßt das erste `a.*?c` auf so wenige Zeichen wie möglich zwischen `a` und `c`, nicht auf so viele wie möglich. Das bedeutet, daß das `c` das am weitesten links stehende `c` abdeckt, nicht das am weitesten rechts stehende. Sie können diesen Fragezeichen-Modifikator hinter jeden Multiplikator (`?`, `+`, `*` und `{m,n}`) stellen.

Was wäre, wenn die Zeichenkette und der reguläre Ausdruck etwas verändert werden:

```
$_ = "a xxx ce xxxxxxxx ci xxx d";
/a.*ce.*d/;
```

In diesem Fall kann `.*` nicht auf so viele Zeichen wie möglich bis zum nächsten `c` passen, weil sonst das nächste Zeichen des regulären Ausdrucks (`e`) nicht mehr auf das nächste Zeichen der Zeichenkette (`i`) paßt. In diesem Fall findet automatisches *Backtracking* statt, was bedeutet, daß versucht wird, eine andere Teilzeichenkette für den Multiplikator zu wählen (in diesem Fall bis zum früheren `c`, vor dem `e`).[2] Ein komplexer regulärer Ausdruck kann sehr viel Backtracking hervorrufen und so zu langen Ausführungszeiten führen. In diesem Fall kann man Perl die Arbeit erleichtern, indem man die Multiplikatoren mit einem nachgestellten Fragezeichen nicht-gierig macht. Sie sollten sich das für den jeweiligen Fall überlegen.

2 Technisch gesehen hat schon eine Menge Backtracking stattgefunden, damit der `*`-Operator die `c`'s überhaupt erst einmal finden kann. Aber das ist etwas komplizierter zu beschreiben und arbeitet nach dem gleichen Prinzip.

Klammern als Zwischenspeicher

Ein weiterer gruppierender Operator ist ein Paar von runden Klammern um ein beliebiges Teilmuster. Das hat keinen Einfluß darauf, ob das Muster paßt oder nicht, sondern speichert die Zeichenkette, auf die das Muster in den Klammern paßte, für später ab. `(a)` paßt also immer noch auf ein einzelnes `a` und `([a-z])` paßt immer noch auf einen beliebigen kleinen Buchstaben.

Um einen abgespeicherten Teil einer Zeichenkette wieder abzurufen, müssen Sie einen Backslash, gefolgt von einer Ziffer angeben. Dieses Muster paßt auf die gleiche Zeichenfolge, die weiter vorn auf das Muster in dem Klammernpaar der gleichen Nummer (beginnend bei 1) paßte. Beispiel:

```
/fred(.)barney\1/;
```

paßt auf eine beliebige Zeichenkette, die aus `fred`, gefolgt von einem beliebigen Zeichen, das kein Newline ist, wiederum gefolgt von `barney` und dem gleichen einzelnen Zeichen besteht. Das Muster paßt also auf `fredxbarneyx`, aber nicht auf `fredxbarneyy`. Vergleichen Sie das mit

```
/fred.barney./;
```

in dem die beiden nicht weiter spezifizierten Zeichen gleich oder auch nicht gleich sein können, hier spielt es keine Rolle.

Wo kommt die `1` her? Sie bezeichnet den ersten eingeklammerten Teil des regulären Ausdrucks. Wenn es mehr als einen gibt, dann wird der zweite Teil (gezählt anhand der linken Klammern von links nach rechts) als `\2`, der dritte als `\3` usw. angesprochen. Beispiel:

```
/a(.)b(.)c\2d\1/;
```

paßt auf ein `a`, ein beliebiges Zeichen (nennen wir es `#1`), a `b`, ein anderes Zeichen (nennen wir es `#2`), a `c`, das Zeichen `#2`, a `d` und das Zeichen `#1`. Dieser reguläre Ausdruck paßt also beispielsweise auf `axbycydx`.

Der abgespeicherte Teil kann aus mehr aus einem Zeichen bestehen. Beispiel:

```
/a(.*)b\1c/;
```

paßt auf ein `a`, gefolgt von einer beliebigen Anzahl von Zeichen (auch gar keines), gefolgt von `b`, gefolgt von derselben Zeichenfolge und schließlich einem `c`. Dieser reguläre Ausdruck paßt also auf `aFREDbFREDc`, aber nicht auf `aXXbXXXc`.

Auswahlen

Ein anderes Gruppierungskonstrukt ist die *Auswahl* wie in `a|b|c`. Das bedeutet, daß der reguläre Ausdruck auf eine der Möglichkeiten (in diesem Fall `a`, `b` und `c`) passen soll. Das funktioniert auch, wenn die Auswahlmöglichkeiten aus mehreren Zeichen besteht wie in `/song|blue/`, was entweder auf `song` oder auf `blue` paßt. (Wenn die Auswahlmöglichkeiten nur einzelne Zeichen sind, sollten Sie lieber eine Zeichenklasse wie `/[abc]/` verwenden.)

Was müssen wir machen, um auf `songbird` oder `bluebird` zu passen? Wir könnten `/songbird|bluebird/` schreiben, aber eigentlich sollte man `bird` nicht zweimal schreiben müssen. Es gibt eine Möglichkeit, aber um diese zu verstehen, müssen wir zunächst über die Präzedenz von Gruppierungsmustern sprechen, die in Abschnitt »Präzedenz« behandelt wird.

Ankermuster

Einige bestimmte Ausdrucksformen *verankern* Muster. Normalerweise wird versucht, für ein Muster die erstmögliche passende Stelle zu finden. Mit Ankern können Sie sicherstellen, daß Teile des Musters bestimmten Teilen der Zeichenkette entsprechen.

Das erste Paar von Ankern verlangt, daß ein bestimmter Teil des Musters entweder genau an einer Wortgrenze oder gerade nicht an einer Wortgrenze paßt. Der Anker `\b` verlangt an der angegebenen Stelle des Musters eine Wortgrenze. Eine Wortgrenze ist eine Stelle in einer Zeichenkette, an der Zeichen, die auf `\w`, und Zeichen, die auf `\W` passen, aufeinanderstoßen, oder die Stelle am Anfang oder Ende einer Zeichenkette, sofern diese mit einem `\w`-Zeichen beginnt oder endet.

```
/fred\b/;       # paßt auf fred, aber nicht auf frederick
/\bmo/;         # paßt auf moe und mole aber nicht auf Elmo
/\bFred\b/;     # paßt auf Fred, aber nicht auf Frederick und alFred
/\b\+\b/;       # paßt auf "x+y", aber nicht auf "++" oder " + "
/abc\bdef/;     # paßt nie (an der Stelle kann nie eine Wortgrenze sein)
```

Entsprechend verlangt der Anker `\B`, daß an der Stelle gerade keine Wortgrenze ist.

```
/\bFred\B/; # paßt auf Frederick, aber nicht auf Fred Feuerstein
```

Es gibt noch zwei weitere Anker, die verlangen, daß ein bestimmter Teil des Musters am Anfang oder Ende der Zeichenkette paßt. Der Zirkumflex (`^`) paßt auf den Anfang der Zeichenkette, wenn es an einer Stelle steht, an der das Sinn macht. Beispielsweise paßt `^a` genau dann auf ein `a`, wenn dieses `a` das erste Zeichen der Zeichenkette ist. `a^` paßt jedoch auf die beiden Zeichen `a` und `^` an einer beliebigen Stelle der Zeichenkette. Hier hat der Zirkumflex also seine Sonderbedeutung verloren. Wenn Sie einen literalen Zirkumflex am Anfang des Musters benötigen, setzen Sie einen Backslash davor.

Das `$`-Zeichen verankert wie `^` das Muster, diesmal aber am Ende der Zeichenkette, nicht am Anfang. Mit anderen Worten paßt `c$` nur dann auf `c`, wenn dieses `c` am Ende der Zeichenkette vorkommt.[3] Ein Dollarzeichen an einer anderen Stelle wird vermutlich als Interpolation eines skalaren Wertes interpretiert werden, weswegen Sie wahrscheinlich einen Backslash davor benötigen, um ein literales Dollarzeichen im Muster angeben zu können.

Es werden noch weitere Anker unterstützt, darunter `\A` und `\Z` sowie vorausschauende Anker, die mit `(?=...)` und `(?!...)` angelegt werden. Diese werden alle in Kapitel 2 von *Programmieren mit Perl* und der Man-Page *perlre* (1) beschrieben.

3 Oder, aus historischen Gründen, direkt vor einem Newline am Ende der Zeichenkette.

Präzedenz

Was passiert eigentlich, wenn wir den regulären Ausdruck `a|b*` haben? Sind das beliebig viele as oder beliebig viele bs oder aber ein einzelnes a und beliebig viele bs?

Nun, genau wie Operatoren eine Präzedenz haben, haben auch die gruppierenden und verankernden Muster in regulären Ausdrücken eine Präzedenz. Die Präzedenzreihenfolge von der höchsten zu niedrigsten Präzedenz finden Sie in Tabelle 7-2.[4]

Tabelle 7-2: Präzedenz der Gruppierungsoperatoren

Name	Darstellung
Klammern	`( ) (?: )`
Multiplikatoren	`? + * {m,n} ?? +? *? {m,n}?`
Folgen und Anker	`abc ^ $ \A \Z (?= ) (?! )`
Auswahl	`|`

Nach dieser Tabelle hat also `*` eine höheren Präzedenz als `|`. `/a|b*/` wird als einzelnes `a`, gefolgt von einer beliebigen Anzahl von `b`'s interpretiert.

Was wäre, wenn wir die andere Bedeutung »beliebig viele as oder beliebig viele bs« haben wollten? In diesem Fall spendieren wir einfach ein paar runde Klammern. In diesem Fall müssen sie den Teil, auf den der Operator `*` angewendet werden soll, mit Klammern umschließen, und dann haben wir auch schon: `(a|b)*`. Wenn Sie den ersten Ausdruck leichter verständlich machen wollen, dann können Sie auch dort optional Klammern hinzufügen: `a|(b*)`.

Wenn Sie Klammern verwenden, um Einfluß auf die Präzedenz zu nehmen, dann beeinflussen diese auch die schon besprochenen Zwischenspeicher. Diese Klammern zählen also mit, wenn Sie herauskriegen wollen, ob der Inhalt eines Zwischenspeichers mit `\2`, `\3` oder was auch immer angesprochen wird. Wenn Sie Klammern verwenden wollen, ohne daß die Zwischenspeicher beeinflußt werden, dann verwenden Sie `(?:...)` anstelle von `(...)`. Damit können Sie immer noch Multiplikatoren verwenden, aber Ihre Zählung kommt nicht durcheinander, nur weil die Klammern jetzt `\4` oder was auch immer belegen. Beispielsweise speichern die Klammern in `/(?:Fred|Wilma) Feuerstein/` nichts in \ ab, sie dienen lediglich der Gruppierung.

Hier noch weitere Beispiele regulärer Ausdrücke und des Einflusses von Klammern:

```
abc*              # paßt auf ab, abc, abcc, abccc, abcccc und so weiter
(abc)*            # paßt auf "", abc, abcabc, abcabcabc und so weiter
^x|y              # paßt auf ein x am Zeilenanfang oder ein y an beliebiger Stelle
^(x|y)            # paßt auf entweder x oder y am Zeilenanfang
a|bc|d            # a oder bc oder d
(a|b)(c|d)        # ac, ad, bc oder bd
(song|blue)bird   # songbird oder bluebird
```

---

4 Einige dieser Symbole werden nicht in diesem Buch beschrieben. Zu diesen finden Sie Informationen in *Programmieren mit Perl* oder *perlre*(1).

Mehr über den Vergleichsoperator

Wir haben uns bereits die einfachsten Anwendungsfälle des Vergleichsoperators (ein regulärer Ausdruck mit einem Schrägstrich davor und danach) angesehen. Sehen wir uns jetzt die Tausenden von Möglichkeiten an, die Arbeitsweise dieses Operators etwas zu verändern.

Auswählen eines anderen Ziels (der =~-Operator)

Normalerweise steht die Zeichenkette, mit der Sie Ihr Suchmuster vergleichen wollen, nicht in `$_`, und es wäre lästig, sie da erst hineinzuschreiben. (Zum Beispiel könnten Sie einen anderen Wert darin haben, an dem Ihnen noch gelegen ist.) Kein Problem, hier hilft uns der Operator `=~`. Dieser Operator akzeptiert einen regulären Ausdruck auf seiner rechten Seite und ändert das *Ziel* des Vergleichsoperators auf etwas anderes anstelle der Variable `$_`, nämlich einen Wert, der auf der linken Seite des Operators angegeben wird.

```
$a = "Hallo Welt";
$a =~ /^Ha/;            # wahr
$a =~ /(.)\1/;          # auch wahr (paßt auf das doppelte l)
if ($a =~ /(.)\1/) {  # wahr
                        # irgendwelche Befehle
}
```

Das Ziel des Operators `=~` kann jeder Ausdruck sein, der zu einem skalaren Stringwert ausgewertet wird. Beispielsweise liefert auch `<STDIN>` einen skalaren Wert, wenn es in einem skalaren Kontext verwendet wird, so daß wir diesen Operator mit dem Operator `=~` kombinieren können, um eine kompakte Schreibweise für die Überprüfung einer Eingabe zu haben.

```
print "noch einen Wunsch? ";
if (<STDIN> =~ /^[yY]/) { # fängt die Eingabe mit y oder Y an?
    print "Und worum handelt es sich? ";
    <STDIN>;                    # eine Zeile von der Standardeingabe verwerfen
    print "Tut mir leid, das ist nicht möglich.";
}
```

In diesem Fall liefert `<STDIN>` die nächste Zeile von der Standardeingabe, die dann unmittelbar als die Zeichenkette verwendet wird, mit der das Muster `^[yY]` verglichen wird. Beachten Sie, daß Sie die Eingabe nie in einer Variablen abgespeichert haben, so daß Sie leider Pech haben, wenn Sie die Eingabe noch mit einem anderen Muster vergleichen oder vielleicht in einer Fehlermeldung ausgeben wollen. Aber trotzdem ist dieses Konstrukt oft nützlich.

Groß-/Kleinschreibung ignorieren

Im vorigen Beispiel haben wir `[yY]` verwendet, um sowohl auf ein kleines als auch auf ein großes Ypsilon zu passen. In sehr kurzen Zeichenketten wie `y` oder `fred` ist das auch einfach genug: `[fF][oO][oO]`. Aber würden Sie auch so vorgehen wollen, wenn Sie das Wort `procedure` in einer beliebigen Groß-/Kleinschreibung erfassen wollen?

In manchen Versionen von *grep* gibt es eine Option `-i`, die angibt, daß die Groß-/Kleinschreibung ignoriert werden soll. Auch Perl hat eine solche Option. Hier wird sie in Form eines kleinen `i` hinter dem schließenden Schrägstrich des Musters angegeben: `/`*`einmuster`*`/i`. Damit sagen Sie, daß die Buchstaben im Suchmuster sowohl auf die entsprechenden Klein- als auch auf die entsprechenden Großbuchstaben passen sollen. Damit die Zeichenkette beispielsweise auf das Wort `procedure` in jeder beliebigen Kombination aus Groß- und Kleinbuchstaben paßt, geben Sie `/^procedure/i` an.

Jetzt sieht unser obiges Beispiel so aus:

```
print "noch einen Wunsch? ";
if (<STDIN> =~ /^y/i) { # beginnt die Eingabe mit y?
    # ja! also bearbeiten
    ...
}
```

Ein anderes Begrenzungszeichen verwenden

Wenn Sie in einem Suchmuster auch einen Schrägstrich (/) selbst angeben wollen, müssen Sie jedem Schrägstrich einen Backslash voranstellen. Beispielsweise können Sie folgendermaßen nach einer Zeichenkette suchen, die mit `/usr/etc` anfängt:

```
$path = <STDIN>; # Einlesen eines Dateinamens (möglicherweise aus find?)
if ($path =~ /^\/usr\/etc/) {
    # fängt mit /usr/etc... an
}
```

Die Backslash-Schrägstrich-Kombination sieht aus wie eine Reihe kleiner Täler zwischen den Textstücken. Wenn Sie viele Schrägstriche haben, kann das ziemlich mühsam werden. Deswegen erlaubt Perl es Ihnen, ein anders Begrenzungszeichen zu verwenden. Stellen Sie einfach ein anderes Zeichen voran, daß weder alphanumerisch noch ein Leerraum ist,[5] stellen Sie diesem Zeichen wiederum ein `m` voran, und beenden Sie den regulären Ausdruck mit dem gleichen Begrenzungszeichen:

```
/^\/usr\/etc/       # das Standardbegrenzungszeichen Schrägstrich
m@^/usr/etc@        # @ als Begrenzungszeichen
m#^/usr/etc#        # # als Begrenzungszeichen (mein Favorit)
```

Sie können auch hier wie in `m/fred/` wieder Schrägstriche verwenden. Der normale Vergleichsoperator für reguläre Ausdrücke ist also nichts anderes als der `m`-Operator; das `m` ist optional, wenn Schrägstriche als Begrenzungszeichen verwendet werden.

5 Wenn das Begrenzungszeichen der linke Teil eines paarweise auftretenden Zeichens (runde, eckige, geschweifte oder spitze Klammern) ist, dann muß als schließendes Begrenzungszeichen das zugehörige rechte Zeichen verwendet werden, ansonsten sind linkes und rechtes Begrenzungszeichen gleich.

Variableninterpolation verwenden

Bevor andere Sonderzeichen berücksichtigt werden, werden zunächst Variablen in einen regulären Ausdruck interpoliert. Sie können also einen regulären Ausdruck auch aus berechneten Zeichenketten anstelle von Literalen zusammensetzen. Ein Beispiel

```
$was = "Vogel";
$satz = "Jeder gute Vogel kann fliegen.";
if ($satz =~ /\b$was\b/) {

    print "Der Satz enthält das Wort $was!\n";
}
```

Wir haben hier eine Variable verwendet, um am Ende den Operator `/\bVogel\b/` zu konstruieren.

Ein etwas schwierigeres Beispiel:

```
$satz = "Jeder gute Vogel kann fliegen.";
print "Wonach soll ich suchen? ";
$was = <STDIN>;
chomp($was);
if ($satz =~ /$was/) { # gefunden!
    print "Ich habe $was in $satz gefunden.\n";
} else {
    print "Nix... hab's nicht gefunden.\n";
}
```

Wenn Sie `Vogel` eingeben, dann wird das gefunden. Wenn Sie dagegen `Schrei` eingeben, dann wird das nicht gefunden. Geben Sie `[VF]ogel` ein, dann wird das auch gefunden, was beweist, daß auch die Sonderzeichen in regulären Ausdrücken noch berücksichtigt werden.

Wie kann man erreichen, daß die Sonderzeichen nicht berücksichtigt werden? Den nicht-alphanumerischen Zeichen muß ein Backslash vorangestellt werden, wodurch sie zu Literalen würden. Das klingt ziemlich mühsam und wäre es auch, wenn es nicht die Fluchtsequenz `\Q` geben würde:

```
$was = "[box]";
foreach (qw(in[box] out[box] white[sox])) {
    if (/\Q$was\E/) {
        print "$_ paßt!\n";
    }
}
```

Das Konstrukt `\Q$was\E` wird hier zu `\[box\]` aufgelöst, was veranlaßt, das nach einem literalen Paar umschließender eckiger Klammern gesucht wird, anstatt das Ganze als eine Zeichenklasse zu betrachten.

Besondere nicht-beschreibbare Variablen

Nach einem erfolgreichen Vergleich werden die Variablen `$1`, `$2`, `3` usw. mit den Werten von `\1`, `\2`, `\3` usw. belegt. Damit können Sie später einen Teil der Zeichenkette, auf den der Vergleich zutraf, noch einmal abfragen:

```
$_ = "Dies ist ein Test";
/(\w+)\W+(\w+)/; # paßt auf die ersten beiden Worte
                 # $1 ist jetzt "Dies" und $2 "ist"
```

Sie können auf die gleichen Werte (`$1`, `$2`, `$3` usw.) auch zugreifen, indem Sie den Vergleich in einen Listenkontext stellen. Das Ergebnis ist dann eine Liste von Werten, die mit `$1` beginnt und mit dem letzten abgespeicherten Wert endet, allerdings nur, wenn der Vergleich auch erfolgreich war. Formulieren wir das letzte Beispiel einmal anders:

```
$_ = "Dies ist ein Test";
($erstes, $zweites) = /(\w+)\W+(\w+)/; # paßt auf die ersten beiden Worte
    # $erstes ist jetzt "Dies" und $zweites "ist"
```

Weitere vordefinierte, nicht beschreibbare Variablen sind `$&`, die den Teil der Zeichenkette enthält, der auf den regulären Ausdruck paßte, `` $` ``, die den Teil vor dem passenden enthält und `$'`, die den Teil danach enthält. Ein Beispiel:

```
$_ = "Dies ist ein Beispielstring.";
/Be.*el/; # paßt auf "Beispiel" in der Zeichenkette
          # $` ist jetzt "Dies ist ein "
          # $& ist jetzt "Beispiel"
          # $' ist jetzt "string."
```

Weil diese Variablen nach jedem erfolgreichen Vergleich neu belegt werden, sollten Sie die Werte an anderer Stelle abspeichern, wenn Sie sie später noch benötigen.[6]

Substitutionen

Wir haben uns bereits über die einfachste Form `s/alter_ausdruck/neuer_string/` des Substitutionsoperators unterhalten. Jetzt wird es langsam Zeit, einige Variationen dieses Operators vorzuführen.

Wenn Sie möchten, daß die Ersetzung an allen möglichen Stellen anstatt nur an der ersten vorgenommen wird, müssen Sie an den Substitutionsoperator wie im folgenden Beispiel ein `g` anhängen:

```
$_ = "foot fool buffoon";
s/foo/bar/g; # $_ ist jetzt "bart barl bufbarn"
```

Auch bei der ersetzenden Zeichenkette wird Variableninterpalation vorgenommen, so daß Sie die neue Zeichenkette zur Laufzeit angeben können:

6 Lesen Sie O'Reillys *Reguläre Ausdrücke*, um zu erfahren, welche Performance-Fragen bei der Benutzung dieser Variablen zu beachten sind.

```
$_ = "Hallo, Welt";
$neu = "Tschuess";
s/Hallo/$neu/; # ersetzt Hallo durch Tschuess
```

Mit Musterzeichen können auch variable Ausdrücke ersetzt werden:

```
$_ = "Dies ist ein Test.";
s/(\w+)/<$1>/g; # $_ ist jetzt "<Dies> <ist> <ein> <Test>."
```

Erinnern Sie sich noch daran, daß `$1` den Teil der Zeichenkette enthält, der vom Muster im ersten Klammerpaar abgedeckt wurde?

Ein angehängtes `i` (darf vor oder hinter einem eventuellen `g` stehen, sorgt dafür, daß Groß-/Kleinschreibung im regulären Ausdruck nicht berücksichtigt wird, ganz genauso wie beim Vergleichsoperator weiter vorn.

Wie beim Vergleichsoperator können auch hier andere Begrenzungszeichen verwendet werden, wenn der Schrägstrich unpraktisch ist. Verwenden Sie einfach ein und dasselbe Zeichen dreimal:[7]

```
s#fred#barney#; # ersetzt fred durch barney, wie s/fred/barney/
```

Außerdem kann – ebenfalls wie beim Vergleichsoperator – mit dem Operator `=~` ein anderes Ziel angegeben werden. In diesem Beispiel muß das ausgewählte Ziel etwas sein, dem man einen skalaren Wert zuweisen kann wie beispielsweise eine skalare Variable oder ein Element eines Arrays. Ein Beispiel:

```
$was = "Dies ist ein Test.";
$was =~ s/Test/Quiz/;              # $was ist jetzt "Dies ist ein Quiz."
$irgendwo[$hier] =~ s/links/rechts/; # ein Arrayelement verändern
$d{"t"} =~ s/^/x /;                # dem Hash-Element ein "x " voranstellen.
```

Die Funktionen split und join

Reguläre Ausdrücke können auch dazu verwendet werden, eine Zeichenkette in Felder aufzubrechen. Dies wird mit der Funktion `split` gemacht. Die Funktion `join` setzt die Einzelteile dann wieder zusammen.

Die Funktion split

Die Funktion `split` akzeptiert einen regulären Ausdruck und eine Zeichenkette und sucht nach allen Vorkommen des regulären Ausdrucks in der Zeichenkette. Die Teile der Zeichenkette, die nicht auf den regulären Ausdruck passen, werden als Liste von Werten zurückgegeben. Um beispielsweise durch Doppelpunkte getrennte Felder zu parsen, wie sie in der UNIX-Datei */etc/passwd* vorkommen, können Sie folgendes verwenden:

7 Oder zwei zusammenpassende Paare, wenn eine Klammer verwendet wird.

```
$zeile = "merlyn::118:10:Randal:/home/merlyn:/usr/bin/perl";
@felder = split(/:/,$zeile); # $zeile aufbrechen, : ist Trennzeichen
# jetzt ist @felder ("merlyn","","118","10","Randal",
#                "/home/merlyn","/usr/bin/perl")
```

Schauen Sie einmal, wie das leere zweite Feld zu einer leeren Zeichenkette geworden ist. Wenn Ihnen das nicht gefällt, können Sie alle Doppelpunkte mit einem Schlag erwischen:

```
@felder = split(/:+/, $zeile);
```

Dieser Ausdruck paßt auf einen oder mehrere aufeinanderfolgende Doppelpunkte, so daß es kein zweites leeres Feld gibt.

Häufig werden Sie die Variable `$_` aufbrechen wollen. Praktischerweise ist das auch der Default:

```
$_ = "eine Zeichenkette";
@worte = split(/ /); # das gleiche wie @worte = split(/ /, $_);
```

In dieser split-Operation führen aufeinanderfolgende Leerzeichen in der Zeichenkette zu leeren Feldern im Ergebnis. Daher wäre ein besseres Muster `/ +/` oder noch besser `/\s+/`, womit ein oder mehrere Leerraumzeichen zusammengefaßt werden. Und tatsächlich ist dieses Muster das Default-Muster,[8] so daß Sie beim Aufbrechen der Variablen `$_` an den Leerstellen alle Defaults verwenden können und lediglich folgendes eingeben müssen:

```
@worte = split; # das gleiche wie @worte = split(/\s+/, $_);
```

Leere Felder am Ende werden normalerweise nicht mit in die Liste aufgenommen. Üblicherweise ist das kein Problem. Eine Lösung wie

```
$zeile = "merlyn::118:10:Randal:/home/merlyn:";
($name,$password,$uid,$gid,$gcos,$home,$shell) =
    split(/:/,$zeile); # aufbrechen von $zeile mit : als Trennzeichen
```

führt lediglich dazu, daß `$shell` einen leeren Wert (`undef`) enthält, wenn die Zeile nicht lang genug ist oder leere Werte im letzten Feld sind. (Überschüssige Felder werden stillschweigend ignoriert; so funktioniert die Listenzuweisung eben.)

Die Funktion join

Die Funktion `join` akzeptiert eine Liste von Werten und fügt diese unter Einfügung einer Fugenzeichenkette zwischen jeweils zwei Listenelementen zusammen. Das sieht etwa so aus:

```
$grosserstring = join($leim,@liste);
```

8 Genauer gesagt ist die Zeichenkette `" "` das Default-Muster, was dazu führt, daß führende Leerzeichen ignoriert werden, aber für unsere Zwecke ist das immer noch gut genug.

Um beispielsweise die Paßwortzeile wieder zusammenzubauen, können Sie folgendes machen:

```
$ausgabezeile = join(":", @felder);
```

Beachten Sie, daß die Fugenzeichenkette kein regulärer Ausdruck ist, sondern einfach nur eine ganz normale Zeichenkette mit null oder mehr Zeichen.

Wenn Sie das Fugenstück vor jedem Element anstatt dazwischen benötigen, können Sie leicht schummeln:

```
$ergebnis = (join "+", "", @felder);
```

Hier wird das zusätzliche "" als leeres Element behandelt, um mit dem ersten Element der Liste zusammengefügt zu werden. Damit landet die Fuge vor jedem Element der Liste. Entsprechend können Sie die Fugenzeichenkette auch am Ende erhalten:

```
$output = join ("\n", @data, "");
```

Übungen

Die Antworten finden Sie in Anhang A.

1. Konstruieren Sie einen regulären Ausdruck, der auf folgendes paßt:
   a. mindestens ein `a`, gefolgt von einer beliebigen Anzahl an `b`'s
   b. beliebig viele Backslashes gefolgt von einer beliebigen Anzahl von Asterisken (beliebig viel kann auch null bedeuten)
   c. drei aufeinanderfolgende Kopien des Inhalts von `$wasauchimmer`
   d. fünf beliebige Zeichen einschließlich des Newline-Zeichens
   e. ein und dasselbe Wort zwei- oder mehrmals direkt hintereinander (beliebige Leerraumzeichen dazwischen sind erlaubt), wobei ein »Wort« als eine nichtleere Folge von nicht-leeren Zeichen definiert sei

2. a. Schreiben Sie ein Programm, das eine Liste von Worten von der Standardeingabe einliest und nach einer Zeile sucht, die alle fünf Vokale (`a`, `e`, `i`, `o` und `u`) enthält. Probieren Sie dieses Programm mit der Datei */usr/dict/words*[9] aus und schauen Sie nach, was herauskommt. Geben Sie also folgendes ein

   ```
   $ meinprogramm < /usr/dict/words
   ```

   (Unter der Voraussetzung, daß Sie Ihr Programm *meinprogramm* genannt haben.)

9 Das Wörterverzeichnis kann auf Ihrem System auch in einer anderen Datei als */usr/dict/words* liegen; lesen Sie gegebenenfalls in der Man-Page *spell*(1) nach.

b. Verändern Sie das Programm so, daß die fünf Vokale in ihrer alphabetischen Reihenfolge auftreten müssen; andere dazwischenliegende Buchstaben können unberücksichtigt bleiben.

c. Verändern Sie das Programm so, daß alle Vokale in aufsteigender Reihenfolge vorkommen müssen, d.h. alle fünf Vokale müssen vorhanden sein, und kein »e« darf vor einem »a« liegen, kein »i« vor einem »e« usw.

3. Schreiben Sie ein Programm, das die Paßwortdatei */etc/password*[10] (von der Standardeingabe) liest und den Login- und richtigen Namen jedes Benutzers ausgibt. (Tip: Benutzen Sie `split`, um die Zeile aufzubrechen, und benutzen Sie dann `s///`, um die Teile des Kommentarfeldes loszuwerden, die nach dem ersten Komma stehen.

4. Schreiben Sie ein Programm, das die Datei */etc/passwd* von der Standardeingabe einliest, nach zwei Benutzern mit demselben Namen sucht und diese Namen ausgibt. (Tip: Nach dem Extrahieren des ersten Namen legen Sie ein Hash an mit dem Namen als Schlüssel und der Anzahl, wie oft dieser Name auftrat, als Wert. Wenn die letzte Zeile von STDIN gelesen worden ist, durchlaufen Sie den Hash auf der Suche nach Werten, die größer als eins sind.)

5. Wiederholen Sie die letzte Übung, aber geben Sie die Login-Namen aller Benutzer mit demselben Vornamen aus. (Tip: Anstatt die Anzahl zu speichern, legen Sie jetzt eine durch Leerzeichen getrennte Liste der Login-Namen ab. Wenn Sie fertig sind, suchen Sie im Hash nach Werten, die ein Leerzeichen enthalten.

10 Wenn Sie NIS verwenden, steht auf Ihrem System in */etc/passwd* vermutlich wenig drin. Versuchen Sie dann, ob Sie mit `ypcat passwd` mehr Informationen erhalten.

In diesem Kapitel:
- *Eine benutzerdefinierte Funktion definieren*
- *Eine benutzerdefinierte Funktion*
- *Rückgabewerte*
- *Argumente*
- *Private Variablen in Funktionen*
- *Halbprivate Variablen mit local*
- *my-Variablen auf Dateiebene*
- *Übungen*

8

Funktionen

Wir haben schon einige eingebaute Funktionen wie z.B. `chomp` oder `print` gesehen und benutzt. Schauen wir uns nun einige Funktionen an, die Sie selbst definieren.

Eine benutzerdefinierte Funktion definieren

Eine benutzerdefinierte Funktion, meistens *Subroutine* oder einfach nur *sub* genannt, wird in einem Perl-Programm mit einem solchen Konstrukt definiert:

```
sub subname {
    anweisung_1;
    anweisung_2;
    anweisung_3;
}
```

subname ist hier der Name der Subroutine, der ein beliebiger Name sein kann, wie wir sie bereits für skalare Variablen, Arrays und Hashs benutzt haben. Auch Subroutinen stehen in einem anderen Namensraum, sie können also eine skalare Variable `$fred`, ein Array `@fred`, ein Hash `%fred` und jetzt auch eine Subroutine `fred` haben.[1]

Der Anweisungsblock, der auf den Namen der Subroutine folgt, ist die Definition der Subroutine. Wenn die Subroutine aufgerufen wird (wie, sehen wir gleich), dann wird der Anweisungsblock, der die Subroutine ausmacht, ausgeführt und der Rückgabewert (ebenfalls in diesem Kapitel beschrieben) an den Aufrufer zurückgegeben.

---

1 Technisch gesehen ist der Name der Subroutine `&fred`, aber das müssen Sie nur selten wissen.

Hier kommt beispielsweise eine Subroutine, die einen bekannten Satz ausgibt:

```
sub sag_hallo {
    print "Hallo Welt!\n";
}
```

Subroutinen können an einer beliebigen Stelle im Programmtext definiert werden (sie werden bei der Ausführung übersprungen), aber wir stellen sie am liebsten an das Ende der Datei, damit der Hauptteil des Programms am Anfang steht. (Wenn Sie gern in Pascal-Begriffen denken, dann stellen Sie statt dessen Ihre Subroutinen an den Anfang und die ausführbaren Anweisungen an das Ende. Es ist ganz Ihre Entscheidung.)

Die Definitionen von Subroutinen sind global,[2] es gibt also keine lokalen Subroutinen. Wenn Sie zwei Subroutinendefinitionen mit demselben Namen haben, dann überschreibt die zweite die erste ohne Warnung.[3]

Im Rumpf der Subroutine können Sie Variablen anlegen oder auf bereits existierende zugreifen. Die Variablen werden mit dem Rest des Programms geteilt, sind also *global*. Tatsächlich bezieht sich per Default jede Variablenreferenz im Rumpf einer Subroutine auf eine globale Variable. Die Ausnahmen von dieser Regel nennen wir Ihnen im noch kommenden Abschnitt »Private Variablen in Funktionen« In dem Beispiel

```
sub sag_was {
  print "Hallo, $what\n";
}
```

bezieht sich `$what` auf die globale Variable `$what`, die mit dem Rest des Programms geteilt wird.

Eine benutzerdefinierte Funktion

Sie können in jedem Ausdruck eine Subroutine aufrufen, indem Sie den Namen der Subroutine gefolgt von einem Paar runder Klammern angeben wie im folgenden Beispiel:

```
sag_hallo();            # ein einfacher Ausdruck
$a = 3 + sag_hallo(); # Teil eines größeren Ausdrucks
for ($x = start_wert(); $x < end_wert(); $x += inkrement()) {
    ...
}                       # drei Subroutinen aufrufen, um die Werte zu definieren
```

Eine Subroutine kann eine andere Subroutine aufrufen, diese wiederum eine andere und so weiter, bis der gesamte verfügbare Speicher mit Rücksprungadressen und teilweise berechneten Ausdrücken gefüllt ist (kein echter Programmierer würde sich mit einer Aufruftiefe von nur 8 oder 32 Ebenen zufriedengeben).

2 Genauer gesagt lokal zum aktuellen Package, aber da wir in diesem Buch nicht über Packages reden, können Sie sich vorstellen, daß eine Subroutinendefinition global im gesamten Programm gilt.

3 Es sei denn, Sie verwenden die Option `-w`.

Rückgabewerte

Eine Subroutine ist immer Teil eines Ausdrucks. Der Wert des Subroutinenaufrufs wird *Rückgabewert* genannt. Der Rückgabewert einer Subroutine ist entweder der Wert einer *return*-Anweisung oder der letzte in der Subroutine ausgewertete Ausdruck.

Lassen Sie uns zum Beispiel folgende Subroutine definieren:

```
sub summe_von_a_und_b {
    return $a + $b;
}
```

Der letzte Ausdruck, der im Rumpf dieser Subroutine ausgewertet wird (der auch der einzige Ausdruck ist), ist die Summe von `$a` und `$b`. Also ist die Summe von `$a` und `$b` der Rückgabewert. Hier sehen wir die Subroutine in Aktion:

```
$a = 3; $b = 4;
$c = summe_von_a_und_b();     # $c erhält den Wert 7
$d = 3 * summe_von_a_und_b(); # $d erhält den Wert 21
```

Eine Subroutine kann auch eine Liste von Werten zurückgeben, wenn sie in einem Listenkontext evaluiert wird.

```
sub liste_von_a_und_b {
    return($a,$b);
}
$a = 5; $b = 6;
@c = liste_von_a_und_b(); # @c erhält den Wert (5,6)
```

Der »letzte ausgewertete Ausdruck« meint auch wirklich den letzten ausgewerteten Ausdruck, nicht etwa den letzten definierten Ausdruck im Rumpf der Subroutine. Beispielsweise gibt diese Subroutine `$a` zurück, wenn `$a>0`, ansonsten gibt sie `$b` zurück:

```
sub a_or_b {
    if ($a > 0) {
        print "Sie haben ein ($a) gewählt.\n";
        return $a;
    } else {
        print "Sie haben ein ($b) gewählt.\n";
        return $b;
    }
}
```

Das waren alles ziemlich triviale Beispiele. Wir können mehr machen, wenn wir Werte übergeben können, die bei jedem Funktionsaufruf unterschiedlich sind, anstatt uns auf globale Variablen zu verlassen. Und genau damit werden wir uns als nächstes beschäftigen.

Argumente

Obwohl Subroutinen, die eine bestimmte Aufgabe haben, durchaus nützlich sind, erreichen wir eine noch höhere Nützlichkeit, wenn wir *Argumente* an eine Subroutine übergeben können. In Perl ist der Subroutinenaufruf gefolgt von einer Liste in runden Klammern. Die Werte dieser Liste werden automatisch für die Dauer der Subroutine an eine besondere Variable namens `@_` zugewiesen. Die Subroutine kann auf diese Variable zugreifen, um die Anzahl und Werte dieser Argumente zu erfahren. Ein Beispiel:

```
sub sag_hallo_zu {
    print "Hallo $_[0]!\n"; # wir wollen den ersten Parameter
}
```

Hier sehen wir eine Referenz auf `$_[0]`, das erste Element des Arrays `@_`. Wichtige Anmerkung: So ähnlich sie auch aussehen, `$_[0]`, das erste Element des Arrays `@_` hat überhaupt nichts mit der skalaren Variablen `$_` zu tun. Verwechseln Sie diese nicht! Aus dem Code ist ersichtlich, daß wir jeden begrüßen, dessen Name als erster Parameter übergeben wird. Also können wir diese Subroutine folgendermaßen aufrufen:

```
sag_hallo_zu("Welt");                     # gibt "Hallo Welt!" aus
$x = "jemand";
sag_hallo_zu($x);                         # gibt "Hallo jemand!" aus
sag_hallo_zu("ich")+sag_hallo_to("du"); # und du und ich
```

Beachten Sie, daß die Rückgabewerte in der letzten Zeile nicht weiter verwendet wurden. Aber um die Summe zu ermitteln, muß Perl alle ihrer Summanden auswerten, weswegen die Subroutine zweimal aufgerufen wurde.

Hier ist noch ein Beispiel, daß mehr als einen Parameter verwendet:

```
sub sag {
    print "$_[0], $_[1]!\n";
}

sag("Hallo","Welt");                  # Hallo Welt, schon wieder
sag("Tschuess","du grausame Welt"); # stiller Klageruf
```

Überschüssige Parameter werden ignoriert: Wenn Sie sich `$_[3]` nie ansehen, ist Perl das egal. Eine unzureichende Parameteranzahl wird ebenfalls ignoriert, Sie erhalten schlicht und einfach `undef`, wenn Sie versuchen, hinter das Ende von `@_` zu schauen, also genau wie bei jedem anderen Array.

Die Variable `@_` ist *privat* in der Subroutine, d.h. wenn es vorher einen globalen Wert für `@_` gibt, bevor die Subroutine aufgerufen wird, dann wird dieser gesichert und nach dem Aufruf der Subroutine wieder restauriert. Das bedeutet auch, daß eine Subroutine Argumente an eine andere Subroutine weitergeben kann, ohne daß sie Angst haben muß, ihre eigene Variable `@_` zu verlieren: Der Aufruf der verschachtelten Subroutine bekommt genauso seine eigene Kopie von `@_`.

Lassen Sie uns noch einmal auf die Routine aus dem letzten Abschnitt zurückkommen, die a und b addiert hat. Hier ist eine Subroutine, die zwei beliebige Werte addiert, nämlich die beiden Werte, die an die Subroutine als Parameter übergeben werden:

```
sub zwei_addieren {
    return $_[0] + $_[1];
}
print zwei_addieren(3,4); # gibt 7 aus
$c = zwei_addieren(5,6);  # $c erhält den Wert 11
```

Lassen Sie uns diese Subroutine weiter generalisieren. Wie wäre es, wenn wir 3, 4 oder 100 Werte addieren müßten? Wir könnten das in einer Schleife machen:

```
sub addieren {
    $summe = 0;                # Summe initialisieren
    foreach $_ (@_) {
        $summe += $_;          # jedes Element addieren
    }
return  $summe;                # letzter ausgewerteter Ausdruck ist die Summe aller Elemente
}
$a = addieren(4,5,6);          # addiert 4+5+6 = 15 und weist das $a zu
print addieren(1,2,3,4,5); # gibt 15 aus
print addieren(1..5);          # gibt auch 15 aus, weil 1..5 expandiert wird
```

Und wenn wir vor dem Aufruf von `addieren` bereits eine Variable `$summe` gehabt hätten? Die hätten wir dann überschrieben. Im nächsten Abschnitt werden wir sehen, wie man das vermeiden kann.

Private Variablen in Funktionen

Wir haben bereits über die Variable `@_` gesprochen und auch darüber, daß von ihr für jede Subroutine, die mit Argumenten aufgerufen wird, eine lokale Kopie angelegt wird. Das können Sie auch für eigene Skalar-, Array- und Hash-Variablen haben. Dazu benutzen Sie den Operator `my`, der eine Liste von Variablen akzeptiert und lokale Versionen (*Instantiierungen*, wenn Sie Fachbegriffe lieben) von ihnen anlegt. Noch einmal die Subroutine `addieren`, aber diesmal mit dem Operator `my`:

```
sub addieren {
    my ($summe);               # $summe lokal machen
    $summe = 0;                # Summe initialisieren
    foreach $_ (@_) {
        $summe += $_;          # jedes Element addieren
    }
    return $summe;             # letzter ausgewertete Ausdruck ist die Summe aller Elemente
}
```

Wenn die erste Anweisung im Rumpf der Subroutine ausgeführt wird, wird ein eventuell vorhandener aktueller Wert der globalen Variable `$summe` gesichert und eine nagelneue Variable `$summe` (mit dem Wert `undef`) angelegt. Wenn die Subroutine beendet wird, verwirft Perl die lokale Variable und restauriert den vorigen (globalen) Wert. Das funktioniert auch, wenn `$summe` eine lokale Variable aus einem anderen Subroutinenaufruf ist, der wiederum diese aufruft. Variablen können viele verschachtelte lokale Versionen haben, obwohl Sie nur jeweils auf eine zugreifen können.

Hier sehen Sie eine Möglichkeit, eine Liste aller Elemente eines Arrays, die größer als 100 sind, anzulegen:

```
sub groesser_als_100 {
    my (@ergebnis);             # temporäre Variable zum Aufnehmen des Rückgabewertes
    foreach $_ (@_) {           # die Argumentliste durchlaufen
        if ($_ > 100) {         # kommt die in Frage?
            push(@ergebnis,$_); # dann addieren
        }
    }
    return @ergebnis;           # fertige Liste zurückgeben
}
```

Was wäre, wenn wir alle Elemente, die größer als 50 anstelle von 100 sind, aufsammeln wollten? Wir müßten das Programm ändern und die 100 in eine 50 ändern. Aber was wäre, wenn wir beide bräuchten? Natürlich können wir die 50 oder 100 durch eine Variablenreferenz ersetzen. Das sieht ungefähr so aus:

```
sub groesser_als {
    my($n,@werte);              # einige lokale Variablen anlegen
    ($n,@werte) = @_;           # Argumente in Schranke und Werte trennen
    my(@ergebnis);              # temporäre Variable zum Aufnehmen des Rückgabewertes
    foreach $_ (@werte) {       # die Argumentliste durchlaufen
        if ($_ > $n) {          # kommt die in Frage?
            push(@ergebnis,$_); # dann addieren
        }
    }
    @ergebnis;                  # fertige Liste zurückgeben
}
                                # einige Aufrufe:
@neu = groesser_als(100,@list); # @neu erhält den Wert @list > 100
@dies = groesser_als(5,1,5,15,30); # @dies wird zu (15,30)
```

Beachten Sie, daß wir dieses Mal zwei lokale Variablen verwenden, um den Argumenten der Subroutine Namen zu geben. Das ist eine ziemlich häufige Praxis; es ist sehr viel einfacher, über `$n` und `@werte` zu reden als über `$_[0]` und `@:[1..$#]`.

Das Resultat von `my` ist wieder eine Liste, die auf der linken Seite eines Arrayzuweisungsoperators auftreten darf. Dieser Liste können auch initiale Werte für die frisch angelegten Variablen zugewiesen werden. (Wenn Sie der Liste keine Werte mitgeben, dann haben die Variablen – genau wie jede andere neue Variable – den Wert `undef`.) Deswegen können wir die ersten beiden Anweisungen unserer Subroutine zusammenlegen und erhalten:

```
my($n,@werte);
($n,@werte) = @_; # Argumente in Schranke und Werte trennen
```

mit:

```
my($n,@werte)= @_;
```

So etwas ist sogar ziemlich Perl-typisch. Lokalen Variablen, die keine Argumente sind, können auf die gleiche Art und Weise literale Werte zugewiesen werden:

```
my($summe) = 0; # lokale Variable initialisieren
```

Lassen Sie sich jedoch von uns warnen, daß es sich hier trotz des Aussehens einer Deklaration um einen ausführbaren Operator handelt. Zu einem guten Perl-Programmierstil gehört es auch, daß Sie all Ihre `my`-Operatoren am Anfang der Subroutine zusammenhalten, bevor der eigentliche Code anfängt.

Halbprivate Variablen mit local

Es gibt noch eine zweite Variante, »private« Variablen anzulegen, nämlich mit der Funktion `local`. Es ist wichtig, daß Sie den Unterschied zwischen `my` und `local` verstehen. Ein Beispiel:

```
$wert = "original";

ausgeben();
veraendern();
ausgeben();

sub veraendern {
    local ($wert) = "temporär";
    ausgeben();
}

sub ausgeben {
    print "Der aktuelle Wert ist $wert\n";
}
```

Folgendes wird von diesem Programm ausgegeben:

```
Der aktuelle Wert ist original
Der aktuelle Wert ist temporär
Der aktuelle Wert ist original
```

Wenn wir `my` anstelle von `local` verwendet hätten, dann hätte der Wert von `$wert` nur in der Subroutine `veraendern()` zur Verfügung gestanden. Mit `local` ist der Wert – wie die Ausgabe beweist – nicht ganz so privat, denn er steht auch allen Subroutinen, die von `veraendern()` aufgerufen werden, zur Verfügung. Verallgemeinert lautet die Regel, daß mit `local` deklarierte Variablen für alle Funktionen sichtbar sind, die in dem Block aufgerufen wurden, in dem die Variablen deklariert wurden.

Während man mit `my` nur einfache Skalar-, Array- oder Hash-Variablen mit alphanumerischen Namen anlegen kann, hat `local` keine solchen Beschränkungen. Auch die eingebauten Variablen von Perl wie `$_`, `$1` und `@ARGV` können nicht mit `my`, wohl aber mit `local` deklariert werden. Weil `$_` so oft in fast allen Perl-Programmen verwendet wird, ist es sicherlich sinnvoll,

```
local $_;
```

am Anfang jeder Funktion anzugeben, die `$_` für eigene Zwecke benutzt. Damit können Sie sichergehen, daß der vorherige Wert gesichert und bei Subroutinenende automatisch restauriert wird.

Wenn Sie beim Programmieren mit Perl schon etwas mehr Erfahrung gesammelt haben, dann müssen Sie wahrscheinlich auch irgendwann wissen, daß lokale Variablen eigentlich nur verkleidete globale Variablen sind. Das bedeutet, daß der Wert der globalen Variable gesichert und temporär durch den lokal deklarierten Wert ersetzt wird.

Im großen und ganzen sollten Sie lieber `my` als `local` verwenden, das ist schneller und sicherer.

my-Variablen auf Dateiebene

Der Operator `my()` kann auch auf der äußersten Ebene Ihres Programms, also außerhalb von jeder Subroutine und jedem Block, verwendet werden. Das ist dann zwar keine echte »lokale« Variable, aber trotzdem ziemlich nützlich, wenn es in Verbindung mit dem Perl-*Pragma*[4]

```
use strict;
```

verwendet wird. Wenn Sie dieses Pragma an den Anfang Ihrer Datei stellen, können Sie keine Variablen (Skalare, Arrays und Hashs) mehr verwenden, die sie nicht vorher »deklariert« haben. Diese Deklaration wird eben mit `my()` durchgeführt:

```
use strict;
my $a;                          # initialer Wert ist undefiniert
my @b = qw(fred barney betty); # initiale Werte angeben
...
push @b, qw(wilma);             # die darf auch nicht fehlen
@c = sort @b;                   # NICHT KOMPILIERBAR
```

Die letzte Anweisung wird vom Compiler als fehlerhaft zurückgewiesen werden, weil sie eine Variable referenziert, die vorher noch nicht mit `my` deklariert wurde (nämlich `@c`). Mit anderen Worten: Ihr Programm wird gar nicht erst zu laufen anfangen, wenn Sie nicht alle verwendeten Variablen auch deklariert haben.

4 Ein Pragma ist eine Compileranweisung. Andere Pragmas dienen beispielsweise zur Auswahl der Integer-Arithmetik, zum Überladen der numerischen Operatoren oder zur Anforderung ausführlicherer Warnungen und Fehlermeldungen. Die Pragmas werden in Kapitel 7 von *Programmieren mit Perl* und der Man-Page *perlmod*(1) dokumentiert.

Das Erzwingen von Variablendeklarationen hat zwei Vorteile:

1. Das Programm läuft etwas schneller (auf Variablen, die mit `my` deklariert wurden, kann schneller zugegriffen werden als auf normale Variablen[5]).
2. Sie können Tippfehlern viel schneller auf die Spur kommen, weil Sie nicht mehr unabsichtlich auf die nichtexistierende Variable `$freed` zugreifen können, wenn Sie eigentlich `$fred` meinten.

Wegen dieser Vorteile fangen viele Perl-Programmierer jedes Programm automatisch mit `use strict` an.

Übungen

Die Lösungen stehen wie immer in Anhang A.

1. Schreiben Sie eine Subroutine, die einen numerischen Wert von 1 bis 9 als Argument akzeptiert und den deutschen Namen (also eins, zwei, ... oder neun) zurückgibt. Wenn der Wert nicht innerhalb des erwarteten Bereichs liegt, soll der Wert selbst zurückgegeben werden. Testen Sie diese Subroutine mit einigen Testdaten; dazu müssen Sie vermutlich ein wenig Code schreiben, um die Subroutine zu testen. (Tip: Die Subroutine sollte *keine* Ein-/Ausgabeoperationen durchführen.)
2. Schreiben Sie zur Subroutine aus der vorigen Übung ein Programm, das zwei Zahlen entgegennimmt und diese addiert. Das Resultat sollte in der Form »Zwei plus zwei ist gleich vier« ausgegeben werden (vergessen Sie dabei nicht, das erste Wort groß zu schreiben!).
3. Erweitern Sie die Subroutine so, daß sie auch die Zahlen -9 bis -1 und 0 verarbeiten kann. Probieren Sie die neue Subroutine mit einem Testprogramm aus.

5 »Normale« Variablen sind in diesem Fall Package-Variablen (`$x` ist in Wirklichkeit `$main::x`). Variablen, die mit `my()` deklariert werden, sind von anderen Packages nicht erreichbar.

In diesem Kapitel:
- *Die Anweisung last*
- *Die Anweisung next*
- *Die Anweisung redo*
- *Benannte Blöcke*
- *Ausdrucksmodifikatoren*
- *&& und || als Kontrollstrukturen*
- *Übungen*

9 Diverse Kontrollstrukturen

Die Anweisung last

In manchen der Übungen in den letzten Kapiteln haben Sie vielleicht gedacht, »wenn ich bloß eine `break`-Anweisung wie in C hätte, dann wäre das hier einfach«. Aber selbst wenn Sie das nicht gedacht haben, wird es Sie sicherlich interessieren, das Perl eine äquivalente Anweisung hat, um eine Schleife vorzeitig zu beenden: die Anweisung `last`.

`last` beendet den innersten umgebenden Schleifenblock,[1] die Programmausführung wird mit der Anweisung, die dem Block unmittelbar folgt, fortgesetzt. Ein Beispiel:

```
while (irgendetwas) {
    irgendetwas;
    irgendetwas;
    irgendetwas;
    if (irgendeine_bedingung) {
        irgendetwasanderes;
        irgendetwasanderes;
        last; # while-Schleife abbrechen
    }
    nochmehr;
    nochmehr;
}
# hier geht's nach dem last weiter
```

Wenn *`irgendeine_bedingung`* wahr ist, dann werden die *`irgendetwasanderes`*-Anweisungen ausgeführt, bis `last` die while-Schleife abbricht.

`last` berücksichtigt nur Schleifenblöcke, nicht auch andere Blöcke, die für ein syntaktisches Konstrukt benötigt werden. Das bedeutet, daß die Blöcke der Anweisungen `if`

---

1 Das Konstrukt `do {} while/until` zählt in der Besprechung von `next`, `last` und `redo` nicht als Schleife.

und `else` genauso wie die von `do {} while/until` nicht zählen. Berücksichtigt werden lediglich `for`, `foreach`, `while` und `until` sowie »nackte« Blöcke. (Ein nackter Block ist ein Block, der nicht Teil eines größeren Konstrukts wie Schleifen, Subroutinen oder `if/then/else`-Anweisungen ist.)

Nehmen wir an, daß Sie wissen möchten, ob eine E-Mail-Nachricht, die Sie in einer Datei abgespeichert haben, von `merlyn` war. So eine Nachricht könnte etwa so aussehen:

```
From: merlyn@stonehenge.com (Randal L. Schwartz)
To: stevet@ora.com
Date: 01-DEC-94 08:16:24 PM PDT -0700
Subject: Eine Beispiel-Nachricht

Hier steht der Nachrichtentext. Und noch ein Satz.
```

Wir müssen in der Nachricht nach Zeilen suchen, die mit `From:` anfangen und dann überprüfen, ob die Zeile auch den Login-Namen `merlyn` enthält.

Das könnten wir folgendermaßen machen:

```
while ( <STDIN>) { # Zeilen einlesen
    if ( /^From: /) { # beginnt die Zeile mit From? Falls ja,

        if (/merlyn/) { # ist sie dann von merlyn?
            print "Email von Randal! Das wurde aber auch Zeit!\n";
        }
        last; # Wir müssen nicht mehr weitersuchen, also Schluß
    } # end "if from:"
    if (/^$/) { # Leerzeile?
        last; # falls ja, müssen wir nicht mehr weitersuchen
    }
} # Ende der while-Schleife
```

Wenn wir die Zeile, die mit `From:` anfängt, gefunden haben, beenden wir die Hauptschleife. Da der Header einer Nachricht endet, sobald die erste Zeile gefunden wurde, können wir die Hauptschleife dann auch beenden.

Die Anweisung next

Wie `last` verändert auch `next` den normalen sequentiellen Kontrollfluß. `next` veranlaßt, das der Rest des Schleifendurchlaufs durch die innerste umgebende Schleife übersprungen wird, ohne daß der Block ganz beendet wird.[2] `next` wird folgendermaßen verwendet:

```
while (etwas) {
    ersterteil;
```

2 Wenn es in dieser Schleife einen `continue`-Block gibt (darüber haben wir nicht gesprochen), dann springt `next` an den Anfang des `continue`-Blocks und nicht an das Ende des Blocks. Das können wir hier aber zunächst vernachlässigen.

```
        ersterteil;
        ersterteil;
        if (irgendeine_bedingung) {
            einteil;
            einteil;
            next;
        }
        zweiterteil;
        zweiterteil;
        # next springt hierhin
    }
```

Wenn `irgendeine_bedingung` wahr ist, dann wird `einteil` ausgeführt und `zweiterteil` übersprungen.

Auch hier zählt der Block einer `if`-Anweisung nicht als Schleifenblock.

Die Anweisung redo

Die dritte Möglichkeit, in einer Schleife herumzuspringen, ist die Anweisung `redo`. Mit diesem Konstrukt wird an den Anfang des aktuellen Blocks gesprungen (ohne daß der Kontrollausdruck noch einmal ausgewertet wird):

```
while (eine_bedingung) {
    # redo springt hierin
    irgendetwas;
    irgendetwas;
    irgendetwas;
    if (noch_eine_bedingung) {
        nochetwas;
        nochetwas;
        redo;
    }
    nochmehr;
    nochmehr;
    nochmehr;
}
```

Auch hier zählt der `if`-Block nicht, nur der Schleifenblock zählt.

Mit `redo`, `last` und einem nackten Block können Sie eine Endlosschleife konstruieren, die irgendwo mittendrin beendet wird:

```
{
    anfang;
    anfang;
    anfang;
    if (irgendeine_bedingung) {
        last;
    }
    nochmehr;
```

```
        nochmehr;
        nochmehr;
        redo;
    }
```

Das wäre auch für eine `while`-ähnliche Schleife passend, bei der ein Teil der Schleife zunächst als Initialisierung ausgeführt werden muß, bevor der erste Schleifentest kommen kann. (Im Abschnitt »Ausdrucksmodifikatoren« zeigen wir Ihnen, wie Sie diese `if`-Anweisung mit weniger Satzzeichen schreiben können.)

Benannte Blöcke

Was wäre, wenn Sie aus dem Block, der den innersten Block enthält, herausspringen möchten, mit anderen Worten also aus zwei umgebenden Blöcken auf einmal herausspringen möchten? In C würden Sie das mit dem nicht besonders gut angesehenen `goto` machen. So ein Krampf ist aber in Perl nicht notwendig; sie können `last`, `next` und `redo` mit jedem umgebenden Block verwenden, indem Sie dem Block einen Namen, ein sogenanntes *Label* geben.

Ein Label ist wieder einmal ein anderer Typ von Name, der in einem anderen Namensraum als Skalare, Arrays, Hashs und Subroutinen liegt und den gleichen Regeln wie diese folgt. Ein Label hat allerdings kein spezielles Präfixzeichen. Daher würde ein Label namens `print` mit dem reservierten Schlüsselwort `print` in Konkurrenz stehen, weswegen dieser Label-Name nicht erlaubt ist. Aus diesem Grund sollten Sie in den Namen Ihrer Label nur Großbuchstaben und Ziffern verwenden, die garantiert nie für reservierte Wörter verwendet werden. Außerdem sind die Label dann auch besser sichtbar in Perl-Programmen, die ja weitgehend aus Kleinbuchstaben bestehen.

Wenn Sie ein Label ausgewählt haben, dann stellen Sie es, gefolgt von einem Doppelpunkt, unmittelbar vor die Anweisung, die den Block enthält, wie in folgendem Beispiel:

```
EINLABEL: while (bedingung) {
    anweisung;
    anweisung;
    anweisung;
    if (nocheinebedingung) {
        last EINLABEL;
    }
}
```

Wir haben `EINLABEL` als Parameter bei `last` angegeben. Damit teilen wir Perl mit, daß wir den Block namens `EINLABEL` anstelle des innersten Blocks verlassen wollen. In diesem Fall ist das irrelevant, weil wir nur einen umgebenden Block haben, aber angenommen, wir hätten verschachtelte Schleifen wie in folgendem Beispiel:

```
AUSSEN: for ($i = 1; $i <= 10; $i++) {
    INNEN: for ($j = 1; $j <= 10; $j++) {
        if ($i * $j == 63) {
```

```
                print "$i mal $j ist 63!\n";
                last AUSSEN;
                }
            if ($j >= $i) {
                next AUSSEN;
              }
        }
    }
```

Diese Anweisungen probieren alle Werte zweier Zahlen durch, bis Sie ein Paar finden, dessen Produkt 63 ergibt (also 7 und 9). Wenn das Paar gefunden wurde, gibt es keinen Grund, andere Zahlen zu überprüfen. Deswegen springen wir in der ersten `if`-Anweisung mit einem `last` mit Parameter aus beiden Schleifen hinaus. Das zweite `if` stellt sicher, daß die erste der beiden Zahlen immer die größere ist, indem die nächste Iteration der äußeren Schleife übersprungen wird, wenn die Bedingung nicht mehr gilt. Das bedeutet, daß die mit `($i,$j)` getesteten Zahlen `(1,1)`, `(2,1)`, `(2,2)`, `(3,1)`, `(3,2)`, `(3,3)`, `(4,1)` usw. sind.

Selbst wenn der innerste Block benannt ist, arbeiten die Anweisungen `last`, `next` und `redo` ohne optionale Parameter immer noch auf dem innersten Block. Außerdem können Sie auch keine Label verwenden, um in einen Block hineinzuspringen – nur aus einem Block heraus. Die `last`, `next` und `redo`-Anweisungen müssen im Block stehen.

Ausdrucksmodifikatoren

Perl stellt noch eine weitere Möglichkeit bereit, »wenn dies, dann das« auszudrücken: ein alleinstehender Ausdruck kann einen `if`-Modifikator zugewiesen bekommen wie in dem folgenden Beispiel:

```
ein_ausdruck if kontroll_ausdruck;
```

In diesem Fall wird zunächst *`kontroll_ausdruck`* nach den gleichen Regeln wie sonst auch ausgewertet. Wenn der Wahrheitswert »wahr« ist, dann wird auch *`ein_ausdruck`* ausgewertet. Das ist in etwa gleichbedeutend mit

```
if (kontroll_ausdruck) {
    ein_ausdruck;
}
```

abgesehen davon, daß Sie die zusätzlichen Satzzeichen nicht benötigen, die Anweisung von hinten nach vorn gelesen wird und der Ausdruck ein einfacher Ausdruck (also kein Anweisungsblock) sein muß. Oft erweist sich diese umgekehrte Schreibweise aber als natürliche Ausdrucksform für die jeweilige Sachlage. Zum Beispiel können Sie folgendermaßen beim Auftreten einer bestimmten Bedingung eine Schleife abbrechen:

```
ZEILE: while (<STDIN>) {
    last ZEILE if /^From: /;
}
```

Sehen Sie, wieviel weniger Schreibarbeit das ist? Und es liest sich auch wie normale Sprache: »Das hier ist die letzte Zeile, wenn Sie mit `From:` beginnt«.

Es gibt noch entsprechende andere Formen:

```
ausdruck2 unless ausdruck1; # wie: unless (ausdruck1) { ausdruck; }
ausdruck2 while ausdruck1;  # wie: while (ausdruck1) { ausdruck; }
ausdruck2 until ausdruck1;  # wie: until (ausdruck1) { ausdruck; }
```

Alle diese Formen werten zunächst *`ausdruck1`* aus und machen dann darauf basierend entweder etwas mit *`ausdruck2`* oder nicht.

Hier ermitteln wir beispielsweise die erste Zweierpotenz, die größer ist als eine eingegebene Zahl:

```
chomp($n = <STDIN>);
$i = 1;                  # erster Rateversuch
$i *= 2 until $i > $n;   # iterieren, bis wir fündig geworden sind
```

Auch hier erreichen wir mehr Klarheit und beseitigen überflüssige Zeichen.

Man kann diese Formen allerdings nicht verschachteln: Sie können nicht *`ausdruck3`* `while` *`ausdruck2`* `if` *`ausdruck1`* sagen. Das liegt daran, daß *`ausdruck2`* `if` *`ausdruck1`* kein Ausdruck mehr ist, sondern eine vollständige Anweisung und man diese Modifikatoren nicht an eine Anweisung anhängen kann.

&& und || als Kontrollstrukturen

Diese Zeichen sehen wie Satzzeichen oder Teile von Ausdrücken aus. Kann man die wirklich Kontrollstrukturen nennen? Nun, in Perl ist fast alles möglich, schauen wir also, was sich da machen läßt.

Oft stößt man auf ein Codefragment der Art »wenn dies, dann das«. Wir kennen dafür bereits zwei Formen:

```
if (dies) { das; } # die eine Form
das if dies;       # und die andere
```

Hier ist die dritte (und ob Sie's glauben oder nicht, es gibt noch mehr davon):

```
dies && das;
```

Warum funktioniert das? Ist das nicht der Operator für logisches Und? Überlegen Sie sich, was passiert, wenn *`dies`* entweder den Wahrheitswert »wahr« oder »falsch« annimmt:

- Wenn *`dies`* wahr ist, dann ist der Wert des gesamten Ausdrucks noch unbekannt, weil er vom Wert von *`das`* abhängt. *`das`* muß also noch ausgewertet werden.
- Wenn *`dies`* falsch ist, dann gibt es keinen Grund mehr, *`das`* überhaupt noch anzusehen, weil die gesamte Anweisung ohnehin nicht mehr wahr werden kann. Wenn es keinen Sinn macht, *`das`* noch auszuwerten, dann können wir es auch bleiben lassen.

Und genau das tut Perl. Perl wertet *das* nur dann aus, wenn *dies* wahr ist, womit dieser Ausdruck äquivalent zu den anderen beiden Formen wird.

Entsprechend arbeitet das logische Oder wie die `unless`-Anweisung oder der `unless`-Modifikator. Wir können also

```
unless (dies) { das; }
```

ersetzen durch

```
dies || das;
```

Wenn Sie diese Operatoren aus den Bedingungen der Shell-Programmierung kennen, dann werden Sie sehen, daß sie in Perl ähnlich funktionieren.

Welche Form sollten Sie verwenden? Das hängt manchmal von Ihrer Stimmung ab oder davon wie groß die einzelnen Teile des Ausdrucks sind oder auch, ob Sie Klammern verwenden müssen, um Präzedenzkonflikte zu vermeiden. Schauen Sie sich die Programme von anderen Leuten an, wie die es machen. Sie werden wahrscheinlich jede Ausdrucksform zu sehen bekommen. Larry rät übrigens dazu, den wichtigsten Teil des Ausdrucks nach vorn zu stellen, so daß er besonders auffällt.

Übungen

Die Antworten stehen in Anhang A.

1. Erweitern Sie das Problem aus dem letzten Kapitel, so daß der Programmablauf fortgesetzt wird, bis als einer der Werte das Wort `Ende` angegeben wird. (Tip: Benutzen Sie eine Endlosschleife, und verwenden Sie `last`, wenn einer der Werte `Ende` ist.)
2. Schreiben Sie das Programm aus Kapitel 4 neu, und summieren Sie dabei die Zahlen bis 999 auf, wobei Sie eine Schleife benutzen, die in ihrer Mitte beendet wird. (Tip: Verwenden Sie einen nackten Block mit einem `redo` am Ende, um eine Endlosschleife zu erhalten, und einem `last` in der Mitte, das von einer Bedingung abhängig ist.)

In diesem Kapitel:

- *Was ist ein Dateihandle?*
- *Öffnen und Schließen von Dateihandles*
- *Ein kurzer Abstecher: die*
- *Dateihandles benutzen*
- *Dateitests*
- *Die Funktionen stat und lstat*
- *Übungen*

10

Dateihandles und Dateitests

Was ist ein Dateihandle?

Ein *Dateihandle* in einem Perl-Programm ist ein Name für eine I/O-Verbindung zwischen Ihrem Perl-Prozeß und der Außenwelt. Wir haben schon einige Dateihandles gesehen und implizit benutzt. `STDIN` ist ein Dateihandle, der die Verbindung zwischen dem Perl-Prozeß und der Standardeingabe von UNIX bezeichnet. Analog stellt Perl die Dateihandles `STDOUT` (für die Standardausgabe) und `STDERR` (für Standardfehler) zur Verfügung. Diese Namen sind dieselben wie die, die in der C- und C++-Bibliothek verwendet werden, die Perl wiederum für die meisten seiner I/O-Operationen verwendet.

Dateihandles sind wie Namen für benannte Blöcke, kommen aber aus noch einem weiteren Namensraum (jetzt können Sie also einen Skalar `$fred`, ein Array `@fred`, einen Hash `%fred`, eine Subroutine `&fred`, ein Label `fred` und einen Dateihandle `fred` haben). Wie die Label von Blöcken haben auch Dateihandles kein besonderes Präfixzeichen und können deswegen mit aktuellen oder zukünftigen reservierten Wörtern verwechselt werden. Auch hier lautet die Empfehlung, nur GROSSBUCHSTABEN in Ihren Dateinamen zu verwenden; sie fallen dann nicht nur besser auf, sondern es ist auch garantiert, daß Ihr Programm nicht auf einmal nicht mehr funktioniert, wenn in der Zukunft ein neues reserviertes Schlüsselwort eingeführt wird.

Öffnen und Schließen von Dateihandles

Perl stellt drei Dateihandles, `STDIN`, `STDOUT` und `STDERR` zur Verfügung, die automatisch vom Mutterprozeß des Programms (vermutlich die Shell) geöffnet werden. Sie verwenden die Funktion `open`, um zusätzliche Dateihandles zu öffnen. Die Syntax dazu sieht folgendermaßen aus:

```
open(DATEIHANDLE,"dateiname");
```

wobei *DATEIHANDLE* der neue Dateihandle ist und *dateiname* der externe Dateiname (z.B. eine Datei oder ein Gerät ist), der mit dem neuen Dateihandle verknüpft wird. Mit diesem Aufruf wird die Datei zum Lesen geöffnet. Um eine Datei zum Schreiben zu öffnen, verwenden Sie dieselbe open-Funktion, stellen dabei aber dem Dateinamen ein Größer-Zeichen voran (wie in der Shell):

```
open(OUT, ">ausgabedatei");
```

Im Abschnitt »Dateihandles verwenden« werden wir sehen, wie man Dateihandles benutzt. Wie in der Shell können Sie eine Datei auch zum Anhängen öffnen, indem Sie zwei Größer-Zeichen als Präfix verwenden:

```
open(LOGDATEI, ">>meinelogdatei");
```

Alle Formen von open geben wahr zurück, wenn die Datei geöffnet wurde und falsch sonst. (Das Öffnen einer Datei zum Lesen kann beispielsweise fehlschlagen, wenn die Datei nicht existiert oder aufgrund fehlender Zugriffsrechte nicht geöffnet werden kann; das Öffnen einer Datei zum Schreiben schlägt fehl, wenn die Datei schreibgeschützt ist oder das Verzeichnis nicht schreib- oder zugreifbar ist.)

Wenn Sie einen Dateihandle nicht mehr benötigen, können Sie ihn mit dem Operator close schließen:

```
close(LOGDATEI);
```

Auch das erneute Öffnen eines Dateihandles schließt die vorher mit dem Dateihandle verknüpfte Datei, wie auch das Beenden des Programms. Deswegen kümmern sich viele Perl-Programme nicht um das Schließen. Aber die Möglichkeit gibt es, falls Sie ordentlich sein oder sichergehen wollen, daß alle Daten bereits vor Programmende ordentlich weggeschrieben werden. Auch ein close kann fehlschlagen, wenn die Festplatte voll ist, der entfernte Server, auf dem die Datei liegt, gerade nicht erreichbar ist oder eines von vielen anderen merkwürdigen Problemen aufgetreten ist. Es ist keine schlechte Idee, die Rückgabewerte aller Systemaufrufe zu überprüfen.

Ein kurzer Abstecher: die

Betrachten Sie diesen Abschnitt als lange Fußnote in der Mitte der Seite.

Ein Dateihandle, der nicht erfolgreich geöffnet worden ist, kann trotzdem ohne jede Warnung[1] im ganzen Programm verwendet werden. Wenn Sie von diesem Dateihandle lesen wollen, bekommen Sie sofort ein Dateiende. Wenn Sie auf so einen Dateihandle schreiben, werden die Daten stillschweigend verworfen (so wie die Wahlversprechen vom letzten Jahr).

1 Es sei denn, Sie haben beim Programmstart die Option -w angegeben.

Deswegen ist es normalerweise das beste, wenn Sie den Rückgabewert von `open` überprüfen und eine Fehlermeldung ausgeben, wenn das Ergebnis nicht so wie erwartet ist. Natürlich können Sie Ihr Programm mit folgendem Code aufmotzen:

```
unless (open (DATAPLACE,">/tmp/dataplace")) {
    print "Konnte leider /tmp/dataplace nicht anlegen.\n";
} else {
    # Rest des Programms
}
```

Das ist aber ziemlich umständlich und kommt so oft vor, daß Perl dafür eine Abkürzung anbietet. Die Funktion `die` akzeptiert eine Liste in optionalen runden Klammern, gibt die Liste (wie `print`) aus und beendet dann den Perlprozeß, in dem das Programm läuft, mit einem von Null verschiedenen Fehlercode (der allgemein anzeigt, daß etwas schiefgelaufen ist).[2] Wenn wir das obige Codestück mit `die` neu schreiben, sieht das so aus:

```
unless (open DATAPLACE,">/tmp/dataplace") {
    die "Konnte leider /tmp/dataplace nicht öffnen.\n";
}
# Rest des Programms
```

Aber wir können noch ein Stück weitergehen. Erinnern Sie sich daran, daß wir den `||`-Operator verwenden können, um den Code abzukürzen:

```
open(DATAPLACE,">/tmp/dataplace") ||
    die "Konnte leider /tmp/dataplace nicht öffnen.\n";
```

Der Aufruf von `die` wird also nur ausgeführt, wenn der Rückgabewert der `open`-Funktion falsch ist. Die übliche Art und Weise, solch einen Ausdruck zu lesen, ist »öffne das oder stirb!«. Das ist auch ein guter Merksatz, wenn Sie Schwierigkeiten haben, sich zu merken, ob das logische Oder oder das logische Und verwendet werden muß.

Vor die Todesnachricht (die sich aus dem Argument von `die`, engl.: sterben, ergibt) wird automatisch der Name des Perl-Programms und die Zeilennummer gestellt, so daß Sie leicht feststellen können, welches `die` für das vorzeitige Ableben zuständig war. Wenn Sie nicht möchten, daß Dateiname und Zeilennummer bekannt werden, stellen Sie ein Newline an das Ende. So gibt zum Beispiel

```
die "ihr alten Schweine";
```

die Datei und die Zeilennummer aus, während

```
die "ihr alten Schweine\n";
```

das nicht tut.

2 In Wirklichkeit veranlaßt `die` nur eine *Exception*, aber da wir Ihnen noch nicht gezeigt haben, wie Exceptions abgefangen werden können, passiert das, was wir hier beschreiben. Lesen Sie dazu Kapitel 3 von *Programmieren mit Perl* oder *perlfunc* (1).

Praktisch innerhalb des `die`-Textes ist die Variable `$!`, die den Fehlertext des zuletzt aufgetretenen Betriebssystemfehlers enthält. Diese Variable wird folgendermaßen benutzt:

```
open(LOG, ">>logdatei") || die "Kann nicht anhängen: $!";
```

Daraus könnte zum Beispiel »`Kann nicht anhängen: Permission denied`« werden.

Es gibt noch die »beinahe«-Funktion, die die meisten Leute als `warn` kennen. Diese Funktion macht alles, was `die` auch macht, nur das eigentliche Beenden des Prozesses nicht. Sie können `warn` verwenden, um Fehlermeldungen ohne viel Aufwand auf Standardfehler auszugeben:

```
open(LOG,">>log") || warn "Ausgabe in die Logdatei wird verworfen\n";
```

Dateihandles benutzen

Sobald ein Dateihandle zum Lesen geöffnet wird, können Sie Zeilen aus diesem Dateihandle genauso lesen, wie Sie dies via `STDIN` von der Standardeingabe machen würden. Um beispielsweise Zeilen aus der Paßwort-Datei zu lesen, könnten Sie folgenden Code verwenden:

```
open (EP,"/etc/passwd");
while (<EP>) {
    chomp;
    print "Habe $_ in der Paßwort-Datei gefunden!\n";
}
```

Beachten Sie, daß der frisch aufgemachte Dateihandle innerhalb von spitzen Klammern verwendet wird, genau wie STDIN vorher auch.

Wenn Sie einen Dateihandle zum Schreiben oder Anhängen geöffnet haben und auf diesen Dateihandle etwas ausgeben wollen, dann müssen Sie den Dateihandle unmittelbar hinter dem Schlüsselwort `print` angeben, also vor allen anderen Argumenten. Zwischen dem Dateihandle und den restlichen Argumenten darf kein Komma stehen:

```
print LOGDATEI "Fertig mit Abschnitt $n von $max\n";
print STDOUT "Tach Welt!\n"; # wie print "Tach Welt!\n"
```

In diesem Fall wird die Nachricht, die mit `Fertig` beginnt, an den Dateihandle `LOGDATEI` geschickt, der vermutlich vorher im Programm geöffnet wurde. Und `Tach Welt` geht immer noch an die Standardausgabe, wie vorher, als wir keine Dateihandles angegeben haben. STDOUT ist der *Default-Dateihandle* der `print`-Funktion.

Wir zeigen Ihnen jetzt, wie Sie Daten aus der in der Variablen `$a` angegebenen Datei in die in `$b` angegebene Datei kopieren können. Dieses Beispiel demonstriert fast alles, was Sie auf den letzten Seiten gelernt haben, noch einmal.[3]

---

3 Obwohl man das gleiche auch mit dem Modul `File::Copy` haben könnte.

```
open(EIN,$a) || die "Kann $a nicht zum Lesen öffnen: $!";
open(AUS,">$b") || die "Kann $b nicht anlegen: $!";
while (<EIN>) {       # eine Zeile aus $a nach $_ einlesen
    print AUS $_;     # diese Zeile nach $b ausgeben
}
close(EIN) || die "Kann $a nicht schließen: $!";
close(AUS) || die "Kann $b nicht schließen: $!";
```

Dateitests

Sie wissen jetzt, wie Sie einen Dateihandle zum Schreiben öffnen können und dabei eine möglicherweise vorhandene Datei gleichen Namens überschreiben. Jetzt nehmen wir einmal an, daß Sie sichergehen wollen, daß es keine Datei dieses Namens gibt (um zu vermeiden, daß Sie aus Versehen die Daten Ihrer Tabellenkalkulation oder den wichtigen Geburtstagskalender löschen). Wenn Sie ein Shell-Skript schreiben würden, dann würden Sie einen Test wie `-e` *`dateiname`* verwenden, um festzustellen, ob die Datei schon existiert. Auch Perl verwendet `-e` *`$dateivar`* um festzustellen, ob die durch den skalaren Wert in *`$dateivar`* angegebene Datei bereits existiert. Wenn dies der Fall ist, dann ist das Ergebnis wahr, ansonsten falsch.[4] Beispiel:

```
$name = "index.html";
if (-e $name) {
    print "Wie ich sehe, haben Sie schon eine Datei namens $name.\n";
} else {
    print "Möchten Sie vielleicht eine Datei namens $name anlegen?\n";
}
```

Der Operand des Operators `-e` ist einfach nur ein beliebiger skalarer Ausdruck, der zu einer Zeichenkette ausgewertet wird; er kann auch ein String-Literal sein. Im folgenden Beispiel prüfen wir, ob sowohl *index.html* als auch *index.cgi* im aktuellen Verzeichnis existieren.

```
if (-e "index.html" && -e "index.cgi") {
    print "Sie haben hier beide Arten von Indexdateien.\n";
}
```

Auch andere Operatoren sind definiert. Beispielsweise gibt der Operator `-r` *`$dateivar`* wahr zurück, wenn die mit *`$dateivar`* bezeichnete Datei existiert und lesbar ist. Entsprechend testet `-w` *`$dateivar`*, ob die Datei schreibbar ist. Ein Beispiel, in dem getestet wird, ob ein vom Benutzer eingegebener Dateiname sowohl les- als auch schreibbar ist:

```
print "wo? ";
$dateiname = <STDIN>;
chomp $dateiname; # lästiges Newline verwerfen
```

4 Das ist aber nicht genug, wenn Sie mit Lock-Dateien arbeiten wollen oder die Dateien schnell auftreten und wieder verschwinden können. In diesem Fall müssen Sie die Funktionen `sysopen` und `flock` verwenden, die in *Programmieren mit Perl* beschrieben werden. Beispiele finden Sie auch in Kapitel 19.

```
if (-r $dateiname && -w $dateiname) {
    # Datei existiert, und ich kann sie lesen und schreiben
    ...
}
```

Es gibt noch viel mehr Tests. Tabelle 10-1 enthält die vollständige Liste.

Tabelle 10-1: Dateitests und ihre Bedeutungen

Dateitest	Bedeutung
`-r`	Datei oder Verzeichnis ist lesbar
`-w`	Datei oder Verzeichnis ist schreibbar
`-x`	Datei oder Verzeichnis ist ausführbar
`-o`	Datei oder Verzeichnis gehört dem Benutzer
`-R`	Datei oder Verzeichnis ist vom realen, nicht vom effektiven Benutzer lesbar (unterscheidet sich in setuid-Programmen von `-r`)
`-W`	Datei oder Verzeichnis ist vom realen, nicht vom effektiven Benutzer schreibbar (unterscheidet sich in setuid-Programmen von `-w`)
`-X`	Datei oder Verzeichnis ist vom realen, nicht vom effektiven Benutzer ausführbar (unterscheidet sich in setuid-Programmen von `-x`)
`-O`	Datei oder Verzeichnis gehört dem realen, nicht dem effektiven Benutzer (unterscheidet sich in setuid-Programmen von `-o`)
`-e`	Datei oder Verzeichnis existiert
`-z`	Datei existiert und hat die Größe Null (Verzeichnisse sind nie leer)
`-s`	Datei oder Verzeichnis existiert und hat eine von Null verschiedene Größe (der Wert ist die Größe in Bytes)
`-f`	Eintrag ist eine normale Datei
`-d`	Eintrag ist ein Verzeichnis
`-l`	Eintrag ist ein symbolischer Link
`-S`	Eintrag ist ein Socket
`-p`	Eintrag ist eine benannte Pipe (ein »Fifo«)
`-b`	Eintrag ist eine Blockgerätedatei (z.B. eine einhängbare Festplatte)
`-c`	Eintrag ist eine Zeichengerätedatei (z.B. ein I/O-Gerät)
`-u`	Datei oder Verzeichnis ist setuid
`-g`	Datei oder Verzeichnis ist setgid
`-k`	Datei oder Verzeichnis hat das Sticky Bit gesetzt
`-t`	`isatty()` auf dem Dateihandle ergibt wahr
`-T`	Datei enthält »Text«
`-B`	Datei ist eine »Binärdatei«
`-M`	Tage seit der letzten Veränderung

Tabelle 10-1: Dateitests und ihre Bedeutungen (Fortsetzung)

Dateitest	Bedeutung
`-A`	Tage seit dem letzten Zugriff
`-C`	Tage seit der letzten Inode-Modifikation

Die meisten dieser Tests geben einen einfachen Wahr/Falsch-Wert wieder. Bei einigen ist das anders, über die werden wir uns jetzt unterhalten.

Der Operator `-s` gibt wahr zurück, wenn die Datei nicht leer ist, aber das »wahr« ist ein besonderes, es ist nämlich die Anzahl der Bytes in der Datei, die bei einer von Null verschiedenen Zahl zu wahr ausgewertet wird.

Die Altersoperatoren `-M`, `-A` und `-C` (ja, die werden wirklich groß geschrieben) geben die Anzahl der Tage zurück, seit die Datei das letzte Mal geändert wurde, auf sie zugegriffen oder ihre Inode verändert wurde.[5] (Die Inode enthält alle Informationen über eine Datei mit Ausnahme des Inhalts. Details finden Sie in der Man-Page zum Systemaufruf `stat`.) Dieser Alterswert ist auf eine Sekunde genau: 36 Stunden werden als 1,5 Tage zurückgegeben. Wenn Sie das Alter mit einer ganzen Zahl (z.B. 3) vergleichen, dann erhalten Sie nur die Dateien, die genau so viele Tage vorher verändert wurden, nicht eine Sekunde mehr oder weniger. Das bedeutet, daß es meistens besser ist, einen Bereichsvergleich[6] anstelle eines exakten Vergleichs zu verwenden, damit Sie die Dateien heraus bekommen, die zwischen drei und vier Tagen alt sind.

Diese Operatoren können auf Dateihandles und auf Dateinamen arbeiten. Es reicht, einen Dateihandle als Operand zu übergeben. Um beispielsweise festzustellen, ob die als `EINEDATEI` geöffnete Datei ausführbar ist, können Sie folgendes verwenden:

```
if (-x EINEDATEI) {
    # als EINEDATEI geöffnete Datei ist ausführbar
}
```

Wenn Sie den Dateinamen- oder den Dateihandle-Parameter weglassen (also nur beispielsweise `-r` oder `-s` angeben), dann ist der Default-Operand die Variable `$_` (und da ist sie wieder!). Um also festzustellen, welche Dateien aus einer Liste von Dateinamen lesbar ist, müssen Sie nur folgendes machen:

```
foreach (@eine_liste_von_dateinamen) {
    print "$_ ist lesbar\n" if -r; # das gleiche wie -r $_
}
```

5 Das Alter wird relativ zum Programmstart gemessen, wie es im Systemzeitformat in der Variablen `$^T` festgehalten wird. Es ist möglich, dabei negative Werte zu erhalten, wenn der abgefragte Wert sich auf ein Ereignis bezieht, das auftrat, nachdem das Programm gestartet hatte.

6 Oder den Operator `int`.

Die Funktionen stat und lstat

Während diese Dateitests gut geeignet sind, die diversen Attribute, die auf eine bestimmte Datei oder einen bestimmten Dateihandle zutreffen, zu überprüfen, sagen sie doch noch nicht die ganze Wahrheit. Beispielsweise gibt es keinen Dateitest, der die Anzahl von Links auf eine Datei angibt. Um auf die verbleibende Information über eine Datei zugreifen zu können, müssen Sie einfach nur die Funktion `stat` aufrufen, die so ziemlich alles das wiedergibt, was der POSIX-Systemaufruf `stat` zurückgibt (was hoffentlich mehr ist, als Sie wissen möchten).

Der Operand von `stat` ist entweder ein Dateiname oder ein Ausdruck, der zu einem Dateinamen ausgewertet wird. Der Rückgabewert ist entweder `undef`, wenn `stat` fehlgeschlagen ist, oder eine Liste mit dreizehn Elementen,[7] die sich am leichtesten mit der folgenden Liste skalarer Variablen beschreiben läßt:

```
($dev,$ino,$mode,$nlink,$uid,$gid,$rdev,
 $size,$atime,$mtime,$ctime,$blksize,$blocks) = stat(...)
```

Die Namen hier beziehen sich auf die Teile der Struktur `stat`, die detailliert in der Man-Page *stat*(2) beschrieben werden. Sie sollten dort nachschlagen, wenn Sie eine detaillierte Beschreibung benötigen.

Um beispielsweise die Benutzer- und Gruppen-ID der Paßwortdatei zu erhalten, können Sie folgendes verwenden:

```
($uid, $gid) = (stat("/etc/passwd"))[4,5];
```

Das war's schon.

Wenn Sie die Funktion `stat` auf dem Namen eines symbolischen Links anwenden, bekommen Sie die Informationen über das, worauf der symbolische Link zeigt, nicht die Information über den symbolischen Link selbst (es sei denn, der Link zeigt zufällig auf etwas nicht Erreichbares). Wenn Sie die (meistens nutzlose) Information über den symbolischen Link selbst haben wollen, dann verwenden Sie den Operator `lstat` anstelle von `stat` (der die gleiche Information in der gleichen Reihenfolge wiedergibt). Wenn der Operator irgend etwas anderes als ein symbolischer Link ist, dann macht `lstat` das gleiche wie `stat`.

Wie bei den Dateitests ist der Default-Operator von `stat` und `lstat` die Variable `$_`, d.h. die Funktionen werden auf der Datei ausgeführt, deren Name in `$_` steht.

---

7 Wenn Sie Schwierigkeiten haben, sich die Reihenfolge der Rückgabewerte von `stat` zu merken, sollten Sie einen Blick auf das Modul `File::stat` werfen, das seit der Version 5.004 mit Perl mitgeliefert wird. Damit können Sie beispielsweise folgendermaßen auf die Werte zugreifen:

```
$datei_besitzer = stat($dateiname)->uid;
```

Übungen

Die Antworten stehen wie üblich in Anhang A.

1. Schreiben Sie ein Programm, das einen Dateinamen von der Standardeingabe einliest, diese Datei dann öffnet und den Inhalt anzeigt, wobei jeder Zeile der Dateiname und ein Doppelpunkt vorangestellt werden soll. Wenn beispielsweise die Datei `fred` eingelesen werden soll und die drei Zeilen `aaa`, `bbb` und `ccc` enthält, dann soll `fred: aaa`, `fred: bbb` und `fred: ccc` ausgegeben werden.
2. Schreiben Sie ein Programm, das nach dem Namen einer Eingabe- und einer Ausgabedatei sowie nach einem Suchmuster und einem Ersetzungstext fragt und alle Vorkommen des Suchmusters durch den Ersetzungstext ersetzt, während es den Inhalt der Eingabedatei in die Ausgabedatei kopiert. Probieren Sie Ihr Programm mit einigen Dateien aus. Können Sie eine existierende Datei überschreiben (versuchen Sie das nicht mit etwas Wichtigem!)? Können Sie die speziellen Zeichen regulärer Ausdrücke im Suchmuster verwenden? Können Sie `$1` im Ersetzungstext verwenden?
3. Schreiben Sie ein Programm, das eine Liste von Dateinamen einliest und dann anzeigt, welche dieser Dateien lesbar, schreibbar und ausführbar sind und welche Dateien es gar nicht gibt. (Sie können entweder jeden Test auf jedem Dateinamen, den Sie gerade eingelesen haben, ausführen, oder erst alle Dateien einlesen und dann die Tests bei allen Dateien auf einmal ausführen. Vergessen Sie nicht, das Newline-Zeichen am Ende jedes Dateinamens zu entfernen.)
4. Schreiben Sie ein Programm, das eine Liste von Dateinamen einliest und die älteste Datei von diesen herausfindet. Geben Sie den Namen der Datei und ihr Alter in Tagen aus.

In diesem Kapitel:
- *Was ist ein Format?*
- *Ein Format definieren*
- *Ein Format aufrufen*
- *Mehr über Feldplatzhalter*
- *Das Seitenkopfformat*
- *Format-Defaults ändern*
- *Übungen*

11 *Formate*

Was ist ein Format?

Perl steht unter anderem für »Practical Extraction and Report Language«. Es wird Zeit, daß wir uns mit dem »... Report Language«-Teil beschäftigen.

Perl kennt das Konzept eines einfachen Berichtstemplates, das *Format* genannt wird. Ein Format definiert einen konstanten Teil (die Spaltenüberschriften, Beschriftungen, festen Text oder was auch immer) und einen variablen Teil (die Daten, über die Sie berichten wollen). Das Aussehen des Formats ist dem Aussehen der eigentlichen Ausgabe sehr ähnlich, etwa so wie in der formatierten Ausgabe von COBOL und den `print using`-Klauseln in einigen Basic-Versionen.

Bei der Benutzung eines Formats führen Sie drei Schritte durch:

1. Das Format definieren
2. Die Daten, die ausgegeben werden sollen, in die variablen Teile (Felder) des Formats laden
3. Das Format aufrufen

Meistens wird der erste Schritt nur einmal durchgeführt (im Programmtext, so daß das Format zur Compile-Zeit definiert wird[1]), die anderen beiden Schritte werden dagegen wiederholt durchgeführt.

---

1 Sie können Formate zur Laufzeit mit der Funktion `eval` anlegen, was in *Programmieren mit Perl* und in *perlform* (1) beschrieben wird.

Ein Format definieren

Ein Format wird mit einer Formatdefinition beschrieben. Diese Formatdefinition kann wie eine Subroutine an beliebiger Stelle im Programmtext stehen und sieht so aus:

```
format formatname =
feldzeile
wert_eins, wert_zwei, wert_drei
feldzeile
wert_eins, wert_zwei
feldzeile
wert_eins, wert_zwei, wert_drei
.
```

Die erste Zeile enthält das reservierte Schlüsselwort `format`, auf das der Formatname und ein Gleichheitszeichen (=) folgen. Der Formatname kommt wieder einmal aus einem anderen Namensraum und unterliegt den gleichen Regeln wie alle anderen Namen auch. Weil Formatnamen nie im Programmrumpf verwendet werden (außer in Stringwerten), können Sie problemlos Namen verwenden, die mit denen reservierter Schlüsselwörter identisch sind. Wie Sie im nächsten Abschnitt »Ein Format aufrufen« sehen werden, werden Ihre Formatnamen meistens denselben Namen wie ein Dateihandle haben (womit sie dann wieder *nicht* das gleiche wie reservierte Wörter sind… was soll's).

Nach der ersten Zeile steht das *Template* selbst. Das Ende des Templates besteht aus einer Zeile, die nur einen einzigen Punkt enthält.[2] Templates sind eine der wenigen Stellen, in denen es auf Lage und Anzahl von Leerraum (engl. Whitespace; Leerzeichen, Newline, Tabulator) ankommt.

Die Templatedefinition besteht aus einer Reihe von *Feldzeilen*. Jede Feldzeile kann feststehenden Text enthalten, der wörtlich ausgegeben wird, wenn das Format aufgerufen wird. Ein Beispiel für eine Feldzeile mit feststehendem Text:

```
Hallo, ich heiße Fred Feuerstein.
```

Feldzeilen können auch *Feldplatzhalter* enthalten. Wenn eine Zeile Feldplatzhalter enthält, dann gibt die nächste Zeile im Template (*Werte*-Zeile genannt) eine Reihe von skalaren Werten an – einer pro Feldplatzhalter –, die die Werte zur Verfügung stellen, die dann in die Felder gesteckt werden. Ein Beispiel einer Feldzeile mit einem Feldplatzhalter und der darauffolgenden Wertezeile:

```
Hallo, mein Name ist @<<<<<<<<<<
$name
```

Der Feldplatzhalter ist hier `@<<<<<<<<<<`, der einen linksbündig ausgerichteten Text mit elf Zeichen bezeichnet. Genaueres über die Feldplatzhalter erfahren Sie im Abschnitt »Mehr über Feldplatzhalter«.

2 In Textdateien muß die letzte Zeile mit einem Newline enden, damit alles korrekt funktioniert.

Wenn eine Feldzeile mehrere Feldplatzhalter enthält, dann benötigt sie auch mehrere Werte, die auf der Wertezeile durch Kommata getrennt werden:

```
Hallo, mein Name ist @<<<<<<<<<<, und ich bin @<< Jahre alt.
$name, $alter
```

Wenn wir all das zusammensetzen, dann können wir ein einfaches Format für einen Adreßaufkleber erstellen:

```
format AUFKLEBER =
===========================
| @<<<<<<<<<<<<<<<<<<<<<<< |
$name
| @<<<<<<<<<<<<<<<<<<<<<<< |
$adresse
| @<<<< @<<<<<<<<<<<<<<<<  |
$plz $ort
===========================
.
```

Achten Sie einmal auf die Zeilen mit den Gleichheitszeichen am Anfang und Ende der Formatzeile. Diese haben keine Felder, weswegen ihnen auch keine Wertezeilen folgen. (Wenn Sie eine Wertezeile hinter so einer Feldzeile angegeben würden, dann würde die Wertezeile als nächste Feldzeile interpretiert werden, was Sie vermutlich nicht beabsichtigt haben.)

Leerraum auf der Wertezeile wird ignoriert. Manche Leute verwenden hier zusätzliche Leerzeichen, damit die Variablen genau unter den zugehörigen Feldplatzhaltern stehen (so könnte im letzten Beispiel die Variable `$ort` unter dem zweiten Feld der vorhergehenden Zeile ausgerichtet werden), aber das ist nur für die Optik des Programmtexts. Perl kümmert sich nicht darum, solcher Leerraum hat keinen Einfluß auf Ihre Ausgabe.

Text nach dem ersten Newline in einem Wert wird verworfen (es sei denn, Sie verwenden mehrzeilige Feldplatzhalter, die wir in einem späteren Abschnitt beschreiben).

Eine Formatdefinition verhält sich wie eine Subroutinendefinition. Der Code darin wird nicht unmittelbar ausgeführt und kann deswegen an einer beliebigen Stelle im Programmtext stehen. Wir tendieren dazu, unsere Formatdefinitionen an das Ende der Datei zu stellen, direkt vor die Subroutinendefinitionen.

Ein Format aufrufen

Ein Format wird mit der Funktion `write` aufgerufen. Diese Funktion akzeptiert den Namen eines Dateihandles und generiert daraus Text für diesen Dateihandle, wobei das aktuelle Format des Dateihandles verwendet wird. Per Voreinstellung ist das aktuelle Format für einen Dateihandle ein Format mit dem gleichen Namen (für den Dateihandle `STDOUT` also das Format `STDOUT`), aber wir werden bald lernen, wie man das verändern kann.

Lassen Sie uns noch einmal auf das Format für die Adreßaufkleber zurückkommen und eine Datei voller Aufkleber anlegen:

```
format AUFKLEBER =
==========================
| @<<<<<<<<<<<<<<<<<<<<<<< |
$name
| @<<<<<<<<<<<<<<<<<<<<<<< |
$adresse
| @<<<< @<<<<<<<<<<<<<<<<  |
$plz $ort
==========================
.

open(AUFKLEBER,">zu-druckende-aufkleber") || die "Kann Datei nicht anlegen";
open(ADRESSEN,"adressen") || die "Kann adressen nicht öffnen";
while (<ADRESSEN>) {
    chomp; # Newline entfernen
    ($name,$adresse,$plz,$ort) = split(/:/); # globale Variablen laden
    write (AUFKLEBER); # ausgeben
}
```

In diesem Beispiel sehen wir unsere bereits bekannte Formatdefinition, dazu aber auch ausführbaren Code. Zuerst öffnen wir einen Dateihandle zum Schreiben in eine Datei namens `zu-druckende-aufkleber`. Beachten Sie, daß der Name des Dateihandles (`AUFKLEBER`) der gleiche wie der des Formats ist. Dies ist sehr wichtig. Als nächstes öffnen wir einen Dateihandle für die Adressenliste. Wir nehmen an, daß das Format der Adressenliste folgendermaßen aussieht:

```
Stonehenge Steinbruch:Steinstrasse 37:12345:Steinhausen
Fred Feuerstein:Dinoweg 54:98765:Urzeithausen
```

Also fünf durch Semikolons getrennte Felder, die unser Code wie unten beschrieben parsen wird.

Die `while`-Schleife im Programm liest eine Zeile aus der Adressendatei ein, entfernt das Newline-Zeichen und teilt dann den Rest in fünf Variablen auf. Beachten Sie, daß die Variablennamen die gleichen sind wie die, die wir in der Formatdefinition verwendet haben. Auch das ist wichtig.

Wenn wir alle Variablen geladen haben (so daß die vom Format zu verwendenden Werte richtig sind), rufen wir das Format mit der Funktion `write` auf. Beachten Sie, daß der Parameter von `write` der Dateihandle ist, in den geschrieben werden soll; per Default wird das Format mit dem gleichen Namen verwendet.

Jedes Feld im Format wird durch den korrespondierenden Wert aus der nächsten Zeile im Format gefüllt. Mit den beiden oben gezeigten Beispieldatensätzen erhält die Datei `zu-druckende-aufkleber` folgenden Text:

```
========================
| Stonehenge Steinbruch  |
| Steinstrasse 37        |
| 12345 Steinhausen      |
========================
========================
| Fred Feuerstein        |
| Dinoweg 54             |
| 98765 Urzeithausen     |
========================
```

Mehr über Feldplatzhalter

Bisher wissen Sie, daß der Feldplatzhalter `@<<<<` ein fünf Zeichen breites, linksbündig ausgerichtetes Feld und `@<<<<<<<<<<` ein elf Zeichen breites, linksbündig ausgerichtetes Feld. Hier erfahren Sie jetzt die bereits versprochene ganze Wahrheit.

Textfelder

Die meisten Feldplatzhalter beginnen mit `@`. Die Zeichen, die dem `@` folgen, geben den Typ des Feldes an, während die Anzahl der Zeichen (einschließlich des `@`) die Feldbreite bezeichnen.

Wenn die Zeichen, die auf das `@` folgen, linke spitze Klammern (<<<<) sind, dann erhalten Sie ein linksbündig ausgerichtetes Feld, d.h. der Wert wird am rechten Ende mit Leerzeichen aufgefüllt, wenn der Wert kürzer als die Feldbreite ist. (Wenn der Wert zu lang ist, dann wird er automatisch abgeschnitten, das Layout des Formats bleibt immer erhalten.)

Wenn die auf das `@` folgenden Zeichen rechte spitze Klammern (>) sind, dann erhalten Sie ein rechtsbündig ausgerichtetes Feld, d.h. wenn der Wert zu kurz ist, dann wird er links mit Leerzeichen aufgefüllt.

Wenn die auf das `@` folgenden Zeichen senkrechte Striche (||||) sind, dann erhalten sie ein zentriertes Feld: Wenn der Wert zu kurz ist, dann wird er auf beiden Seiten mit Leerzeichen aufgefüllt, so daß der Wert weitgehend zentriert im Feld steht.

Numerische Felder

Eine andere Art von Feldplatzhalter sind numerische Felder mit fester Stellenanzahl, die für große Finanzberichte nützlich sind. Dieses Feld beginnt ebenfalls mit einem `@` und enthält dann ein oder mehrere Doppelkreuze (#) mit einem optionalen Punkt (der das Dezimalzeichen angibt). Auch hier zählt das `@` als ein Zeichen des Feldes. Ein Beispiel:

```
format BILANZ =
Aktiva: @#####.## Passiva: @#####.## Saldo: @#####.##
$aktiva, $passiva, $aktiva-$passiva
.
```

Die drei numerischen Felder sehen jeweils Platz vor für sechs Stellen links vom Dezimalzeichen und zwei rechts davon (nützlich für Währungsangaben). Beachten Sie die Verwendung eines Ausdrucks im Format – das ist völlig legal und wird häufig gemacht.

Perl stellt nichts Anspruchsvolleres bereit; es gibt keine Währungssymbole, Klammern um negative Werte oder sonstige interessante Dinge. Um das zu erreichen, müssen Sie Ihre eigene raffinierte Subroutine schreiben wie in folgendem Beispiel:

```
format BILANZ =
Aktiva: @<<<<<<<<< Passiva @<<<<<<<< Saldo: @<<<<<<<<<
&formatieren($aktiva,10), &formatieren($passiva,9), &formatieren($aktiva-$passiva,10)
.

sub formatieren {
    my($n,$width) = @_;
    $width -= 2; # Platz für negative Werte lassen
    $n =  sprintf("%.2f",$n); # sprintf wird später erklärt
    if ($n < 0) {
        return sprintf("[%$width.2f]", -$n); # eckige Klammern um negative Zahlen
    } else {
        return sprintf(" %$width.2f ", $n); # bei positiven Zahlen verwenden wir statt
                                             dessen Leerzeichen
    }
}

## Programmrumpf
$aktiva = 32125.12;
$passiva = 45212.15;
write (BILANZ);
```

Mehrzeilige Felder

Wie wir bereits erwähnt haben, bricht Perl die Ausgabe normalerweise beim ersten Auftreten eines Newline im Wert ab. Es gibt aber eine Art von Feldplatzhalter, den mehrzeiligen Feldplatzhalter, der auch Werte erlaubt, die sich über mehrere Zeilen erstrecken. Dieser Feldplatzhalter wird durch ein alleinstehendes `@*` auf einer Zeile angegeben. Wie immer definiert die folgende Zeile den Wert, der in das Feld eingesetzt werden soll, wobei der Ausdruck in diesem Fall auch zu einem Wert ausgewertet werden darf, der viele Newlines enthält.

Der eingesetzte Wert sieht genauso aus wie der Originaltext: vier Zeilen Wert werden zu vier Zeilen Ausgabe. Ein Beispiel:

```
format STDOUT =
Text davor.
@*
$long_string
Text dahinter.
.

$long_string = "Fred\nBarney\nBetty\nWilma\n";
write;
```

erzeugt die Ausgabe:

```
Text davor.
Fred
Barney
Betty
Wilma
Text dahinter.
```

Gefüllte Felder

Eine andere Art von Feldplatzhalter ist das gefüllte Feld. Dieser Feldplatzhalter erlaubt es, einen gefüllten Absatz zu erzeugen, wobei der Text praktischerweise an Wortgrenzen umbrochen wird. Hier spielen einige Teile zusammen, aber wir werden sie Stück für Stück betrachten.

Zunächst einmal wird ein gefülltes Feld festgelegt, indem die Markierung `@` des Textplatzhalters durch einen Zirkumflex ersetzt wird (also z.B. `^<<<`). Der entsprechende Wert für ein gefülltes Feld muß eine skalare Variable[3] sein, die Text enthält, und kein Ausdruck, der einen skalaren Wert zurückgibt. Der Grund dafür ist, daß Perl die Variable verändert, während es das gefüllte Feld füllt – und einen Ausdruck kann man nun einmal nicht verändern.

Wenn Perl ein gefülltes Feld füllt, nimmt es den Wert der Variablen und nimmt so viele Worte (mit einer sinnvollen Definition von »Wort«)[4], wie in das Feld hineinpassen. Diese Worte werden aus der Variablen entfernt; der Wert der Variablen nach dem Füllen dieses Feldes ist das, was nach der Entnahme noch übrig ist. Sie werden gleich sehen, warum.

Bisher ist das nicht viel anders als die Verarbeitung eines normalen Textfeldes; wir geben einfach so viel aus, wie in das Feld hineinpaßt (mit der Ausnahme, daß wir hier Wortgrenzen respektieren, anstatt genau an der Feldgrenze abzuschneiden). Der Nutzen des gefüllten Feldes wird klar, wenn Sie mehrere Referenzen auf dieselbe Variable in demselben Format haben. Betrachten Sie dieses Beispiel:

```
format LEUTE =
Name: @<<<<<<<<<<<<< Anmerkung: ^<<<<<<<<<<<<<<<<<<<<<<<<<<<<<
      $name,                    $anmerkung
                                ^<<<<<<<<<<<<<<<<<<<<<<<<<<<<<
                                $anmerkung
                                ^<<<<<<<<<<<<<<<<<<<<<<<<<<<<<
                                $anmerkung
                                ^<<<<<<<<<<<<<<<<<<<<<<<<<<<<<
                                $anmerkung
.
```

3 Dazu darf natürlich ein einzelnes skalares Element eines Arrays oder Hashes wie zum Beispiel `$a[3]` oder `$h{"fred"}` verwendet werden.

4 Die Trennzeichen zwischen Worten werden mit der Variablen `$:` festgelegt.

Beachten Sie, daß die Variable `$anmerkung` insgesamt viermal auftaucht. Die erste Zeile (die mit dem Namensfeld) gibt den Namen der Person und die ersten paar Worte aus `$anmerkung` aus. Während dies geschieht, wird der Wert von `$anmerkung` soweit verändert, daß die bereits ausgegebenen Worte entfernt werden. In der zweiten Zeile taucht diese Variable (`$anmerkung`) wieder auf, und es werden die nächsten paar Worte aus dieser Variablen ausgegeben. Das gleiche passiert in der dritten und vierten Zeile. Was wir damit also erreicht haben, ist ein Rechteck in der Ausgabe, das, so gut es geht, mit den Worten aus `$anmerkung` gefüllt wird.

Was passiert, wenn der vollständige Text weniger als vier Zeilen füllt? Dann bekommen Sie schlicht und einfach ein paar Leerzeilen. Das ist wahrscheinlich in Ordnung, wenn Sie Aufkleber drucken und in jedem Eintrag genau die gleiche Zahl an Zeilen brauchen, damit die Zeilen mit den Aufklebern übereinstimmen. Aber wenn Sie einen Bericht ausdrucken, dann führen viele Leerzeilen nur dazu, daß Ihr Papierkontingent früher aufgebraucht wird.

Um dieses Problem zu umgehen, verwenden Sie das Unterdrückungszeichen. Jede Zeile, die ein Tilde-Zeichen (~) enthält, wird unterdrückt (nicht ausgegeben), wenn die Zeile ansonsten leer wäre. Die Tilde selbst wird immer als Leerzeichen ausgegeben und kann an beliebiger Stelle angegeben werden, an der ein Leerzeichen stehen soll. Wenn wir damit das letzte Beispiel noch einmal formulieren, erhalten wir:

```
format LEUTE =
Name: @<<<<<<<<<<<<< Anmerkung: ^<<<<<<<<<<<<<<<<<<<<<<<<<<<<
      $name,                    $anmerkung
~                               ^<<<<<<<<<<<<<<<<<<<<<<<<<<<<
                                $anmerkung
~                               ^<<<<<<<<<<<<<<<<<<<<<<<<<<<<
                                $anmerkung
~                               ^<<<<<<<<<<<<<<<<<<<<<<<<<<<<
                                $anmerkung
.
```

Wenn eine Anmerkung jetzt nur zwei Zeilen belegt, dann werden die dritte und vierte Zeile automatisch unterdrückt.

Was wäre, wenn die Anmerkung länger als vier Zeilen wäre? Eine Möglichkeit wäre, die letzten zwei Zeilen des Formats zwanzigmal zu kopieren – in der Hoffnung, daß zwanzig Zeilen ausreichen. Aber das widerspricht der Idee, daß Perl Ihnen hilft, faul zu sein – es muß also auch eine faule Lösung geben. Jede Zeile, die zwei aufeinanderfolgende Tilden enthält, wird automatisch wiederholt, bis das Ergebnis eine vollständig leere Zeile ist. (Die Leerzeile wird unterdrückt.) Damit sieht unser Format so aus:

```
format LEUTE =
Name: @<<<<<<<<<<<<< Anmerkung: ^<<<<<<<<<<<<<<<<<<<<<<<<<<<<
      $name,                    $anmerkung
~~                              ^<<<<<<<<<<<<<<<<<<<<<<<<<<<<
                                $anmerkung
.
```

Auf diese Art und Weise sind wir immer auf der sicheren Seite, egal ob die Anmerkung nun eine, zwei oder zwanzig Zeilen belegt.

Beachten Sie, daß das Kriterium für den Abbruch der wiederholten Zeile eine völlig leere Zeile ist. Auf dieser Zeile sollte daher kein konstanter Text (außer Leerzeichen und Tilden) stehen, ansonsten wird die Zeile nie leer.

Das Seitenkopfformat

Viele Berichte landen am Ende auf einem Ausgabegerät wie einem Drucker. Druckerpapier wird in der Regel seitenweise aufgeteilt, denn die meisten von uns haben schon vor längerer Zeit damit aufgehört, Texte von Rollen abzulesen. Der Text, der an einen Drucker geschickt wird, muß also berücksichtigen, daß Leerzeichen oder Seitenvorschübe einzufügen sind, damit die Perforation nicht bedruckt wird. Sie könnten nun die Ausgabe nehmen und durch ein anderes Programm schicken (das auch in Perl geschrieben sein könnte), das die Paginierung vornimmt, aber das geht natürlich auch einfacher.

Perl erlaubt es Ihnen, ein Seitenkopfformat zu definieren, das die seitenweise Verarbeitung auslöst. Perl zählt jede Ausgabezeile, die durch den Aufruf eines Formats auf einem bestimmten Dateihandle ausgegeben wird. Wenn die nächste Formatausgabe nicht mehr auf den Rest der aktuellen Seite paßt, dann gibt Perl einen Seitenvorschub aus, ruft automatisch das Seitenkopfformat auf und gibt schließlich den eigentlichen Text des aufgerufenen Formates aus. Auf diese Art und Weise erstreckt sich ein Aufruf von `write` nie über eine Seitengrenze (es sei denn, die Ausgabe ist so groß, daß sie nicht allein auf eine Seite paßt).

Das Seitenkopfformat wird wie jedes andere Format auch ausgegeben. Der Default-Name für ein Seitenkopfformat für einen bestimmten Dateihandle ist der Name des Dateihandles, gefolgt von `_TOP` (ganz in Großbuchstaben).

Perl belegt die Variable `$%` mit der Anzahl der Aufrufe des Seitenkopfformates für einen bestimmten Dateihandle. Sie können diese Variable also in Ihrem Seitenkopfformat verwenden, um eine Seitennummer auszugeben. Wenn wir beispielsweise die folgende Formatdefinition zu unserem vorherigen Programmfragment hinzufügen, dann wird kein Text über Seitengrenzen hinweg gedruckt, und die Seiten werden auch noch der Reihe nach durchnumeriert.

```
format AUFKLEBER_TOP =
Meine Adressen - Seite @<;
                       $%
.
```

Die Default-Seitenlänge beträgt sechzig Zeilen. Sie können dies durch Setzen einer besonderen Variable ändern, die wir in Kürze beschreiben werden.

Perl kann nicht feststellen, ob Sie auf den gleichen Dateihandle auch mit `print` Ausgaben vornehmen, so daß dadurch die Zeilenzählung etwas durcheinanderkommen kann. Um dieses Problem zu umgehen, können Sie entweder Ihren Code so verändern, daß alle Ausgaben mit Formaten vorgenommen werden, oder Sie setzen die Variable, die die »aktuelle Zeilenanzahl auf der aktuellen Seite« enthält, immer mit. Wir sehen in Kürze, wie man das macht.

Format-Defaults ändern

Wir haben bisher oft über den »Default« für dies und das gesprochen. Es ist in Perl möglich, so ziemlich jeden Default zu überschreiben. Lassen Sie uns diese Möglichkeiten jetzt ansehen.

Mit select den Dateihandle verändern

Als wir in Kapitel 6 über `print` gesprochen haben, habe ich erwähnt, daß `print` und `print STDOUT` ein und dasselbe sind, weil `STDOUT` der Default für `print` ist. Das war nicht ganz richtig. Der wirkliche Default für `print` (und `write` und einige andere Operationen, zu denen wir gleich kommen) ist ein merkwürdiges Konzept namens *aktuell ausgewählter Dateihandle*.

Am Anfang ist der aktuell ausgewählte Dateihandle `STDOUT`, wodurch es einfach ist, Dinge auf die Standardausgabe auszugeben. Sie können den aktuell ausgewählten Dateihandle aber mit der Funktion `select` verändern. Diese Funktion akzeptiert als Argument einen Dateihandle (oder eine skalare Variable, die den Namen des Dateihandles enthält). Wenn der aktuell ausgewählte Dateihandle einmal verändert worden ist, dann betrifft das alle zukünftigen Operationen, die von diesem aktuell ausgewählten Dateihandle abhängen.

```
print "Hallo Welt\n";                  # wie print STDOUT "Hallo Welt\n";
select (LOGDATEI);                     # einen neuen Dateihandle auswählen
print "Tach Welt\n";                   # wie print LOGDATEI "Tach Welt\n";
print "noch mehr in die Log-Datei\n";  # noch mehr in die Log-Datei
select (STDOUT);                       # wieder STDOUT auswählen
print "zurück zur Standardausgabe\n";  # das geht wieder auf die Standardausgabe
```

Beachten Sie, daß die `select`-Operation lange vorhält: Sobald Sie einen neuen Dateihandle auswählen, bleibt dieser ausgewählt, bis `select` erneut aufgerufen wird.

Eine bessere Definition für `STDOUT` in bezug auf `print` und `write` ist also, daß `STDOUT` der *defaultmäßig* aktuell selektierte Dateihandle ist.

Es kann in Subroutinen notwendig sein, den aktuell ausgewählten Dateihandle zu verändern. Es wäre jedoch eine unangenehme Überraschung, wenn Sie eine Subroutine aufrufen und hinterher feststellen müssen, daß alle Ihre sorgfältig zusammengestellten Zeilen im Nichts verschwinden, weil die Subroutine den aktuell ausgewählten Dateihandle verändert hat, ohne diese Veränderung hinterher wieder rückgängig zu machen.

Was sollte eine sauber programmierte Subroutine also machen? Wenn die Subroutine weiß, daß der aktuell ausgewählte Dateihandle `STDOUT` ist, dann kann sie diesen auch problemlos mit Code wie dem obigen wieder restaurieren. Was aber, wenn schon der Aufrufer der Subroutine den aktuell ausgewählten Dateihandle verändert hat?

Nun, praktischerweise gibt `select` einen String zurück, der den Namen des vorherigen ausgewählten Dateihandles enthält. Sie können diesen Wert abspeichern, um später den vorherigen ausgewählten Dateihandle wieder restaurieren zu können, wie es im folgenden Beispiel gemacht wird:

```
$alterhandle = select LOGDATEI;
print "Das hier wird nach LOGDATEI geschrieben\n";
select ($alterhandle); # alten Dateihandle restaurieren
```

Natürlich ist es in diesem Beispiel sehr viel einfacher, `LOGDATEI` explizit als Dateihandle für die Ausgabe anzugeben, aber es gibt, wie wir noch sehen werden, einige Operationen, für die der aktuell ausgewählte Dateihandle verändert werden muß.

Den Formatnamen verändern

Das Default-Format für einen bestimmten Dateihandle hat den gleichen Namen wie der Dateihandle. Sie können das Format für den aktuell ausgewählten Dateinamen einstellen, indem Sie den neuen Formatnamen an eine besondere Variable namens `$~` zuweisen. Dieser Wert kann auch wieder ausgelesen werden, um zu sehen, was das aktuelle Format für den aktuell ausgewählten Dateihandle ist.

Um beispielsweise das Format `AUFKLEBER` für `STDOUT` zu verwenden, müssen Sie nur folgendes eingeben:

```
$~ = "AUFKLEBER";
```

Und wenn Sie das Format für den Dateihandle `REPORT` auf `SUMMARY` einstellen wollen? Auch dazu sind nur ein paar Schritte notwendig:

```
$alterhandle = select REPORT;
$~ = "SUMMARY";
select ($alterhandle);
```

Das nächste Mal, wenn wir

```
write (REPORT);
```

verwenden, wird der Text mit dem Format `SUMMARY` auf den Dateihandle `REPORT` ausgegeben.[5]

5 Mit dem objektorientierten Modul `FileHandle`, das Bestandteil der Standard-Distribution von Perl ist, geht das noch einfacher.

Beachten Sie, daß wir den vorherigen Dateihandle in einer skalaren Variable abgespeichert und später restauriert haben. Das entspricht einem guten Programmierstil. In echtem Code hätten wir das vermutlich ähnlich gemacht und nicht angenommen, daß `STDOUT` der Default-Dateihandle ist.

Indem wir das aktuelle Format für einen bestimmten Dateinamen einstellen, können wir viele verschiedene Formate in einem einzigen Bericht mischen.

Den Namen des Seitenkopfformats ändern

Genauso, wie wir den Namen des Formats für einen bestimmten Dateihandle mit der Variablen `$~` ändern können, können wir den Namen des Seitenkopfformats mit der Variablen `$^` einstellen. Diese Variable enthält den Namen des Seitenkopfformats für den aktuell eingestellten Dateihandle und kann auch gelesen werden, womit Sie den Namen des aktuellen Seitenkopfformats herausbekommen können.

Ändern der Seitenlänge

Wenn ein Seitenkopfformat definiert wird, wird auch die Seitenlänge interessant. Per Voreinstellung beträgt die Seitenlänge sechzig Zeilen, das heißt, wenn die Ausgabe von `write` über die sechzigste Zeile hinausgehen würde, dann wird automatisch das Seitenkopfformat aufgerufen, bevor der Text ausgegeben wird.

Manchmal ist der Wert 60 aber nicht korrekt. Sie können diesen Wert daher durch Setzen der Variable `$=` beeinflussen. Auch hier müssen Sie den Operator `select` verwenden, um den Wert für einen anderen Dateihandle als `STDOUT`, den defaultmäßig aktuell ausgewählten Dateihandle, einstellen zu können. Im folgenden Beispiel wird der Dateihandle `LOGDATEI` auf Seiten mit dreißig Zeilen eingestellt:

```
$alt = select LOGDATEI; # LOGDATEI auswählen und alten Dateihandle sichern
$= = 30;
select $alt;
```

Das Verändern der Seitenlänge hat vor dem nächsten Aufruf des Seitenkopfformats keine Wirkung. Wenn Sie die Seitenlänge vor dem ersten Aufruf von `write` einstellen, dann ist das in Ordnung, weil das Seitenkopfformat unmittelbar vor dem ersten `write` aufgerufen wird.

Die Position auf der Seite verändern

Wenn Sie eigenen Text auf einen Dateihandle ausgeben, dann kommt der Zeilenzähler durcheinander, denn Perl zählt die Zeilen nur bei Ausgaben mit `write`. Wenn Sie Perl mitteilen wollen, daß Sie einige zusätzliche Zeilen ausgegeben haben, dann können Sie den internen Zeilenzähler von Perl durch Setzen der Variable `$-` beeinflussen. Diese Variable enthält die Anzahl der Zeilen, die noch auf der aktuellen Seite des aktuell ausgewählten Dateihandles zur Verfügung stehen. Jeder Aufruf von `write` vermindert diesen Wert um die Anzahl der ausgegebenen Zeilen. Wenn dieser Zähler Null erreicht, wird das Seitenkopfformat aufgerufen und der Wert von `$-` wieder auf den von `$=` (dem Seitenformat) gesetzt.

Um Perl beispielsweise mitzuteilen, daß Sie eine zusätzliche Zeile auf `STDOUT` ausgegeben haben, machen Sie etwa folgendes:

```
write; # im FORMAT STDOUT auf STDOUT ausgeben
...;
print "Eine Extrazeile... huch!\n"; # geht auch nach STDOUT
$- --; # $- vermindern, um mitzuteilen, daß etwas anderes als write auf STDOUT
geschrieben hat
...;
write; # funktioniert immer noch, Extrazeile wird berücksichtigt
```

Bei Programmstart wird `$-` für jeden Dateihandle auf Null gesetzt. Damit ist garantiert, daß bei jedem Dateihandle beim ersten Aufruf von `write` zunächst das Seitenkopfformat aufgerufen wird.

Übungen

Lösungen in Anhang A.

1. Schreiben Sie ein Programm, das die Datei */etc/passwd* öffnet und den Benutzernamen, die Benutzer-ID sowie den wirklichen Namen in formatierten Spalten ausgibt. Verwenden Sie `format` und `write`.
2. Fügen Sie dem Programm aus der letzten Übung ein Seitenkopfformat hinzu. (Wenn Ihre Paßwortdatei relativ kurz ist, ist es vermutlich besser, die Seitenlänge auf etwa 10 Zeilen zu setzen, damit Sie den Seitenkopf mehrmals zu sehen bekommen.)
3. Fügen Sie dem Seitenkopf eine aufsteigende Seitennummer hinzu, so daß Sie `Seite 1`, `Seite 2` usw. in der Ausgabe erhalten.

In diesem Kapitel:
- *Im Verzeichnisbaum navigieren*
- *Globbing*
- *Verzeichnishandles*
- *Einen Verzeichnishandle öffnen und schließen*
- *Lesen von einem Verzeichnishandle*
- *Übungen*

12

Zugriff auf Verzeichnisse

Im Verzeichnisbaum navigieren

Sie kennen sich inzwischen wahrscheinlich mit dem Begriff des aktuellen Verzeichnisses und dem in der Shell verwendeten Befehl *cd* aus. In der Systemprogrammierung verwenden Sie den Systemaufruf *chdir()*, um das aktuelle Verzeichnis des Prozesses aufzurufen. Dieser Name wird auch von Perl verwendet.

Die Perl-Funktion `chdir` akzeptiert ein einziges Argument: einen Ausdruck, der zu einem Verzeichnisnamen ausgewertet wird. Dieser Name wird das neue aktuelle Verzeichnis. Wie die meisten anderen Systemaufrufe gibt auch `chdir` wahr zurück, wenn das Verzeichnis erfolgreich gewechselt werden konnte, und sonst falsch. Ein Beispiel:

```
chdir("/etc") || die "kann nicht nach /etc wechseln ($!)";
```

Die Klammern sind optional, folgendes würde also auch funktionieren:

```
print "Wohin möchten Sie? ";
chomp($wo = <STDIN>);
if (chdir $wo) {
                # angekommen
} else {
                # nicht angekommen
}
```

Ohne den Befehl *pwd* können Sie nicht herausfinden, wo Sie gerade sind.[1] Sie erfahren in Kapitel 14, wie man Befehle startet.

Jeder Prozeß[2] hat sein eigenes aktuelles Verzeichnis. Wenn ein neuer Prozeß gestartet wird, erbt er das aktuelle Verzeichnis seines Vaters, aber da hört die Verbindung auch

---

1 Sie können auch die Funktion `getcwd()` aus dem Modul `Cwd` verwenden.

2 Zumindest in UNIX und anderen modernen Betriebssystemen.

schon auf. Wenn Ihr Perl-Programm sein Verzeichnis wechselt, wird die Vater-Shell (oder was auch immer) davon nicht beeinflußt. Genauso beeinflussen die Prozesse, die ein Perl-Programm startet, das Perl-Programm selbst nicht. Die aktuellen Verzeichnisse der neuen Prozesse werden auch hier vom Perl-Programm geerbt. Wenn die Funktion `chdir` ohne einen Parameter aufgerufen wird, wechselt sie in Ihr Home-Verzeichnis, genauso wie der *cd*-Befehl der Shell.

Globbing

Die Shell (oder welchen Kommandozeileninterpreter Sie auch verwenden) wandelt einen einzelnen Asterisk (*) als Kommandozeilenargument in eine Liste aller Dateinamen im aktuellen Verzeichnis um. Wenn Sie also *rm ** eingeben, dann löschen Sie alle Dateien im aktuellen Verzeichnis. (Versuchen Sie das nicht, wenn Sie nicht Ihren Systemadministrator damit belästigen wollen, Ihre Dateien wieder zu restaurieren.) Entsprechend wird `[a-m]*.c` als Kommandozeilenargument in eine Liste aller Dateinamen im aktuellen Verzeichnis umgewandelt, die mit einem Buchstaben aus der ersten Hälfte des Alphabets beginnen und auf `.c` enden; und `/etc/host*` schließlich wird zu einer Liste aller Dateinamen im Verzeichnis `/etc`, die mit `host` beginnen. (Wenn dieser Absatz für Sie neu war, dann sollten Sie vielleicht zunächst etwas mehr über Shell-Skripten lesen, bevor Sie mit diesem Abschnitt fortfahren.)

Die Expansion von Argumenten wie `*` oder `/etc/host*` in eine Liste passender Dateinamen nennt man *Globbing*. Perl unterstützt Globbing durch einen sehr einfachen Mechanismus: Setzen Sie einfach das Globbing-Muster zwischen spitze Klammern, oder verwenden Sie die etwas mnemonischere Funktion `glob`.

```
@a = </etc/host*>;
@a = glob("/etc/host*");
```

In einem Listenkontext – wie hier gezeigt – gibt der Globbing-Operator eine Liste aller Dateinamen aus, die auf das Muster passen (so wie die Shell das auch machen würde). Wenn keine Datei paßt, dann wird eine leere Liste zurückgegeben. In einem skalaren Kontext wird der nächste passende Name oder, wenn keiner mehr paßt, `undef` zurückgegeben. Das entspricht dem Lesen von einem Dateihandle. Um beispielsweise einen Namen zu bekommen, machen Sie folgendes:

```
while (defined($naechstername = </etc/host*>)) {
    print "eine der Dateien heißt $naechstername\n";
}
```

In diesem Fall beginnen die zurückgegebenen Dateinamen mit `/etc/host`. Wenn Sie nur den Dateinamen selbst haben wollen, müssen Sie ihn selbst heraussuchen.

```
while ($naechstername = </etc/host*>) {
    $naechstername =~ s#.*/##; # alles vor dem letzten Schrägstrich entfernen

    print "eine der Dateien ist $naechstername\n";
}
```

Im Globbing-Argument dürfen auch mehrere Muster angegeben werden; die Listen werden separat erzeugt und dann zu einer großen Liste konkateniert:

```
@fred_barney_dateien = <fred* barney*>;
```

Mit anderen Worten gibt der Globbing-Operator die gleichen Werte zurück, die der entsprechende *echo*-Befehl mit den gleichen Parametern ausgeben würde.[3]

Obwohl das Datei-Globbing und reguläre Ausdrücke ähnlich funktionieren, ist die Bedeutung der diversen Sonderzeichen doch ziemlich unterschiedlich. Verwechseln Sie die beiden nicht, wenn Sie sich nicht wundern wollen, warum `<\.c$>` nicht alle Dateien findet, die auf `.c` enden.

In das Globbing-Argument werden Variablen interpoliert, bevor das Argument expandiert wird. Sie können Perl-Variablen verwenden, um Dateien auf Basis eines zur Laufzeit berechneten Strings auszuwählen.

```
if (-d "/usr/etc") {
    $wo = "/usr/etc";
} else {
    $wo = "/etc";
}
@dateien = <$wo/*>;
```

Wir setzen hier `$wo`, abhängig davon, ob das Verzeichnis */usr/etc* existiert, auf einen der beiden verschiedenen Verzeichnisnamen und erhalten dann die Liste der Dateien in diesem Verzeichnis. Beachten Sie, daß die Variable `$wo` expandiert wird, d.h. das Globbing-Argument ist entweder `/etc/*` oder `/usr/etc/*`.

Es gibt eine Ausnahme von dieser Regel: Das Muster `<$var>` (also die Variable `$var` als gesamter Globbing-Ausdruck), muß als `<${var}>` geschrieben werden; die Gründe hierfür ersparen wir uns an dieser Stelle.[4]

Verzeichnishandles

Wenn Ihr Betriebssystem die Bibliotheksfunktion *readdir* oder ein entsprechendes Äquivalent bereitstellt, dann können Sie in Perl mit *Verzeichnishandles* auf diese Routine (und die dazugehörigen anderen) zugreifen. Ein Verzeichnishandle stammt wieder einmal aus einem anderen Namensraum, und alle Vorsichtsmaßnahmen und Empfehlungen, die wir zu Dateihandles gegeben haben, gelten auch für Verzeichnishandles (Sie können also keine reservierten Schlüsselwörter verwenden und sollten nur Groß-

---

3 Das ist nicht weiter überraschend, wenn Sie wissen, daß Perl zur Durchführung des Globbings einfach nur eine C-Shell startet und den Rückgabewert parst.

4 Das Konstrukt `<fred>` liest eine Zeile von einem Dateihandle ein, der durch den Inhalt der skalaren Variable `$fred` bestimmt wird. Zusammen mit anderen Features, die wir in diesem Buch nicht besprechen werden, können Sie damit sogenannte »indirekte Dateihandles« verwenden, bei denen der Name eines Dateihandles herumgereicht und manipuliert wird, als stünde er für die Daten.

buchstaben für den Namen benutzen). Der Dateihandle `FRED` und der Verzeichnishandle `FRED` haben keine Verbindung zueinander.

Ein Verzeichnishandle steht für eine Verbindung zu einem bestimmten Verzeichnis. Anstatt davon wie von einem Dateihandle Daten zu lesen, wird er dazu verwendet, die Dateinamen in einem Verzeichnis zu lesen. Verzeichnishandles werden grundsätzlich nur zum Lesen geöffnet; es ist nicht möglich, mit einem Verzeichnishandle den Namen einer Datei zu ändern oder eine Datei zu löschen.

Wenn Ihre Bibliothek die Funktion *readdir()* und deren Hilfsfunktionen nicht unterstützt (und Sie bei der Kompilation von Perl keinen Ersatz angegeben haben), dann führt die Benutzung einer dieser Routinen zu einem fatalen Fehler; Ihr Perl-Programm wird in diesem Fall nicht über die Kompilation hinauskommen, sondern abbrechen, bevor die erste Zeile Code ausgeführt wird. Perl tut alles, was in seinen Kräften steht, Sie von Ihrer Betriebssystemumgebung zu isolieren, aber Wunder kann es auch nicht vollbringen.

Einen Verzeichnishandle öffnen und schließen

Die Funktion `opendir` funktioniert wie die gleichnamigen Bibliotheksfunktionen in C und C++. Sie übergeben den Namen eines neuen Verzeichnishandles sowie eine Zeichenkette, die den Namen des zu öffnenden Verzeichnisses angibt. Der Rückgabewert von `opendir` ist wahr, wenn das Verzeichnis geöffnet werden konnte, ansonsten falsch. Ein Beispiel:

```
opendir(ETC,"/etc") || die "Kann Verzeichnis /etc nicht öffnen: $!";
```

Normalerweise würden wir an dieser Stelle mit dem Verzeichnishandle `ETC` herumexperimentieren, aber es ist vielleicht besser, wenn Sie erst einmal erfahren, wie man einen Verzeichnishandle schließt. Dazu benutzen Sie `closedir` ähnlich wie `close`:

```
closedir(ETC);
```

Wie `close` wird auch `closedir` oft nicht benötigt, weil alle Verzeichnishandles automatisch geschlossen werden, bevor Sie entweder neu geöffnet werden oder das Programm beendet wird.

Lesen von einem Verzeichnishandle

Sobald wir einen Verzeichnishandle geöffnet haben, können wir die Liste der Dateinamen mit `readdir` lesen. `readdir` erwartet einen Parameter, den Verzeichnishandle. Jeder Aufruf von `readdir` in einem skalaren Kontext gibt den nächsten Dateinamen zurück (so wie *basename*: der Rückgabewert wird nie einen Schrägstrich enthalten); die Reihenfolge sieht zufällig aus und kann nicht beeinflußt werden.[5]

5 Genauer gesagt ist das die Reihenfolge, in der die Dateinamen im Verzeichnis abgespeichert sind – dieselbe ungeordnete Reihenfolge, die Sie beim *find*-Befehl oder bei *ls -f* unter UNIX erhalten.

Wenn keine weiteren Dateinamen mehr da sind, gibt `readdir undef` zurück.[6] Der Aufruf von `readdir` in einem Listenkontext gibt alle verbleibenden Namen als Listen mit einem Namen pro Element zurück. Das folgende Beispiel gibt alle Dateinamen im Verzeichnis */etc* aus:

```
opendir(ETC,"/etc") || die "kein etc?: $!";
while ($name = readdir(ETC)) { # skalarer Kontext, einer pro Schleifendurchlauf
    print "$name\n"; # gibt ., .., passwd, group usw. aus
}
closedir(ETC);
```

Mit ein wenig Hilfe von `sort` können Sie auch eine Ausgabe in alphabetischer Reihenfolge bekommen.

```
opendir(ETC,"/etc") || die "kein etc?: $!";
foreach $name (sort readdir(ETC)) { # Listenkontext, sortiert
    print "$name\n"; # gibt ., .., passwd, group usw. aus
}
closedir(ETC);
```

Unter den Namen sind auch Dateien, die mit einem Punkt beginnen. Das ist anders als beim Globbing, wo mit `<*>` keine Dateien ausgegeben werden, die mit einem Punkt beginnen. Das Verhalten entspricht eher `echo*` in der Shell.

Übungen

Die Antworten stehen in Anhang A.

1. Schreiben Sie ein Programm, das in ein als Eingabe angegebenes Verzeichnis wechselt und dann dort die Dateinamen in alphabetischer Reihenfolge ausgibt (geben Sie nichts aus, wenn das Zielverzeichnis nicht existiert, sondern warnen Sie statt dessen den Benutzer).
2. Modifizieren Sie das Programm, so daß es alle Dateien ausgibt und nicht nur diejenigen, die nicht mit einem Punkt anfangen. Machen Sie das sowohl mit Globbing als auch mit einem Verzeichnishandle.

---

6 Daraus folgt, daß Sie `while (defined ($name = readdir (...))` verwenden müssen, wenn Sie die Option `-w` von Perl benutzen.

In diesem Kapitel:

- *Eine Datei löschen*
- *Eine Datei umbenennen*
- *Andere Namen für eine Datei anlegen: Linken*
- *Verzeichnisse anlegen und löschen*
- *Zugriffsrechte verändern*
- *Die Eigentümerschaft verändern*
- *Die Zeitstempel modifizieren*
- *Übungen*

13

Datei- und Verzeichnis-manipulation

In diesem Kapitel zeigen wir Ihnen, wie Sie nicht nur die Daten in den Dateien, sondern auch die Dateien selbst manipulieren können. Wir verwenden dabei die UNIX- (und POSIX- und Linux-) Semantik des Zugriffs auf Dateien und Verzeichnisse. Diese Zugriffsmechanismen werden nicht von allen Dateisystemen unterstützt, sind aber Standard für halbwegs fortgeschrittene Dateisysteme.

Eine Datei löschen

Sie haben schon gelernt, wie Sie eine Datei von Perl aus anlegen, indem Sie sie zum Schreiben mit einem Dateihandle öffnen. Jetzt wollen wir uns auf gefährliches Terrain begeben und lernen, wie man eine Datei löscht (ziemlich passend für Kapitel 13, finden Sie nicht?).

Der Operator `unlink` von Perl (so benannt nach dem POSIX-Systemaufruf) löscht einen Namen einer Datei (die möglicherweise noch andere Namen hat). Wenn der letzte Name einer Datei gelöscht worden ist und kein Prozeß mehr diese Datei geöffnet hat, wird auch die Datei selbst entfernt. Das entspricht genau dem Verhalten des UNIX-Befehls *rm*. Weil eine Datei üblicherweise nur einen Namen hat (es sei denn, daß Sie einen harten Link angelegt haben), können Sie normalerweise davon ausgehen, daß das Löschen eines Namens gleich dem Löschen der Datei ist. Davon ausgehend zeigt das folgende Beispiel, wie Sie eine Datei namens *fred* sowie eine während des Programmablaufs angegebene Datei löschen können.

```
unlink ("fred"); # das war's mit fred
print "Welche Datei möchten Sie löschen? ";
chomp($name = <STDIN>);
unlink ($name);
```

Sie können auch eine Liste von Namen angeben:

```
unlink ("Amsel","Star");          # zwei auf einen Streich
unlink <*.o>;                     # wie "rm *.o" in der Shell
```

Der Globbing-Operator wird in einem Listenkontext ausgewertet und erzeugt eine Liste von Dateinamen, die auf das Muster passen. Genau das geben wir dann an `unlink` weiter.

Der Rückgabewert von `unlink` ist die Anzahl der erfolgreich gelöschten Dateien. Wenn nur ein Argument vorhanden ist und die Datei gelöscht werden konnte, dann ist das Ergebnis eins, ansonsten Null. Wenn drei Dateinamen angegeben werden, aber nur zwei Dateien gelöscht werden können, dann ist das Ergebnis zwei. Es gibt keine Möglichkeit zu bestimmen, um welche beiden es sich handelt, d.h. um zu bestimmen, welcher Löschversuch fehlgeschlagen ist, müssen Sie alle der Reihe nach einzeln löschen. Im folgenden Beispiel werden alle Objektdateien (mit der Endung .o) gelöscht, und bei jeder Datei, die nicht gelöscht werden kann, wird eine Fehlermeldung ausgegeben.

```
foreach $datei (<*.o>) { # Liste von .o-Dateien durchlaufen
    unlink($datei) || warn "kann $datei nicht löschen: $!";
}
```

Wenn `unlink` 1 zurückgibt (d.h. die angegebene Datei konnte gelöscht werden), dann wird der Aufruf der Funktion `warn` übersprungen. Wenn der Dateiname nicht gelöscht werden kann, dann bedeutet die 0 falsch, und `warn` wird ausgeführt. Auch das können wir lesen als »lösch die Datei oder sag mir Bescheid«.

Wenn der Funktion `unlink` keine Argumente übergeben werden, dann wird wieder einmal die Variable `$_` als Default verwendet. Wir hätten die obige Schleife also auch folgendermaßen schreiben können:

```
foreach (<*.o>) { # Liste von .o-Dateien durchlaufen
    unlink || warn "kann $_ nicht löschen: $!";
}
```

Eine Datei umbenennen

In der UNIX-Shell wird der Name einer Datei mit dem Befehl *mv* geändert. In Perl heißt die gleiche Operation `rename(`*`$alt,$neu`*`)`. Hier ändern wir den Namen der Datei `fred` in `barney`:

```
rename("fred","barney") || die "Kann fred nicht in barney umbenennen: $!";
```

Wie die meisten anderen Funktionen gibt `rename` einen wahren Wert zurück, wenn die Operation erfolgreich war; überprüfen Sie also, ob die Umbenennung wirklich funktioniert hat.

Der Befehl *mv* zaubert ein wenig im Hintergrund, um einen vollen Pfadnamen zu generieren, wenn Sie *mv datei ein-verzeichnis/* eingeben. Das kann die Funktion `rename` nicht. Um das gleiche in Perl zu erreichen, machen Sie folgendes:

```
rename("datei","ein-verzeichnis/datei");
```

Beachten Sie, daß wir in Perl den Namen der Datei im neuen Verzeichnis explizit angeben mußten. Außerdem kopiert der Befehl *mv* die Datei, wenn sich das Ziel in einem anderen Dateisystem befindet als die Quelle (wenn Sie ein vernünftiges Betriebssystem haben). So schlau ist die `rename`-Funktion auch nicht, statt dessen erhalten Sie eine Fehlermeldung und müssen sich etwas anderes einfallen lassen wie zum Beispiel den Aufruf des *mv*-Befehls mit den gleichen Argumenten. Das Modul `File::Find` unterstützt eine `move`-Funktion.

Andere Namen für eine Datei anlegen: Linken

Als wenn ein Name für eine Datei nicht genug wäre, benötigen Sie manchmal zwei, drei oder Dutzende von Namen für ein und dieselbe Datei. Diese Operation des Anlegens alternativer Namen für eine Datei nennt man *Linken*. Die beiden Hauptformen des Linkens sind harte und symbolische Links (auch Symlinks oder weiche Links genannt). Nicht alle Arten von Dateisystemen unterstützen diese beiden oder auch nur eine davon. Wir besprechen hier POSIX-kompatible Dateisysteme.

Ein wenig Grundwissen zu harten Links und Symlinks

Ein *harter Link* auf eine Datei kann nicht von dem originalen Namen für die Datei unterschieden werden; es gibt keinen bestimmten Link, der mehr »der richtige Name« wäre als ein anderer.

Das Betriebssystem zählt mit, wie viele harte Links zu jedem Zeitpunkt eine bestimmte Datei referenzieren. Wenn eine Datei das erste Mal angelegt wird, dann hat sie einen Link. Jeder neue harte Link erhöht den Zähler um eins, und jeder entfernte harte Link vermindert ihn wieder um eins. Wenn der letzte Link auf eine Datei gelöscht und die Datei geschlossen wird, verschwindet auch die Datei selbst.

Jeder harte Link auf eine Datei muß in demselben Dateisystem (üblicherweise eine Festplatte oder ein Teil einer Festplatte) wie die Datei liegen. Daher können Sie keinen harten Link auf eine Datei anlegen, die auf einem anderen eingehängten Dateisystem liegt.

Auf den meisten Systemen ist die Verwendung von harten Links auf Verzeichnisse beschränkt. Damit die Verzeichnisstruktur ein Baum bleibt und kein beliebiger Misch-Masch wird, darf ein Verzeichnis nur einen Namen (vom Root-Verzeichnis aus gesehen) haben, einen Link von der Punkt-Datei in sich selbst und eine Reihe von Punkt-Punkt-Links aus seinen Unterverzeichnissen. Wenn Sie versuchen, einen anderen Link auf ein Verzeichnis anzulegen, erhalten Sie eine Fehlermeldung (es sei denn, Sie sind der Superuser; dann dürfen Sie statt dessen die ganze Nacht damit zubringen, Ihr durcheinandergekommenes Dateisystem wieder in Ordnung zu bringen).

Ein symbolischer Link ist eine besondere Art von Datei, die den Pfadnamen als Daten enthält. Wenn diese Datei geöffnet wird, betrachtet das Betriebssystem ihren Inhalt als Ersatz für den Pfadnamen und veranlaßt den Kernel, den Verzeichnisbaum noch einmal zu durchlaufen – dieses Mal mit dem neuen Namen als Ziel.

Wenn beispielsweise ein Symlink namens *fred* den Namen *barney* enthält, dann wird beim Öffnen von *fred* in Wirklichkeit *barney* geöffnet. Wenn *barney* ein Verzeichnis ist, dann bezieht sich *fred/wilma* in Wirklichkeit auf *barney/wilma.*

Der Inhalt eines Symlinks (also das, worauf er zeigt) muß nicht notwendigerweise eine bereits existierende Datei sein. Wenn *fred* angelegt wird, muß es *barney* nicht geben, ja, es kann sogar sein, daß *barney* nie existieren wird. Der Inhalt des Symlinks kann auch ein Pfad sein, der aus dem aktuellen Dateisystem herausführt, so daß Sie auch Symlinks auf Dateien in anderen Dateisystemen anlegen können.

Wenn der neue Name aufgesucht werden soll, kann es sein, daß der Kernel auf noch einen Symlink stößt. Dieser neue Symlink führt dazu, daß weitere neue Teile des Pfades verfolgt werden müssen. Symlinks können sogar wieder auf andere Symlinks zeigen. Normalerweise sind mindestens acht Ebenen von Symlinks erlaubt, obwohl das selten verwendet wird.

Ein harter Link schützt den Inhalt einer Datei davor, verlorenzugehen (weil er als einer der Namen auf die Datei zählt). Ein Symlink kann den Inhalt nicht schützen. Ein Symlink kann dagegen auch über Dateisysteme hinweg zeigen, ein harter Link nicht. Nur Symlinks können auf Verzeichnisse zeigen.

Harte Links und Symlinks in Perl anlegen

Mit dem UNIX-Befehl *ln* werden harte Links angelegt. Der Befehl

```
ln fred grosserdummerjunge
```

legt einen harten Link von der Datei *fred* (die existieren muß) auf *grosserdummerjunge* an. In Perl wird das folgendermaßen ausgedrückt:

```
link("fred","grosserdummerjunge") ||
    die "kann fred nicht auf grosserdummerjunge linken";
```

Die Funktion `link` akzeptiert zwei Parameter, den alten Dateinamen und den neuen Aliasnamen für diese Datei. Die Funktion gibt wahr zurück, wenn die Operation erfolgreich war. Wie beim *mv*-Befehl zaubert der UNIX-Befehl *ln* noch etwas hinter den Szenen, weswegen Sie das Zielverzeichnis für den neuen Aliasnamen angeben können, ohne den Namen der Datei im Verzeichnis zu nennen. Die Funktion `link` ist (wie die Funktion `rename`) nicht ganz so clever; Sie müssen hier den vollen Dateinamen angeben.

Bei einem harten Link kann der alte Dateiname kein Verzeichnis sein,[1] und der neue Aliasname muß im selben Dateisystem liegen. (Diese Restriktionen haben unter anderem zur Einführung symbolischer Links geführt.)

1 Es sei denn, Sie sind root, und es macht Ihnen Spaß, *fsck* aufzurufen.

Auf Systemen, die symbolische Links unterstützen, kann ein solcher angelegt werden, indem die Option *-s* beim *ln*-Befehl angegeben wird. Um also einen symbolischen Link von *barney* auf *nachbar* anzulegen (so daß eine Referenz auf *nachbar* in Wirklichkeit eine Referenz auf *barney* ist), geben Sie folgendes ein:

```
ln -s barney nachbar
```

In Perl verwenden Sie die Funktion `symlink`:

```
symlink("barney","nachbar") ||
    die "kann Symlink auf nachbar nicht anlegen";
```

Beachten Sie, daß *barney* nicht existieren muß (arme Betty!). In diesem Fall wird beim Öffnen von *nachbar* vermutlich `No such file or directory` oder etwas Ähnliches herauskommen.

Wenn Sie *ls -l* in dem Verzeichnis aufrufen, das den Symlink enthält, wird sowohl der Name das Symlinks als auch der Name der Datei, auf die er zeigt, angezeigt. Sie können mit Perl die gleiche Information durch die Funktion `readlink` bekommen, die erstaunlicherweise genauso wie der Systemaufruf gleichen Namens funktioniert. Die Operation

```
if (defined($x = readlink("nachbar"))) {
    print "nachbar zeigt auf '$x'\n";
}
```

sollte Ihnen *barney* ausgeben, wenn alles in Ordnung ist. Wenn der Symlink nicht existiert, nicht gelesen werden kann oder nicht einmal ein Symlink ist, dann gibt `readlink` `undef` zurück, weswegen wir das hier vorsichtshalber überprüfen.

Auf Systemen ohne Symlinks schlagen sowohl die `symlink`- als auch die `readlink`-Funktion fehl und führen zu einem Laufzeitfehler. Das liegt daran, daß es auf den Systemen, die keine Symlinks unterstützen, auch keinen adäquaten Ersatz gibt. Perl versucht, Systemabhängigkeiten vor Ihnen zu verbergen, aber manche schlagen eben doch durch. Das hier ist eine davon.

Verzeichnisse anlegen und löschen

Sie wären vermutlich nicht bis hierher gekommen (zumindest nicht auf einem UNIX-System), wenn Sie nicht den Befehl *mkdir* kennen würden, der Verzeichnisse anlegt, die Dateien und andere Verzeichnisse enthalten können. Das Perl-Äquivalent dazu ist die Funktion `mkdir`, die den Namen des neuen Verzeichnisses und einen Modus, der die Zugriffsrechte des neuen Verzeichnisses beeinflußt, akzeptiert. Der Modus wird in Form einer Zahl angegeben, die im Format der internen Zugriffsrechte interpretiert wird. Wenn Sie sich damit nicht auskennen, lesen Sie in der Man-Page *chmod (2)* nach. Wenn Sie in Eile sind, verwenden Sie einfach 0777, das sollte dann schon funktionieren.[2] Hier ist ein Beispiel, in dem wir das Verzeichnis `kiesgrube` anlegen:

```
mkdir("kiesgrube",0777) || die "kann kiesgrube nicht anlegen: $!";
```

Mit dem UNIX-Befehl *rmdir* werden leere Verzeichnisse gelöscht. Das Perl-Äquivalent dazu trägt den gleichen Namen. Machen wir Fred einmal arbeitslos:

```
rmdir("kiesgrube") || die "kann kiesgrube nicht löschen: $!";
```

Obwohl diese Perl-Operatoren die gleichnamigen Systemaufrufe verwenden, funktionieren sie auch auf Systemen ohne diese Systemaufrufe (wenn auch ein bißchen langsamer). Perl ruft die Utilities *mkdir* und *rmdir* (oder wie auch immer sie auf Ihrem System heißen) automatisch für Sie auf. Das ist Portabilität!

Zugriffsrechte verändern

Die Zugriffsrechte einer Datei oder eines Verzeichnisses definieren, wer (grob gesagt) was (mehr oder weniger) mit der Datei oder dem Verzeichnis anstellen darf. Unter UNIX ist der normale Weg, die Zugriffsrechte einer Datei zu verändern, der Befehl *chmod*. Auch in Perl werden die Zugriffsrechte mit der Funktion `chmod` verändert. Dieser Operator akzeptiert einen oktalen Modus und eine Liste von Dateinamen und versucht, die Zugriffsrechte all dieser Dateinamen auf den angegebenen Modus zu setzen. Um die Dateien *fred* und *barney* les- und schreibbar für alle zu machen, würden Sie folgendes aufrufen:

```
chmod(0666,"fred","barney");
```

Der Wert `0666` bedeutet Lese- und Schreibberechtigung für den Eigentümer, die Gruppe und alle anderen – was genau das ist, was wir wollten.

Der Rückgabewert von `chmod` ist die Anzahl der Dateien, deren Zugriffsrechte wie verlangt umgesetzt werden konnten (selbst wenn sich dabei nichts verändert hat); `chmod` funktioniert also in dieser Hinsicht wie `unlink`, und Sie sollten auch bei der Fehlerüberprüfung analog vorgehen. Hier ist ein Beispiel, wie die Zugriffsrechte von *fred* und *barney* verändert werden können und dabei beide auf eventuelle Fehler überprüft werden:

```
foreach $datei ("fred","barney") {
    unless chmod (0666,$datei) {
        warn "Hmm... konnte die Zugriffsrechte von $datei nicht ändern.$!";
    }
  }
```

Die Eigentümerschaft verändern

Jede Datei (und jedes Verzeichnis, jede Gerätedatei und was auch immer es sonst im Dateisystem geben könnte) im Dateisystem hat einen Eigentümer und eine Gruppe. Diese beiden Attribute geben an, auf wen sich die Zugriffsrechte für Eigentümer und

2 Sie legen damit kein Verzeichnis an, mit dem alle alles machen können. Die aktuelle Umask Ihres Prozesses beeinflußt die Zugriffsrechte ebenfalls. Auf UNIX-Systemen können Sie Näheres dazu in der Man-Page *umask (2)* nachlesen.

Gruppe (zum Lesen, Schreiben und Ausführen) konkret beziehen. Der Eigentümer und die Gruppe einer Datei werden beim Anlegen der Datei festgelegt, aber unter gewissen Umständen können Sie die Eigentümerschaft und Gruppenzugehörigkeit auch nachträglich ändern. (Die genauen Umstände hängen davon ab, welche UNIX-Version Sie verwenden; lesen Sie in der Man-Page *chmod (2)* nach.)

Die Funktion `chown` akzeptiert eine Benutzer-ID (UID), eine Gruppen-ID (GID) und eine Liste von Dateinamen und versucht, die Eigentümerschaft und Gruppenzugehörigkeit jeder angegebenen Datei zu ändern. Eine erfolgreiche Ausführung wird durch einen von Null verschiedenen Rückgabewert, der die Anzahl der erfolgreich geänderten Dateien angibt, gekennzeichnet – genau wie bei `unlink` und `chmod`. Beachten Sie, daß in Perl Benutzer- und Gruppen-ID auf einmal verändert werden. Verwenden Sie -1 als Benutzer- oder Gruppen-ID, wenn Sie eines von beiden nicht verändern wollen. Sie müssen in Perl außerdem die numerische ID verwenden, nicht den zugehörigen symbolischen Namen (auch wenn der Befehl *chmod* diese Namen akzeptiert). Wenn beispielsweise `fred` die Benutzer-ID 1234 und seine Default-Gruppe `steinbruch` die Gruppen-ID 35 hat, dann sorgt der folgende Befehl dafür, daß die Dateien *schiefer* und *granit* `Fred` und seiner Default-Gruppe gehören.

```
chown(1234, 35, "schiefer", "granit"); # das gleiche wie
                                       # chown fred schiefer granit
                                       # chgrp steinbruch schiefer granit
```

In Kapitel 16 zeigen wir Ihnen, wie Sie `fred` in `1234` und `steinbruch` in `35` konvertieren können.

Die Zeitstempel modifizieren

Jeder Datei sind drei sogenannte Zeitstempel zugeordnet, über die wir bereits kurz gesprochen haben, als wir Ihnen gezeigt haben, wie man an Informationen über eine Datei herankommt: die letzte Zugriffszeit, die Zeit der letzten Änderung und die Zeit, zu der die Inode das letzte Mal geändert wurde. Die ersten beiden Zeiten können beliebig mit der Funktion `utime` (die direkt dem gleichnamigen UNIX-Systemaufruf entspricht) umgesetzt werden. Wenn einer dieser beiden Werte gesetzt wird, dann wird automatisch der dritte Wert auf die aktuelle Zeit gesetzt; es würde keinen Sinn machen, diesen Wert explizit setzen zu können.

Die Werte werden im internen Zeitformat von UNIX angegeben – eine ganze Zahl, die die Sekunden seit Mitternacht am 1. Januar 1970 angibt. Der Wert lag irgendwo bei 800 Millionen, als dieses Buch geschrieben wurde. (Intern wird diese Zahl als vorzeichenlose 32-Bit-Zahl dargestellt, und wenn wir nicht alle auf 64-Bit-Maschinen (oder höher) umsteigen, dann wird dieser Wert irgendwann im nächsten Jahrhundert überlaufen. Das Jahr 2000 bringt mehr Probleme mit sich, als man auf den ersten Blick so denkt.[3])

---

3 Die Funktionen `localtime` und `gmtime` von Perl funktionieren genau wie die von C: Sie geben das Jahr abzüglich 1900 zurück. Im Jahr 2003 wird `localtime` also das Jahr als 103 zurückgeben.

Die Funktion `utime` funktioniert wie `chmod` oder `unlink`. Sie akzeptiert eine Liste von Dateinamen und gibt die Anzahl der erfolgreich geänderten Dateien zurück. Hier ein Beispiel, in dem wir *barney* und *fred* so verändern, als ob sie erst vor kurzem verändert worden wären:

```
$atime = $mtime = 800_000_000; # nicht lange her
utime($atime,$mtime,"fred","barney");
```

Es gibt keine Ober- oder Untergrenze für die Werte von Zeitstempeln (abgesehen von den Beschränkungen der internen Repräsentation): Sie können eine Datei beliebig alt aussehen lassen oder so tun, als würde sie irgendwann in ferner Zukunft modifiziert worden sein (nützlich, wenn Sie Science-Fiction-Stories schreiben). Hier ein Beispiel, wie wir unter Verwendung der Funktion `time` (die die aktuelle Zeit als UNIX-Zeitstempel zurückgibt) die Datei *zaphod_beeblebrox* so aussehen lassen, als wäre sie *in* zwanzig Minuten verändert worden:

```
$wann = time() + 20*60; # 20 Minuten ab jetzt
utime($wann,$wann,"zaphod_beeblebrox");
```

Übungen

Die Übungen stehen in Anhang A.

1. Schreiben Sie ein Programm, das wie *rm* arbeitet und die als Kommandozeilenargumente übergebenen Dateien löscht, wenn das Programm aufgerufen wird. (Die Optionen von *rm* brauchen Sie nicht zu berücksichtigen.)

   Seien Sie lieber vorsichtig, und testen Sie dieses Programm in einem fast leeren Verzeichnis, damit Sie nicht aus Versehen etwas Nützliches löschen. Denken Sie daran, daß die Kommandozeilenargumente bei Programmstart in `@ARGV` stehen.

2. Schreiben Sie ein Programm, das wie *mv* funktioniert und das erste Kommandozeilenargument in das zweite umbenennt. (Sie brauchen keine Optionen von *mv* zu berücksichtigen.) Versuchen Sie auch den Fall zu berücksichtigen, daß das Ziel ein Verzeichnis ist.

3. Schreiben Sie ein Programm, das wie das Programm *ln* funktioniert und einen harten Link vom ersten Kommandozeilenargument auf das zweite anlegt. (Sie brauchen keine Optionen von *ln* oder mehr als zwei Argumente zu berücksichtigen.)

4. Wenn Sie Symlinks auf Ihrem System haben, dann verändern Sie das Programm aus der letzten Übung so, daß es auch einen optionalen Schalter `-s` unterstützt.

5. Wenn Sie Symlinks auf Ihrem System haben, dann schreiben Sie ein Programm, das nach allen Symlinks im aktuellen Verzeichnis sucht und deren Name und die Dateien, auf die sie zeigen, ausgibt – ähnlich wie der Befehl *ls -l* es macht (`Name -> Ziel`). Legen Sie einige Symlinks im aktuellen Verzeichnis an, und testen Sie Ihr Programm damit.

In diesem Kapitel:
- *system und exec benutzen*
- *Backquotes verwenden*
- *Prozesse als Dateihandles verwenden*
- *fork benutzen*
- *Zusammenfassung der Operationen auf Prozessen*
- *Signale senden und empfangen*
- *Übungen*

14

Prozeßverwaltung

system und exec benutzen

Wenn Sie der Shell eine Kommandozeile zur Ausführung übergeben, wird die Shell normalerweise einen neuen Prozeß erzeugen, um den Befehl auszuführen. Der neue Prozeß ist ein Kind der Shell, das zwar unabhängig abläuft, aber mit der Shell Informationen austauschen kann.

Entsprechend kann auch ein Perl-Programm neue Prozesse starten. Wie bei den meisten anderen Operationen gibt es auch hier mehr als eine Möglichkeit, das zu tun.

Die einfachste Möglichkeit, einen neuen Prozeß zu starten, ist die Funktion `system`. In der einfachsten Form übergibt diese Funktion einen einfachen String, der als Befehl ausgeführt werden soll, an eine frisch angelegte */bin/sh*-Shell. Wenn der Befehl fertig ausgeführt ist, gibt `system` den Statuscode des Befehls (normalerweise 0, wenn keine Fehler auftraten) als Rückgabewert zurück. Hier ein Beispiel für ein Perl-Programm, das den Befehl *date* mit Hilfe einer Shell ausführt:[1]

```
system("date");
```

Wir kümmern uns hier nicht um den Rückgabewert – es ist ziemlich unwahrscheinlich, daß der *date*-Befehl fehlschlägt.

Wohin geht die Ausgabe des Befehls? Und wo wir dabei sind: Woher kommt die Eingabe für den Befehl, falls dieser eine solche erwartet? Das sind berechtigte Fragen, und die Antworten darauf stellen die Hauptunterschiede zwischen den einzelnen Varianten des Erzeugens von Prozessen in Perl dar.

---

1 In diesem Fall wird nicht einmal die Shell verwendet. Perl übernimmt die Arbeit der Shell, wenn die Kommandozeile einfach genug ist, und diese ist es.

Wenn ein neuer Prozeß mit der Funktion `system` gestartet wird, erbt er die drei Standardkanäle (Standardeingabe, Standardausgabe und Standardfehler) vom Perl-Prozeß. Die Ausgabe des *date*-Befehls im letzten Beispiel geht also dahin, wo auch Ausgaben von `print STDOUT` hingehen – vermutlich also auf den Bildschirm des Benutzers. Da Sie ja eine Shell starten, können Sie die Standardausgabe mit den normalen I/O-Umleitungen ändern. Um die Ausgabe des *date*-Befehls beispielsweise in eine Datei namens *jetzt* umzulenken, können Sie folgendes machen:

```
system("date >jetzt") && die "kann jetzt nicht anlegen";
```

Dieses Mal leiten wir nicht nur die Ausgabe des *date*-Befehls in eine Datei um, sondern überprüfen auch den Rückgabewert. Wenn der Rückgabewert wahr (von Null verschieden) ist, dann ist mit dem Befehl irgend etwas schiefgelaufen, und die Funktion `die` tut das Notwendige. Die Rückgabewerte von Shell-Befehlen unterscheiden sich oft von der Perl-Konvention; ein von Null verschiedener Wert zeigt üblicherweise an, daß etwas schiefgelaufen ist.

Das Argument von `system` kann alles sein, was Sie auch sonst an */bin/sh* übergeben könnten. Sie können also auch mehrere Befehle angeben, die durch Semikola oder Newlines getrennt werden. Prozesse, die auf `&` enden, werden im Hintergrund gestartet; es wird nicht auf sie gewartet – genauso, als hätten Sie eine Zeile mit einem `&` am Ende eingetippt.

Im folgenden Beispiel bauen wir einen *date*- und einen *who*-Befehl zusammen; die Ausgabe geschieht in eine Datei, deren Name durch eine Perl-Variable angegeben wird. All das läuft im Hintergrund, so daß unser Perl-Skript weiterlaufen kann, ohne auf den Shell-Prozeß warten zu müssen.

```
$where = "who_out.". ++$i; # neuen Dateinamen einlesen
system "(date; who) >$where &";
```

Der Rückgabewert von `system` ist in diesem Fall der Statuscode der Shell und gibt an, ob der Hintergrundprozeß erfolgreich gestartet werden konnte, aber nicht, ob *date* und *who* erfolgreich ausgeführt werden konnten. Die Zeichenkette in doppelten Anführungsstrichen unterliegt der Variableninterpolation, so daß `$where` durch den Wert dieser Variablen ersetzt wird (von Perl, nicht von der Shell). Wenn Sie sich auf eine Shell-Variable namens `$where` beziehen möchten, müssen Sie entweder dem Dollarzeichen einen Backslash voranstellen oder eine Zeichenkette in einfachen Anführungsstrichen verwenden.

Ein Kindprozeß erbt außer den Standard-Dateihandles noch viele weitere Parameter. Dazu gehören die aktuelle Umask, das aktuelle Verzeichnis und natürlich die Benutzer-ID.

Außerdem erbt das Kind alle Umgebungsvariablen. Diese Variablen werden normalerweise mit dem *setenv*-Befehl der C-Shell oder einer entsprechenden Zuweisung und dem *export*-Befehl der Bourne-Shell gesetzt. Umgebungsvariablen werden von vielen Utilities, darunter auch den Shells, verwendet, um den Betriebsmodus des Utilities zu beeinflussen oder zu verändern.

Auch in Perl können Sie Umgebungsvariablen lesen und verändern. Dazu verwenden Sie einen speziellen Hash namens `%ENV` (in Großbuchstaben!). Jeder Schlüssel dieses Hashs entspricht dem Namen einer Umgebungsvariablen, und der zugehörige Wert ist der Wert der Variablen. Durch Auslesen dieses Hashs können Sie die Umgebung sehen, die Perl von seinem Vaterprozeß zur Verfügung gestellt worden ist. Wenn Sie den Hash verändern, ändern Sie damit die Umgebung von Perl und von allen eventuell gestarteten Kindprozessen, aber nicht die des Vaterprozesses.

Das folgende Programm macht das gleiche wie der Befehl *printenv:*

```
foreach $schluessel (sort keys %ENV) {
    print "$schluessel=$ENV{$schluessel}\n";
}
```

Das Gleichheitszeichen hier steht nicht für eine Zuweisung, sondern ist nur ein einfaches Textzeichen, das `print` verwendet, um die Umgebungsvariablen in der Form `TERM=xterm` oder `USER=merlyn` auszugeben.

Das folgende Programmfragment ändert den Wert der Umgebungsvariablen `PATH`, um sicherzugehen, daß der anschließend mit `system` gestartete *grep*-Befehl nur in den Standard-Verzeichnissen gesucht wird:

```
$oldPATH = $ENV{"PATH"};                    # alten Pfad sichern
$ENV{"PATH"} = "/bin:/usr/bin:/usr/ucb"; # bekannten Pfad erzwingen
system("grep fred gestein >output");       # Befehl ausführen
$ENV{"PATH"} = $oldPATH;                    # alten Pfad restaurieren
```

Eine Menge Schreibarbeit. Viel besser wäre es doch, wenn wir einfach nur einen lokalen Wert für dieses Hash-Element setzen könnten.

Trotz aller anderen Einschränkungen gibt es eine Sache, die der Operator `local` machen kann, `my` aber nicht: `local` kann genau einem Element eines Arrays oder eines Hashs einen temporären Wert zuweisen.

```
{
    local $ENV{"PATH"} = "/bin:/usr/bin:/usr/ucb";
    system "grep fred gestein >output";
}
```

Sie können der Funktion `system` auch eine Liste von Argumenten anstelle eines einzelnen Arguments übergeben. Perl gibt diese Liste dann nicht an die Shell weiter, sondern betrachtet das erste Argument als Befehl, der gestartet werden soll (und gegebenenfalls im `PATH` gesucht wird), und die anderen Argumente als Argumente des Befehls, die nicht der normalen Shell-Auswertung unterliegen. Das bedeutet für Sie, daß Sie sich keine Gedanken um Leerzeichen oder eckige Klammern in den Argumenten machen müssen, weil Perl die Argumente direkt an das Programm weitergibt. Die folgenden beiden Befehle sind also gleichwertig.

```
system "grep 'fred feuerstein' bueffel";    # verwendet die Shell
system "grep","fred feuerstein","bueffel"; # vermeidet die Shell
```

Die Übergabe einer Liste anstelle einer einfachen Zeichenkette spart auch einen Shell-Prozeß ein, also machen Sie dies, wann immer es möglich ist. (Tatsächlich ist es sogar so, daß Perl auch bei der Form mit einem Argument den Shell-Aufruf wegoptimiert und statt dessen das andere Programm direkt aufruft, wenn der Befehl einfach genug ist.)

Noch ein Beispiel zweier äquivalenter Formen:

```
@cdateien = ("fred.c","barney.c");                   # was kompiliert werden soll
@optionen = ("-DHART","-DGRANIT");                   # Optionen
system "cc -o schiefer @optionen @cdateien";         # Shell benutzen
system "cc","-o","schiefer",@optionen,@cdateien; # Shell vermeiden
```

Backquotes verwenden

Eine andere Möglichkeit, einen Prozeß zu starten, besteht darin, die auszuführende Shell-Kommandozeile in rückwärts gerichtete Anführungsstriche (Backquotes) zu setzen. Wie in der Shell wird auch hier ein Befehl gestartet und auf seine Beendigung gewartet; die Ausgabe des Befehls ist der Rückgabewert des Ausdrucks:

```
$jetzt = "Die aktuelle Uhrzeit ist ".`date`; # enthält Text und Ausgabe von date
```

Der Wert von `$jetzt` ist nun der Text `Die aktuelle Uhrzeit ist` sowie die Ausgabe des *date*-Befehls (einschließlich des Newlines am Schluß) und sieht etwa so aus:

```
Die aktuelle Uhrzeit ist Tue Jul 29 10:35:50 CEST 1997
```

Wenn der Backquote-Ausdruck in einem Listenkontext anstatt in einem skalaren Kontext steht, dann erhalten Sie eine Liste von Zeichenketten – eine pro Zeile (und beendet mit einem Newline[2]). Im obigen Beispiel hätte die Liste nur ein Element, weil der Befehl auch nur eine Zeile Text generiert hat. Die Ausgabe des *who*-Befehls dagegen sieht etwa so aus:

```
merlyn    tty42    Dec  7 19:41
fred      tty1A    Aug 31 07:02
barney    tty1F    Sep  1 09:22
```

Und so holen Sie sich diese Ausgabe in einem Listenkontext:

```
foreach $_ (`who`) { # ein Schleifendurchlauf pro Textzeile von who
    ($wer,$wo,$wann) = /(\S+)\s+(\S+)\s+(.*)/;
    print "$wer auf $wo um $wann\n";
}
```

Jeder Durchlauf durch die Schleife arbeitet auf einer anderen Zeile der Ausgabe von who, weil der Backquote-Ausdruck in einem Listenkontext ausgewertet wird.

2 Oder worauf Sie `$/` sonst gesetzt haben.

Standardeingabe und Standardfehler erbt der Befehl in Backquotes vom Perl-Prozeß.[3] Das bedeutet, daß Sie normalerweise nur die Standardausgabe des Befehls in den Backquotes als Rückgabewert erhalten. Das wird oft umgangen, indem die Ausgabe von Standardfehler mittels des Shell-Konstruktes `2>&1` in die Standardausgabe mit hineingeschrieben wird, so daß Sie beides erhalten:

```
die "rm hat gesprochen!" if `rm fred 2>&1`;
```

Hier beendet sich der Perl-Prozeß, wenn *rm* irgendetwas ausgegeben hat – egal, ob auf die Standardausgabe oder nach Standardfehler –, weil das Ergebnis dadurch kein leerer String mehr ist (ein leerer String hätte den Wahrheitswert falsch).

Prozesse als Dateihandles verwenden

Es gibt noch eine weitere Möglichkeit, einen Prozeß zu starten, indem Sie einen Prozeß anlegen, der wie ein Dateihandle aussieht (ähnlich wie mit der C-Bibliotheksfunktion *popen (3)*, falls Sie die kennen). Ein solcher Prozeß-Dateihandle kann entweder die Eingabe oder die Ausgabe eines solchen Prozesses übernehmen.[4] Im folgenden Beispiel legen wir einen Dateihandle für einen *who*-Prozeß an. Weil der Prozeß eine Ausgabe erzeugt, die wir gern lesen möchten, erzeugen wir einen Dateihandle, der zum Lesen geöffnet ist:

```
open(WHOPROC, "who|"); # who zum Lesen öffnen
```

Achten Sie auf den senkrechten Strich rechts von `who`. Dieser Strich teilt Perl mit, daß es bei diesem `open` keine Datei öffnen, sondern einen Prozeß starten soll. Weil der senkrechte Strich rechts vom Befehl steht, wird die Standardausgabe des Befehls umgeleitet. (Die Standardeingabe und Standardfehler bleiben dieselben wie beim Perl-Prozeß.) Für den Rest des Programms ist `WHOPROC` ein ganz normaler Dateihandle, auf den Sie die gewohnten I/O-Operationen anwenden können. Zum Beispiel können Sie folgendermaßen die Ausgabe des *who*-Befehls in ein Array einlesen:

```
@whosagte = <WHOPROC>;
```

Um einen Befehl zu starten, der eine Eingabe erwartet, können Sie einen Prozeß-Dateihandle zum Schreiben öffnen, indem Sie den senkrechten Strich links neben den Befehl stellen:

```
open(LPR,"| lpr -Pschiefertafel");
print LPR @felsreport;
close(LPR);
```

3 In Wirklichkeit ist das noch ein bißchen komplizierter. Lesen Sie dazu im Abschnitt 8 der Perl-FAQ unter »How can I capture STDERR from an external command?« nach. Wenn Sie auf Ihrem Rechner die Version 5.004 von Perl haben, dann ist die FAQ als normale Man-Page *perlfaq8* (1) enthalten.

4 Aber nicht beide gleichzeitig. Lesen Sie Kapitel 6 von *Programmieren mit Perl* oder *perlipc* (1), wenn Sie ein Beispiel für bidirektionale Kommunikation sehen wollen.

In diesem Fall öffnen wir `LPR`, schreiben einige Daten auf den Dateihandle und schließen ihn wieder. Das Öffnen eines Prozesses mit einem Prozeß-Dateihandle ermöglicht die parallele Ausführung zum Perl-Programm. Durch den Aufruf von `close` wartet das Perl-Programm darauf, daß sich der gestartete Prozeß beendet. Wenn Sie den Dateihandle nicht schließen, kann es sein, daß der andere Prozeß auch nach dem Ende des Perl-Programms noch weiterläuft.

Das Öffnen eines Prozesses zum Schreiben sorgt dafür, daß die Standardeingabe des Prozesses mit dem Dateihandle verbunden ist. Der Prozeß teilt die Standardausgabe und Standardfehler weiterhin mit dem Perl-Prozeß. Wie oben können Sie auch hier I/O-Umleitungen wie in der Bourne-Shell verwenden, was wir im folgenden Beispiel machen, um die Fehlermeldungen von *lpr* zu verwerfen:

```
open(LPR,"|lpr -Pschiefertafel >/dev/null 2>&1");
```

Das Konstrukt `>/dev/null` sorgt dafür, daß Ausgaben auf die Standardausgabe verworfen werden, indem sie auf das Nullgerät umgelenkt werden. `2>&1` lenkt Standardfehler auf den gleichen Kanal wie Standardausgabe um, womit auch die Fehlermeldungen verworfen werden.

Sie könnten das ganze auch kombinieren und einen Bericht von jedem Benutzer außer Fred erzeugen:

```
open (WHO,"who|");
open (LPR,"|lpr -Pschiefertafel");
while (<WHO>) {
    unless (/fred/) { # fred nicht anzeigen
        print LPR $_;
    }
}
close WHO;
close LPR;
```

Während dieses Codefragment die Ausgabe vom Dateihandle `WHO` Zeile für Zeile liest, schreibt es gleichzeitig alle Zeilen, die nicht die Zeichenkette `fred` enthalten, auf den Dateihandle `LPR`. Damit werden nur Zeilen, die `fred` nicht enthalten, an den Drucker geschickt.

Sie können jeweils mehr als einen Befehl gleichzeitig öffnen, sogar eine ganze Pipeline. Die folgende Zeile startet beispielsweise einen *ls*-Prozeß, dessen Ausgabe an einen *tail*-Prozeß weitergeleitet wird, der seine Ausgabe wiederum an den Dateihandle `WHOPR` schickt:

```
open(WHOPR, "ls | tail -r |");
```

fork benutzen

Noch ein weiterer Weg, neue Prozesse anzulegen, besteht darin, eine Kopie des aktuellen Perl-Prozesses anzulegen. Dazu wird ein UNIX-Primitiv namens `fork` verwendet. Die Perl-Funktion `fork` macht einfach nur das, was der Systemaufruf *fork* auch macht: Sie erzeugt eine Kopie des aktuellen Prozesses. Diese Kopie (die auch Kind genannt wird) teilt mit dem ursprünglichen Prozeß den ausführbaren Code, die Variablen und selbst die geöffneten Dateien. Um die beiden Prozesse zu unterscheiden, gibt `fork` im Kind Null, in den Eltern einen von Null verschiedenen Wert (oder `undef`, falls der Aufruf von *fork* gescheitert ist) zurück. Der Wert, der an den Vaterprozeß zurückgegeben wird, ist die Prozeß-ID des Kindes. Sie können den Rückgabewert benutzen, um entsprechend auf `fork` zu reagieren.

```
if (!defined($child_pid = fork())) {
    die "kann fork nicht ausführen: $!";
} elsif ($child_pid) {
    # Ich bin der Vater
} else {
    # Ich bin das Kind
}
```

Um diese Prozeßkopie sinnvoll verwenden zu können, müssen wir noch ein paar weitere Funktionen kennenlernen, die so ziemlich das Gleiche wie ihre UNIX-Namensvettern machen: die Funktionen `wait`, `exit` und `exec`.

Die einfachste der drei Funktionen ist die Funktion `exec`. `exec` funktioniert fast so wie `system`, startet aber keinen neuen Prozeß, um den Shell-Befehl auszuführen, sondern ersetzt den aktuellen Prozeß durch den neuen. (UNIX-Leute sagen dazu, daß Perl die Shell »exect«.) Nach einem erfolgreichen Aufruf von `exec` ist das Perl-Programm verschwunden und durch das gewünschte Programm ersetzt worden. Ein Beispiel:

```
exec "date";
```

ersetzt das aktuelle Perl-Programm durch den Befehl *date*, die Ausgabe von *date* geht also auf die Standardausgabe des Perl-Programms. Wenn der *date*-Befehl abgelaufen ist, dann ist nichts mehr zu tun, denn das Perl-Programm ist lange verschwunden.

Eine andere Möglichkeit, `exec` zu beschreiben, ist es, `system` als Folge von `fork` und `exec` zu verstehen:

```
# Methode 1: mit system
system("date");

# Methode 2: mit fork/exec:
unless (fork) {
    # fork hat Null zurückgegeben, also bin ich das Kind und führe exec aus
    exec("date"); # Kindprozeß wird zum date-Befehl
}
```

`fork` und `exec` auf diese Art und Weise zu verwenden ist allerdings nicht ganz richtig, denn der *date*-Befehl und der Prozeß arbeiten gleichzeitig weiter, vermischen möglicherweise ihre Ausgaben oder bringen sonst irgend etwas durcheinander. Wir benötigen also eine Möglichkeit, dem Vaterprozeß zu sagen, daß er warten soll, bis sein Kindprozeß fertig ist. Und genau dafür gibt es die Funktion `wait`: Diese wartet, bis das Kind (alle Kinder, um genau zu sein) beendet ist. Die Funktion `waitpid` ist da etwas wählerischer: Sie wartet auf einen bestimmten Kindprozeß anstatt auf jedes Kind.

```
if (!defined($kindpid = fork())) {
    # fork hat undef zurückgegeben, ist also fehlgeschlagen
    die "kann fork nicht ausführen: $!";
} elsif ($kidpid == 0) {
                # fork hat 0 zurückgegeben: hier ist das Kind
    exec("date");
                # nur wenn exec fehlgeschlagen ist, wird die nächste Anweisung noch
                  ausgeführt
    die "exec date ist fehlgeschlagen: $!";
} else {
                # fork hat weder 0 noch undef ausgegeben
                # hier ist also der Vaterprozeß
    waitpid($kidpid, 0);
}
```

Wenn Ihnen all das noch etwas merkwürdig vorkommt, dann sollten Sie vermutlich ein klassisches UNIX-Lehrbuch zu *fork* (2) und *exec* (2) zu Rate ziehen, denn Perl macht nicht viel mehr, als die Funktionsaufrufe an die entsprechenden UNIX-Aufrufe durchzureichen.

Die Funktion `exit` beendet den aktuellen Perl-Prozeß sofort. Das können Sie beispielsweise verwenden, um ein Perl-Programm irgendwo mittendrin zu beenden, oder auch in Zusammenarbeit mit `fork`, um Perl-Code in einem Extra-Prozeß auszuführen und dann diesen Prozeß zu beenden. Wir zeigen Ihnen hier, wie Sie einige Dateien in */tmp* im Hintergrund mit einem mit `fork` gestarteten Perl-Prozeß löschen können:

```
unless (defined ($pid = fork)) {
    die "kann fork nicht ausführen: $!";
}
unless ($pid) {
    unlink </tmp/gneis.*>;          # Dateien löschen
    exit;                           # Kind beendet sich hier
}
                                    # Vater läuft hier weiter
waitpid($pid, 0);                   # nach einem beendeten Kind muß aufgeräumt werden
```

Ohne das `exit` würde der Kindprozeß weiter Perl-Code ausführen (und zwar an der Zeile mit dem Kommentar `Vater läuft hier weiter`), und das wollen wir nun bestimmt nicht.

Die Funktion `exit` akzeptiert einen optionalen Parameter, der als Statuscode verwendet wird und vom Vaterprozeß verwendet werden kann. Der Default ist ein Statuscode von 0, der anzeigt, daß alles in Ordnung ist.

Zusammenfassung der Operationen auf Prozessen

Tabelle 14-1 faßt die Operationen zusammen, die Ihnen zum Starten eines Prozesses zur Verfügung stehen.

Tabelle 14-1: Zusammenfassung der Operationen auf Subprozessen

Operation	Standardeingabe	Standardausgabe	Standardfehler	Wird auf das Kind gewartet?
`system()`	Vom Programm geerbt	Vom Programm geerbt	Vom Programm geerbt	Ja
Zeichenkette in Backquotes	Vom Programm geerbt	Rückgabewert des Ausdrucks in Form einer Zeichenkette	Vom Programm geerbt	Ja
`open()` auf Befehl öffnet einen Dateihandle zur Ausgabe	Mit dem Dateihandle verbunden	Vom Programm geerbt	Vom Programm geerbt	Nur, wenn `close()` aufgerufen wird
`open()` auf Befehl öffnet einen Dateihandle zur Eingabe	Vom Programm geerbt	Mit dem Dateihandle verbunden	Vom Programm geerbt	Nur bei `close()`
`fork`, `exec`, `wait`, `waitpid`	Vom Benutzer festgelegt	Vom Benutzer festgelegt	Vom Benutzer festgelegt	Vom Benutzer festgelegt

Die einfachste Methode, einen Prozeß zu erzeugen, ist die Funktion `system`. Standardeingabe, -ausgabe und -fehler werden nicht beeinflußt (sie werden vom Perl-Prozeß ererbt). Eine Zeichenkette in Backquotes erzeugt einen Prozeß und leitet die Standardausgabe des Prozesses in eine Zeichenkette, die vom Perl-Programm verwendet werden kann. Standardeingabe und Standardfehler werden nicht verändert. Bei beiden Methoden muß zunächst der neu erzeugte Prozeß beendet sein, bevor das Perl-Programm weiterlaufen kann.

Einen asynchronen Prozeß (d.h. einer, bei dem das Perl-Programm weiterlaufen kann, bevor der Prozeß beendet ist) kann man durch Öffnen eines Befehls als Dateihandle erzeugen, wobei eine Pipe für die Standardeingabe oder -ausgabe des Prozesses angelegt wird. Ein Befehl, der mit einem Dateihandle zum Lesen gestartet wird, erbt Standardeingabe und Standardfehler vom Perl-Programm; ein Befehl, der mit einem Dateihandle zum Schreiben geöffnet wird, erbt Standardausgabe und Standardfehler.

Der flexibelste Weg, einen neuen Prozeß zu starten, liegt sicherlich im Aufruf der Funktionen `fork`, `exec`, `wait` und `waitpid`, die direkt auf ihre Namensvettern unter den UNIX-Systemaufrufen abgebildet werden. Mit diesen Funktionen können Sie aussuchen, ob Sie auf den Kindprozeß warten wollen oder nicht, und Standardeingabe, Standardausgabe und Standardfehler so festlegen, wie es Ihnen beliebt.[5]

Signale senden und empfangen

Eine der Methoden der Interprozeßkommunikation ist das Senden und Empfangen von Signalen. Ein Signal ist eine 1-Bit-große Nachricht (was nichts weiter aussagt, als daß ein Signal »auftrat«), die ein Prozeß oder der Kernel an einen anderen Prozeß schickt. Signale werden normalerweise von 1 bis zu einer kleinen Zahl wie 15 oder 31 durchnumeriert. Manche Signale haben vordefinierte Bedeutungen und werden automatisch unter bestimmten Bedingungen (wie Speicherfehler oder Fließkommaausnahmebedingungen) geschickt, andere werden nur von anderen Prozessen geschickt, wenn das ausdrücklich so programmiert wurde. Diese Prozesse müssen die Berechtigung haben, ein solches Signal schicken zu dürfen. Nur wenn Sie der Superuser sind oder der sendende Prozeß die gleiche Benutzer-ID wie der empfangende Prozeß hat, ist das Signal zugelassen.

Die Reaktion auf ein Signal wird die *Aktion* des Signals genannt. Für vordefinierte Signale gibt es bestimmte sinnvolle Default-Aktionen wie das Beenden oder Anhalten eines Prozesses. Andere Signale werden defaultmäßig ignoriert. Bei fast allen Signalen kann die Default-Aktion geändert werden, so daß das Signal entweder ignoriert oder *abgefangen* wird, um automatisch einen bestimmten benutzerdefinierten Programmabschnitt auszuführen.

Das war bisher alles noch ziemlich allgemein; kommen wir daher jetzt zum Perl-Spezifischen. Wenn ein Perl-Prozeß ein Signal abfängt, dann wird eine von Ihnen festgelegte Subroutine asynchron und automatisch ausgeführt. Die zu dem Zeitpunkt ausgeführte Perl-Anweisung wird solange unterbrochen. Wenn die Subroutine beendet wird, nimmt die unterbrochene Perl-Anweisung ihre Arbeit wieder auf, als ob nichts gewesen wäre (einmal abgesehen davon, daß die Subroutine natürlich Veränderungen vorgenommen haben könnte).

Normalerweise wird die Subroutine, die das Signal abfängt, eines von zwei Dingen tun: entweder aufräumen und das Programm abbrechen oder eine Markierung (wie beispielsweise eine globale Variable) setzen, die vom Programm regelmäßig überprüft wird.[6]

---

5 Es könnte auch nützlich für Sie sein, genauer über Ausdrücke wie `open(STDERR, ">&STDOUT")` Bescheid zu wissen, um die Verwendung der Dateihandles genau einstellen zu können. Lesen Sie dazu den Abschnitt zu open in Kapitel 3 von *Programmieren mit Perl* oder die Man-Page *perlfunc*(1).

6 Wenn Sie in der Signalbehandlungsroutine etwas Komplizierteres machen wollen, ist es ziemlich wahrscheinlich, daß alles durcheinanderkommt; die meisten der internen Funktionen von Perl sind nicht darauf ausgelegt, aus dem Hauptprogramm und einer Subroutine zur gleichen Zeit aufgerufen zu werden. Und Ihre Systembibliotheken auch nicht.

Sie müssen die Namen der Signale kennen, um eine Behandlungsroutine (einen sogenannten *Signalhandler*) bei Perl registrieren zu können. Wenn Sie einen Signalhandler registrieren, ruft Perl diese Subroutine auf, wenn es das Signal empfängt.

Die Signalnamen werden in der Man-Page *signal* (2) und normalerweise auch in der C-Headerdatei */usr/include/sys/signal.h* definiert. Die Namen fangen im allgemeinen mit `SIG` an, so zum Beispiel `SIGINT`, `SIGQUIT` und `SIGKILL`. Um die Subroutine `mein_SIGINT_signalhandler` als Signalhandler für `SIGINT` festzulegen, müssen wir einen Wert im vordefinierten Hash `%SIG` setzen. In diesem Hash wird der zum Schlüssel `INT` (also `SIGINT` ohne das `SIG`) gehörende Wert auf den Namen der Subroutine gesetzt, die das Signal `SIGINT` abfangen soll wie in dem folgenden Beispiel:

```
$SIG{'INT'} = 'mein_SIGINT_signalhandler';;
```

Aber wir müssen diese Subroutine auch definieren. Eine einfache Definition wäre:

```
sub mein_SIGINT_signalhandler {
    $sigint_aufgetreten = 1; # Markierung setzen
}
```

Dieser Signalhandler setzt eine globale Variable und kehrt dann unmittelbar zurück, worauf das Programm dort wieder aufgenommen wird, wo es beim Eintreffen des Signals unterbrochen wurde. Normalerweise würden Sie zunächst die Variable `$sigint_aufgetreten` auf Null setzen, diese Subroutine als Signalhandler für `SIGINT` definieren und dann eine lange laufende Routine starten:

```
$sigint_aufgetreten = 0;                   # Markierung löschen
$SIG{'INT'} = 'mein_SIGINT_signalhandler'; # Signalhandler registrieren
foreach (@riesiges_array) {
                                           # irgend etwas machen
                                           # noch mehr machen
                                           # und noch mehr
    if ($sigint_aufgetreten) {             # wollen wir die Unterbrechung akzeptieren?
                                           # hier aufräumen
        last;
    }
}
$SIG{'INT'} = 'DEFAULT'; # Default-Aktion restaurieren
```

Der Trick besteht darin, die Markierung an geeigneten Stellen zu überprüfen und gegebenenfalls die Schleife vorzeitig zu beenden, wobei noch aufgeräumt werden kann. Beachten Sie die letzte Anweisung in obigem Beispiel: Wenn die Aktion auf DEFAULT gesetzt wird, wird die Default-Aktion für dieses spezielle Signal restauriert (worauf ein weiteres SIGINT zum Programmabbruch führen würde). Ein weiterer nützlicher vordefinierter Wert ist IGNORE, womit ein Signal einfach ignoriert wird (wenn die Default-Aktion wie beispielsweise bei SIGINT nicht das Ignorieren des Signals ist). Sie können IGNORE verwenden, wenn keine Aufräumaktionen notwendig sind und Sie das Programm nicht vorzeitig abbrechen wollen.

Das Signal `SIGINT` wird unter anderem generiert, wenn der Benutzer die Interrupt-Taste drückt (oft STRG-C). Ein Prozeß kann aber auch selbst ein `SIGINT`-Signal generieren, indem er die Funktion `kill` verwendet. `kill` akzeptiert einen Signalnamen oder eine Signalnummer und schickt dieses Signal an die Liste der Prozesse, die in Form ihrer Prozeß-ID hinter dem Signal angegeben werden. Um also ein Signal an ein anderes Programm schicken zu können, müssen Sie die Prozeßnummer dieses Prozesses kennen (Prozeß-IDs werden von manchen Funktionen wie `fork` oder `open` – wenn Sie ein Programm als Dateihandle geöffnet haben – zurückgegeben). Angenommen, Sie wollen das Signal 2 (die 2 steht für `SIGINT`) an die Prozesse 234 und 237 schicken, dann verwenden Sie:

```
kill(2,234,237); # SIGINT an 234 und 237 schicken
kill ('INT', 234, 237); # das gleiche
```

Mehr Informationen über die Benutzung von Signalen finden Sie in Kapitel 6 von *Programmieren mit Perl* oder der Man-Page *perlipc* (1).

Übungen

Die Lösungen stehen wie immer in Anhang A.

1. Schreiben Sie ein Programm, das die Ausgabe von *date* parst, um den aktuellen Wochentag herauszubekommen. Wenn der Wochentag ein Werktag ist, dann geben Sie `Jetzt aber los zur Arbeit` aus, ansonsten `Freizeit!`.
2. Schreiben Sie ein Programm, das alle realen Namen der in */etc/passwd* eingetragenen Benutzer ermittelt und damit die Ausgabe des *who*-Befehls so umwandelt, daß die normalen Namen statt des Login-Namens (erste Spalte in */etc/passwd*) verwendet werden. (Tip: Legen Sie einen Hash an, in dem der Schlüssel der Login-Name und der Wert der reale Name ist.) Machen Sie dies sowohl mit dem *who*-Befehl in Backquotes und als Pipe geöffnet. Was ist einfacher?
3. Ändern Sie das vorige Programm so, daß die Ausgabe automatisch an den Drucker ausgegeben wird. (Wenn Sie keinen Zugriff auf einen Drucker haben, dann können Sie sich vielleicht selbst eine Mail schicken.)
4. Nehmen wir an, die Funktion `mkdir` würde nicht funktionieren. Schreiben Sie eine Subroutine, die ein Verzeichnis anlegt, aber `mkdir` nicht verwendet, sondern statt dessen */bin/mkdir* mit `system` aufruft. (Stellen Sie sicher, daß Ihre Subroutine auch mit Verzeichnisnamen funktioniert, die ein Leerzeichen enthalten.)
5. Erweitern Sie die Routine aus der letzten Übung, indem Sie `chmod` verwenden, um die Zugriffsrechte einzustellen.

In diesem Kapitel:

- *Teilzeichenketten suchen*
- *Extrahieren und Ersetzen von Teilzeichenketten*
- *Daten formatieren mit sprintf( )*
- *Fortgeschrittenes Sortieren*
- *Transliteration*
- *Übungen*

15 Andere Datenumformungen

Teilzeichenketten suchen

Wie Sie nach einer Teilzeichenkette suchen, hängt davon ab, wo Sie sie verloren haben. Falls das in einer größeren Teilzeichenkette war, haben Sie Glück, denn für diesen Fall gibt es die Funktion `index`, die so aussieht:

```
$x = index($string,$substring);
```

Perl sucht nach dem ersten Vorkommen von *$substring* in *$string* und gibt eine Ganzzahl zurück, die den Ort des ersten Zeichens bezeichnet. Dieser Index ist Null-basiert, was bedeutet, daß Sie eine Null erhalten, wenn die Teilzeichenkette am Anfang der Zeichenkette steht. Steht die Teilzeichenkette ein Zeichen später, bekommen Sie eine 1 und so weiter. Wenn die Teilzeichenkette überhaupt nicht vorhanden ist, erhalten Sie -1.

Schauen Sie sich die folgenden Beispiele an:

```
$wo   = index("Hallo","a");                      # $wo ist 1
$person  = "barney";
$wo   = index("fred barney",$person);            # $wo ist 5
@steineklopfer = ("fred","barney");
$wo   = index(join(" ",@steineklopfer),$person); # das gleiche
```

Sowohl die durchsuchte als auch die gesuchte Zeichenkette kann eine literale Zeichenkette sein, eine Skalarvariable, die eine Zeichenkette enthält, oder auch ein Ausdruck, der zu einer Zeichenkette ausgewertet wird. Noch ein paar Beispiele:

```
$was = index("eine sehr lange zeichenkette","lange"); # $was ist 10
$was = index("eine sehr lange zeichenkette","lamge"); # $was ist -1
```

Wenn die Zeichenkette die Teilzeichenkette an mehr als einer Stelle enthält, dann gibt die Funktion `index` die Lage des am weitesten links stehenden Vorkommens zurück.

Um weitere Vorkommen zu finden, können Sie `index` einen dritten Parameter übergeben. Dieser Parameter ist das Minimum, das von `index` zurückgegeben werden wird. Auf diese Art und Weise können Sie nach dem nächsten Vorkommen der Teilzeichenkette nach einer von Ihnen ausgewählten Position suchen. Das sieht dann so aus:

```
$x = index($grosserstring,$kleinerstring,$ueberspringen);
```

Einige Beispiele, die zeigen, wie dieser dritte Parameter arbeitet:

```
$wo = index("Hallo Welt","l");   # gibt 2 zurück (erste l)
$wo = index("Hallo Welt","l",0); # das gleiche
$wo = index("Hallo Welt","l",1); # immer noch das gleiche
$wo = index("Hallo Welt","l",3); # gibt jetzt 3 zurück
                                 # 3 ist das erste Vorkommen, das größer oder gleich 3 ist
$wo = index("Hallo Welt","l",5); # gibt 8 zurück (dritte l)
$wo = index("Hallo Welt","l",9); # gibt -1 zurück (dahinter kommt keine l mehr)
```

Wenn Sie von der anderen Seite her suchen wollen, können Sie mit `rindex` das am weitesten rechts liegende Vorkommen der Teilzeichenkette finden. Der Rückgabewert ist aber auch hier die Anzahl der Zeichen zwischen dem linken Ende und dem Anfang der Teilzeichenkette. `rindex` akzeptiert ebenfalls einen dritten Parameter, so daß Sie ein Vorkommen suchen können, das weiter links als die gewählte Position steht. Hier einige Beispiele der Verwendung von `rindex`:

```
$w = rindex("Hallo Welt","Ha");   # $w ist 0
$w = rindex("Hallo Welt","l");    # $w ist 8 (am weitesten rechts stehende l)
$w = rindex("Hallo Welt","xx");   # $w ist -1 (nicht gefunden)
$w = rindex("Hallo Welt","l",6); # $w ist 3 (erste l vor Position 6)
$w = rindex("Hallo Welt","o",1); # $w ist -1 (kein o mehr davor)
```

Extrahieren und Ersetzen von Teilzeichenketten

Das Herausnehmen eines Teiles einer Zeichenkette kann auch mit regulären Ausdrükken durchgeführt werden, aber wenn das Stück immer an einer bekannten Position liegt, dann ist das ineffizient. Statt dessen sollten Sie `substr` verwenden. Diese Funktion akzeptiert drei Argumente: eine Zeichenkette, eine Anfangsposition (deren Wert wie bei `index` bestimmt wird) und eine Länge:

```
$s = substr($string,$start,$laenge);
```

Die Anfangsposition arbeitet wie bei `index`: das erste Zeichen ist Null, das zweite Zeichen eins usw. Die Länge gibt die Anzahl der Zeichen an, die Sie herausholen wollen: Null bedeutet kein Zeichen, eins ein Zeichen usw. (Am Ende der Zeichenkette wird auf jeden Fall Halt gemacht, wenn Sie also zu viel herausnehmen wollen, dann ist das kein Problem.)

```
$hallo = "Hallo Welt!";
$schnipsel  = substr($hallo, 3, 2);   # $schnipsel wird zu "lo"
$schnipsel  = substr($hallo, 6, 100); # von 6 bis zum Ende: "Welt!"
```

Für kleine Integer-Exponenten könnten Sie so sogar einen »10 hoch«-Operator programmieren:

```
$big = substr("10000000000",0,$exp+1); # 10 ** $exp
```

Wenn Sie null Zeichen anfordern, dann erhalten Sie eine leere Zeichenkette als Rückgabewert. Wenn entweder die Anfangs- oder Endposition kleiner als Null ist, dann wird die Position vom Ende der Zeichenkette her bestimmt. -1 als Anfangsposition und 1 (oder mehr) als Länge ergibt also das letzte Zeichen. Entsprechend erhalten Sie bei -2 eine Zeichenkette, die mit dem vorletzten Zeichen beginnt usw.

```
$stuff = substr("eine sehr lange zeichenkette",-3,3); # die letzten drei Zeichen
$stuff = substr("eine sehr lange zeichenkette",-3,1); # ein "t"
```

Wenn die Anfangsposition vor dem Anfang der Zeichenkette liegt (z.B. bei einer sehr großen negativen Zahl, deren absoluter Wert größer ist als die Länge der Zeichenkette), dann wird der Anfang der Zeichenkette als Anfangsposition verwendet (als ob Sie 0 als Anfangsposition angegeben hätten). Wenn die Anfangsposition eine sehr große positive Zahl ist, wird immer die leere Zeichenkette zurückgegeben. Mit anderen Worten macht `substr` wohl immer das, was Sie erwartet haben, sofern Sie nie eine Fehlermeldung erwarten.

Wenn Sie das Längenargument weglassen, dann ist das so, als ob Sie eine sehr große Zahl angegeben hätten: Es wird alles von der ausgewählten Position bis zum Ende der Zeichenkette zurückgegeben.[1]

Wenn das erste Argument von `substr` eine skalare Variable ist (also auf der linken Seite einer Zuweisung auftreten dürfte), dann darf auch der ganze `substr`-Ausdruck auf der linken Seite einer Zuweisung auftauchen. Das mag für Sie merkwürdig aussehen, wenn Sie vorher in C programmiert haben, aber wenn Sie jemals mit BASIC herumgespielt haben, dann wird Ihnen das ganz normal erscheinen.

Verändert wird in so einem Fall der Teil der Zeichenkette, der zurückgegeben worden wäre, wenn der `substr`-Ausdruck auf der rechten Seite der Zuweisung gestanden hätte. `substr($var,3,2)` gibt das vierte und fünfte Zeichen zurück (Anfangsposition 3, Länge 2); wenn wir also diesem Ausdruck etwas zuweisen, dann werden diese beiden Zeichen in `$var` geändert.

```
$hw = "Hallo Welt!";
substr($hw, 0, 5) = "Moini"; # $hw ist jetzt "Moini Welt!"
```

1 In sehr alten Perl-Versionen war es nicht erlaubt, das dritte Argument wegzulassen, so daß die Perl-Pioniere hier eine sehr große Zahl verwendet haben. Sie werden darauf vielleicht bei Ihren archäologischen Perl-Expeditionen stoßen.

Die Länge des ersetzenden Textes (also des Textes, der an den `substr`-Ausdruck zugewiesen wird) muß nicht gleich der Länge des ersetzten Textes wie in diesem Beispiel sein. Die Zeichenkette wächst und schrumpft automatisch, um den Text genau unterzubringen. Hier ein Beispiel, wo die Zeichenkette kürzer wird:

```
substr($hw, 0, 5) = "Hi"; # $hw ist jetzt "Hi Welt!"
```

Und hier ein Beispiel, wo die Zeichenkette länger wird:

```
substr($hw, -5, 4) = "nationale Nachrichten"; # ersetzt "Welt"
```

Das Vergrößern und Verkleinern der Zeichenkette ist ziemlich effizient, machen Sie sich also keine Sorgen darüber, wenn Sie diese Operation häufig verwenden. Aber das Zuweisen einer Zeichenkette gleicher Länge ist natürlich trotzdem schneller.

Daten formatieren mit sprintf( )

Die Funktion `printf` kann praktisch sein, wenn aus einer Liste von Werten eine Ausgabezeile erzeugt werden soll, die die Werte in kontrollierter Form enthält. Die Funktion `sprintf` hat die gleichen Argumente wie `printf`, macht aber keine Ausgabe, sondern gibt das, was bei `printf` ausgegeben würde, als eine Zeichenkette zurück. (Merkhilfe: »String `printf`«.) Um beispielsweise eine Zeichenkette anzulegen, die aus dem Zeichen `X`, gefolgt von einer fünfstelligen, mit Nullen aufgefüllten Zahl aus `$y` besteht, müssen Sie nur folgendes machen:

```
$ergebnis = sprintf("X%05d",$y);
```

Näheres zu `sprintf` finden Sie in Kapitel 3 von *Programmieren mit Perl* und der Man-Page *printf*(3).

Fortgeschrittenes Sortieren

Sie haben schon gelernt, daß Sie mit der eingebauten Funktion `sort` eine Liste in aufsteigender ASCII-Reihenfolge sortieren können. Aber was ist, wenn Sie nicht in aufsteigender ASCII-Reihenfolge, sondern einer anderen Reihenfolge sortieren möchten? Nun, auch das ist in Perl möglich. Sie werden noch sehen, daß die `sort`-Funktion in Perl sehr allgemein und gut geeignet ist, in einer beliebigen wohldefinierten Sortierreihenfolge zu sortieren.

Um eine andere Sortierung zu definieren, müssen Sie eine Vergleichsroutine angeben, die beschreibt, wie zwei Elemente miteinander verglichen werden. Warum ist das notwendig? Denken Sie einmal über das Sortieren nach: Sortieren besteht darin, eine Reihe von Dingen in eine Reihenfolge zu bringen, indem alle untereinander verglichen werden. Weil Sie nicht alle Dinge auf einmal vergleichen können, müssen Sie immer jeweils zwei miteinander vergleichen und finden so mit der Zeit heraus, wie das ganze Durcheinander in eine sortierte Folge gebracht wird.

Die Vergleichsroutine wird wie eine gewöhnliche Subroutine definiert. Diese Routine wird beim Sortieren wiederholt aufgerufen und bekommt jedes Mal zwei Elemente der zu sortierenden Liste übergeben. Die Routine muß dann bestimmen, ob das erste Element kleiner, gleich oder größer als das zweite ist, und einen festgelegten Wert (den wir gleich beschreiben) zurückgeben. Dieser Vorgang wird so lange wiederholt, bis die ganze Liste sortiert ist.

Um ein wenig mehr Geschwindigkeit zu erreichen, werden die beiden Werte nicht in einem Array übergeben, sondern stehen in den globalen Variablen `$a` und `$b`. (Machen Sie sich keine Sorgen, die ursprünglichen Werte von `$a` und `$b` werden vorher in Sicherheit gebracht.) Die Routine sollte eine beliebige negative Zahl zurückgeben, wenn `$a` kleiner als `$b` ist, 0, wenn `$a` gleich `$b` ist, und eine beliebige positive Zahl, wenn `$a` größer als `$b` ist. Denken Sie bei dieser Definition daran, daß »kleiner als« *Ihrer* Definition von »kleiner als« entspricht. Es könnte sich dabei um einen numerischen Vergleich auf Basis des dritten Zeichens der Zeichenkette oder sogar um einen Vergleich auf Basis der Werte eines Hashes handeln, wobei die übergebenen Werte als Schlüssel verwendet werden. Dieses Verfahren ist wirklich sehr flexibel.

Hier ein Beispiel für eine Vergleichsroutine, die in numerischer Reihenfolge sortiert:

```
sub by_number {
    if ($a < $b) {
        return -1;
    } elsif ($a == $b) {
        return 0;
    } elsif ($a > $b) {
        return 1;
    }
}
```

Beachten Sie den Namen `by_number`. Der Name dieser Subroutine hat nichts Besonderes an sich, aber Sie werden gleich sehen, warum wir gern Namen verwenden, die mit `by_` anfangen.

Lassen Sie uns diese Routine einmal durchgehen. Wenn der Wert von `$a` kleiner (in diesem Fall numerisch) als der Wert von `$b` ist, geben wir den Wert -1 zurück. Wenn die Werte numerisch gleich sind, geben wir eine Null zurück, ansonsten 1. Das sollte funktionieren, denn es entspricht unserer Spezifikation für eine Sortiervergleichsroutine.

Wie verwenden wir diese Routine? Lassen Sie uns die folgende Liste sortieren:

```
@eineliste = (128,256,64,32,1,2,4,16,8);
```

Wenn wir hier das ganz normale Sortieren verwenden, werden die Nummern in ihrer ASCII-Reihenfolge sortiert, als ob sie Zeichenketten wären:

```
@falscheliste = sort @eineliste;
# @falscheliste ist jetzt (1,128,16,2,256,32,4,64,8)
```

Das ist nun nicht gerade eine besonders numerische Sortierung. Gut, dann verwenden wir jetzt also unsere frisch programmierte Vergleichsroutine. Der Name der Vergleichsroutine muß direkt hinter dem Schlüsselwort `sort` stehen.

```
@richtigeliste = sort by_number @eineliste;
# @richtigeliste ist jetzt (1,2,4,8,16,32,64,128,256)
```

So funktioniert es. Beachten Sie, wie sich der Name der Vergleichsroutine im Englischen harmonisch einfügt: »sort by number«. Darum habe ich der Subroutine das Präfix `by_` vorangestellt.

Diese drei Rückgabewerte auf Basis eines numerischen Vergleichs kommen so oft vor, daß Perl dafür einen besonderen Operator bereitstellt, der das alles in einem Rutsch erledigt. Dieser Operator wird oft der *Raumschiff-Operator* genannt, weil er so aussieht: `<=>`. Mit dem Raumschiff-Operator kann die Vergleichsroutine hiermit ersetzt werden:

```
sub by_number {
    $a <=> $b;
}
```

Achten Sie auf das Raumschiff zwischen den beiden Variablen. Ja, das ist wirklich ein einziger, drei Zeichen langer Operator. Das Raumschiff gibt die gleichen Werte zurück wie die `if/elsif`-Kette aus der vorherigen Definition dieser Routine. Das Ganze ist jetzt schon ziemlich kurz, aber es geht noch kürzer, indem wir den Namen der Vergleichsroutine durch die Routine selbst ersetzen:

```
@richtigeliste = sort { $a <=> $b } @falscheliste;
```

Manche Leute behaupten, daß damit die Lesbarkeit herabgesetzt wird. Diese Leute haben unrecht. Andere sagen, daß es damit nicht nötig ist, woanders nach der Definition zu suchen. Perl selbst ist das egal. Unsere persönliche Regel ist die, alles, was nicht in eine Zeile paßt oder mehr als einmal benötigt wird, in eine Subroutine zu stecken.

Zum Raumschiff-Operator gibt es einen vergleichbaren Zeichenketten-Operator namens `cmp`. Dieser Operator gibt, abhängig vom String-Vergleich der beiden Argumente, einen von drei Werten zurück. Die Default-Sortierreihenfolge könnte also auch so formuliert werden:[2]

```
@result = sort { $a cmp $b } @eineliste;
```

Sie werden vermutlich nie genau diese Subroutine programmieren (und damit nur die eingebaute Sortierreihenfolge imitieren), es sei denn, Sie schreiben ein Buch über Perl. Der Operator `cmp` ist aber nützlich, wenn Sie ein mehrstufiges Sortieren implementieren wollen. Es ist beispielsweise denkbar, daß Sie die Elemente in numerischer Reihenfolge sortieren wollen, es sei denn, daß sie gleich sind, in welchem Fall Sie zur ASCII-Reihenfolge zurückkehren wollen. (Die oben gezeigte Routine `by_number` beläßt nicht-numerische Werte in einer zufälligen Reihenfolge, weil diese grundsätzlich in Nullen konver-

2 Das ist nicht ganz genau das gleiche. Das eingebaute `sort` verwirft `undef`-Elemente, dieses aber nicht.

tiert werden und es dann keine Reihenfolge gibt.) Die genannte Spezifikation können wir folgendermaßen erfüllen:

```
sub by_mostly_numeric {
    ($a <=> $b) || ($a cmp $b);
}
```

Wie funktioniert das? Nun, wenn das Ergebnis des Raumschiff-Operators -1 oder 1 ist, wird der Rest des Ausdrucks übersprungen und die -1 oder 1 zurückgegeben. Wenn hier aber 0 herauskommt, ist der `cmp`-Operator an der Reihe, behandelt die Werte als Zeichenketten und gibt eine passende Reihenfolge zurück.

Die Werte, die verglichen werden, müssen nicht notwendigerweise die übergebenen Werte sein. Nehmen wir beispielsweise an, daß Sie einen Hash haben, in dem die Schlüssel die Login-Namen und die Werte die realen Namen der Benutzer sind. Wie würden Sie vorgehen, wenn Sie die Login-Namen und die realen Namen ausgeben wollten, sortiert nach den realen Namen?

Eigentlich ist das ziemlich einfach. Nehmen wir an, daß die Werte im Hash `%namen` sind. Die Login-Namen stehen also in der Liste `keys(%namen)`. Wir wollen aber, daß diese Liste nach den korrespondierenden Werten sortiert wird. Also müssen wir für jeden Schlüssel `$a` den Wert `$namen{$a}` nachschlagen und auf dieser Basis sortieren. Wenn Sie kurz darüber nachdenken, schreibt sich die Routine fast von allein:

```
@sortierteschluessel = sort by_namen keys(%namen);

sub by_namen {
    return $namen{$a} cmp $namen{$b};
}

foreach (@sortedkeys) {
    print "$_ hat den realen Namen $namen{$_}\n";
}
```

Wir sollten aber noch eine Art »Notvergleich« hinzufügen. Angenommen, die realen Namen zweier Benutzer sind identisch. Wegen der merkwürdigen Natur der Sortierroutine kann es passieren, daß in einem Durchlauf der eine Wert und im nächsten Durchlauf der andere Wert vorn steht. Das ist unangenehm, wenn die Ausgabe wiederum in ein anderes Programm eingespeist wird, weswegen Sie solche Zweideutigkeiten vermeiden sollten. Mit dem Operator `cmp` ist das auch kein Problem:

```
sub by_namen {
    ($namen{$a} cmp $namen{$b}) || ($a cmp $b);

}
```

Wenn die realen Namen gleich sind, dann sortieren wir statt dessen auf Basis des Login-Namens. Weil die Login-Namen auf jeden Fall alle verschieden sind (nicht zuletzt sind sie ja auch die Schlüssel dieses Hashs, und in einem Hash kann es keine zwei gleichen Schlüssel geben), können wir eine eindeutige und wiederholbare Sortierreihenfolge garantieren. Tagsüber gutes defensives Programmieren zu pflegen ist besser, als nachts vom Systemadministrator angerufen zu werden, der sich wundert, warum ein Alarm ausgelöst wurde.

Transliteration

Wenn Sie in einer Zeichenkette jedes Vorkommen eines Zeichens durch ein anderes Zeichen ersetzen oder jedes Vorkommen eines Zeichens löschen wollen, dann können Sie das auch mit einem sorgfältig zusammengestellten `s///`-Ausdruck machen. Aber einmal angenommen, Sie wollten alle `a`s in `b`s und alle `b`s in `a`s umwandeln, dann können Sie das nicht mit zwei `s///`-Befehlen machen, weil der zweite Befehl alle Änderungen des ersten wieder rückgängig machen würde.

In der UNIX-Shell ist so eine Datentransformation einfach: Verwenden Sie einfach den standardmäßig vorhandenen Befehl *tr*.

```
tr ab ba <indata >outdata
```

(Wenn Sie den *tr*-Befehl nicht kennen, dann lesen Sie bitte in der Man-Page *tr*(1) nach; *tr* ist ein nützliches Werkzeug für Ihre Trickkiste.) Auch Perl hat einen Operator `tr`, der ziemlich ähnlich funktioniert:

```
tr/ab/ba/;
```

Der Operator `tr` akzeptiert zwei Argumente: einen *alten String* und einen *neuen String*. Diese Argumente sind wie die beiden Argumente in `s///`, es gibt also ein Begrenzungszeichen, das unmittelbar nach dem Schlüsselwort `tr` steht und daß die beiden Argumente trennt und beendet (in diesem Fall ist das ein Schrägstrich, aber Sie können auch so ziemlich jedes andere Zeichen verwenden).

Die Argumente des `tr`-Operators entsprechen denen des *tr*-Befehls. Der Operator `tr` ändert den Inhalt der Variablen `$_` (genau wie `s///`) und sucht nach Zeichen aus dem *alten String* in `$_`. Jedes dieser Zeichen wird durch das korrespondierende Zeichen im *neuen String* ersetzt. Einige Beispiele:

```
$_ = "fred und barney";
tr/fb/bf/;          # $_ ist jetzt "bred und farney"
tr/abcde/ABCDE/;    # $_ ist jetzt "BrED unD fArnEy"
tr/a-z/A-Z/;        # $_ ist jetzt "BRED UND FARNEY"
```

Beachten Sie, wie ein Bereich von Zeichen durch zwei mit einem Querstrich verbundene Zeichen angegeben werden kann. Wenn Sie den Querstrich selbst als Zeichen benötigen, müssen Sie ihm einen Backslash voranstellen.

Wenn der neue String kürzer als der alte String ist, wird das letzte Zeichen des neuen Strings so oft wiederholt, bis beide Strings die gleiche Länge haben:

```
$_ = "fred und barney";
tr/a-z/x/; # $_ ist jetzt "xxxx xxx xxxxxx"
```

Um dieses Verhalten abzuschalten, können Sie dem `tr`-Operator ein `d` hintenanstellen. In diesem Fall wird das letzte Zeichen nicht wiederholt. Jedes Zeichen im alten String, das kein Gegenstück im neuen hat, wird einfach gelöscht.

```
$_ = "fred und barney";
tr/a-z/ABCDE/d; # $_ ist jetzt "ED D BAE"
```

Beachten Sie, wie jedes Zeichen nach e gelöscht wird, weil es kein entsprechendes Zeichen in der neuen Liste gibt, und daß Leerzeichen unbeeinflußt bleiben, weil sie nicht im alten String auftauchen. Dieses Verhalten entspricht der Option -d beim *tr*-Befehl.

Wenn die neue Liste leer ist und die Option `d` nicht angegeben wurde, dann wird die neue Liste als identisch mit der alten Liste angenommen. Das mag sinnlos erscheinen, denn warum sollten Sie ein `I` durch ein `I` und eine `2` durch eine `2` ersetzen, aber es hat auch tatsächlich einen Nutzen. Der Rückgabewert des Operators `tr///` ist die Anzahl der Zeichen, die im alten String enthalten waren. Indem Sie die Zeichen zu sich selbst verändern, können Sie also herausbekommen, wie viele von bestimmten Zeichen in einer Zeichenkette enthalten waren.[3] Zum Beispiel:

```
$_ = "fred und barney";
$anzahl = tr/a-z//;      # $_ ist unverändert, $anzahl ist jetzt 13
$anzahl2 = tr/a-z/A-Z/;  # $_ ist jetzt in Großbuchstaben, $anzahl2 ist 13
```

Wenn Sie ein `c` an den Operator anhängen (so, wie Sie auch ein `d` anhängen würden), dann wird das Komplement des alten Strings bezüglich aller 256 Zeichen verwendet. Jedes Zeichen, das Sie im alten String angeben, wird aus der Liste aller möglichen Zeichen herausgenommen, und die verbleibenden Zeichen bilden in der Reihenfolge vom niedrigsten zum höchsten den resultierenden alten String. Sie könnten also folgendermaßen alle Zeichen, die keine Buchstaben sind, in Ihrem String zählen oder umwandeln:

```
$_ = "fred und barney";
$anzahl = tr/a-z//c; # $_ ist unverändert, $anzahl ist jetzt 2
tr/a-z/_/c;          # $_ ist jetzt "fred_und_barney" (Nicht-Buchstaben werden zu _)
tr/a-z//cd;          # $_ ist jetzt "fredundbarney" (Nicht-Buchstaben werden gelöscht)
```

Beachten Sie, daß die Optionen, wie im letzten Beispiel gezeigt, kombiniert werden können. In diesem Beispiel haben wir zuerst das Komplement gebildet (aus der Liste der Buchstaben wurde die Liste der Nicht-Buchstaben) und dann die Option `d` benutzt, um alle Zeichen aus dieser neuen Menge zu löschen.

Die letzte Option von `tr///` ist die Option `s` (*squeeze*), die mehrere aufeinanderfolgende Vorkommen eines Zeichens zu einem zusammenfaßt.

---

3 Das funktioniert aber nur für einzelne Zeichen. Um Zeichenketten zu zählen, können Sie einen Mustervergleich mit der Option `g` verwenden:

```
while (/pattern/g) {
    $anzahl++;
}
```

```
$_ = "aaabbbcccdefghi";
tr/defghi/abcddd/s; # $_ ist jetzt "aaabbbcccabcd"
```

Beachten Sie, daß aus `def` `abc` wurde und `ghi` zu einem einzigen `d` zusammengefaßt wurde (ohne `s`-Option wäre `ddd` herausgekommen). Außerdem werden die aufeinanderfolgenden Zeichen am Anfang der Zeichenkette nicht komprimiert, weil sie nicht das Resultat einer Übersetzung sind. Noch ein paar Beispiele:

```
$_ = "fred und barney, wilma und betty";
tr/a-z/X/s;  # $_ ist jetzt "X X X, X X X"
$_ = "fred und barney, wilma und betty";
tr/a-z/_/cs; # $_ ist jetzt "fred_und_barney_wilma_und_betty"
```

Im ersten Beispiel wird jedes Wort (aufeinanderfolgende Buchstaben) zu einem einzigen `X` komprimiert. Im zweiten Beispiel werden alle Folgen zusammenhängender Nicht-Buchstaben zu einem Unterstrich zusammengefaßt.

Wie `s///` kann auch der Operator `tr` als Ziel eine andere Zeichenkette als `$_` verwenden, indem der Operator `=~` benutzt wird:

```
$namen = "fred und barney";
$namen =~ tr/aeiou/X/; # $namen ist jetzt "frXd Xnd bXrnXy"
```

Übungen

Die Lösungen stehen in Anhang A.

1. Schreiben Sie ein Programm, das eine Liste von Dateinamen einliest und jeden Namen in seinen Pfadnamen und den eigentlichen Dateinamen aufteilt. (Alles bis zum letzten Schrägstrich ist der Pfadname, alles dahinter der Dateiname. Wenn kein Schrägstrich vorhanden ist, dann gehört alles zum Dateinamen.) Versuchen Sie das mit Beispielen wie */fred*, *barney* und *fred/barney*. Sind die Resultate sinnvoll?
2. Schreiben Sie ein Programm, das eine Liste von Zahlen (je eine pro Zeile) einliest und diese numerisch sortiert. Die Ergebnisse sollen in einer rechtsbündigen Spalte ausgegeben werden. (Tip: Das Format, um eine rechtsbündige Spalte auszugeben, ist so etwas wie `%20g`.)
3. Schreiben Sie ein Programm, das die realen und Login-Namen der Benutzer in der Datei */etc/passwd* nach dem Nachnamen der Benutzer sortiert ausgibt. Funktioniert Ihre Lösung auch dann, wenn zwei Leute den gleichen Nachnamen haben?
4. Legen Sie eine Datei an, die aus Sätzen (einer pro Zeile) besteht. Schreiben Sie ein Programm, das das erste Zeichen jedes Satzes in Großbuchstaben und den Rest in Kleinbuchstaben umwandelt. (Funktioniert Ihr Programm auch dann noch, wenn das erste Zeichen kein Buchstabe ist? Wie würden Sie vorgehen, wenn die Sätze noch nicht jeweils in einer Zeile stehen würden?)

In diesem Kapitel:
- *Paßwort- und Gruppeninformationen auslesen*
- *Binäre Daten packen und entpacken*
- *Abfragen von Netzwerk-Informationen*
- *Übung*

16 Zugriff auf Systemdatenbanken

Paßwort- und Gruppeninformationen auslesen

Die Informationen, die ein UNIX-System über Ihren Benutzernamen und Ihre Benutzer-ID hält, ist ziemlich öffentlich. Fast alles, außer Ihrem unverschlüsselten Paßwort, steht jedem Programm offen, das die Datei */etc/passwd* durchsucht. Die Datei hat ein spezielles Format, das in *passwd*(5) definiert wird und etwa so aussieht:

```
name:passwd:uid:gid:gcos:dir:shell
```

Die Felder sind folgendermaßen definiert:

`name`
: Der Login-Name des Benutzers

`passwd`
: Das verschlüsselte Paßwort oder etwas Einfaches, wenn eine Shadow-Paßwortdatei verwendet wird

`uid`
: Die Benutzer-ID (0 für `root`, ein von Null verschiedener Wert für normale Benutzer)

`gid`
: Die Default-Login-Gruppe (Gruppe 0 kann privilegiert sein, muß aber nicht)

`gcos`
: Das GCOS-Feld, das normalerweise den vollen Namen des Benutzers, gefolgt von einem Komma und weiteren Informationen, enthält.

`dir`

Das Home-Verzeichnis (das Verzeichnis, in das Sie gelangen, wenn Sie *cd* ohne Argumente eingeben, und wo die meisten Ihrer »Dot-Dateien« abgelegt werden)

`shell`

Ihre Login-Shell, normalerweise */bin/sh* oder */bin/csh* (oder vielleicht auch */usr/bin/perl*, wenn Sie völlig verrückt sind)

Ein typischer Ausschnitt aus der Paßwort-Datei sieht etwa so aus:

```
fred:*:123:15:Fred Feuerstein,,,:/home/fred:/bin/csh
barney:*:125:15:Barney Geroellheimer,,,:/home/barney:/bin/csh
```

Es gibt in Perl genug Hilfsmittel, um diese Art von Zeilen leicht zu parsen (z.B. mit `split`), ohne daß Sie besondere Routinen benötigen. Aber die UNIX-Bibliothek hat dafür besondere Routinen namens *getpwent*, *getpwuid*, *getpwnam* usw., die in Perl mit den gleichen Namen und ähnlichen Argumenten und Rückgabewerten zur Verfügung stehen.

Beispielsweise wird aus der Routine *getpwnam* die Perl-Funktion `getpwnam`. Diese akzeptiert ein Argument: den Benutzernamen (wie `fred` oder `barney`). Der Rückgabewert ist die entsprechende Zeile aus */etc/passwd*, die in ein Array mit den folgenden Werten aufgebrochen worden ist:

```
($name, $passwd, $uid, $gid, $quota, $comment, $gcos, $dir, $shell)
```

Beachten Sie, daß dies einige Werte mehr als in der Paßwort-Datei sind. Auf allen UNIX-Systemen, die wir gesehen haben, war das Feld `$quota` immer leer und die Felder `$comment` und `$gcos` enthielten oft beide das gesamte GCOS-Feld. Für den guten alten `fred` erhalten Sie dann:

```
("fred", "*", 123, 15, "", "Fred Feuerstein,,,",
 "Fred Feuerstein,,,", "/home/fred"," /bin/csh")
```

durch jeden der beiden Aufrufe

```
getpwuid(123)
getpwnam("fred")
```

Der Operator `getpwuid` erwartet also die Benutzer-ID als Argument, der Operator `getpwnam` dagegen den Login-Namen. Die Funktionen `getpwnam` und `getpwuid` haben auch einen Rückgabewert, wenn sie in einem skalaren Kontext aufgerufen werden. Beide geben dann das zurück, wonach Sie gefragt haben. Ein Beispiel:

```
$idnum = getpwuid("daemon");
$login = getpwnam(25);
```

Wahrscheinlich wollen Sie das mit einigen der Listenoperationen, die wir schon kennen, auseinandernehmen. Eine Möglichkeit ist es, einen Teil der Liste mit einem Listen-Slice herauszunehmen. Zum Beispiel könnten wir nur das Home-Verzeichnis von Fred mit folgendem Befehl bekommen:

```
($fred_home) = (getpwnam ("fred"))[7]; # Freds Home-Verzeichnis ablegen
```

Wie würden Sie vorgehen, wenn Sie die ganze Paßwort-Datei durchlaufen wollten? Natürlich könnten Sie so etwas machen:

```
for($id = 0; $id <= 10_000; $id++)      {
    @stuff = getpwuid $id;
} ### nicht empfohlen!
```

Aber das ist nicht der richtige Weg. Nur, weil es mehr als eine Möglichkeit gibt, eine Sache zu machen, heißt das noch lange nicht, daß alle gleich cool sind.

Sie können sich die Funktionen `getpwuid` und `getpwnam` als Funktionen mit *wahlfreiem* Zugriff vorstellen – sie ermitteln einen bestimmten Eintrag anhand eines Schlüssels, also müssen Sie zunächst einmal einen Schlüssel haben. Eine andere Möglichkeit, auf die Paßwort-Datei zuzugreifen, ist der *sequentielle* Zugriff, also einen Eintrag nach dem anderen aufzugreifen.

Die Routinen für den sequentiellen Zugriff auf die Paßwort-Datei sind die Funktionen `setpwent`, `getpwent` und `endpwent`. Diese drei Funktionen zusammen führen einen sequentiellen Durchlauf durch alle Zeilen der Paßwort-Datei durch. Am Anfang initialisiert die Funktion `setpwent` den Durchlauf. Nach der Initialisierung wird mit jedem Aufruf von `getpwent` der nächste Eintrag aus der Paßwort-Datei zurückgegeben. Wenn keine Einträge mehr da sind, gibt `getpwent` die leere Liste zurück. Schließlich gibt `endpwent` die von diesen Funktionen belegten Ressourcen wieder frei, was ansonsten auch automatisch bei Programmende geschieht.

Jetzt wollen Sie sicherlich ein Beispiel sehen, also bitte:

```
setpwent();                              # initialisieren
while (@list = getpwent()) {             # nächsten Eintrag holen
    ($login,$home) = @list[0,7]; # Login-Name und Home-Verzeichnis herausholen
    print "Das Home-Verzeichnis von $login ist $home\n"; # Daten ausgeben
}
endpwent();                              # fertig
```

Dieses Beispiel zeigt das Home-Verzeichnis von jedem an, der in der Paßwort-Datei eingetragen ist. Und wenn Sie diese Liste nun alphabetisch nach den Home-Verzeichnissen sortiert haben möchten? Wir haben im letzten Kapitel schließlich gelernt, wie man `sort` benutzt, das können wir jetzt anwenden:

```
setpwent();                      # initialisieren
while (@list = getpwent()) {     # nächsten Eintrag holen
    ($login,$home) = @list[0,7]; # Login-Name und Home-Verzeichnis herausholen
    $home{$login} = $home;       # abspeichern
}
endpwent();                      # fertig
@keys = sort { $home{$a} cmp $home{$b} } keys %home;
foreach $login (@keys) {         # durch die sortierten Namen gehen
    print "Das Home-Verzeichnis von $login ist $home{$login}\n";
}
```

Dieses Fragment demonstriert einen wichtigen Gesichtspunkt des sequentiellen Durchlaufens der Paßwort-Datei: Sie können die für Sie interessanten Teile der Dateien in beliebigen Datenstrukturen Ihrer Wahl abspeichern. Der erste Teil des Beispiels durchläuft die gesamte Paßwort-Datei und legt dabei einen Hash an, in dem der Schlüssel der Login-Name und der Wert das zugehörige Home-Verzeichnis ist. Die `sort`-Zeile sortiert die Schlüssel aus dem Hash anhand der Werte. Die letzte Schleife durchläuft schließlich die sortierten Schlüssel und gibt jeden Wert der Reihe nach aus.

Im allgemeinen sollten Sie die Routinen für den wahlfreien Zugriff (`getpwuid` und `getpwnam`) verwenden, wenn Sie nur einige wenige Werte nachschlagen wollen. Wenn Sie mehr als ein paar Werte (oder gar alle) benötigen, dann ist es meistens einfacher, einen sequentiellen Durchlauf (mit `setpwent`, `getpwent` und `endpwent`) durchzuführen und die Werte, an denen Sie interessiert sind, in einem Hash abzulegen.[1]

Die Datei */etc/group* kann ähnlich ausgelesen werden. Für den sequentiellen Zugriff gibt es die drei Funktionen `setgrent`, `getgrent` und `endgrent`. `getgrent` gibt die Werte in der Form

```
($name, $passwd, $gid, $members)
```

zurück. Diese vier Werte entsprechen in etwa den vier Feldern in der Datei */etc/group*. Nähere Informationen dazu finden Sie in den Man-Pages, die das Dateiformat detailliert beschreiben. Die entsprechenden Namen für den wahlfreien Zugriff sind `getgrgid` (anhand der Gruppen-ID) und `getgrnam` (anhand des Gruppennamens).

Binäre Daten packen und entpacken

Die Paßwort- und Gruppendaten liegen bequem in textueller Form vor, andere Systemdatenbanken lassen sich dagegen besser in anderen Formen darstellen. Die IP-Adresse einer Netzwerk-Schnittstelle wird beispielsweise intern als vier Byte große Zahl verwaltet. Während diese Zahl oft in Form einer textuellen Repräsentation aus vier kleinen Ganzzahlen, die durch Punkte getrennt werden, decodiert wird, ist dieses Codieren und Decodieren eine nutzlose Anstrengung, wenn die Daten zwischenzeitlich nicht von Menschen gelesen werden.

Deswegen verwenden die Netzwerkroutinen in Perl, die eine IP-Adresse akzeptieren oder zurückgeben, einen vier Byte großen String, der ein Zeichen für jedes Byte im Speicher enthält. Während es ziemlich einfach ist, einen solchen String mit `chr` und `ord` (hier nicht besprochen) zu konstruieren, gibt es in Perl eine noch einfachere Möglichkeit, die sich auch auf kompliziertere Strukturen anwenden läßt.

Die Funktion `pack` arbeitet ein wenig so wie `sprintf`: Sie nimmt einen Formatstring und eine Liste von Werten und erzeugt daraus einen String, der diese Werte enthält. `pack` ist aber speziell darauf ausgelegt, binäre Datenstrukturen anzulegen. Um bei-

1 Wenn Sie in einem Netzwerk mit einer großen NIS-Tabelle sind, dann sollten Sie aus Performance-Gründen die Paßwort-Datei nicht auf diese Art und Weise vorverarbeiten.

spielsweise vier kleine Ganzzahlen zu nehmen und diese als aufeinanderfolgende Bytes in einen String zu setzen, können Sie `pack` folgendermaßen verwenden:

```
$buf = pack("CCCC", 140, 186, 65, 25);
```

Der Formatstring von `pack` sind hier die vier `C`s. Jedes `C` steht für einen separaten Wert, der der folgenden Liste entnommen wird (etwa so wie bei einem `%`-Feld bei `sprintf`). Das Format `C` (so, wie es in den Perl-Man-Pages, in der Referenzkarte, in *Programmieren mit Perl*, den HTML-Dateien und sogar in *Perl: Der Film* beschrieben wird) bezeichnet ein einzelnes Byte, das aus einem vorzeichenlosen Zeichen-Wert (also einer kleinen Ganzzahl) berechnet wird. Der String, der hier in `$buf` herauskommt, besteht aus vier Zeichen, und jedes Zeichen ist ein Byte aus den vier Werten `140`, `186`, `65` und `25`.

Analog dazu generiert das Format `l` einen vorzeichenbehafteten long-Wert. Auf vielen Rechnern ist das eine vier Byte große Zahl, allerdings ist dieses Format maschinenabhängig. Auf einer Maschine mit vier Byte großen longs generiert die Anweisung

```
$buf = pack("l",0x41424344);
```

einen String aus vier Zeichen, der entweder wie `ABCD` oder wie `DBCA` aussieht, abhängig davon, ob die Maschine little-endian oder big-endian ist (oder der String sieht völlig anders aus, wenn die Maschine nicht den ASCII-Code verwendet). Das liegt daran, daß wir einen Wert in vier Zeichen (die Länge eines long) schreiben und dieser Wert zufällig aus den vier Bytes besteht, die ASCII-Werte der ersten vier Buchstaben des Alphabets repräsentieren. Entsprechend erzeugen Sie mit

```
$buf = pack("ll", 0x41424344, 0x45464748);
```

einen acht Byte großen String, der aus `ABCDEFGH` oder aus `DCBAHGFE` besteht, wieder abhängig davon, ob der Rechner little- oder big-endian ist.

Die vollständige Liste der diversen Formate von `pack` finden Sie in der Referenzdokumentation (*perlfunc* (1) oder *Programmieren mit Perl*). Sie werden hier einige Formate als Beispiele finden, aber wir werden nicht alle aufführen.

Was wäre jetzt, wenn man Ihnen den acht Byte großen String `ABCDEFGH` geben und dazu sagen würde, daß es sich in Wirklichkeit um das Speicherabbild (ein Zeichen pro Byte) von zwei vorzeichenbehafteten long-(vier Byte-)Werten handelt? Wie würden Sie den String interpretieren? Nun, Sie brauchen hier die inverse Operation von `pack`, die wenig erstaunlicherweise `unpack` heißt. Diese Funktion akzeptiert einen Formatstring (normalerweise der gleiche wie der, der bei `pack` verwendet werden würde) und einen Datenstring und gibt eine Liste von Werten zurück, aus denen das im String definierte Speicherabbild besteht. Nehmen wir also einfach einmal den String auseinander:

```
($wert1,$wert2) = unpack("ll","ABCDEFGH");
```

Damit bekommen wir `0x41424344` als Wert von `$wert1` (oder `0x44434241` auf einer big-endian-Maschine). Tatsächlich können wir sogar anhand der hier zurückgegebenen Werte bestimmen, ob wir mit einer big- oder little-endian-Maschine arbeiten.

Leerraum im Formatstring wird ignoriert und kann verwendet werden, um die Lesbarkeit zu erhöhen. Eine Zahl im Formatstring wiederholt im allgemeinen die vorher angegebene Spezifikation entsprechend. `CCCC` kann also beispielsweise auch als `C4` oder `C2C2` geschrieben werden, ohne daß sich die Bedeutung verändert.

Einem Formatzeichen kann auch ein Asterisk (*) nachgestellt werden. Damit wird das Formatzeichen so oft wiederholt, daß der Rest der Liste oder der Rest des binären Abbildes (abhängig davon, ob Sie packen oder entpacken) abgedeckt ist. Damit haben wir noch eine Möglichkeit, vier vorzeichenlose Zeichen in einen String zu packen:

```
$buf = pack("C*", 140, 186, 65, 25);
```

Die vier hier angegebenen Werte werden von der einen Formatspezifikation abgedeckt. Wenn Sie zwei kurze Ganzzahlen, gefolgt von »so vielen vorzeichenlosen Zeichen wie möglich«, hätten spezifizieren wollen, dann hätten Sie die folgende Anweisung verwenden können:

```
$buf = pack("s2 C*", 3141, 5926, 5, 3, 5, 8, 9, 7, 9, 3, 2);
```

Wir interpretieren hier die ersten beiden Werte als short (dabei kommen entweder vier oder acht Zeichen heraus) und die verbleibenden neun Werte als vorzeichenlose Zeichen (das ergibt ziemlich sicher neun Zeichen).

In die andere Richtung gehend, können wir mit `unpack` und einer Asterisk-Spezifikation eine Liste von Elementen, deren Länge uns vorher nicht bekannt ist, entpacken. Wenn wir beim Entpacken `C*` als Formatspezifikation angeben, erhalten wir ein Listenelement für jedes Zeichen im String. Aus der Anweisung

```
@werte = unpack("C*", "Hallo Welt!\n");
```

kommen also zwölf Elemente heraus; eines pro Zeichen im String.

Abfragen von Netzwerk-Informationen

Perl unterstützt die Netzwerkprogrammierung auf eine Art und Weise, die denjenigen, die bereits Netzwerkprogramme in C geschrieben haben, bekannt vorkommen sollte. Die meisten Perl-Funktionen, mit denen auf das Netzwerk zugegriffen wird, haben sogar den gleichen Namen und ähnliche Parameter wie ihre C-Gegenstücke. Wir können Ihnen in diesem Kapitel keinen vollständigen Kurs zur Netzwerkprogrammierung bieten, aber wir gucken uns wenigstens ein paar Fragmente aus einer der wichtigsten Aufgaben an, um zu sehen, wie man das in Perl macht.

Eine der Sachen, die Sie herausbekommen müssen, ist die Adresse, die zu einem Namen gehört – oder umgekehrt. In C verwenden Sie dazu die Funktion *gethostbyname*(3), um einen Netzwerknamen in eine Netzwerkadresse zu konvertieren. Mit dieser Adresse können Sie dann eine Verbindung von Ihrem Programm zu einem anderen Programm irgendwo anders aufbauen.

Die Perl-Funktion, die einen Rechnernamen in eine Adresse übersetzt, hat den gleichen Namen und ähnliche Parameter wie die C-Funktion und sieht so aus:

```
($name, $aliases, $addrtype, $length, @addrs) =
    gethostbyname($name); # generische Form von gethostbyname
```

Der Parameter, der dieser Funktion übergeben wird, ist ein Rechnername wie beispielsweise `slate.bedrock.com`. Der Rückgabewert ist eine Liste aus vier oder mehr Elementen, je nachdem, wie viele Adressen zu diesem Namen gehörten. Wenn der Rechnername ungültig ist, gibt die Funktion eine leere Liste zurück.

Wenn `gethostbyname` in einem skalaren Kontext aufgerufen wird, dann wird nur die (erste) Adresse zurückgegeben.

Nach der erfolgreichen Ausführung von `gethostbyname` enthält `$name` den *kanonischen Namen*, der sich vom übergebenen Namen unterscheiden kann, wenn es sich bei letzterem um einen Aliasnamen handelte. `$aliases` ist eine durch Leerzeichen getrennte Liste von Namen, unter denen dieser Rechner ebenfalls bekannt ist. `$addrtype` ist ein codierter Wert, der die Form der Adressen angibt. In diesem Fall können wir davon ausgehen, daß es sich hier um eine IP-Adresse handelt, die üblicherweise als vier durch Punkte getrennte Zahlen zwischen 0 und 255 dargestellt wird. `$length` enthält die Anzahl der Adressen, was eigentlich redundant ist, denn Sie können sich genauso gut die Länge von `@addrs` ansehen.

Der nützliche Teil des Rückgabewerts ist aber `@addrs`. Jedes Element dieser Liste ist eine IP-Adresse, die in einem internen Format, einem String aus vier Zeichen,[2] abgelegt ist. Dieser vier Zeichen lange String ist genau das, was die anderen Netzwerk-Funktionen von Perl erwarten, aber wir nehmen jetzt einmal an, daß der Wert für den Benutzer in von Menschen lesbarer Form ausgegeben wird. Dazu konvertieren wir den Rückgabewert mit Hilfe der Funktion `unpack` und einigen weiteren Umformungen. Der folgende Code gibt die IP-Adresse von `slate.bedrock.com` aus:

```
($addr) = (gethostbyname("slate.bedrock.com"))[4];
print "Die Adresse von slate ist ",
    join(".", unpack("C4", $addr)), "\n";
```

`unpack` nimmt den vier Bytes großen String und gibt vier Zahlen zurück. Diese sind gerade in der richtigen Reihenfolge, um von `join` unter Einfügung eines Punktes zwischen den Zahlen zu einer von Menschen lesbaren Form zusammengeführt zu werden. Wenn Sie mehr darüber wissen wollen, wie man mit Perl einfache Netzwerk-Clients programmiert, dann lesen Sie Anhang C.

2 Zumindest bis IPv6 eingeführt wird.

Übung

Die Lösung steht in Anhang A.

1. Schreiben Sie ein Programm, das eine Abbildung von Benutzer-IDs und realen Namen anhand der Einträge in der Paßwort-Datei erzeugt, und verwenden Sie dann diese Abbildung, um für jede Gruppe in der Gruppendatei eine Liste der realen Namen der Gruppenmitglieder anzuzeigen. (Enthält Ihre Liste die Namen der Benutzer, die eine Default-Gruppe in ihrem Paßwort-Eintrag haben, aber nicht ausdrücklich im Gruppeneintrag derselben Gruppe erwähnt worden sind? Falls nicht, wie könnten Sie so etwas programmieren?)

In diesem Kapitel:

- *DBM-Datenbanken und DBM-Hashes*
- *DBM-Hashes öffnen und schließen*
- *Ein DBM-Hash benutzen*
- *Datenbanken mit fester Datensatzlänge und wahlfreiem Zugriff*
- *Datenbanken mit variabler Textlänge*
- *Übungen*

17

Mit benutzerdefinierten Datenbanken arbeiten

DBM-Datenbanken und DBM-Hashes

Auf den meisten UNIX-Systemen gibt es eine Standardbibliothek namens DBM. Diese Bibliothek enthält eine einfache Datenbankverwaltung, mit der Programme Schlüssel-Wert-Paare in zwei Dateien ablegen können. In diesen Dateien bleiben die Werte in der Datenbank zwischen zwei Programmaufrufen erhalten, und die Programme können neue Werte hinzufügen, existierende Werte aktualisieren oder alte Werte löschen.

Die DBM-Bibliothek ist ziemlich einfach aufgebaut, aber weil sie überall vorhanden ist, haben viele Systemprogramme sie für ihre oft bescheidenen Bedürfnisse benutzt. Beispielsweise legt *sendmail* (und seine Varianten und Abkömmlinge) die *Alias*-Datenbank (also die Abbildung von Mail-Adressen auf Empfänger) als DBM-Datenbank ab. Die beliebteste News-Software im Usenet verwendet eine DBM-Datenbank, um sich aktuelle und kürzlich gelesene Artikel zu merken, und die Datenbankdateien des SUN NIS (früher YP) werden auch in diesem Format gehalten.

Perl stellt eine ziemlich schlaue Methode zur Verfügung, auf den DBM-Mechanismus zuzugreifen: Ein Hash kann mit einem Verfahren, das ähnlich dem Öffnen einer Datei ist, mit einer DBM-Datenbank verknüpft werden. Über diesen Hash (der dann *DBM-Array* genannt wird) geschieht dann der Zugriff auf und Änderungen an der DBM-Datenbank. Wenn Sie ein neues Element im Array anlegen, wird automatisch und unmittelbar die DBM-Datenbank modifiziert. Das Löschen eines Array-Elements führt analog auch zum Löschen des Elements aus der DBM-Datenbank usw.[1]

1 Genauer gesagt ist das hier nur ein besonderer Anwendungsfall des allgemeinen `tie`-Mechanismus. Wenn Sie etwas Flexibleres benötigen, dann lesen Sie die Man-Pages *AnyDBM_File*(3), *DB_File*(3) und *perltie*(1).

Anzahl, Größe und Art der Schlüssel und Werte in einer DBM-Datenbank sind beschränkt, und abhängig davon, welche Version der DBM-Bibliothek Sie verwenden, kann das DBM-Array den gleichen Beschränkungen unterliegen. Lesen Sie die Man-Page *AnyDBM_File*, wenn Sie Näheres wissen wollen. Sie sollten aber keine Probleme bekommen, wenn Ihre Schlüssel und Werte nicht länger als 1000 Zeichen sind.

DBM-Hashes öffnen und schließen

Um eine DBM-Datenbank mit einem DBM-Array zu verknüpfen, benutzen Sie die Funktion `dbmopen`, die so aussieht:

```
dbmopen(%ARRAYNAME, "dbmdateiname", $modus);
```

Der Parameter `%ARRAYNAME` ist ein Perl-Hash. (Wenn dieser Hash bereits Werte enthält, dann werden diese verworfen.) Dieser Hash wird mit einer DBM-Datenbank namens `dbmdateiname` verbunden, die üblicherweise auf der Festplatte in Form der beiden Dateien *dbmdateiname.dir* und *dbmdateiname.pag* abgespeichert wird.

Der Parameter `$modus` enthält eine Zahl, die die Zugriffsbits der beiden Dateien beeinflußt, wenn diese neu angelegt werden müssen. Die Nummer wird normalerweise in oktaler Form angegeben. Oft wird der Wert `0644` verwendet, der jedem Leseberechtigung, aber nur dem Eigentümer Schreibberechtigung gibt.

```
dbmopen(%FRED, "meinedatenbank", 0644); # %FRED mit meinedatenbank verknüpfen
```

Dieser Aufruf verknüpft den Hash `%FRED` mit den Dateien *meinedatenbank.dir* und *meinedatenbank.pag* im aktuellen Verzeichnis. Wenn die Dateien noch nicht existieren, werden sie mit dem Modus `0644`, verknüpft mit der aktuellen Umask, angelegt.

Der Rückgabewert von `dbmopen` ist wahr, wenn die Datenbank geöffnet oder angelegt werden konnte, ansonsten falsch, genau wie bei `open`. Wenn Sie nicht möchten, daß die Dateien neu angelegt werden, verwenden Sie `undef` als Wert von `$modus`:

```
dbmopen(%A,"/etc/xx",undef) || die "Kann DBM /etc/xx nicht öffnen";
```

In diesem Fall gibt `dbmopen` falsch zurück, wenn die Dateien */etc/xx.dir* und */etc/xx.pag* nicht geöffnet werden konnten, anstatt zu versuchen, die Dateien anzulegen.

Das DBM-Array bleibt während der ganzen Programmlaufzeit offen. Wenn das Programm beendet wird, wird auch die Verknüpfung beendet. Außerdem können Sie die Verknüpfung auch ähnlich wie das Schließen eines Dateihandles mit der Funktion `dbmclose` auflösen:

```
dbmclose(%A);
```

Wie `close` gibt auch `dbmclose` falsch zurück, wenn irgend etwas schiefgelaufen ist.

Ein DBM-Hash benutzen

Wenn die Datenbank einmal geöffnet ist, werden Zugriffe auf den DBM-Hash in Referenzen auf die Datenbank umgewandelt. Das Ändern oder Hinzufügen eines Wertes im Hash führt dazu, daß die dazugehörigen Einträge unmittelbar auf die Festplatte geschrieben werden. Wenn beispielsweise die Datenbank `%FRED` aus einem der obigen Beispiele geöffnet worden ist, dann können wir dieser Datenbank Einträge hinzufügen, einige daraus löschen oder einfach auf Einträge zugreifen:

```
$FRED{"fred"} = "gestein";          # einen Eintrag erzeugen (oder aktualisieren)
delete $FRED{"barney"};             # einen Eintrag aus der Datenbank entfernen
foreach $schluessel (keys %FRED) { # alle Werte durchlaufen
    print "$schluessel hat den Wert $FRED{$schluessel}\n";
}
```

Diese letzte Schleife muß zweimal durch die gesamte Datei laufen: einmal, um die Schlüssel zu ermitteln, und ein zweites Mal, um die Werte zu den Schlüsseln zu bestimmen. Wenn Sie einen DBM-Hash durchlaufen, ist es normalerweise effizienter, den Operator `each` zu verwenden, der nur einen Durchlauf benötigt.

```
while (($schluessel, $wert) = each(%FRED)) {
    print "$schluessel hat den Wert $wert\n";
}
```

Wenn Sie auf eine Datenbank des Systems, wie die, die von *sendmail* oder NIS angelegt werden, zugreifen wollen, dann müssen Sie sich darüber im klaren sein, daß manche unsauber programmierte C-Programme ein NUL-Zeichen (`\0`) an die Zeichenketten anhängen. Die DBM-Bibliotheksroutinen benötigen dieses NUL-Zeichen nicht (sie benutzen für binäre Daten einen Bytezähler, keinen durch NUL abgeschlossenen String), weswegen NUL als Teil der Daten abgespeichert wird. Sie müssen daher an Ihre Schlüssel ein NUL-Zeichen anhängen und NUL von den Rückgabewerten entfernen, damit die Daten Sinn machen. Um beispielsweise `merlyn` in der Alias-Datenbank nachzuschlagen, könnten Sie folgendes probieren:

```
dbmopen(%ALI, "/etc/aliases", undef) || die "keine aliases-Datei?";
$wert = $ALI{"merlyn\0"};                     # achten Sie auf das angehängte NUL
chop($wert);                                  # NUL entfernen
print "Randals Mail geht an: $wert\n";        # Ergebnis anzeigen
```

Möglicherweise legt Ihre UNIX-Version die Alias-Datenbank in */usr/lib* anstatt in */etc* ab. Sie müssen sich ein wenig umsehen, um das herauszufinden. Neuere Versionen von *sendmail* haben den NUL-Fehler nicht mehr.

Datenbanken mit fester Datensatzlänge und wahlfreiem Zugriff

Eine andere Form persistenter Daten sind die datensatzorientierten Dateien mit fester Datensatzlänge. Bei diesen bestehen die Daten aus einer Anzahl von Datensätzen, die alle die gleiche Länge haben. Die Numerierung der Datensätze ist entweder nicht wichtig oder wird durch irgendein Indexverfahren bestimmt.

Wir könnten zum Beispiel einige Datensätze haben, in denen die Daten zunächst aus vierzig Zeichen für den Vornamen, dann vierzig Zeichen für den Nachnamen und schließlich einer zwei Byte großen Ganzzahl für das Alter bestehen. Jeder Datensatz ist dann 82 Byte groß. Wenn wir alle Daten aus der Datenbank auslesen wollten, würden wir Blöcke von 82 Bytes lesen, bis wir am Ende sind. Wenn wir zum fünften Datensatz springen wollten, würden wir vier Mal 82 Bytes (328 Bytes) nach vorn springen und den fünften Datensatz direkt einlesen.

Perl unterstützt Programme, die solche Dateien benutzen. Sie müssen aber noch einiges mehr können, um diese zu benutzen:

1. Öffnen einer Datei zum Lesen und Schreiben
2. Sich in dieser Datei zu einer beliebigen Position bewegen
3. Daten anhand der Länge anstatt bis zum nächsten Newline einlesen
4. Daten in Blöcken fester Länge herausschreiben

Die Funktion `open` akzeptiert ein zusätzliches Pluszeichen vor der I/O-Richtungsangabe, das anzeigt, daß die Datei sowohl zum Lesen als auch zum Schreiben geöffnet werden soll. Ein Beispiel:

```
open(A,"+<b");  # Datei b zum Lesen und Schreiben öffnen (Fehlermeldung, wenn die Datei
                # nicht existiert)
open(C,"+>d");  # Datei d zum Lesen und Schreiben anlegen
open(E,"+>>f"); # Datei f zum Lesen und Schreiben öffnen oder anlegen
```

Beachten Sie, daß wir nicht mehr gemacht haben, als der I/O-Richtung ein Pluszeichen voranzustellen.

Wenn wir die Datei geöffnet haben, müssen wir uns darin herumbewegen können. Das geschieht mit der Funktion `seek`, die die gleichen drei Parameter wie die Bibliotheksroutine *fseek* akzeptiert. Der erste Parameter ist ein Dateihandle, der zweite gibt einen Versatz an, der in Verbindung mit dem dritten Parameter interpretiert wird. Normalerweise werden Sie diesen dritten Parameter auf 0 setzen, so daß der zweite Parameter die absolute Position für den nächsten Lese- oder Schreibzugriff angibt. Um beispielsweise zum fünften Datensatz im Dateihandle `NAMEN` (Dateiformat wie oben beschrieben) zu springen, können Sie den folgenden Aufruf verwenden:

```
seek(NAMEN,4*82,0);
```

Wenn der Dateizeiger neu positioniert ist, wird die nächste Ein- oder Ausgabe an dieser Stelle anfangen. Zur Ausgabe verwenden Sie die Funktion `print`, aber versichern Sie sich, daß die Daten, die Sie herausschreiben, auch die richtige Länge haben. Um sicherzugehen, können wir die Funktion `pack` verwenden:

```
print NAMEN pack("A40 A40 s", $vorname, $nachname, $alter);
```

Der Formatstring von `pack` spezifiziert vierzig Zeichen für `$vorname`, vierzig weitere Zeichen für `$nachname` und zwei Bytes für das `$alter`. Zusammen sind das 82 Bytes, die an der aktuellen Dateiposition geschrieben werden.

Schließlich müssen wir einen bestimmten Datensatz einlesen können. Zwar könnten Sie mit dem Konstrukt `<NAMEN>` die Daten von der aktuellen Position bis zum nächsten Newline einlesen, aber das ist nicht richtig. Sie müssen genau 82 Bytes einlesen, und an deren Ende ist vermutlich nicht gerade ein Newline. Statt dessen verwenden wir die Funktion `read`, die so aussieht und fast genauso funktioniert wie der UNIX-Systemaufruf des gleichen Namens:

```
$anzahl = read(NAMEN, $buf, 82);
```

Der erste Parameter von `read` ist der Dateihandle, der zweite eine skalare Variable, in die die Daten eingelesen werden. Der dritte Parameter gibt an, wie viele Bytes gelesen werden sollen. Der Rückgabewert von `read` ist die Anzahl von Bytes, die wirklich gelesen worden sind. Normalerweise sind das gerade so viele Bytes, wie Sie einlesen wollten, es sei denn, der Dateihandle ist nicht geöffnet oder Sie sind zu dicht am Dateiende.

Wenn Sie die 82 Zeichen an Daten haben, zerlegen Sie diese mit der Funktion `unpack` in ihre Komponenten:

```
($vorname, $nachname, $alter) = unpack("A40 A40 s", $buf);
```

Beachten Sie, daß die Formatstrings von `pack` und `unpack` die gleichen sind. Die meisten Programme legen diesen String bei Programmstart in einer Variablen ab und berechnen sogar die Länge der Datensätze mit `pack`, anstatt die Konstante 82 überall im Programm zu verteilen.

```
$namen = "A40 A40 s";
$namen_laenge = length(pack($namen)); # vermutlich 82
```

Datenbanken mit variabler Textlänge

Viele UNIX-Systemdatenbanken (und einige Benutzerdatenbanken) bestehen aus einer Reihe von von Menschen lesbaren Textzeilen mit einem Datensatz pro Zeile. Beispiele dafür sind die Paßwort-Datei, die aus einer Zeile pro Systembenutzer besteht, und die Host-Datei, die eine Zeile pro Host-Namen enthält.

Meistens werden diese Datenbanken mit einfachen Texteditoren aktualisiert. Dazu muß die gesamte Datenbank in einen temporären Bereich eingelesen werden (entweder im Speicher oder in eine andere Datei). Dann werden die Änderungen vorgenommen und entweder zurück in die originale Datei geschrieben, oder es wird eine neue Datei mit demselben Namen angelegt, nachdem die alte Version umbenannt oder gelöscht wurde. Sie können sich das als *Kopierdurchlauf* (*copy-pass*) vorstellen: Die Daten werden von der Original-Datenbank in die neue Version kopiert, und während des Kopierens werden die Änderungen vorgenommen.

Perl unterstützt das *copy-pass*-Editieren zeilenorientierter Datenbanken mit Vor-Ort-Editieren (*inplace editing*). Inplace Editing ist eine Änderung des Verfahrens, nachdem der Zeileneingabeoperator (<>) Daten aus einer auf der Kommandozeile angegebenen Liste von Dateien liest. Meistens wird dieser Editiermodus eingeschaltet, indem auf der Kommandozeile die Option *-i* übergeben wird, aber wir können das auch aus dem Programm selbst auslösen. Wie das funktioniert, zeigen wir noch in den folgenden Beispielen.

Um den »Inplace Editing«-Modus einzuschalten, müssen Sie der Variablen `$^I` einen Wert zuweisen. Der Wert dieser Variablen ist wichtig; wir besprechen ihn gleich.

Wenn das Konstrukt <> verwendet wird und `$^I` einen anderen Wert als `undef` hat, dann werden die im folgenden Code mit `##INPLACE##` markierten Zeilen den implizierten Operationen des Zeileneingabeoperators hinzugefügt.

```
$ARGV = shift @ARGV;
open(ARGV,"<$ARGV");
rename($ARGV,"$ARGV$^I"); ## INPLACE ##
unlink($ARGV);            ## INPLACE ##
open(ARGVOUT,">$ARGV");   ## INPLACE ##
select(ARGVOUT);          ## INPLACE ##
```

Als Ergebnis liest der Zeileneingabeoperator aus der alten Datei, und Ausgaben auf den Default-Dateihandle gehen in die neue Kopie dieser Datei. Die alte Datei bleibt als Sicherungskopie zurück; als Dateiname wird der alte Dateiname verwendet, an den als Suffix der Wert der Variablen `$^I` gehängt wird. (Dazu kommt noch ein bißchen Zauberei, um die Zugriffsrechte von der alten auf die neue Datei zu übertragen.) Diese Schritte werden jedes Mal erneut ausgeführt, wenn eine neue Datei aus dem Array `@ARGV` entnommen wird.

Häufig verwendete Werte für `$^I` sind `.bak` oder `~`, damit die Sicherungskopien denen von Editoren ähneln. Ein ungewöhnlicher, aber nützlicher Wert für `$^I` ist die leere Zeichenkette `""`, was dazu führt, daß die alte Datei unmittelbar nach Abschluß des Editierens beendet wird. Unglücklicherweise verlieren Sie alle Ihre Daten, wenn der Rechner oder das Programm abstürzen, während das Programm läuft, weswegen dieser Wert nur den Tapferen, den Vertrauensseligen und den Narren empfohlen wird.

Mit dem folgenden Code können Sie die Login-Shell aller Benutzer auf */bin/sh* setzen, indem Sie die Paßwort-Datei editieren:

```
@ARGV = ("/etc/passwd"); # Wert für den Zeileneingabeoperator setzen
$^I = ".bak";            # /etc/passwd.bak ist unsere Sicherungskopie
while (<>) {             # Hauptschleife, wird einmal pro Zeile in /etc/passwd
                         # durchlaufen
    s#:[^:]*$#:/bin/sh#; # Shell in /bin/sh ändern
    print;               # Ausgabe nach ARGVOUT schreiben: die neue Datei /etc/passwd
}
```

Wie Sie sehen, ist dieses Programm ziemlich einfach. Das gesamte Programm hätten Sie sogar mit ein paar Kommandozeilenargumenten erzeugen lassen können:

```
perl -p -i.bak -e 's#:[^:]*$#:/bin/sh#' /etc/passwd
```

Die Option `-p` legt eine `while`-Schleife um Ihr Programm, die auch eine `print`-Anweisung enthält. Die Option `-i` legt einen Wert für die Variable `$^I` fest, und die Option `-e` definiert ihr Argument als auszuführenden Perl-Code für den Schleifenrumpf. Das letzte Argument schließlich ist der initiale Wert für `@ARGV`.

Die Kommandozeilenargumente werden ausführlicher in *Programmieren mit Perl* und der Man-Page *perlrun* beschrieben.

Übungen

Die Antworten stehen in Anhang A.

1. Schreiben Sie ein Programm, das die Alias-Datenbank von *sendmail* ausliest und alle Einträge ausgibt.

2. Schreiben Sie zwei Programme: eines, das Daten von <> einliest, sie in Wörter zerlegt und eine DBM-Datei aktualisiert, die die Häufigkeit des Auftretens der einzelnen Wörter enthält, und eines, das diese DBM-Datei öffnet und die Resultate in absteigender Häufigkeitsreihenfolge sortiert ausgibt. Testen Sie das erste Programm mit einigen Probedateien, und überprüfen Sie mit dem zweiten Programm, ob die Ergebnisse richtig waren.

In diesem Kapitel:

- *awk-Programme nach Perl konvertieren*
- *sed-Programme nach Perl konvertieren*
- *Shell-Programme nach Perl konvertieren*
- *Übung*

18

Andere Sprachen nach Perl konvertieren

awk-Programme nach Perl konvertieren

Eines der vielen coolen Dinge an Perl ist es, daß Perl (mindestens) eine semantische Obermenge von *awk* ist. Praktisch gesprochen bedeutet das für Sie, daß Sie alles, was Sie in *awk* machen können, auch irgendwie in Perl machen können. Die *Syntax* ist allerdings nicht kompatibel; beispielsweise wird die *awk*-Variable NR (Eingabedatensatznummer) in Perl durch `$.` repräsentiert.

Wenn Sie ein *awk*-Programm haben und es mit Perl ablaufen lassen möchten, dann können Sie das Programm automatisch mit dem Utility *a2p*, das Bestandteil der Perl-Distribution ist, konvertieren. Dieses Utility konvertiert die Syntax von *awk* in die Syntax von Perl und erzeugt aus fast allen *awk*-Programmen ein direkt ausführbares Perl-Skript.

Um *a2p* zu verwenden, müssen Sie Ihr *awk*-Programm in einer separaten Datei abspeichern und *a2p* mit dem Namen dieser Datei als Argument starten, oder aber Sie leiten die Standardeingabe von *a2p* auf diese Datei um. *a2p* schreibt dann ein gültiges Perl-Programm auf die Standardausgabe.

```
$ cat meinawkprog
BEGIN { summe = 0 }
/lama/ { summe += $2 }
END { print "Die Anzahl der Lamas ist " summe }
$ a2p <meinawkprog >meinperlprog
$ perl meinperlprog einedatei
Die Anzahl der Lamas ist 15
$
```

Sie können auch die Standardausgabe von *a2p* direkt zu Perl weiterleiten, weil der Perl-Interpreter ein Programm auf der Standardeingabe akzeptiert, wenn man ihn darum bittet:

```
$ a2p <meinawkprog | perl - einedatei
Die Anzahl der Lamas ist 15
$
```

Ein *awk*-Skript, das nach Perl konvertiert wurde, wird im allgemeinen die gleiche Funktion erfüllen, oft schneller ablaufen und auf jeden Fall nicht die eingebauten Beschränkungen von *awk* hinsichtlich der Zeilenlänge, der Anzahl der Parameter oder was auch immer haben. Einige wenige konvertierte Perl-Programme können langsamer ablaufen, weil der äquivalente Perl-Code zu einer gegebenen *awk*-Operation nicht notwendigerweise der effizienteste Perl-Code ist, den man erhalten würde, wenn man das Skript neu schreibt.

Vielleicht wollen Sie den konvertierten Perl-Code auch von Hand optimieren oder der Perl-Version des Programms neue Funktionen hinzufügen. Das ist ziemlich einfach, weil der Perl-Code einigermaßen lesbar ist (in Anbetracht der Tatsache, daß die Übersetzung automatisch abläuft, ist das eine ziemliche Leistung).

Einige wenige Übersetzungen sind nicht mechanisch. Beispielsweise ist der Operator für den Kleiner-gleich-Vergleich in *awk* sowohl für Zahlen als auch für Zeichenketten <. In Perl gibt es dagegen `lt` für Zeichenketten und < für Zahlen. *awk* errät im allgemeinen, ob es sich bei den beiden Werten um Zahlen oder Zeichenketten handelt, und das Programm *a2p* versucht, das ebenfalls zu erraten. Es kann aber passieren, daß nicht genug über die beiden Werte bekannt ist, um zu bestimmen, ob ein Zeichenketten- oder Zahlenvergleich angebracht ist. In diesem Fall gibt *a2p* den Operator aus, den es für wahrscheinlich hält, und markiert die möglicherweise falsche Zeile mit `#??` (einem Perl-Kommentar) und einer Erklärung. Sie sollten das erzeugte Skript nach der Konvertierung nach solchen Kommentaren absuchen, um zu überprüfen, ob *a2p* richtig geraten hat. Weitere Details über *a2p* erfahren Sie aus der Man-Page. Wenn auf Ihrem System *a2p* nicht in demselben Verzeichnis wie der Perl-Interpreter vorhanden ist, dann beschweren Sie sich laut und deutlich bei demjenigen, der Perl auf Ihrem System installiert hat.

sed-Programme nach Perl konvertieren

Das hört sich jetzt vielleicht wie eine Wiederholung an, aber wissen Sie was? Perl ist eine semantische Obermenge von *sed* wie von *awk*.

Und mit der Distribution erhalten Sie auch einen *sed*-nach-Perl-Übersetzer namens *s2p*. Wie *a2p* akzeptiert auch *s2p* ein *sed*-Skript von der Standardeingabe und schreibt ein Perl-Programm auf die Standardausgabe. Im Gegensatz zu *a2p* gibt es hier kaum ein konvertiertes Programm, das falsch läuft; Sie können sich also ziemlich gut darauf verlassen, daß das konvertierte Skript funktioniert, einmal abgesehen von eventuellen Fehlern in *s2p* oder Perl.

Konvertierte *sed*-Programme laufen entweder langsamer oder schneller als das Original, aber meistens sind sie sehr viel schneller (dank der hochoptimierten Perl-Routinen für reguläre Ausdrücke).

Das konvertierte *sed*-Skript kann entweder mit oder ohne Option `-n` arbeiten; die Bedeutung ist dieselbe wie bei *sed*. Dazu muß das Skript sich selbst durch den C-Präprozessor schicken, was den Programmstart etwas verzögert. Wenn Sie sicher sind, daß Sie das Skript entweder immer mit oder immer ohne die Option `-n` starten werden (beispielsweise weil Sie ein *sed*-Skript konvertieren, das in einem größeren Shell-Programm mit bekannten Argumenten verwendet wird), können Sie das *s2p* mitteilen (mit den Optionen `-n` und `-p`). *s2p* optimiert dann das Skript für diese Einstellung.

Um zu demonstrieren, wie leistungs- und wandlungsfähig Perl ist, wurde *s2p* selbst in Perl geschrieben. Wenn Sie sehen möchten, wie Larry in Perl programmiert (auch wenn es sehr alter Code ist, der sich seit der Version 2 von Perl kaum verändert hat), dann werfen Sie einen Blick auf das Übersetzungsprogramm. Aber setzen Sie sich vorher besser hin.

Shell-Programme nach Perl konvertieren

He, Moment mal! Ich dachte, es gibt auch einen Shell-nach-Perl-Übersetzer, oder was?

Nix da. Viele haben schon danach gefragt, aber das Problem dabei ist, daß das meiste, was ein Shell-Skript macht, nicht von der Shell ausgeführt wird. Die meisten Shell-Skripten bringen praktisch ihre gesamte Laufzeit damit zu, andere Programme aufzurufen, um Teile aus Zeichenketten zu extrahieren, Zahlen zu vergleichen, Dateien aneinanderzuhängen, Verzeichnisse zu entfernen usw. Die Konvertierung eines solchen Skripts nach Perl würde es entweder erfordern, die Funktionsweise jedes der aufgerufenen Utilities zu kennen, oder Perl einfach alle diese Utilities aufrufen zu lassen, womit nichts gewonnen wäre.

Das beste, was Sie tun können, ist also ein Shell-Skript anzustarren und herauszufinden, was es eigentlich macht. Das können Sie dann von Anfang an in Perl programmieren. Natürlich können Sie das Skript erst einmal schnell übersetzen, indem Sie weite Teile des Skripts in Aufrufe von `system()` oder Backquotes verpacken. Einige der Operationen können Sie vermutlich durch native Perl-Operationen ersetzen, wie beispielsweise `system(rm fred)` durch `unlink(fred)` oder eine Shell-`for`-Schleife durch eine Perl-`for`-Schleife. Aber im allgemeinen ist es mehr so, als ob Sie ein COBOL-Programm nach C konvertieren (in dem Maße, in dem die Zeichenzahl abnimmt, wird die Unleserlichkeit größer).

Übung

Die Antwort steht in Anhang A.

1. Konvertieren Sie das folgende Shell-Skript in ein Perl-Programm.

```
cat /etc/passwd |
awk -F: '{print $1, $6}' |
while read user home
do
  newsrc="$home/.newsrc"
  if [ -r $newsrc ]
  then
    if grep -s '^comp\.lang\.perl\.announce:' $newsrc
    then
      echo -n "$user ist ein guter Mensch ";
      echo "und liest comp.lang.perl.announce!"
    fi
  fi
done
```

In diesem Kapitel:

- *Das Modul CGI.pm*
- *Die Umgebung eines CGI-Programms*
- *Das einfachste CGI-Programm*
- *Parameter via CGI übergeben*
- *Weniger Schreibarbeit*
- *Formulare generieren*
- *Andere Formular-Elemente*
- *Ein Gästebuch programmieren*
- *Fehlersuche in CGI-Programmen*
- *Perl und das Web: Mehr als CGI-Programmierung*
- *Literaturhinweise*
- *Übungen*

19 CGI-Programmierung

Wenn Sie nicht die letzten Jahre in einer Berghütte ohne Stromanschluß zugebracht haben, dann haben Sie auch vom World Wide Web gehört. Web-Adressen (besser bekannt als URLs) tauchen überall auf: auf Anschlagtafeln und Filmabspännen, in Zeitschriften und Zeitungen bis hin zu Regierungserklärungen.

Viele der interessanteren Web-Seiten enthalten eine Art Eingabeformular. Sie können hier Daten eingeben und dann auf eine Schaltfläche oder ein Bild klicken. Damit wird auf dem Web-Server ein Programm gestartet, das Ihre Eingabe analysiert und eine neue Ausgabe erzeugt. Manchmal ist dieses Programm (diese Programme werden allgemein *CGI*-Programme genannt) nur eine Schnittstelle zu einer bereits existierenden Datenbank und konvertiert nur Ihre Eingabe in etwas, das die Datenbank versteht, sowie die Ausgabe der Datenbank in etwas, das ein Web-Browser versteht (normalerweise HTML).

CGI-Programme können aber noch mehr tun, als nur Formulareingaben zu verarbeiten. Sie werden auch aufgerufen, wenn Sie auf ein graphisches Bild klicken, und stecken möglicherweise hinter jeder Ausgabe, die Sie in Ihrem Browser sehen. Web-Seiten mit CGI-Programmen sind oft nicht trocken und langweilig, sondern wirken durch den dynamischen Inhalt lebendig. Und dynamische Information ist genau das, was das Web interessant und interaktiv macht und darüber hinausgeht, einfach nur ein Buch am Bildschirm zu lesen.

Trotz aller springenden Bälle und wechselnden Anzeigen enthält das Web eine Menge Text. Weil wir hier mit Text, Dateien, Netzwerkverbindungen und ab und zu ein wenig binären Daten arbeiten, ist Perl die perfekte Sprache für die Web-Programmierung.

In diesem Kapitel untersuchen wir nicht nur die Grundlagen der CGI-Programmierung, sondern wollen dabei auch ein wenig über Referenzen, Bibliotheksmodule und objekt-orientierte Programmierung in Perl lernen. Am Ende schauen wir uns dann an, wo Perl noch nützlich in der Web-Programmierung ist.

Als eine einzelne Einführung kann dieses Kapitel (und fast alle anderen Dokumente, die kürzer als einige hundert Seiten sind) nicht ausreichend auf die komplexeren Themenbereiche wie Referenzen und objekt-orientierte Programmierung eingehen, die wir hier anschneiden. Was die hier gezeigten Beispiele aber tun können, ist Ihnen ein wenig Appetit zu machen und Ihnen eine praktische Orientierung zu geben, an die Sie sich erinnern können, wenn Sie die entsprechenden Lehrbücher durcharbeiten. Und wenn Sie mehr der Learning-by-doing-Lerntyp sind, dann können Sie auch schon nützliche Programme anhand der hier vorgestellten Konzepte und Beispielprogramme schreiben.

Wir gehen davon aus, daß Sie zumindest Grundlagenkenntnisse von HTML haben.

Das Modul CGI.pm

Ab Version 5.004 enthält die Standard-Perl-Distribution das umfassende Modul CGI.pm.[1]

Dieses Modul, das von Lincoln Stein, dem Autor des renommierten Buches *How to Setup and Maintain Your Web Site*, geschrieben wurde, macht es einfach, in Perl CGI-Programme zu schreiben. Wie Perl selber ist CGI.pm plattformunabhängig. Sie können das Modul also auf allen Systemen von UNIX und Linux bis zu VMS einsetzen; es läuft sogar unter Windows und auf dem Macintosh.

Wenn CGI.pm bereits auf Ihrem System installiert ist, dann können Sie die vollständige Dokumentation mit Ihrem Lieblingsverfahren zum Lesen von Perl-Dokumentation lesen, also z.B. mit den Befehlen *man* (1) oder *perldoc* (1) oder als HTML-Datei. Wenn das alles nicht funktionieren sollte, dann lesen Sie die Datei *CGI.pm* selbst: Die Dokumentation des Moduls ist in das Modul eingebettet und im einfachen *pod*-Format geschrieben.[2]

Während Sie CGI-Programme entwickeln, sollten Sie einen Ausdruck der Man-Page von CGI.pm parat haben. Hier werden nicht nur die Funktionen des Moduls beschrieben, Sie finden darin auch viele Beispiels und Tips.

---

1 Wenn Sie eine frühere Version von Perl (aber mindestens die Version 5.001) haben, dann können Sie sich CGI.pm aus dem CPAN holen.

2 Pod steht für »plain old documentation«, die simple Formatierungssprache, die für alle Perl-Dokumentationen verwendet wird. Die Man-Page *perlpod* (1) beschreibt, wie pod funktioniert; *pod2man* (1), *pod2html* (1) und *pod2text* (1) beschreiben einige der pod-Konverter.

Die Umgebung eines CGI-Programms

Abbildung 19-1 zeigt den Zusammenhang zwischen dem Web-Browser, dem Web-Server und dem CGI-Programm. Zu jedem Link, auf den Sie in Ihrem Browser klicken können, gibt es einen URL. Dieser URL gibt einen Web-Server und eine Ressource auf diesem Server an. Der Browser nimmt Kontakt mit dem Server auf und fordert die angegebene Ressource an. Wenn es sich dabei beispielsweise um ein HTML-Formular handelt, dann schickt der Web-Server dieses Formular an den Browser zurück, der es für Sie anzeigt, so daß Sie es ausfüllen können.

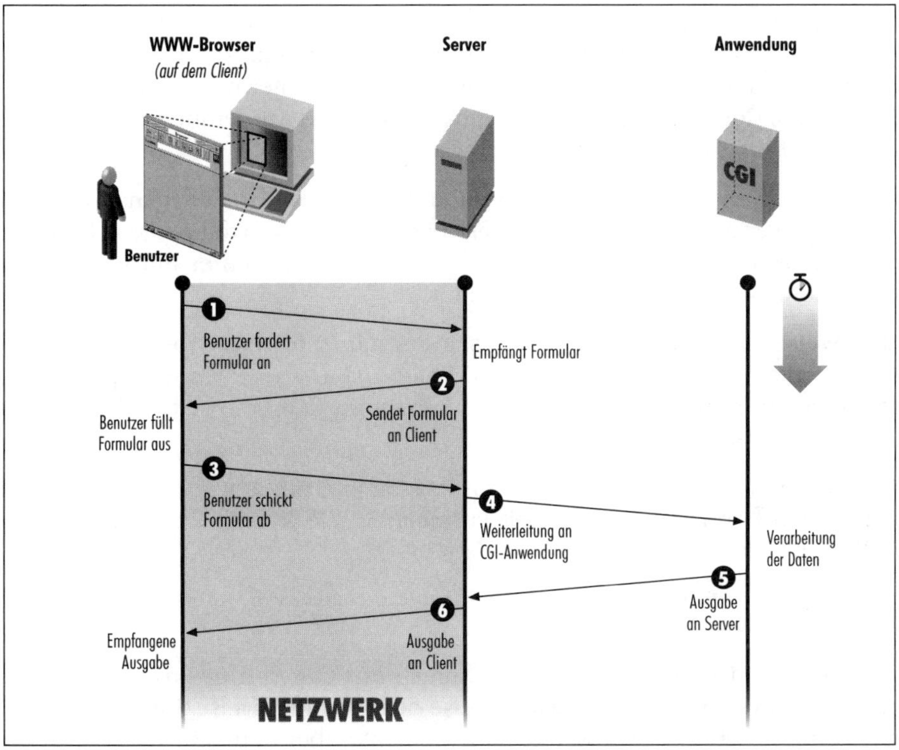

Abbildung 19-1: Interaktion von Formularen mit CGI

Jedes Texteingabefeld des Formulars hat einen Namen (der im HTML-Code des Formulars angegeben wird) und einen Wert, nämlich das, was Sie eingetippt haben. Das Formular ist (über den HTML-Tag `<FORM>`) mit einem CGI-Programm verknüpft, das die Eingaben im Formular bearbeitet. Wenn Sie das Formular ausgefüllt und die »Abschikken«-Schaltfläche betätigt haben, greift der Browser auf den URL des CGI-Programms zu. Vorher hängt er aber noch einen sogenannten *Abfragestring* (*query string*) an den URL an, der aus einem oder mehreren Paaren der Form `name=wert` besteht. Die Namen sind dabei die Namen der Texteingabefelder und die Werte Ihre Eingaben in die jeweiligen Felder. Der URL, an den der Browser Ihre Eingaben in das Formular abliefert, sieht also etwa so aus (der Abfragestring ist dabei alles, was nach dem Fragezeichen steht):

```
http://www.IRGENDWO.org/cgi-bin/ein_cgi_prog?sorte=Vanille&groesse=doppelt
```

In diesem Fall gibt es zwei `name=wert`-Paare. Diese Paare werden jeweils durch Kaufmanns-Unds (`&`) voneinander getrennt. Darum müssen Sie sich aber nicht kümmern, wenn Sie das CGI.pm-Modul verwenden. Über den Teil */cgi-bin/ein_cgi_prog* werden wir noch zu reden haben; im Moment reicht es aber zu wissen, daß dies der Pfad zum CGI-Programm ist, das die Formulareingabe verarbeitet.

Wenn der Web-Server (in diesem Fall *www.IRGENDWO.org*) diesen URL von Ihrem Browser empfängt, ruft er das CGI-Programm auf und übergibt die `name=wert`-Paare als Argumente. Das Programm macht dann, was es auch immer tun soll und gibt (normalerweise) HTML-Code an den Server zurück, den dieser wiederum an den Browser zurückschickt, der ihn für Sie anzeigt.

Die Kommunikation zwischen dem Browser und dem Server geschieht genauso wie die zwischen dem Server und dem CGI-Programm nach einem Protokoll namens HTTP. Sie müssen darüber nicht viel wissen, wenn Sie CGI-Programme schreiben, weil CGI.pm die Protokoll-Kommunikation für Sie übernimmt.

Die Art und Weise, wie ein CGI-Programm seine Argumente vom Browser (unter Vermittlung des Servers) erwartet, ist in der »Common Gateway Interface«-Spezifikation festgelegt. Auch darum müssen Sie sich nicht kümmern; CGI.pm packt die Argumente automatisch für Sie aus.

Schließlich sollten Sie noch wissen, daß CGI-Programme mit jedem HTML-Dokument zusammenarbeiten können, nicht nur mit Formularen. Sie könnten zum Beispiel den folgenden HTML-Code schreiben:

```
Klicken Sie <a href="http://www.IRGENDWO.org/cgi-bin/fortune.cgi">hier</a>, um Ihren
Gl&uuml;ckskeks abzuholen.
```

fortune.cgi könnte ein Programm sein, das einfach nur das *fortune*-Programm aufruft, welches auf UNIX-Systemen Glückskekse (weise oder weniger weise Sprüche und Zitate) verschickt. In diesem Fall würden keine Argumente über den URL an das CGI-Programm weitergegeben werden. Das HTML-Dokument könnte auch zwei Links enthalten – einen, um den Glückskeks abzuholen, und einen, um sich das aktuelle Datum anzeigen zu lassen. Beide Links könnten auf dasselbe CGI-Programm verweisen, wobei bei dem einen hinter dem Fragezeichen im URL `fortune` und hinter dem anderen `date` stehen würde. Die HTML-Links würden dann so aussehen:

```
<a href="http://www.IRGENDWO.org/cgi-bin/fortune_oder_date?fortune">
<a href="http://www.IRGENDWO.org/cgi-bin/fortune_oder_date?date">
```

Das CGI-Programm (in diesem Fall *fortune_oder_date*) würde dann ermitteln, welches der beiden möglichen Argumente ihm übergeben wurden, und entweder das Programm *fortune* oder das Programm *date* ausführen.

Argumente müssen also nicht unbedingt in der Form `name=wert` sein, wie wir es bei Formularen gesehen haben. Sie können CGI-Programme für so ziemlich jeden Zweck schreiben und so ziemlich alle Argumente übergeben.

In diesem Kapitel werden wir hauptsächlich auf HTML-Formulare eingehen. Wir nehmen dabei an, daß Sie bereits über Grundkenntnisse in HTML verfügen.[3]

Das einfachste CGI-Programm

Hier zeigen wir Ihnen den Source-Code für Ihr erstes CGI-Programm. Es ist so einfach, daß es nicht einmal das CGI.pm-Modul benötigt:

```
#!/usr/bin/perl -w
# hallo - das einfachste aller CGI-Programme
print <<ENDE_des_mehrzeiligen_Textes;
Content-type: text/html

<HTML>
    <HEAD>
    <TITLE>Hallo Welt</TITLE>
    </HEAD>
    <BODY>
    <H1>Seid gegruesst, Erdlinge!</H1>
    </BODY>
</HTML>

ENDE_des_mehrzeiligen_Textes
```

Jedesmal wenn dieses Programm aufgerufen wird, zeigt es das gleiche an. Das ist nicht besonders interessant, aber wir werden das Programm später noch aufpeppen. Dieses kleine Programm enthält nur eine Anweisung, den Aufruf der Funktion `print`. Das etwas merkwürdig aussehende Argument ist ein sogenanntes *here document*. Es fängt mit zwei kleiner als-Zeichen und einem Wort an, das als *Endmarke* dient. Obwohl das für einen Shell-Programmierer wie eine I/O-Umleitung aussieht, ist es doch eine bequeme Möglichkeit, eine mehrzeilige Zeichenkette zu quoten. Die Zeichenkette selbst beginnt auf der nächsten Zeile und endet vor der Zeile mit der Endmarke, die allein am Anfang einer Zeile stehen muß. Here-Dokumente sind besonders nützlich, wenn Sie HTML-Code generieren wollen.

Der erste Teil der langen Zeichenkette ist eindeutig der wichtigste: die `Content-Type`-Zeile gibt an, was für eine Art von Ausgabe Sie generieren. Auf diese Zeile folgt eine Leerzeile, die auch keine Leerzeichen oder Tabulatoren enthalten darf. Die meisten CGI-Programme von Anfängern funktionieren nicht, weil diese Leerzeile vergessen wurde, die den Header (der ähnlich einem Mail-Header ist) vom optional folgenden Rumpf trennt.[4] Nach der Leerzeile folgt der HTML-Code selbst, der an den Browser des Benutzers geschickt und dort formatiert und angezeigt wird.

3 Alles über HTML erfahren Sie in dem O'Reilly-Buch *HTML: Das umfassende Referenzwerk.*

4 Dieser Header wird vom HTTP-Protokoll verlangt.

Gehen Sie zunächst sicher, daß Ihr Programm von der Kommandozeile aus funktioniert. Das ist ein notwendiger, aber kein hinreichender Schritt auf dem Weg zu einem funktionierenden Server-Skript. Es kann noch vieles andere schiefgehen; lesen Sie dazu bei Problemen den Abschnitt »Fehlersuche in CGI-Programmen« in diesem Kapitel.

Wenn dieses Programm von der Kommandozeile aus funktioniert, müssen Sie es auf dem Server-Rechner installieren. Wo das Programm hininstalliert werden muß, hängt vom Server ab, aber oft werden *//etc/httpd/cgi-bin/* und die Unterverzeichnisse davon für CGI-Skripten verwendet. Fragen Sie Ihren freundlichen Systemadministrator oder Webmaster, um sicherzugehen.

Wenn Ihr Programm im richtigen CGI-Verzeichnis installiert ist, können Sie es ausführen, indem Sie den Pfadnamen in Ihrem Browser als Teil des URLs angeben. Wenn Ihr Programm *hallo* heißt, dann könnte der URL möglicherweise *http://www.IRGENDWO.org/cgi-bin/hallo* sein.

Server definieren oft Aliasnamen für lange Pfadnamen. Es kann zum Beispiel gut sein, daß der Server auf dem Rechner *www.IRGENDWO.org cgi-bin/hallo* in so etwas wie */usr/etc/httpd/cgi-bin/hallo* übersetzt. Ihr Systemadministrator oder Webmaster kann Ihnen sagen, welchen Aliasnamen Sie verwenden müssen, um auf Ihr Programm zuzugreifen.

Parameter via CGI übergeben

Sie benötigen nicht unbedingt ein Formular, um Parameter an (die meisten) CGI-Programme zu übergeben. Um das auszuprobieren, verwenden Sie jetzt den URL *http://www.IRGENDWO.org/cgi-bin/eis?sorte=schokomint.*

Wenn Sie Ihrem Browser diesen URL übergeben, dann bittet er nicht nur den Web-Server darum, das Programm *eis* auszuführen, sondern übergibt dem Programm auch den String `sorte=schokomint`. Dann ist es die Aufgabe des Programms, diesen Argumentstring zu lesen und auseinanderzunehmen. Es ist nicht so einfach, wie Sie vielleicht denken, das richtig zu machen. Viele Programme programmieren das Parsen der Argumente selbst, aber solche handgemachten Algorithmen funktionieren oft nicht in allen Fällen. Weil es so schwierig ist, das Parsen in allen Fällen richtig durchzuführen, sollten Sie das besser nicht selber programmieren, insbesondere auch deswegen nicht, weil es wunderbare Module gibt, die all das für Sie erledigen.

Hier kommt jetzt das Modul CGI.pm ins Spiel, das eingehende CGI-Anfragen immer korrekt parst. Um dieses Modul in Ihr Programm einzubinden, müssen Sie nur die Zeile

```
use CGI;
```

irgendwo am Anfang Ihres Programms einfügen.[5]

5 Alle Perl-Module haben das Suffix ».pm«; die Anweisung `use` erwartet das so. Wenn Sie eigene Module programmieren wollen, dann lesen Sie Kapitel 5 von *Programmieren mit Perl* oder die Man-Page *perlmod* (1).

Die Anweisung `use` ist ähnlich wie die `#include`-Direktive in der C-Programmierung: Sie lädt Code aus einer anderen Datei zur Compile-Zeit nach. Außerdem können Sie mit optionalen Argumenten angeben, auf welche Funktionen und Variablen aus diesem Modul Sie zugreifen möchten. Diese Namen werden in einer Liste hinter dem Modulnamen in der `use`-Anweisung angegeben. Sie können dann auf die benannten Funktionen und Variablen zugreifen, als ob Sie sie selbst definiert hätten.

Für unser kleines Programm benötigen wir aus CGI.pm zunächst nur die Funktion `param()`.[6]

Wenn der Funktion `param` keine Argumente übergeben werden, gibt Sie eine Liste aller Felder zurück, die in dem HTML-Formular waren, auf das das CGI-Skript antwortet. (In unserem Fall ist das das Feld `sorte`, im allgemeinen die Liste der Namen in `name=wert`-Parametern, die das CGI-Programm aus dem Formular erhält.) Wenn der Name eines Feldes als Argument übergeben wird, gibt `param()` den Wert (oder die Werte) zurück, die diesem Feld zugeordnet sind. `param('sorte')` gibt also `'schokomint'` zurück, weil wir am Ende des URLs `?sorte=schokomint` übergeben haben.

Auch wenn wir in unserer Importliste in der `use`-Anweisung nur ein Element stehen haben, verwenden wir die Notation mit `qw()`. Auf diese Art und Weise wird es später einfacher, die Liste zu erweitern.

```
#!/usr/bin/perl -w
# cgi-bin/eis: Programm, um das Lieblingseissortenformular
# zu beantworten (Version 1)
use CGI qw(param);

print <<ENDE_des_Headers;
Content-type: text/html

<HTML>
    <HEAD>
    <TITLE>Hallo Welt</TITLE>
    </HEAD>
    <BODY>
    <H1>Seid gegruesst, Erdlinge!</H1>
ENDE_des_Headers

my $liebling = param("sorte");
print "<P>Ihre Lieblingssorte ist $liebling.";
print <<Fertig;
    </BODY>
</HTML>
Fertig
```

6 Einige Module exportieren automatisch all ihre Funktionen, aber weil CGI.pm in Wirklichkeit ein Objekt-Modul ist, das sich als traditionelles Modul verkleidet hat, müssen wir ausdrücklich angeben, welche Funktionen wir verwenden wollen.

Weniger Schreibarbeit

Das ist immer noch eine Menge Schreibarbeit. Glücklicherweise hat das Modul CGI.pm ein ganzes Rudel an Bequemlichkeitsfunktionen, die die Schreibarbeit vereinfachen. Jede dieser Routinen gibt eine Zeichenkette zurück, die Sie ausgeben können. Beispielsweise gibt `header()` eine Zeichenkette zurück, die die Zeile mit `Content-type` und eine Leerzeile enthält, `start_html(`*`zeichenkette`*`)` gibt *`zeichenkette`* als HTML-Title, `h1(`*`zeichenkette`*`)` *`zeichenkette`* als HTML-Überschrift erster Ordnung und `p(`*`zeichenkette`*`)` *`zeichenkette`* als neuen HTML-Paragraph zurück.

Wir könnten all diese Funktionen in der Import-Liste von `use` aufführen, aber das wird irgendwann zu unhandlich. Deswegen stellt CGI.pm – wie viele andere Module auch – sogenannte *Import-Tags* zur Verfügung. Das sind Label, die für eine ganze Gruppe zu importierender Funktionen stehen. Sie stellen dazu einfach das gewünschte Tag (das immer mit einem Doppelpunkt beginnt) an den Anfang der Import-Liste. Zu den Import-Tags von CGI.pm gehören:

`:cgi`
: Importiert alle Methoden zur Argument-Verarbeitung wie `param()`.

`:form`
: Importiert alle Methoden, die Formulare generieren, darunter `textfield()`.

`:html2`
: Importiert alle Methoden, die Elemente des HTML 2.0-Standards generieren.

`:html3`
: Importiert alle Methoden, die Elemente des HTML 3.0-Standards generieren (wie `<table>`, `<super>` oder `<sub>`).

`:netscape`
: Importiert alle Methoden, die Netscape-spezifische HTML-Erweiterungen importieren.

`:shortcuts`
: Importiert alle Methoden, die die HTML-Generierung vereinfachen (also »html2«, »html3« und »netscape«).

`:standard`
: Importiert die »Standard-Funktionen«: »html2«, »form« und »cgi«.

`:all`
: Importiert alle verfügbaren Methoden. Die vollständige Liste finden Sie im Modul CGI.pm an der Stelle, an der die Variable `%TAGS` definiert wird.

Wir verwenden hier nur `:standard`. (Mehr zum Importieren von Funktionen und Variablen aus Modulen finden Sie in der Beschreibung des Exporter-Moduls in Kapitel 7 von *Programmieren mit Perl* oder der Man-Page *Exporter*(3).)

Noch einmal unser Programm, diesmal aber mit allen Abkürzungen, die CGI.pm zur Verfügung stellt:

```
#!/usr/bin/perl -w
# cgi-bin/eis: Programm, um das Lieblingseissortenformular
# zu beantworten (Version 2)
use CGI qw(:standard);
print header(), start_html("Hallo Welt"), h1("Hallo Welt");
my $liebling = param("sorte");
print p("Ihre Lieblingssorte ist $liebling.");
print end_html();
```

Ist das nicht viel einfacher? Sie müssen sich nicht um das Dekodieren von Formularen, um Header oder um HTML-Syntax kümmern, wenn Sie nicht wollen.

Formulare generieren

Vielleicht sind Sie es jetzt leid, immer die Parameter Ihres Programms in den Browser einzugeben. Legen Sie dann doch statt dessen ein Formular an, das sind die meisten Leute so gewohnt. Die Teile eines Formulars, die Benutzereingaben entgegennehmen, heißen normalerweise *Widgets*, ein sehr viel unkomplizierterer Ausdruck als »graphische Eingabemöglichkeiten«. Zu den Widgets, die Sie in einem Formular verwenden können, gehören ein- und mehrzeilige Textfelder, Popup-Menüs, scrollende Listen und verschiedene Arten von Schaltflächen und Checkboxen.

Legen Sie die folgende HTML-Seite an, die ein Formular mit einem Textfeld-Widget und einer Schaltfläche zum Abschicken (»submit«) enthält. Wenn der Benutzer auf die Abschicken-Schaltfläche klickt, wird das im ACTION-Tag angegebene *eis*-Skript, aufgerufen.[7]

```
<!-- eis.html -->
<HTML>
    <HEAD>
    <TITLE>Hallo Eis</TITLE>
    </HEAD>
    <BODY>
    <H1>Hallo Eis</H1>
    <FORM ACTION="http://www.IRGENDWO.org/cgi-bin/eis">
    Was ist Ihre Lieblingssorte? <INPUT NAME="liebling" VALUE="schokomint">
    <P>
    <INPUT TYPE="submit" VALUE="Abschicken">
    </FORM>
    </BODY>
</HTML>
```

7 In manchen Browsern ist es erlaubt, die Abschicken-Schaltfläche wegzulassen, wenn das Formular nur ein einziges Textfeld hat. Wenn der Benutzer dann in diesem Feld die Eingabetaste betätigt, wird das als Aufforderung zum Abschicken angesehen. Aber es ist besser, wenn wir portablen HTML-Code verwenden, der in allen Browsern funktioniert.

Denken Sie daran, daß ein CGI-Programm beliebigen HTML-Code erzeugen kann, der dann an den Browser zurückgeliefert wird, der das Starten des CGI-Programms veranlaßt hat. Ein CGI-Programm kann also auch eine HTML-Seite mit einem Formular generieren, genau wie das CGI-Programm auf Benutzereingaben in einem Formular reagieren kann. Alles, was Sie tun müssen, ist, das Programm in zwei Teile aufzuteilen, die unterschiedliche Dinge tun – je nachdem, ob das Programm mit oder ohne Argumente gestartet wurde. Wenn keine Argumente übergeben wurden, dann schickt das Programm das leere Formular an den Browser, ansonsten enthalten die Argumente die Antworten des Benutzers im vorher zurückgeschickten Formular, und das Programm schickt eine auf diesen Eingaben basierende Antwort zurück.

Es erleichtert die Pflege des Programms, wenn alle Funktionen in einer einzelnen CGI-Datei gehalten werden. Der Nachteil ist eine geringfügig höhere Verarbeitungszeit, wenn die ursprüngliche Seite geladen werden soll. Hier das gesamte Skript:

```
#!/usr/bin/perl -w
# cgi-bin/ice_cream: Programm, um das Lieblingseissortenformular
# zu beantworten *und zu generieren* (Version 3)
use CGI qw(:standard);
my $liebling = param("sorte");
print header, start_html("Hallo Eis"), h1("Hallo Eis");
if ($liebling) {
    print q("Ihre Lieblingssorte ist $liebling.");
} else {
    print hr, start_form; # hr() gibt eine horizontale Linie aus: <HR>;
    print q("Bitte w&auml;hlen Sie eine Sorte: ", textfield("sorte","schokomint"));
    print end_form, hr;
}
```

Wenn Sie in Ihrem Browser auf einen Link klicken, der auf dieses Programm zeigt (und der Link am Ende nicht *?wasauchimmer* angibt), dann sehen Sie etwa Abbildung 19-2. Das Textfeld wird am Anfang mit dem Default-Wert gefüllt, aber wenn der Benutzer hier eine Eingabe macht, ersetzt diese den Default.

Füllen Sie jetzt das Feld `sorte` aus, drücken Sie die Eingabetaste, und Sie sehen die Antwort in Abbildung 19-3.

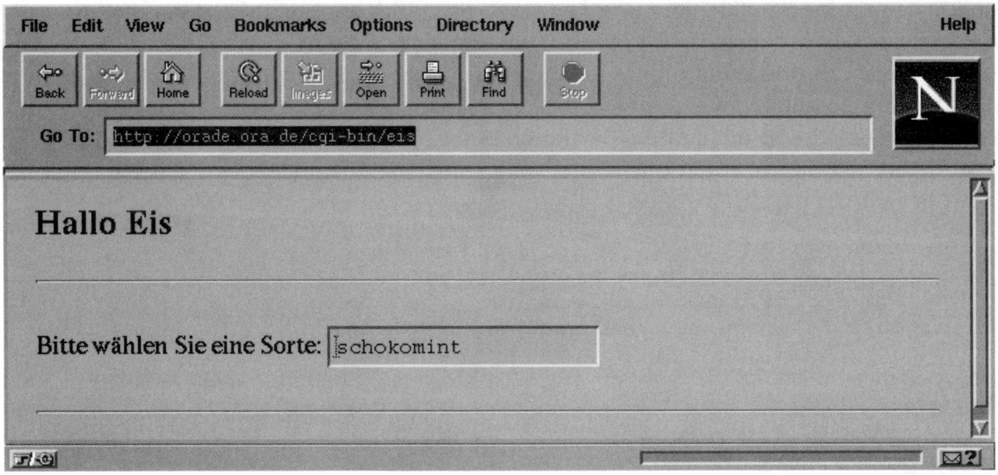

Abbildung 19-2: Ein einfaches Formular

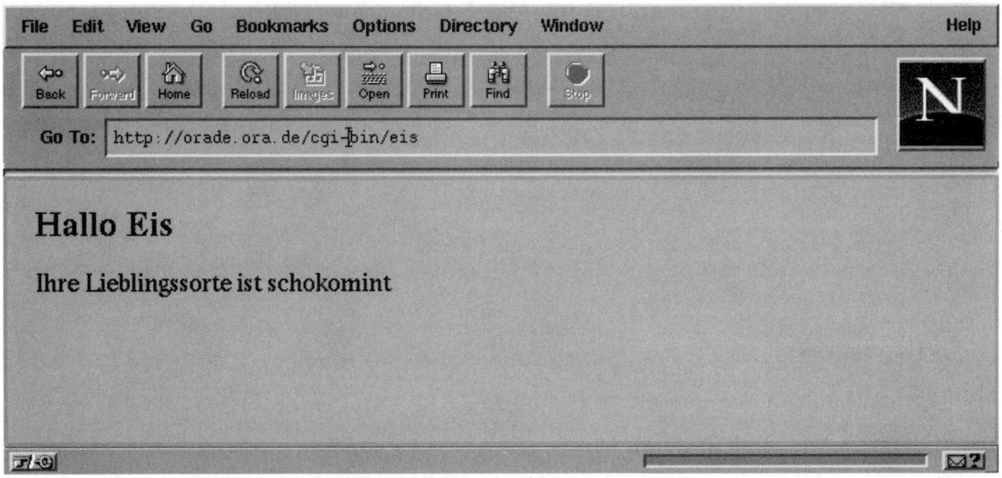

Abbildung 19-3: Ergebnis des Abschickens des Formulars in Abbildung 19-2

Andere Formular-Elemente

Jetzt, wo Sie wissen, wie man einfache Textfelder in einem Formular anlegt und darauf antwortet, möchten Sie sicherlich auch wissen, wie man die anderen Widgets, die Ihnen schon in Formularen untergekommen sind (wie beispielsweise Schaltflächen, Checkboxen oder Menüs) erzeugt.

Wir zeigen hier eine erweiterte Version unseres Programms, das wir um einige neue Widgets ergänzt haben: Popup-Menüs, eine Schaltfläche zum Abschicken (namens »Bestellen«) und eine Schaltfläche, um das ganze Formular zurückzusetzen und alle Benutzereingaben zu löschen. Popup-Menüs sind das, was Sie sich unter diesem Namen vorstellen, aber die Argumente, die wir an `popup_menu` übergeben, dürften für Sie etwas merkwürdig aussehen. Wir erklären diese im Abschnitt »Referenzen« weiter hinten. Die Funktion `textfield` erzeugt ein Texteingabefeld mit dem angegebenen Namen. Weitere Details zu dieser Funktion folgen später in diesem Kapitel, wenn wir das Gästebuch-Programm beschreiben.

```
#!/usr/bin/perl -w
# cgi-bin/eis: Programm, um das Eis-Bestellformular zu
# beantworten und zu generieren (Version 4)
use strict; # Variablendeklarationen und Quoting erzwingen
use CGI qw(:standard);

print header, start_html("Eiscaf&eacute;"), h1("Eiscaf&eacute;");
if (param()) { # das Formular ist bereits ausgefüllt
    my $wer = param("name");
    my $sorte = param("sorte");
    my $kugeln = param("kugeln");
    my $steuersatz = 1.07;
    my $preis = sprintf("%.2f", $steuersatz * (0.50 + $kugeln * 0.90));
    print p("OK, $wer, das sind $kugeln Kugeln $sorte für \$$preis.");
} else { # erster Durchlauf, leeres Formular bereitstellen
    print hr(); # horizontale Linie vor dem Formular zeichnen
    print start_form();
    print p("Wie heißen Sie? ", textfield("name"));
    # DIE NAECHSTEN BEIDEN ZEILEN WERDEN ERST IM NAECHSTEN ABSCHNITT ERKLAERT
    print p("Welche Sorte: ", popup_menu("sorte",
                                        ['Schokomint','Kirsche','Vanille']));
    print p("Wieviele Kugeln? ", popup_menu("kugeln", [ 1..3 ]));
    print p(submit("Bestellen"), reset("Löschen"));
    print end_form(), hr();
}
print end_html;
```

Abbildung 19-4 zeigt das generierte Formular.

Sie erinnern sich vielleicht daran, daß die Funktion `param()` die Namen aller Eingabefelder des Formulars, die ausgefüllt worden sind, zurückgibt, wenn sie ohne Argumente aufgerufen wird. Auf diese Art und Weise können Sie feststellen, ob der URL von einem ausgefüllten Formular aus aufgerufen wurde oder nicht. Wenn Parameter vorhanden sind, dann hat der Benutzer einige der Felder eines bereits existierenden Formulars ausgefüllt, worauf geantwortet werden muß. Ansonsten generieren wir ein neues Formular und rechnen damit, daß dieses Programm noch einmal aufgerufen wird.

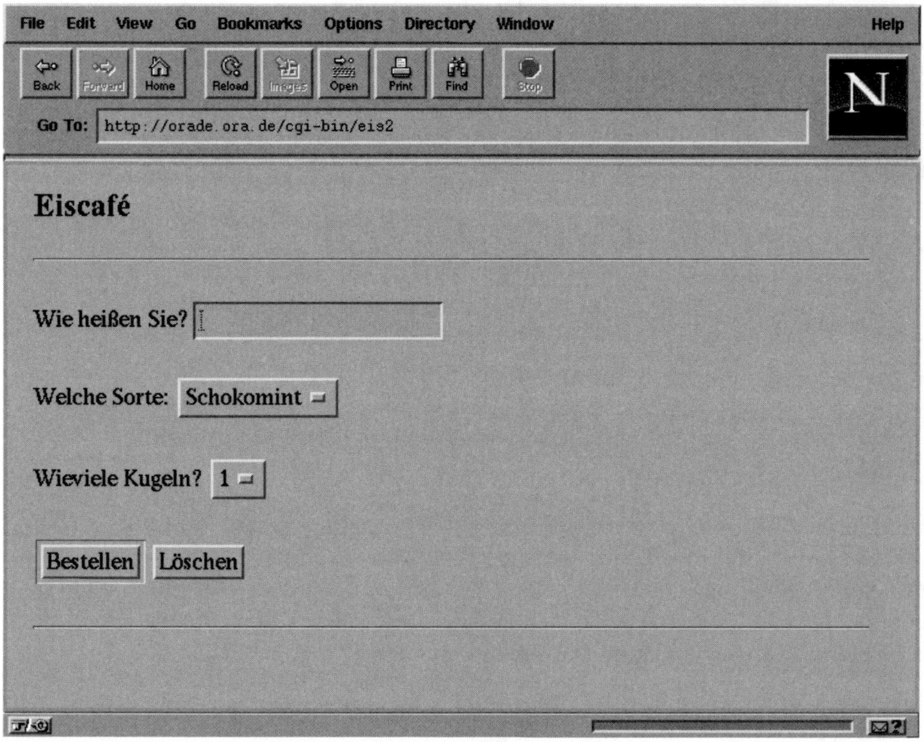

Abbildung 19-4: Ein etwas umfangreicheres Formular

Referenzen

Ihnen ist vielleicht aufgefallen, daß die beiden Aufrufe von *popup_menu()* im vorigen Beispiel beide ein merkwürdiges Argument haben. Was machen diese Ausdrücke `['Schokomint','Kirsche','Vanille']` und `[ 1..3 ]` da? Die eckigen Klammern erzeugen etwas, was Sie noch nicht kennen, nämlich eine Referenz auf ein anonymes Array, weil die Funktion `popup_menu()` eine Arrayreferenz als Argument erwartet. Eine andere Möglichkeit, eine Arrayreferenz zu erzeugen besteht darin, dem Arraynamen wie in `\@auswahl` einen Backslash voranzustellen .

```
@auswahl = ('Schokomint','Kirsche','Vanille');
print p("Welche Sorte: ", popup_menu("sorte", \@auswahl));
```

funktioniert also genauso wie

```
print p("Welche Sorte: ", popup_menu("sorte", ['Schokomint','Kirsche','Vanille']));
```

Referenzen verhalten sich ähnlich wie Zeiger in anderen Programmiersprachen, sind aber weniger anfällig für Programmierfehler. Referenzen sind Werte, die sich auf andere Werte (oder Variablen) beziehen. Perl-Referenzen sind sehr stark getypt (und können ihren Typ nicht ändern) und können nie einen Absturz verursachen. Aber es gibt noch mehr Vorteile: Der Speicherbereich, auf den die Referenzen verweisen, wird automatisch wieder freigegeben, wenn er nicht mehr länger gebraucht wird. Referenzen spielen in der objekt-orientierten Programmierung eine zentrale Rolle. Sie werden aber auch in traditioneller Programmierung verwendet und bilden dort die Grundlagen für Datenstrukturen, die komplexer sind als eindimensionale Arrays und Hashs. Perl kennt Referenzen auf benannte und unbenannte Skalare, Arrays, Hashs und Funktionen.

So wie Sie Referenzen auf benannte Arrays mit `\@array` und auf unbenannte Arrays mit `[ liste ]` anlegen können, können Sie auch Referenzen auf benannte Hashs mit `\%hash` und auf anonyme mit

```
{ schluessel1, wert1, schluessel2, wert2, ... }
```

anlegen.[8] Mehr zu Referenzen erfahren Sie in Kapitel 4 von *Programmieren mit Perl* oder der Man-Page *perlref*(1).

Raffiniertere Funktionsaufrufe

Wir schließen die Besprechung der Formular-Widgets mit einem richtig raffinierten Widget ab, einem, aus dem der Benutzer eine beliebige Anzahl vorgegebener Elemente auswählen kann. Die Funktion `scrolling_list()` in CGI-pm akzeptiert eine beliebige Nummer von Argumentpaaren, die aus einem benannten Parameter (der mit einem Bindestrich - beginnt) und einem Wert für diesen Parameter bestehen.

Das ist alles, was Sie machen müssen, um Ihrem Formular so eine Scrolling-Liste hinzuzufügen:

```
print scrolling_list(
    -NAME => "sorten",
    -VALUES => [ qw(schokomint schokolade kirsche vanille pfirsich) ],
    -LABELS => {
        schokomint => "M&auml;chtige Minze",
        schokolade => "Schmackhafte Schokolade",
        kirsche => "Kernige Kirsche",
        vanille => "Verf&uuml;hrerische Vanille",
        pfirsich => "Perfekter Pfirsich",
    },
    -SIZE => 3,
    -MULTIPLE => 1, # 1 falls ja, 0 falls nein
);
```

Die Parameter haben die folgenden Bedeutungen:

`-NAME`
: Der Name des Widgets. Sie können diesen Wert später verwenden, um die Benutzerdaten im Formular mit `param()` abzufragen.

8 Ja, geschweifte Klammern haben einige Bedeutungen in Perl. Die jeweilige Bedeutung wird durch den Kontext bestimmt.

`-LABELS`
: Eine Referenz auf einen anonymen Hash. Die Werte des Hashes geben die Beschriftungen der Listenelemente an, wie sie der Benutzer zu sehen bekommt. Wenn der Benutzer ein Element auswählt, wird der zugehörige Hash-Schlüssel an das CGI-Programm weitergegeben. Mit anderen Worten, wenn der Benutzer das mit `Perfekter Pfirsich` beschriftete Element auswählt, dann erhält das CGI-Programm das Argument `pfirsich`.

`-VALUES`
: Eine Referenz auf ein anonymes Array. Das Array besteht aus den Schlüsseln, die von `-LABELS` verwendet werden.

`-SIZE`
: Eine Zahl, die angibt, wie viele Listenelemente zur Zeit zu sehen sind.

`-MULTIPLE`
: Ein Wahrheitswert (im Perl-Sinne von wahr und falsch), der angibt, ob der Benutzer mehr als ein Element aus der Liste auswählen darf.

Wenn Sie `-MULTIPLE` auf wahr gesetzt haben, dann sollten Sie auch den Rückgabewert von `param()` an ein Array zuweisen:

```
@auswahl = param("sorte");
```

Hier sehen Sie noch eine Möglichkeit, die gleiche Liste anzulegen, indem eine Referenz auf einen existierenden Hash übergeben wird, anstatt einen neuen anzulegen:

```
%sorten = (
      schokomint => "Mächtige Minze",
      schokolade => "Schmackhafte Schokolade",
      kirsche => "Kernige Kirsche",
      vanille => "Verführerische Vanille",
      pfirsich => "Perfekter Pfirsich",
);
print scrolling_list(
     -NAME => "sorte",
     -LABELS => \%sorten,
     -VALUES => [ keys %sorten ],
     -SIZE => 3,
     -MULTIPLE => 1, # 1 falls ja, 0 falls nein
);
```

Dieses Mal verwenden wir die Werte, die mit der Funktion `keys` aus dem Hash `%sorten` ermittelt werden. Letzterer selbst wird wiederum als Referenz mit dem Backslash-Operator übergeben. Ist Ihnen aufgefallen, daß der Parameter von `-VALUES` immer noch in eckigen Klammern steht? Es wäre nicht ausreichend, einfach nur das Ergebnis von `keys` als Liste zu übergeben, weil `scrolling_list()` an dieser Stelle eine Arrayreferenz verlangt. Diese bekommen Sie aber mit den eckigen Klammern. Sie können sich die eckigen Klammern als eine bequeme Methode vorstellen, mehrere Werte als einen einzigen zu betrachten.

Ein Gästebuch programmieren

Wenn Sie die obigen Beispiele mitverfolgt haben, dann können Sie jetzt einige einfache CGI-Programme schreiben. Aber wie ist es mit den schwierigeren? Eine häufige Aufgabe ist es, ein CGI-Programm zu schreiben, das ein Gästebuch verwaltet, so daß Besucher Ihrer Web-Seiten ihre eigenen Nachrichten hinterlassen können.[9]

Das Formular für diese Aufgabe ist ziemlich einfach anzulegen, sogar einfacher als manche unserer Eis-Formulare. Andere Dinge sind da schon schwieriger, aber keine Sorge, wir werden alles im Laufe dieses Abschnitts erklären.

Natürlich sollen die Nachrichten im Gästebuch auch bestehen bleiben, wenn der Benutzer Ihren Web-Server wieder verlassen hat, also müssen die Nachrichten in einer Datei abgespeichert werden. Das CGI-Programm wird (wahrscheinlich) als ein anderer Benutzer als Sie ablaufen und hat daher nicht die gleichen Zugriffsberechtigungen auf Ihre Dateien. Wenn Sie auf einem UNIX-System arbeiten, dann können Sie die folgenden Zeilen (in der Shell) eingeben, im eine Datei für das Gästebuchprogramm anzulegen.

```
touch /usr/tmp/gaestebuch
chmod 0666 /usr/tmp/gaestebuch
```

So weit, so gut, aber was können wir tun, damit mehrere Leute das Gästebuch-Programm gleichzeitig benutzen können? Das Betriebssystem blockiert den gleichzeitigen Zugriff auf Dateien nicht; wenn Sie also nicht vorsichtig sind, dann kann es Ihnen passieren, daß die Datei ziemlich durcheinander kommt, weil alle zur gleichen Zeit darein schreiben. Um das zu verhindern, verwenden wir die Perl-Funktion `flock`, mit der wir exklusiven Zugriff auf die Datei, die wir aktualisieren wollen, verlangen. Das sieht etwa so aus:

```
use Fcntl qw(:flock); # importiert LOCK_EX, LOCK_SH, LOCK_NB
....
flock(CHANDLE, LOCK_EX) || bail("Kann $DATEINAME nicht sperren: $!");
```

Das Argument `LOCK_EX` von `flock` verlangt den exklusiven Zugriff.[10]

`flock` ist ein einfacher, aber einheitlicher Mechanismus, auch wenn die zugrundeliegenden Implementationen sich auf den einzelnen Systemen massiv unterscheiden. Die Funktion blockiert den Programmablauf zuverlässig und kehrt erst zurück, wenn sie die Sperre erworben hat. Beachten Sie aber, daß diese Sperren nicht vom Betriebssystem erzwungen werden: Sie funktionieren nur, wenn alle Prozesse, die auf eine Datei zugreifen wollen, gleichermaßen die Sperren beachten. Wenn drei Prozesse die Sperren berücksichtigen, ein anderer aber nicht, dann stehen Sie im Regen.

9 Wie wir später noch sehen werden, nennt man so eine Applikation auch ein *webchat*-Programm.

10 In Perl-Versionen, die älter als Version 5.004 sind, müssen Sie die Zeile `use Fcntl` auskommentieren und 2 anstelle von `LOCK_EX` verwenden.

Objekt-Orientierte Programmierung in Perl

Jetzt kommen wir endlich zu einem der wichtigsten Themen und bringen Ihnen bei, wie man Objekte und Klassen verwendet. Die Entwicklung eigener Objektmodule würde in diesem Buch zu weit führen, aber Sie müssen auch nicht wissen, wie das funktioniert, um die bereits vorhandenen, objekt-orientierten Bibliotheksmodule zu benutzen. Detaillierte Informationen über die Benutzung und Programmierung von Objektmodulen finden Sie in Kapitel 5 von *Programmieren mit Perl* und der Man-Page *perltoot* (1).

Wir werden hier nicht auf die Theorie, die hinter Objekten steht, eingehen. Sie können sich Objekte einfach als Pakete (*packages*) – was sie wirklich sind – mit wundervollen und zauberhaftem Inhalt vorstellen, den Sie indirekt aufrufen. Objekte stellen Subroutinen zur Verfügung, die alle Aktionen bereitstellen, die Sie auf dem Objekt ausführen müssen.

Nehmen wir beispielsweise an, daß das Modul CGI.pm ein Objekt namens `$abfrage` zurückgibt, das die Benutzereingabe repräsentiert. Wenn Sie aus dieser Abfrage einen Parameter herausholen wollen, dann rufen Sie die Subroutine `param()` folgendermaßen auf:

```
$abfrage->param("antwort");
```

Das bedeutet: »Führe die Subroutine `param()` auf dem Objekt `$abfrage` mit `'antwort'` als Argument aus.« Das funktioniert wie der Aufruf einer beliebigen anderen Subroutine, mit dem Unterschied, daß Sie den Namen des Objektes und das Symbol -> verwenden. Subroutinen, die so mit Objekten verbunden sind, werden übrigens auch *Methoden* genannt.

Wenn Sie den Rückgabewert der Subroutine `param()` erhalten möchten, dann verwenden Sie einfach die normale Zuweisung und speichern den Wert in einer ganz normalen Variablen namens `$er_sagte` ab:

```
$er_sagte = $abfrage->param("antwort");
```

Objekte sehen wie Skalare aus; Sie speichern sie in skalaren Variablen (wie `$abfrage` in unserem Beispiel) ab und können Arrays und Hashs von Objekten anlegen. Sie werden aber nicht wie Zeichenketten oder Zahlen behandelt. Tatsächlich sind sie mehr eine spezielle Art Referenz,[11] aber Sie benutzen sie nicht wie Referenzen, sondern wie ein spezieller, benutzerdefinierter Datentyp.

Der Typ eines bestimmten Objekts wird *Klasse* genannt. Der Klassenname ist normalerweise gleich dem Modulnamen ohne das Suffix .pm, weswegen die Begriffe »Klasse« und »Modul« oft gleichbedeutend verwendet werden. Wir können also vom CGI-Modul und von der CGI-Klasse reden. Objekte einer bestimmten Klasse werden von dem Modul, das die Klasse implementiert, angelegt und verwaltet.

11 Eine *gesegnete* (*blessed*) Referenz, um genau zu sein.

Sie greifen auf Klassen zu, indem Sie ein Modul laden, das genau wie andere Module aussieht, mit der einzigen Ausnahme, daß objekt-orientierte Module üblicherweise nichts exportieren. Sie können sich die Klasse als eine Art Fabrik (*factory*) vorstellen, die nagelneue Objekte herstellt. Um die Klasse zu veranlassen, eines dieser neuen Objekte zu produzieren, rufen Sie spezielle Methoden namens *Konstruktoren* auf. Ein Beispiel:

```
$query = CGI->new(); # Methode new() in der Klasse "CGI" aufrufen
```

Was Sie hier sehen, ist der Aufruf einer *Klassenmethode*. Eine Klassenmethode sieht genauso aus wie eine *Objektmethode* (also so etwas, was wir weiter oben schon gesehen haben), außer daß wir kein Objekt verwenden, um die Methode aufzurufen, sondern den Namen der Klasse angeben, als ob er selbst ein Objekt wäre. Eine Objektmethode hat die Bedeutung »rufe die Funktion mit diesem Namen auf, der mit diesem Objekt verbunden ist«, eine Klassenmethode dagegen »rufe die Funktion mit diesem Namen auf, der mit dieser Klasse verbunden ist«.

Manchmal werden Sie auch folgende Schreibweise sehen:

```
$query = new CGI; # gleiche Bedeutung
```

Die zweite Form verhält sich genauso wie die erste. Sie enthält weniger Satzzeichen und wird deswegen manchmal vorgezogen. In größeren Ausdrücken ist sie aber unpraktischer zu benutzen, weswegen wir in diesem Buch nur die erste Form verwenden werden.

Vom Standpunkt eines Entwicklers von Objektmodulen ist ein Objekt eine Referenz auf eine benutzer-definierte Datenstruktur, oft ein anonymer Hash. In dieser Struktur werden alle möglichen interessanten Informationen abgespeichert. Ein wohlerzogener Benutzer wird das Objekt aber nicht als Referenz behandeln und direkt auf die Daten zugreifen, auf die sie verweist, sondern nur die verfügbaren Objekt- und Klassenmethoden benutzen. Wenn Sie Objektdaten auf andere Art und Weise verändern, erhalten Sie ein Kuddelmuddel, das dazu führt, daß die Leute mit dem Finger auf Sie zeigen werden. Um zu erfahren, welche Methoden ein Objekt bereitstellt und wie sie funktionieren, lesen Sie einfach die Dokumentation des Moduls, die normalerweise in Form eingebetteter POD-Dateien mitgeliefert wird.

Die Objekte in CGI.pm

Das CGI-Modul ist etwas ungewöhnlich, weil es entweder als traditionelles Modul mit exportierten Funktionen oder als Objektmodul verwendet werden kann. Manche Programme lassen sich leichter mit der Objekt-Schnittstelle von CGI.pm als mit der prozeduralen schreiben; das Gästebuch-Programm ist eine davon. Wir greifen auf die Benutzereingabe im Formular über ein CGI-Objekt zu und können, wenn wir wollen, dasselbe Objekt verwenden, um neuen HTML-Code zu erzeugen, der an den Benutzer zurückgeschickt werden soll.

Zuerst müssen wir aber das Objekt explizit anlegen. In CGI.pm heißt die Klassenmethode, die ein neues Objekt anlegt, – wie in vielen anderen Modulen auch – `new()`.[12]

Diese Methode legt ein neues CGI-Objekt an, das zu einem ausgefüllten Formular gehört, und gibt es zurück. Das Objekt enthält sämtliche Benutzereingaben in das Formular. Wenn Sie keine Argumente übergeben, erzeugt `new()` das Objekt, indem es die Daten liest, die vom Browser herübergeschickt werden. Wenn ein Dateihandle als Argument angegeben wird, dann liest `new()` die Daten von diesem Handle und erwartet, daß dort Formulareingaben aus einer früheren Kommunikation mit einem Browser liegen.

Gleich zeigen wir Ihnen das Programm und erklären die Details. Wir gehen davon aus, daß das Programm *gaestebuch* heißt und im Verzeichnis *cgi-bin* liegt. Obwohl dieses Programm ganz anders aussieht als die zweiteiligen Skripten, die Sie bisher kennengelernt haben (ein Teil erzeugte das HTML-Formular und der andere las die Benutzereingaben und beantwortete sie), erfüllt dieses Programm trotzdem beide Funktionen. Wir brauchen also kein gesondertes HTML-Dokument, das das Gästebuch-Formular enthält. Der Benutzer könnte zunächst das Programm aufrufen, indem er auf einen Link wie den folgenden klickt:

```
Tragen Sie sich bitte in unserem
<A  HREF="http://www.IRGENDWO.org/cgi-bin/gaestebuch">G&auml;stebuch</A>
ein.
```

Das Programm schickt dann ein HTML-Formular und, wo wir einmal dabei sind, auch vorher eingegebene Gästebucheinträge (bis zu einer festgelegten Grenze) an den Browser, damit der Benutzer alte Einträge lesen und sich selbst eintragen kann. Der Benutzer füllt dann das Formular aus, schickt es ab und das Programm liest seine Eingaben. Diese werden an die Liste der vorhandenen Einträge angehängt und in einer Datei abgespeichert. Dann wird wieder ein leeres Formular und der neue Gästebuch-Stand an den Browser geschickt. Der Benutzer kann dann wieder die aktuellen Nachrichten lesen, solange er möchte, oder selbst mittels des Formulars weitere Nachrichten hinterlassen.

Hier kommt jetzt das Programm. Schauen Sie es ruhig einmal kurz durch, bevor wir es Schritt für Schritt durchgehen.

```
#!/usr/bin/perl -w

use 5.004;
use strict;              # Deklarationen und Quoting erzwingen
use CGI qw(:standard); # Abkürzungen importieren
use Fcntl qw(:flock);  # importiert LOCK_EX, LOCK_SH, LOCK_NB

sub bail {               # Funktion, um Fehler sauber abzufangen
```

12 Im Gegensatz zu C++ ist `new` in Perl kein Schlüsselwort; Sie können Ihren Konstruktoren auch beliebige andere Namen wie `noch_eines()` oder `fred()` geben. Die meisten Klassen verwenden aber doch `new()` als Namen für ihre Konstruktoren.

```
        my $fehler = "@_";
        print h1("Unerwarteter Fehler"), p($fehler), end_html;
        die $fehler;
    }

    my(
        $BUCHNAME,       # Name der Gästebuchdatei
        $MAXEINTRAEGE,   # wie viele Einträge aufgehoben werden sollen
        $TITEL,          # Seiten und Abschnittsüberschrift
        $akt,            # neuer Eintrag im Gästebuch
        @eintraege,      # alle aktuellen Einträge
        $eintrag,        # ein bestimmter Eintrag
    );

    $TITEL = "Einfaches G&auml;stebuch";
    $BUCHNAME = "/usr/tmp/gaestebuch"; # oder was auf Ihrem System sinnvoll ist
    $MAXEINTRAGE = 10;

    print header, start_html($TITEL), h1($TITEL);

    $akt = CGI->new();                          # aktuelle Anfrage
    if ($akt->param("nachricht")) {             # gut, wir haben eine Nachricht bekommen
        $akt->param("datum", scalar localtime); # auf die aktuelle Zeit setzen
        @eintraege = ($akt);                    # Nachricht in Array abspeichern
    }

    # Datei zum Lesen und Schreiben öffnen (alten Inhalt erhalten)
    open(CHANDLE, "+< $BUCHNAME") || bail("Kann $BUCHNAME nicht öffnen: $!");

    # exklusive Sperre für das Gästebuch erhalten (LOCK_EX == exklusive Sperre)
    flock(CHANDLE, LOCK_EX) || bail("Kann $BUCHNAME nicht sperren: $!");

    # bis zu $MAXEINTRAGE alte Einträge holen, die neuesten zuerst
    while (!eof(CHANDLE) && @eintraege < $MAXEINTRAGE) {
        $eintrag = CGI->new(\*CHANDLE); # Dateihandle als Referenz übergeben
        push @eintraege, $eintrag;
    }
    seek(CHANDLE, 0, 0) || bail("Kann $BUCHNAME nicht zurückspulen: $!");
    foreach $eintrag (@eintraege) {
        $eintrag->save(\*CHANDLE); # Dateihandle als Referenz übergeben
    }
    truncate(CHANDLE, tell(CHANDLE)) ||
                                bail("Kann $BUCHNAME nicht abschneiden: $!");
    close(CHANDLE) || bail("Kann $BUCHNAME nicht schließen: $!");

    print hr, start_form;          # hr() gibt einen waagerechten Strich aus: <HR>
    print p("Name:", $akt->textfield(
        -NAME => "name"));
    print p("Nachricht:", $akt->textfield(
        -NAME => "nachricht",
        -OVERRIDE => 1,            # alte Nachricht löschen
        -SIZE => 50));
    print p(submit("Abschicken"), reset("L&ouml;schen"));
    print end_form, hr;
```

```
print h2("Alte Nachrichten");
foreach $eintrag (@eintraege) {
    printf("%s [%s]: %s",
    $eintrag->param("datum"),
    $eintrag->param("name"),
    $eintrag->param("nachricht"));
    print br();
}
print end_html;
```

Abbildung 19-5 zeigt einen Screen-Shot, der vom Gästebuch-Programm erzeugt sein könnte.

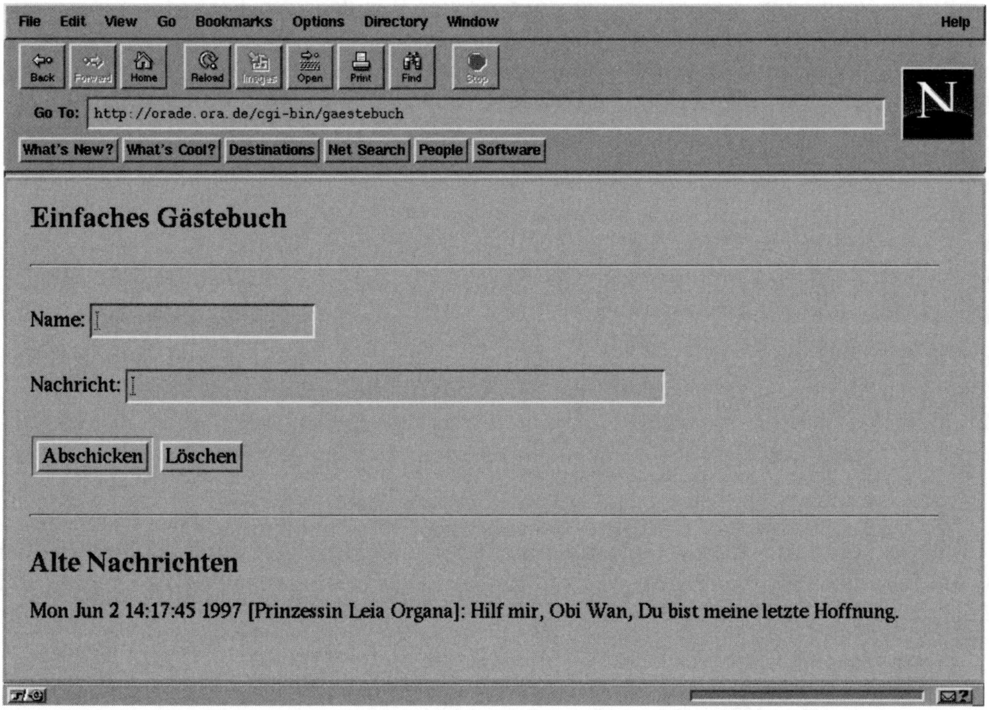

Abbildung 19-5: Ein einfaches Gästebuch-Formular

Beachten Sie, daß das Programm mit

```
use 5.004;
```

beginnt. Wenn Sie das Programm mit einer älteren Version von Perl verwenden wollen, müssen Sie die Zeile

```
use Fcntl qw (:flock);
```

auskommentieren und `LOCK_EX` im ersten Aufruf von `flock` auf 2 setzen.

Weil jeder Aufruf des Programms damit endet, daß ein HTML-Formular an den Browser zurückgeschickt wird, der den Programmstart auch veranlaßt hatte, fängt das Programm mit ein wenig HTML-Code an:

```
print header, start_html($TITEL), h1($TITEL);
```

Dann legt es ein neues CGI-Objekt an:

```
$akt = CGI->new();                           # aktuelle Anfrage
if ($akt->param("nachricht")) {              # gut, wir haben eine Nachricht bekommen
    $akt->param("datum", scalar localtime);  # auf die aktuelle Zeit setzen
    @eintraege = ($akt);                     # Nachricht in Array abspeichern
}
```

Wenn das Programm aufgerufen wurde, weil der Benutzer ein Formular abgeschickt hat, dann enthält das Objekt `$akt` jetzt die Information über den im Formular eingegebenen Text. Das Formular, das wir dem Benutzer zur Verfügung stellen, hat zwei Eingabefelder: ein *Namensfeld* für den Namen des Benutzers und ein *Nachrichtenfeld* für die Nachricht. Außerdem hängt der obige Code einen Zeitstempel an die Formulardaten, nachdem diese empfangen wurden.

Wenn das CGI-Programm nicht aufgrund des Abschickens eines Formulars aufgerufen wird, sondern weil der Benutzer auf den Link »Bitte tragen Sie sich in unserem Gästebuch ein« geklickt hat, dann ist das Objekt, das wir hier anlegen, leer. Die `if`-Abfrage ergibt falsch, und wir fügen dem Array `@eintraege` keinen weiteren Eintrag hinzu.

In jedem Fall überprüfen wir aber als nächstes, ob schon einmal Einträge in unserem Gästebuch abgespeichert worden sind. Diese lesen wir in das Array `@eintraege` ein. (Erinnern Sie sich daran, daß bisher nur die aktuelle Formulareingabe (wenn überhaupt) in diesem Array steht.) Zunächst müssen wir aber die Datei öffnen:

```
open(CHANDLE, "+<$BUCHNAME") || bail("Kann $BUCHNAME nicht öffnen: $!");
```

Damit wird die Datei nicht-destruktiv zum Lesen und Schreiben geöffnet. Statt dessen hätten wir auch `sysopen()` verwenden können. Diese Funktion öffnet eine alte Datei (falls diese existiert), ohne sie zu leeren, oder sie legt eine neue an:

```
# wir brauchen zwei "Konstanten" aus dem Modul Fcntl für sysopen
use Fcntl qw( O_RDWR O_CREAT );
sysopen(CHANDLE, $BUCHDATEI, O_RDWR|O_CREAT, 0666)
    || bail "Kann $BUCHDATEI nicht öffnen: $!";
```

Dann sperren wir die Datei wie oben beschrieben und lesen maximal `$MAXEINTRAEGE` Einträge in das Array `@eintraege`:

```
flock(CHANDLE, LOCK_EX) || bail("Kann $BUCHNAME nicht öffnen: $!");
while (!eof(CHANDLE) && @eintraege < $MAXEINTRAGE) {
    $eintrag = CGI->new(\*CHANDLE); # Dateihandle als Referenz übergeben
    push @eintraege, $eintrag;
}
```

`eof` ist eingebaute Perl-Funktion, die angibt, ob wir auf das Ende der Datei gestoßen sind. Indem wir dem `new`-Aufruf immer wieder den Dateihandle[13] übergeben, holen wir Eintrag für Eintrag die alten Einträge heraus. Dann aktualisieren wir die Datei, so daß sie jetzt auch den neuen Eintrag enthält, den wir möglicherweise gerade empfangen haben.

```
seek(CHANDLE, 0, 0) || bail("Kann $BUCHNAME nicht zurückspulen: $!");
foreach $eintrag (@eintraege) {
    $eintrag->save(\*CHANDLE); # Dateihandle als Referenz übergeben
}
truncate(CHANDLE, tell(CHANDLE)) || bail("Kann $BUCHNAME nicht abschneiden: $!");
close(CHANDLE) || bail("Kann $BUCHNAME nicht schließen: $!");
```

`seek`, `truncate` und `tell` sind eingebaute Perl-Funktionen, deren Beschreibungen Sie in jeder Perl-Referenz finden. `seek` positioniert hier den Dateizeiger auf den Anfang der Datei, `truncate` schneidet die angegebene Datei auf die angegebene Länge ab, und `tell` gibt den aktuellen Versatz des Dateizeigers, gerechnet vom Anfang der Datei, wieder.

Die Methode `save()` übernimmt das eigentliche Herausschreiben der Einträge. Die Methode wird hier als `$eintrag->save` aufgerufen, weil `%eintrag` ein CGI-Objekt ist, das wie oben beschrieben mit `CGI->new()` angelegt wurde.

Das Format der Datei sieht so aus, wobei ein Eintrag durch ein allein auf einer Linie stehendes Gleichheitszeichen (=) abgeschlossen wird:

```
NAME1=WERT1
NAME2=WERT2
NAME3=WERT3
=
```

Jetzt ist es an der Zeit, dem Browser und seinem Benutzer ein frisches Formular zurückzuschicken (beziehungsweise das erste, was er sieht, wenn er gerade auf den Link »Bitte tragen Sie sich in unser Gästebuch ein« geklickt hat).

```
print hr, start_form; hr() gibt einen waagerechten Strich aus: <HR>
```

Wie wir bereits erwähnt haben, erlaubt CGI.pm es uns, entweder normale Funktionsaufrufe oder Methodenaufrufe über ein CGI-Objekt zu verwenden. Für den einfachen HTML-Code hier kehren wir wieder zu normalen Funktionsaufrufen zurück, aber für die Generierung der Eingabefelder im Formular benutzen wir wieder Objektmethoden:

```
print p("Name:", $akt->textfield(
    -NAME => "name"));
print p("Nachricht:", $akt->textfield(
    -NAME => "nachricht",
    -OVERRIDE => 1, # vorherige Nachricht löschen
    -SIZE => 50));
print p(submit("Abschicken"), reset("L&ouml;schen"));
print end_form, hr;
```

13 Eigentlich ist das eine Globbing-Referenz, aber es reicht, sich das als Dateihandle vorzustellen.

Die Methode `textfield()` gibt ein Texteingabefeld für ein Formular zurück. Der erste der beiden hier gezeigten Aufrufe erzeugt den HTML-Code für ein Texteingabefeld mit dem HTML-Attribut `NAME='name'`, der zweite eines mit `NAME='nachricht'`.

Widgets werden von CGI.pm defaultmäßig so angelegt, daß sie ihre Werte zwischen zwei Aufrufen enthalten. (Aber nur während einer einzigen »Sitzung« mit dem Formular, die beginnt, wenn der Benutzer »Bitte tragen Sie sich in unserem Gästebuch ein« anklickt.) Das bedeutet, daß das Feld mit dem Attribut `NAME='name'`, das von `textfield()` generiert wird, bereits den Namen des Benutzers enthält, wenn dieser schon mindestens einmal in dieser Sitzung ein Formular ausgefüllt und abgeschickt hat. Das Eingabefeld, das wir hier anlegen, hat also die folgenden Attribute:

```
NAME="name" VALUE="Stefan Schmidt"
```

Der zweite Aufruf von `textfield()` ist etwas anders gelagert. Wir wollen nicht, daß das Nachrichtenfeld den Inhalt der alten Nachricht enthält. Deswegen verwenden wir das Argumentpaar `-OVERRIDE => 1`, das besagt, daß der vorherige Wert aus dem Textfeld entfernt und statt dessen der Default-Wert verwendet wird. Das Argumentpaar `-SIZE => 50` gibt die Größe des angezeigten Eingabefeldes in Zeichen an. Andere optionale Argumente, die neben den hier gezeigten verwendet werden können, sind -DEFAULT => '*Anfangswert*' und `-MAXLENGTH => n`, wobei n die maximale Anzahl an Zeichen ist, die das Feld bei der Eingabe akzeptiert.

Schließlich geben wir zur Erbauung des Benutzers die bisher gespeicherten Nachrichten aus, darunter natürlich auch die, die er eventuell gerade abgeschickt hat.

```
print h2("Alte Nachrichten");
foreach $eintrag (@eintraege) {
    printf("%s [%s]: %s",
    $eintrag->param("datum"),
    $eintrag->param("name"),
    $eintrag->param("nachricht"));
    print br();
}
print end_html;
```

Wie Sie zweifellos festgestellt haben, gibt die Funktion `h2` eine HTML-Überschrift zweiter Ordnung aus. Danach iterieren wir einfach nur durch die aktuelle Nachrichtenliste (die wir vorher abgespeichert haben) und geben von jeder Nachricht Datum, Namen und Nachrichtentext aus.

Die Benutzer können jetzt mit dem Gästebuch-Formular arbeiten, immer wieder Nachrichten eingeben und den Abschicken-Knopf drücken. Damit haben wir auch ein elektronisches Nachrichtenbrett, weil alle Benutzer auch die Nachrichten der jeweils anderen sehen können, wenn Sie Ihre eigenen abgeschickt haben. Dabei wird immer wieder das gleiche CGI-Programm aufgerufen, weswegen die vorherigen Werte der Widgets automatisch beibehalten werden. Das ist besonders bequem, wenn Formulare über mehrere Ebenen im Spiel sind, wie zum Beispiel bei »Einkaufskorb«-Anwendungen (*shopping cart applications*).

Fehlersuche in CGI-Programmen

CGI-Programme, die von einem Web-Server gestartet werden, laufen in einer völlig anderen Umgebung, als wenn sie von der Kommandozeile gestartet werden. Sie sollten zwar immer überprüfen, ob Ihre CGI-Programme auch von der Kommandozeile funktionieren,[14] aber das reicht nicht aus, um zu garantieren, daß Ihr Programm auch funktioniert, wenn es vom Web-Server gestartet wird.

Sie sollten sich die FAQ und ein gutes Buch zur CGI-Programmierung besorgen, um für die Fehlersuche gewappnet zu sein. Einige davon nennen wir am Ende dieses Kapitels. Im folgenden führen wir einige der häufigen Problemen bei der CGI-Programmierung auf. Fast alle davon führen zu den ärgerlich unhilfreichen Fehlermeldungen `500 Server Error`, die Sie auch noch zu hassen lernen werden.

- Wenn Sie HTML-Code an den Browser schicken, vergessen Sie nicht die Leerzeile zwischen dem HTTP-Header (also der Zeile mit `Content-type`) und dem Rumpf, sonst wird nichts funktionieren. Denken Sie daran, eine korrekte `Content-type`-Zeile (und möglicherweise auch noch andere HTTP-Header) sowie eine völlig leere Zeile auszugeben, bevor Sie irgend etwas anderes machen.
- Der Server benötigt Lese- und Ausführungsberechtigung für das Skript, weswegen die Zugriffsrechte auf 0555 oder noch besser 0755 gesetzt werden sollten. (Dieses Problem ist UNIX-spezifisch.)
- Das Verzeichnis, in dem das Skript steht, muß selbst wiederum ausführbar sein, sollte also die Zugriffsrechte 0111 oder besser 0755 haben. (Auch das ist ein UNIX-spezifisches Problem.)
- Das Skript muß in einem zu Ihrer Server-Konfiguration passenden Verzeichnis installiert sein. Auf manchen Systemen ist das */usr/etc/httpd/cgi-bin/*.
- Möglicherweise möchten Sie Ihrem Skript ein bestimmtes Dateisuffix wie *.cgi* oder *.pl* geben. Wir raten Ihnen davon ab und schalten die Ausführung von CGI-Programmen lieber auf Verzeichnis-Basis ein, aber in manchen Konfigurationen sind die Suffixe möglicherweise nötig. Es ist gefährlich, automatisch anzunehmen, daß alles, was auf *.cgi* endet, ausführbar ist, wenn manche Verzeichnisse für FTP-Clients schreibbar sind, oder wenn Sie die Verzeichnisstruktur von jemand anderem spiegeln. In beiden Fällen können ausführbare Dateien auf einmal auf Ihrem Server auftauchen, ohne daß der Webmaster davon weiß oder zustimmt. Das bedeutet auch, daß Dateien, die auf *.cgi* oder *.pl* enden, nie über einen normalen URL abgeholt werden könnten, was möglicherweise zu Schaden führen kann, mindestens aber unpraktisch ist.

  Denken Sie daran, daß das Suffix *.pl* eine Perl-Bibliothek, aber kein ausführbares Perl-Programm bezeichnen soll. Wenn Sie diese beiden verwechseln, werden Sie auf lange Sicht Probleme haben. Wenn Sie unbedingt ein eindeutiges *Suffix* bei Skripten haben müssen, um die Ausführung von Perl-Programmen zu ermöglichen

14 Die Dokumentation von CGI.pm enthält Hinweise zur Fehlersuche von der Kommandozeile aus.

(weil Ihr Betriebssystem nicht schlau genug ist, etwas wie die Notation `#!/usr/bin/perl` zu verwenden, schlagen wir statt dessen das Suffix *.plx* vor. Die anderen Probleme bleiben aber.

- Die Ausführung von CGI-Programmen muß in der Server-Konfiguration speziell für das Verzeichnis, in dem Sie Ihre CGI-Skripten aufbewahren, erlaubt werden. Stellen Sie sicher, daß sowohl GET als auch POST erlaubt sind. (Ihr Webmaster weiß, was das bedeutet.)
- Der Web-Server führt Ihr Skript nicht unter Ihrer Benutzer-ID aus. Stellen Sie sicher, daß die Dateien und Verzeichnisse, auf die Ihr Skript zugreift, für denjenigen Benutzer, als der der Web-Server das Skript startet (z.B. `nobody`, `wwwuser` oder `httpd`), offen sind. Es kann sein, daß Sie solche Verzeichnisse vorher anlegen und ihnen sehr liberale Schreibberechtigungen geben müssen. Unter UNIX wird das mit `chmod a+w` gemacht. Seien Sie sich immer über die Risiken im klaren, wenn Sie solche Rechte vergeben.
- Starten Sie Ihr Skript immer mit der Option `-w` von Perl, um Warnungen zu erhalten. Diese werden in das Fehlerprotokoll des Web-Servers geschrieben, das alle Fehler und Warnungen enthält, die Ihr Skript generiert hat. Lassen Sie sich den Pfad zu dieser Datei von Ihrem Webmaster sagen und überprüfen Sie die Datei, ob Probleme aufgetreten sind. Lesen Sie auch die Dokumentation zum Standard-Modul CGI::Carp, um zu erfahren, wie Sie besser mit Fehlern umgehen können.
- Stellen Sie sicher, daß die Versionen und Pfade von Perl und irgendwelchen Bibliotheken, die Sie benutzen (wie zum Beispiel CGI.pm) das sind, was Sie erwarten – und zwar auf dem Rechner, auf dem der Web-Server läuft.
- Stellen Sie *autoflush* für den Dateihandle STDOUT am Anfang Ihres Skripts ein, indem Sie die Variable `$|` auf einen wahren Wert setzen (z.B. 1). Wenn Sie das Modul FileHandle oder andere IO-Module (wie IO::File, IO::Socket oder andere) benutzt haben, dann können Sie *autoflush* auch mit der mnemonischer benannten Methode `autoflush()` am Dateihandle einstellen:

```
use FileHandle;
STDOUT->autoflush(1);
```

- Überprüfen Sie die Rückgabewerte jedes Systemaufrufs, den Ihr Programm macht und gehen Sie entsprechend darauf ein, wenn der Aufruf fehlschlägt.

Perl und das Web: Mehr als CGI-Programmierung

Perl wird noch für sehr viel mehr als CGI-Programmierung verwendet. Andere Anwendungen sind die Analyse von Protokolldateien, Cookie- und Paßwort-Verwaltung, anklickbare Bilder und Bildmanipulation.[15] Und das ist nur die Spitze des Eisbergs.

---

15 Das Modul GD.pm im CPAN enthält eine Perl-Schnittstelle zur gd-Grafikbibliothek von Thomas Boutell.

Selbstgemachte Publikationssysteme

Kommerzielle Web-Publikationssysteme machen leichte Dinge leicht (besonders für Nicht-Programmierer), aber sie sind einfach nicht so unendlich flexibel wie eine richtige Programmiersprache. Ohne Source-Code sind Sie auf die Design-Entscheidungen von anderen festgelegt: Wenn etwas nicht so funktioniert, wie Sie das gern hätten, dann können Sie nichts dagegen tun. Egal, wie viele glitzernde Programme noch für die Kunden zum Kauf angeboten werden; es werden immer noch Programmierer gebraucht, um die speziellen Aufgaben, für die es kein kommerzielles Programm gibt, abzudecken. Und natürlich muß auch erst einmal jemand die Publikationsprogramme schreiben.

Perl ist großartig dafür geeignet, selbstgemachte Publikationssysteme zu schreiben, die genau Ihren speziellen Anforderungen entsprechen. Es ist einfach, rohe Daten in Fantastillionen an HTML-Seiten zu konvertieren. Viele Firmen und Organisationen auf der ganzen Welt verwenden Perl, um all Ihre Web-Seiten zu erzeugen und aktuell zu halten. *The Perl Journal* (*www.tpj.com*) verwendet Perl, um alle seine Seiten zu erzeugen. *The Perl Language Home Page* enthält fast 10.000 Web-Seiten, die alle automatisch von diversen Perl-Programmen verwaltet und aktualisiert werden.

Embedded Perl

Der schnellste, billigste (es ist schwer, billiger als umsonst zu sein) und populärste Web-Server, Apache, kann mit Hilfe des `mod_perl`-Moduls vom CPAN mit eingebetteten Perl-Modulen laufen. Damit wird Perl zu einer Erweiterungssprache für Ihren Web-Server. Sie können kleine Perl-Schnipsel schreiben, die Autorisierungen, Fehlerbehandlung, Protokollierung und alles, was Ihnen sonst noch gerade einfällt, übernehmen. Dafür wird kein neuer Prozeß benötigt, denn Perl ist in den Web-Server eingebaut. Für viele sogar noch interessanter ist es, daß man mit Apache nicht erst einen neuen Prozeß starten muß, wenn eine CGI-Anfrage eintrifft. Statt dessen führt ein neuer Thread ein vorkompiliertes Perl-Programm aus. Das beschleunigt Ihre CGI-Proramme ganz erheblich, denn üblicherweise werden diese durch den `fork`/`exec`-Aufwand gebremst, nicht durch die Größe des Programms selbst.

Eine andere Strategie, die Ausführung von CGI-Programmen zu beschleunigen, liegt darin, das Standardmodul CGI::Fast zu verwenden. Im Gegensatz zum eben beschriebenen eingebetteten Perl-Interpreter benötigen Sie für diesen Ansatz nicht den Apache Web-Server. Lesen Sie die Man-Page des Moduls CGI::Fast, wenn Sie weitere Informationen haben möchten.

Wenn Sie einen Web-Server unter Windows NT laufen lassen, sollten Sie auf jeden Fall einen Blick auf die WWW-Seiten von ActiveWare, *www.activeware.com* werfen. Nicht nur, daß sie vorkompilierte Binärdateien von Perl für Windows-Plattformen haben,[16] nein, Sie stellen auch PerlScript und PerlIS bereit. PerlScript ist eine Scripting Engine für

16 Ab Version 5.004 kann man die Standard-Distribution von Perl auch unter Windows übersetzen, sofern man einen C-Compiler hat.

ActiveX, mit der Sie Perl-Programme in Web-Seiten ausführen lassen können – genau wie JavaScript- oder VBScript-Programme. PerlIS ist eine ISAPI-DLL, die Perl-Skripten direkt von IIS und andere ISAPI-kompatiblen Web-Servern aus startet und damit deutliche Performanzgewinne mit sich bringt.

Web-Automation mit LWP

Wollten Sie schon jemals ein Web-Dokument nach toten Links absuchen, den Titel herausfinden oder herausbekommen, wie viele seiner Links seit letztem Donnerstag aktualisiert worden sind? Oder wollten Sie schon einmal die in einem Dokument enthaltenen Images herunterladen oder auch ein ganzes Verzeichnis voll von Dokumenten herunterladen? Und wenn Sie dazu durch einen Proxy Server oder Server Redirects hindurchmüssen?

Es ist natürlich *möglich*, all das von Hand mit einem Browser zu machen. Aber weil graphische Schnittstellen notorisch ungeeignet für programmgesteuerte Automation sind, ist das eine langsame und mühevolle Arbeit, die mehr Geduld und weniger Faulheit[17] erfordert, als die meisten von uns haben.

Die LWP-Module (»Library for WWW access in Perl«) vom CPAN machen all das und noch viel mehr für Sie. Zum Beispiel ist es mit diesen Modulen so einfach, ein Dokument in einem Perl-Skript aus dem Web zu holen, daß sich das auf eine einzige Zeile reduziert. Um beispielsweise das Dokument */perl/index.html* von *www.perl.com* zu holen, müssen Sie nur folgendes in Ihrer Shell eingeben:

```
perl -MLWP::Simple -e "getprint 'http://www.perl.com/perl/index.html'"
```

Einmal abgesehen vom Modul LWP::Simple, sind die meisten anderen Module, die zu LWP gehören, stark objekt-orientiert. Hier ist zum Beispiel ein kleines Programm, das URLs als Argumente akzeptiert und die zugehörigen Titel ausgibt:

```
#!/usr/bin/perl
use LWP;
$browser = LWP::UserAgent->new(); # virtuellen Browser anlegen
$browser->agent("Mothra/126-Paladium"); # dem Browser einen Namen geben
foreach $url (@ARGV) { # URLs als Argumente entgegennehmen
    # den virtuellen Browser einen GET-Request ausführen lassen
    $webdoc = $browser->request(HTTP::Request->new(GET => $url));
    if ($webdoc->is_success) { # gefunden
    print STDOUT "$url: ", $result->title, "\n";
    } else { # irgend etwas ist schief gelaufen
    print STDERR "$0: Konnte $url nicht holen\n";
    }
}
```

17 Vergessen Sie nicht, daß laut Larry Wall die drei wichtigsten Tugenden eines Programmierers Faulheit, Ungeduld und Selbstüberschätzung sind!

Wie Sie sehen, sollten Sie sich einigermaßen mit Perl-Objekten auskennen, wenn Sie LWP verwenden wollen. Der größte Teil der Schwierigkeiten wird aber bei LWP – wie bei CGI.pm auch – vor Ihnen versteckt.

Dieses Skript funktioniert folgendermaßen: Zunächst wird ein Benutzeragentenobjekt angelegt, also eine Art automatisierter, virtueller Web-Browser. Dieses Objekt wird verwendet, um Anfragen an entfernte Server zu stellen. Wir geben unserem virtuellen Browser einen beknackten Namen, damit die Protokolldateien der Server-Betreiber interessanter werden. Dann holen wir uns das entfernte Dokument mit Hilfe eines HTTP GET-Requests vom entfernten Server. Wenn diese Aktion erfolgreich war, wird der URL und sein Titel ausgegeben, ansonsten beschweren wir uns.

Es folgt hier noch ein Programm, das eine sortierte Liste aller eindeutigen Links und Images enthält, die in den URLs enthalten sind, die als Kommandozeilenargumente übergeben werden:

```
#!/usr/bin/perl -w
use strict;
use LWP 5.000;
use URI::URL;
use HTML::LinkExtor;

my($url, $browser, %saw);
$browser = LWP::UserAgent->new(); # vorgetäuschten Browser anlegen
foreach $url ( @ARGV ) {
    # mit dem falschen Browser ein Dokument holen
    my $webdoc = $browser->request(HTTP::Request->new(GET => $url));
    next unless $webdoc->is_success;
    next unless $webdoc->content_type eq 'text/html';
                                                # kann GIFs nicht parsen

    my $base = $webdoc->base;

    # jetzt extrahieren wir alle Links der Typen <A ...> und <IMG ...>
    foreach (HTML::LinkExtor->new->parse($webdoc->content)->eof->
                                                  links) {
        my($tag, %links) = @$_;
        next unless $tag eq "a" or $tag eq "img";
        my $link;
        foreach $link (values %links) {
            $saw{ url($link,$base)->abs->as_string }++;
        }
    }
}
print join("\n", sort keys %saw), "\n";
```

Das sieht vielleicht ziemlich kompliziert aus, aber das Schwierigste ist es eigentlich, zu verstehen, wie die diversen Objekte und ihre Methoden arbeiten. Wir werden das hier jetzt aber nicht alles erklären, denn das Buch ist auch so schon lang genug. Glücklicherweise enthält LWP eine sehr ausführliche Dokumentation und viele Beispiele.

Literaturhinweise

Es gibt noch einiges mehr über Module, Referenzen, Objekte und Web-Programmierung zu sagen, als wir in diesem einen kleinen Kapitel abdecken können. Man könnte ein ganzes Buch nur über CGI-Programmierung schreiben, und das haben auch schon Dutzende von Autoren gemacht. Um Ihnen ein wenig den Weg in dieses Gebiet zu weisen, geben wir hier eine Liste von Lesetips:

- CGI.pm-Dokumente
- Die LWP-Bibliothek vom CPAN
- *CGI– Programmierung im World Wide Web* von Shishir Gundavaram, O'Reilly Verlag
- *Web-Client-Programmierung mit Perl* von Clinton Wong, O'Reilly Verlag
- *HTML – Das umfassende Referenzwerk* von Chuck Musciano und Bill Kennedy, O'Reilly Verlag
- *How to Setup and Maintain a Web Site* von Lincoln Stein, M.D., Ph.D, erschienen bei Addison-Wesley
- *CGI Programming in C and Perl* von Thomas Boutell, erschienen bei Addison-Wesley
- Die CGI-FAQ von Nick Kew
- Man-Pages: *perltoot, perlref, perlmod, perlobj*

Übungen

1. Schreiben Sie ein Formular, das zwei Eingabefelder enthält, deren Werte addiert werden, wenn der Benutzer das Formular abschickt.
2. Schreiben Sie ein CGI-Skript, das den Typ des Browsers, von dem die Anfrage stammt, herausfindet und eine passende Antwort gibt. (Tip: Verwenden Sie die Umgebungsvariable HTTP_USER_AGENT.)

A

Lösungen zu den Übungen

In diesem Anhang finden Sie die Lösungen zu den Übungen am Ende jedes Kapitels.

Kapitel 2, Skalare Daten

1. Eine Lösungsmöglichkeit

   ```
   $pi = 3.141592654;
   $ergebnis = 2 * $pi * 12.5;
   print "Radius: 12.5, Umfang: $ergebnis\n";
   ```

   Zunächst weisen wir der skalaren Variablen `$pi` eine Konstante π (Pi) zu. Anschließend berechnen wir den Umfang unter Verwendung dieses Wertes in einem Ausdruck. Schließlich geben wir das Ergebnis mit einer Zeichenkette aus, die unter anderem das Ergebnis enthält.

2. Eine Lösungsmöglichkeit:

   ```
   print "Geben Sie den Radius ein: ";
   chomp($radius = <STDIN>);
   $pi = 3.141592654;
   $ergebnis = 2 * $pi * $radius;
   print "Radius: $radius, Umfang: $ergebnis\n";
   ```

   Diese Lösung ähnelt der letzten, aber hier fragen wir den Benutzer nach einem Wert. Wir verwenden die `print`-Anweisung, um den Benutzer zur Eingabe aufzufordern und lesen dann eine Zeile mit `<STDIN>` vom Terminal.

   Wenn wir das `chomp` vergessen hätten, dann hätten wir am Ende ein Newline in der angezeigten Zeichenkette gehabt. Es ist wichtig, das Newline-Zeichen so schnell wie möglich loszuwerden. (Die Umwandlung in eine Zahl wäre durch ein verbliebenes Newline aber nicht gefährdet.)

3. So könnte eine Lösung aussehen:

```
print "Erste Zahl: "; chomp($a = <STDIN>);
print "Zweite Zahl: "; chomp($b = <STDIN>);
$c = $a * $b;
print "Die Antwort ist $c.\n";
```

Die erste Zeile macht drei Dinge: sie gibt eine Eingabeaufforderung aus, liest eine Zeile von der Standardeingabe und beseitigt das unvermeidliche Newline am Ende dieser Zeile. Wir könnten hier theoretisch auf das `chomp` verzichten, weil wir den Wert von `$a` nur als Zahl verwenden und `45\n` das gleiche wie 45 ist, wenn es als Zahl betrachtet wird. So ein Programmierstil führt aber früher oder später zu Problemen (z.B. wenn wir `$a` in einer Ausgabe verwenden wollen).

Die zweite Zeile macht das gleiche mit der zweiten Zahl und speichert diese in der skalaren Variable `$b` ab.

Die dritte Zeile multipliziert die beiden Zahlen miteinander und gibt das Ergebnis aus. Im Gegensatz zu den ersten beiden Zeilen geben wir hier am Ende der Zeile ein Newline aus. Diese ersten beiden Zeilen waren Eingabeaufforderungen, bei denen die Benutzereingabe direkt dahinter in der gleichen Zeile stehen sollte. Diese letzte Nachricht ist eine komplette Anweisung. Wenn wir hier das Newline weggelassen hätten, dann wäre das Shell-Prompt direkt hinter der Zeile erschienen. Nicht sehr cool.

4. So könnte eine Lösung aussehen:

```
print "Zeichenkette: "; $a = <STDIN>;
print "Anzahl: "; chomp($b = <STDIN>);
$c = $a x $b;
print "Das Ergebnis ist:\n$c";
```

Wie in der vorigen Übung erbitten wir in den ersten beiden Zeilen eine Eingabe und nehmen diese entgegen. Dieses Mal schneiden wir aber nicht das Newline vom Ende der Zeile ab, weil wir es noch brauchen. In der dritten Zeile wird eine String-Wiederholung ausgeführt und die Antwort angezeigt. Beachten Sie, daß kein Newline auf die Interpolation von `$c` folgt, weil `$c` ohnehin immer mit einem Newline enden wird.

Kapitel 3, Arrays und Listen

1. Eine Lösungsmöglichkeit:

```
print "Geben Sie die Liste der Zeichenketten ein:\n";
@liste = <STDIN>;
@reverseliste = reverse @liste;
print @reverseliste;
```

Die erste Zeile fragt nach den Zeichenketten. Die zweite liest diese in eine Arrayvariable ein. In der dritten Zeile wird die umgekehrte Liste berechnet und in einer anderen Variablen abgespeichert, bevor in der vierten Zeile das Ergebnis ausgegeben wird.

Wir könnten die letzten drei Zeilen auch kombinieren:

```
print "Geben Sie die Liste der Zeichenketten ein:\n";
print reverse <STDIN>;
```

Das funktioniert, weil der Operator `print` eine Liste erwartet und `reverse` eine Liste zurückgibt – also sind beide zufrieden. Außerdem erwartet `reverse` eine Liste von Werten, die es umdrehen kann, und `<STDIN>` liefert in einem Listenkontext eine Liste von Zeilen, also sind hier auch alle glücklich.

2. Eine Lösungsmöglichkeit:

```
print "Geben Sie die Zeilennummer ein: "; chomp($a = <STDIN>);
print "Geben Sie die Zeilen ein, Ende mit ^D:\n"; @b = <STDIN>;
print "Antwort: $b[$a-1]";
```

Die erste Zeile fragt nach einer Zahl, liest diese von der Standardeingabe und entfernt das nervige Newline. Die zweite Zeile fragt nach einer Liste von Zeichenketten und benutzt den Operator `<STDIN>` in einem Listenkontext, um alle Zeilen bis zum Dateiendekennzeichen in eine Arrayvariable einzulesen. Die letzte Anweisung gibt die Antwort aus, wobei eine Arrayreferenz verwendet wird, um die korrekte Zeile zu finden. Wir mußten hier kein Newline an das Ende der Datei anhängen, weil die aus dem Array `@b` ausgewählte Zeile immer noch ihr Newline am Ende hat.

Wenn Sie dies von einem normal konfigurierten Terminal versuchen, müssen Sie am Ende ein Strg-D eingeben, um das Dateiende zu markieren.

3. Eine Lösungsmöglichkeit:

```
srand;
print "Liste der Zeichenketten: "; @b = <STDIN>;
print "Antwort: $b[ rand(@b)]";
```

Die erste Zeile initialisiert den Zufallszahlengenerator. Die zweite Zeile liest einen Haufen von Zeichenketten ein. Die dritte Zeile wählt eine zufällige Zeile aus diesen aus und gibt sie aus.

Kapitel 4, Kontrollstrukturen

1. So könnte eine Lösung aussehen:

```
print "Welche Temperatur haben wir? ";
chomp($temperatur = <STDIN>);
if ($temperatur > 22) {
    print "zu heiß!\n";
} else {
    print "zu kalt!\n";
}
```

Die erste Zeile fragt nach der Temperatur. Die zweite Zeile liest diese ein. Die `if`-Anweisung in den letzten fünf Zeilen wählt eine der beiden Nachrichten zur Ausgabe aus, abhängig vom Wert von `$temperatur`.

2. Eine Lösungsmöglichkeit:

```
print "Welche Temperatur haben wir? ";
chomp($temperatur = <STDIN>);
if ($temperatur > 24) {
    print "zu heiß!\n";
} elsif ($temperatur < 20) {
    print "zu kalt!\n";
} else {
    print "gerade richtig!\n";
}
```

   Wir haben hier das Programm verändert, so daß wir drei Auswahlmöglichkeiten haben. Zunächst wird die Temperatur mit 24, dann mit 20 verglichen. Nur eine der drei Möglichkeiten wird bei einem Programmdurchlauf ausgeführt.

3. Eine mögliche Lösung:

```
print "Geben Sie eine Zahl ein (999 zum Beenden): ";
chomp($n = <STDIN>);
while ($n != 999) {
    $summe += $n;
    print "Geben Sie noch eine Zahl ein (999 zum Beenden): ";
    chomp($n = <STDIN>);
}
print "Die Gesamtsumme ist $summe\n";
```

   Die erste Zeile fragt nach der ersten Zahl, die dann in der zweiten Zeile vom Terminal eingelesen wird. Die `while`-Schleife wird dann so lange ausgeführt, wie die eingegebene Zahl nicht 999 ist.

   Der Operator `+=` summiert die Zahlen in der Variablen `$summe` auf. Beachten Sie, daß der initiale Wert von `$summe` `undef` ist, ein schöner Wert für einen Akkumulator, weil der erste Wert damit zu einer Null hinzuaddiert wird. (Erinnern Sie sich daran, daß `undef` als Zahl als Null gelesen wird.)

   In der Schleife fragen wir nach einer weiteren Zahl und nehmen diese entgegen, so daß der Kontrollausdruck am Anfang der Schleife eine frisch eingegebene Zahl testet.

   Wenn die Schleife beendet wird, gibt das Programm das aufsummierte Resultat aus.

   Wenn Sie gleich am Anfang `999` eingeben, dann ist der Wert von `$summe` nicht Null, sondern die leere Zeichenkette, also der Wert von `undef`, wenn es als Zeichenkette verwendet wird. Wenn Sie sichergehen wollen, daß das Programm in diesem Fall 0 ausgibt, dann müssen Sie den Wert von `$summe` am Anfang mit `$summe = 0` initialisieren.

4. So könnte eine Lösung aussehen:

```
print "Geben Sie einige Zeichenketten ein, Ende mit ^D:\n";
@strings = <STDIN>;
while (@strings) {
    print pop @strings;
   }
```

Zunächst fragt das Programm nach den Zeichenketten. Diese werden mit je einer pro Element in der Arrayvariablen `@strings` abgespeichert.

Der Kontrollausdruck der `while`-Schleife ist `@strings`. Es benötigt einen einzelnen Wert (*wahr* oder *falsch*), weswegen der Ausdruck in einem skalaren Kontext ausgewertet wird. Wenn der Name eines Arrays (wie `@strings`) in einem skalaren Kontext verwendet wird, dann wird die aktuelle Anzahl der Elemente im Array zurückgegeben. So lange das Array nicht leer ist, ist diese Zahl nicht Null und damit wahr. Das ist eine sehr Perl-typische Schreibweise, um »mache das, solange das Array nicht leer ist« auszudrücken.

Der Rumpf der Schleife gibt einen Wert aus, den wir durch Entnehmen des am weitesten rechts stehenden Arrayelements mit `pop` bekommen. Damit wird das Array in jedem Schleifendurchlauf ein Element kürzer.

Vielleicht wollten Sie Arrayindizes verwenden. Wie wir schon bereits gesagt haben, gibt es mehr als eine Lösungsmöglichkeit. Sie werden allerdings selten Arrayindizes in Programmen von echten Perl-Hackern sehen, weil es fast immer eine bessere Lösung gibt.

5. So könnte die Lösung ohne eine Liste aussehen:

```
for ($nummer = 0; $nummer <= 32; $nummer++) {
    $quadrat = $nummer * $nummer;
    printf "%5g %8g\n", $nummer, $quadrat;
}
```

Und hier ist eine Lösung *mit* einer Liste:

```
foreach $nummer (0..32) {
    $quadrat = $nummer * $nummer;
    printf "%5g %8g\n", $nummer, $quadrat;
}
```

In beiden Lösungen werden Schleifen verwendet, einmal mit einer `for`- und einmal mit einer `foreach`-Anweisung. Die Schleifenrümpfe sind identisch, weil in beiden Lösungen `$nummer` von 0 bis 32 durchläuft.

Die erste Lösung verwendet eine traditionelle C-ähnliche `for`-Anweisung. Die drei Ausdrücke bedeuten jeweils: `$nummer` auf 0 setzen, überprüfen, ob `$nummer` noch kleiner oder gleich 32 ist, und `$nummer` bei jeder Iteration inkrementieren.

Die zweite Lösung verwendet eine `foreach`-Anweisung wie in der C-Shell. Mit dem Listenkonstruktor wird eine Liste mit 33 Elementen (0 bis 32) angelegt. Die Variable `$nummer` erhält in jedem Schleifendurchlauf eines der Listenelemente als Wert.

Kapitel 5, Hashes

1. Eine Lösungsmöglichkeit:

```
%map = qw(rot Apfel gruen Blatt blau Ozean);
print "Bitte eine Zeichenkette: "; chomp($ein_string = <STDIN>);
print "Der Wert für $ein_string ist $map{$ein_string}\n";
```

   Die erste Zeile legt den Hash an und weist die Schlüssel-Wert-Paare zu. Die zweite Zeile liest eine Zeichenkette ein, holt einen String und entfernt das Newline-Zeichen. Die dritte Zeile gibt schließlich den eingegebenen Wert und den dazugehörigen abgebildeten Wert aus.

   Sie können den Hash auch durch eine Reihe einzelner Zuweisungen anlegen:

```
$map{'rot'} = 'Apfel'
$map{'grün'} = 'Blatt'
$map{'blau'} = 'Ozean'
```

2. Eine mögliche Lösung:

```
chomp(@woerter = <STDIN>);                # Wörter einlesen, Newlines entfernen
foreach $wort (@woerter) {
    $zaehler{$wort} = $zaehler{$wort} + 1; # oder $zaehler{$wort}++
}
foreach $wort (keys %zaehler) {
    print "$wort wurde $zaehler{$word}-mal eingegeben\n";
}
```

   In der ersten Zeile werden die eingegebenen Zeilen in das Array `@woerter` eingelesen und die Newline-Zeichen entfernt. Jede Zeile ist damit ein einzelnes Element im Array.

   In der ersten `foreach`-Schleife wird es interessant. Jedes Wort wird als Schlüssel des Hashs verwendet. Der Wert des Elements, das durch den Schlüssel (das eingegebene Wort) bestimmt wird, ist die Anzahl, wie oft das Wort eingegeben wurde. Am Anfang sind keine Elemente im Hash – wenn also das Wort `wild` eingegeben wird, dann greifen wir auf das Element `$zaehler` zu, das den Wert `undef` hat. `undef` plus 1 ist das gleiche wie 0 plus 1 oder 1. (Denken Sie daran, daß `undef` wie eine Null aussieht, wenn es als Zahl verwendet wird.) Beim nächsten Mal wird 1 plus 1, also 2, abgelegt usw.

   Eine andere oft benutzte Möglichkeit, die Inkrementierung zu formulieren, finden Sie im Kommentar. Geübte Perl-Programmierer neigen dazu, faul (wir sagen lieber »knapp und präzise«) zu sein und würden nie denselben Hash auf beiden Seiten einer Zuweisung hinweisen, wenn es ein einfaches Autoinkrementieren auch tut.

   Nachdem die Worte gezählt worden sind, durchlaufen die letzten Zeilen den Hash; in jedem Schleifendurchlauf befassen wir uns mit einem Schlüssel. Der Schlüssel und der zugehörige Wert werden in eine Zeichenkette interpoliert und so ausgegeben.

Die Lösung der Zusatzaufgabe sieht genauso aus wie diese Lösung, mit dem Unterschied, daß direkt vor `keys` auf der drittletzten Zeile noch der Operator `sort` eingefügt wird. Ohne dieses Sortieren erscheint die Ausgabe zufällig und nicht vorhersehbar. Wenn aber sortiert wird, ist die Ausgabe vorhersagbar und konsistent. (Ich persönlich verwende den Operator `keys` selten, ohne unmittelbar davor eine Sortieroperation zu schreiben. Auf diese Art und Weise kann ich sichergehen, daß mehrere Programmabläufe mit den gleichen oder ähnlichen Daten auch vergleichbare Resultate ergeben.)

Kapitel 6, Grundlegende Ein-/Ausgabeoperationen

1. Eine Lösungsmöglichkeit:

```
print reverse <>;
```

Sie sind jetzt möglicherweise etwas überrascht, wie kurz die Antwort ist, aber das funktioniert. Dabei passiert – von innen nach außen betrachtet – das folgende:

a. Die Funktion `reverse` erwartet eine Liste als Argument. Dabei wird der Zeileneingabeoperator (<>) in einem Listenkontext evaluiert. Also werden alle Dateien, die als Kommandozeilenargument angegeben wurden (oder die Standardeingabe, falls keine angegeben worden sind), eingelesen und in eine Liste mit einer Zeile pro Element abgelegt.

b. Diese Liste wird dann von der Funktion `reverse` umgedreht.

c. Schließlich gibt die Funktion `print` die daraus resultierende Liste aus.

2. Eine Lösungsmöglichkeit:

```
@ARGV = reverse @ARGV;
print reverse <>;
```

In der ersten Zeile wird einfach nur die Liste der Kommandozeilenargumente umgedreht, d.h. wenn der Benutzer das Skript mit den Argumenten `kamel llama alpaka` aufgerufen hat, dann enthält `@ARGV` danach `alpaka llama kamel`. In der zweiten Zeile werden alle Zeilen aller Dateien in `@ARGV` eingelesen, umgedreht und ausgegeben. Wenn das Programm ohne Argumente aufgerufen wurde, arbeitet <> wie vorher auf der Standardeingabe.

3. So könnte eine Lösung aussehen:

```
print "Liste von Zeichenketten:\n";
chomp(@strings = <STDIN>);
foreach (@strings) {
    printf "%20s\n", $_;
}
```

Die erste Zeile fragt nach einer Liste von Zeichenketten.

Die nächste Zeile liest alle Zeichenketten in ein Array ein und entfernt das Newline am Ende jeder Zeile.

Die `foreach`-Schleife durchläuft dieses Array, wobei `$_` den Wert des gerade aktuellen Arrayelements erhält.

Die Funktion `printf` bekommt zwei Argumente übergeben, von denen das erste das Argument bezeichnet: `'20s\n'` ist eine zwanzig Zeichen breite rechtsbündige Spalte, gefolgt von einem Newline.

4. Eine mögliche Lösung:

```
print "Feldbreite: ";
chomp($breite = <STDIN>);
print "Liste von Zeichenketten:\n";
chomp(@strings = <STDIN>);
foreach (@strings) {
    printf "%${breite}s\n", $_
}
```

Wir haben hier der vorherigen Antwort eine Eingabeaufforderung und das Entgegennehmen der Feldbreite hinzugefügt.

Außerdem enthält der Formatstring jetzt eine Variable. Der Wert von `$breite` wird in den String interpoliert, bevor `printf` das Format analysieren kann. Wir können übrigens nicht

```
printf "%$breites\n", $_; # FALSCH
```

verwenden, weil Perl dann versuchen würde, eine Variable namens `$breites` zu interpolieren und nicht die Variable `$breite`, an deren Wert dann ein `s` angehängt wird. Man hätte das auch so schreiben können:

```
printf "%$breite"."s\n", $_; # RICHTIG
```

weil der Abschluß des Strings auch den Variablennamen beendet. Damit wird das darauffolgende Zeichen davor geschützt, mit in den Variablennamen einbezogen zu werden.

Kapitel 7, Reguläre Ausdrücke

1. Einige mögliche Antworten:

   a. `/a+b*/`

   b. `/\\*\**/` (Denken Sie daran, daß der Backslash die Sonderbedeutung des folgenden Zeichens aufhebt.)

   c. `/($wasauchimmer){3}/` (Die Klammern sind notwendig, sonst würde der Multiplikator sich nur auf das letzte Zeichen von `$wasauchimmer` beziehen; das geht auch schief, wenn `$wasauchimmer` Sonderzeichen enthält.)

   d. `/[\000-\377]{5}/` oder `/(.|\n){5}/` (Es reicht hier nicht, nur den Punkt zu verwenden, denn der Punkt paßt nicht auf ein Newline.)

e. `/(^|\s)(\S+)(\s+\2)+(\s|$)/` (`\S` ist ein nicht-leeres Zeichen und `\2` eine Referenz auf das, was auch immer das »Wort« ist. Die Auswahl von Zirkumflex oder Leerraum sorgt dafür, daß `\S+` an einer Leerraumgrenze liegt.)

2. a. Eine Lösungsmöglichkeit:

```
while (<STDIN>) {
    if (/a/i && /e/i && /i/i && /o/i && /u/i) {
        print;
    }
}
```

Wir verwenden hier einen Ausdruck, der aus fünf Vergleichsoperatoren besteht. Diese Operatoren untersuchen alle den Inhalt der Variablen `$_`, in die der Kontrollausdruck der `while`-Schleife jede Zeile stellt. Der Ausdruck mit den Vergleichsoperatoren ist nur wahr, wenn alle fünf Vokale vorhanden sind.

Beachten Sie, daß der Rest des Ausdrucks übersprungen wird, wenn nur einer der fünf Vokale nicht gefunden werden konnte, weil der Operator `&&` das rechte Argument nicht evaluiert, wenn das linke schon falsch war.

b. Eine Lösungsmöglichkeit:

```
while (<STDIN>) {
    if (/a.*e.*i.*o.*u/i) {
        print;
    }
}
```

Diese Antwort erweist sich als einfacher als der andere Teil dieser Übung. Wir verwenden hier nur einen einfachen regulären Ausdruck, der nach den fünf Vokalen in Folge sucht, wobei dazwischen eine beliebige Anzahl an Zeichen stehen darf.

c. Eine Lösungsmöglichkeit:

```
while (<STDIN>) {
    if (/[^eiou]*a[^iou]*e[^aou]*i[^aeu]*o[^aei]*u[^aeio]*$/i) {
        print;
    }
}
```

Nicht schön, aber funktioniert. Um auf solche regulären Ausdrücke zu kommen, überlegen Sie sich »Was darf zwischen dem Zeilenanfang und dem ersten a stehen?« und dann »Was darf zwischen dem ersten a und dem ersten e stehen?« Mit Ihrer Hilfe entsteht der richtige Ausdruck dann fast von allein.

3. Eine Lösungsmöglichkeit:

```
while (<STDIN>) {
    chomp;
    ($user, $gcos) = (split /:/)[0,4]
    ($real) = split(/,/, $gcos);
    print "$user ist $real\n";
}
```

Die `while`-Schleife liest jeweils eine Zeile aus der Paßwort-Datei in die Variable `$_` und beendet sich, wenn es keine Zeilen zu lesen mehr gibt.

Die zweite Zeile der `while`-Schleife bricht die Zeile an den Doppelpunkten auseinander und speichert zwei der sieben Werte in einzelnen skalaren Variablen, deren Bedeutung aus ihren Namen hervorgehen sollte.

Das GCOS-Feld (das fünfte Feld) wird dann an den Kommata auseinandergebrochen und die daraus resultierende Liste an eine einzelne skalare Variable, die von Klammern umschlossen ist, zugewiesen. Die Klammern sind sehr wichtig, sie erzeugen einen Listenkontext für die Zuweisung. Das erste Listenelement wird an `$real` zugewiesen und die verbleibenden Elemente verworfen.

Die `print`-Anweisung gibt dann die Ergebnisse aus.

4. Eine Lösungsmöglichkeit:

```
while (<STDIN>) {
    chomp;
    ($gcos) = (split /:/)[4];
    ($real) = split(/,/, $gcos);
    ($vorname) = split(/\s+/, $real);
    $vorkommen{$vorname}++;
}
foreach (keys %vorkommen) {
    if ($vorkommen{$_} > 1) {
        print "$_ kam $vorkommen{$_} Mal vor\n";
    }
}
```

Die `while`-Schleife arbeitet etwa so wie die in der letzten Übung. Aber zusätzlich zum Unterteilen der Zeile in Felder und des GCOS-Feldes in den realen Namen und andere Teile teilt die Schleife auch den richtigen Namen wiederum in den Vornamen und den Rest auf. Wenn der Vorname bekannt ist, wird ein Hash-Element von `%vorkommen` inkrementiert, womit wir festhalten, daß dieser Name (ein weiteres Mal) in der Paßwort-Datei steht. In der Schleife finden keine Ausgaben statt.

Die `foreach`-Schleife durchläuft alle Schlüssel von `%vorkommen` (also die Vornamen aus der Paßwort-Datei) und weist jeden der Reihe nach der Variablen `$_` zu. Wenn der Wert, der unter einem bestimmten Schlüssel in `%vorkommen` abgespeichert ist, größer als 1 ist, dann kam dieser Vorname mehr als einmal vor. Das wird wiederum von der `if`-Anweisung überprüft, in der gegebenenfalls eine entsprechende Nachricht ausgegeben wird.

5. Eine Lösungsmöglichkeit:

```
while (<STDIN>) {
    chomp;
    ($user, $gcos) = (split /:/)[0,4];
    ($real) = split /,/, $gcos;
    ($vorname) = split /\s+/, $real;
    $namen{$vorname} .= " $user";
}
```

```
foreach (keys %namen) {
    $wert = $namen{$_};
    if ($wert =~ /. /) {
        print "$_ wird von $wert verwendet\n";
    }
}
```

Dieses Programm ist wie das vorige, aber anstatt einfach nur mitzuzählen, hängen wir den Login-Namen des Benutzers an das Element aus `%namen` an, das den Vornamen als Schlüssel hat. Bei Fred Rogers mit dem Login-Namen `mrrogers` erhält `$namen{'Fred'}` den Wert `' mrrogers'`, und wenn dann noch Fred Feuerstein mit dem Login-Namen `fred` dazu kommt, dann wird `$namen{'Fred'}` zu `' mrrogers fred'`. Wenn die Schleife beendet ist, haben wir eine vollständige Abbildung von allen Vornamen auf die Benutzer, die diesen Namen tragen.

In der `foreach`-Schleife wird dann wie in der vorigen Antwort der aus der ersten Schleife resultierende Hash durchlaufen. Anstatt jedoch nur zu überprüfen, ob der Wert eines Hash-Elements größer als eins ist, müssen wir hier feststellen, ob der Wert mehr als einen Login-Namen enthält. Dazu speichern wir den Wert in der skalaren Variablen `$wert` ab und überprüfen, ob in dieser Zeichenkette ein Leerzeichen auf ein beliebiges anderes Zeichen folgt. Falls ja, dann haben mindestens zwei Benutzer denselben Vornamen, und wir geben in der abschließenden Nachricht aus, um welche beiden Login-Namen es sich handelt.

Kapitel 8, Funktionen

1. Eine mögliche Lösung:

```
sub kard {
    my %kardinal_tabelle;
    @kardinal_tabelle{1..9} = qw(
        eins zwei drei vier fünf sechs sieben acht neun
    );

    my($nummer) = @_
    if ($kardinal_tabelle{$nummer}) {
       return $kardinal_tabelle{$nummer}
    } else {
      return $nummer;
    }
}
# Testprogramm:
while ( <>) {
    chomp;
    print "$_ ist ausgeschrieben ", &kard($_), "\n";
}
```

Die Subroutine `&kard` (so genannt, weil sie den Namen einer *Kardinalzahl* zu einem gegebenen Wert zurückgibt), initialisiert zunächst einen konstanten Hash namens `%kardinal_tabelle`. Die Werte darin sind so organisiert, daß zum Beispiel `$kardinal_tabelle{6}` `sechs` ist, so daß die Abbildung ziemlich leicht fällt.

Die `if`-Anweisung überprüft zunächst, ob der übergebene Wert im gültigen Bereich ist, indem sie versucht, die Zahl im Hash nachzuschlagen. Wenn es ein korrespondierendes Hash-Element gibt, dann ist der Test erfolgreich und das Arrayelement wird zurückgegeben. Wenn es kein korrespondierendes Element gibt (zum Beispiel weil `$nummer` `11` oder `-4` ist), dann wird der Wert `undef` beim Nachschlagen im Array zurückgegeben, weswegen der `else`-Zweig ausgeführt wird, der die originale Zahl zurückgibt. Sie könnten auch die gesamte `if`-Anweisung durch

```
$kardinal_tabelle{$nummer} || $nummer;
```

ersetzen. Wenn der Wert auf der linken Seite des `||` wahr ist, dann ist das auch der Wert des ganzen Ausdrucks, der zurückgegeben wird. Wenn dieser Wert aber falsch ist (wenn `$num` also nicht im erlaubten Wertebereich liegt), dann wird die rechte Seite des `||`-Operators auch ausgewertet und gibt `$nummer` als Rückgabewert zurück.

Das Testprogramm liest einfach alle zur Verfügung stehenden Zeilen ein, entfernt die Newlines, gibt die Zeilen eine nach der anderen an `&kard` weiter und schließlich das Ergebnis aus.

2. So könnte eine Lösung aussehen:

```
sub kard { ...; } # wie in der letzten Aufgabe
print "Erste Zahl eingeben: ";
chomp($erste = <STDIN>);
print "Zweite Zahl eingeben: ";
chomp($zweite = <STDIN>);
$nachricht = kard($erste) . " plus " .
    kard($zweite) . " ist gleich " .
    kard($erste+$zweite) . ".\n";
print "\u$nachricht";
```

Die ersten zwei `print`-Anweisungen fragen zwei Zahlen ab, die jeweils nachfolgenden Zeilen lesen diese Zahlen dann in die Variablen `$erste` und `$zweite` ein.

Anschließend wird eine Zeichenkette namens `$nachricht` erzeugt, indem `&kard` dreimal aufgerufen wird – einmal für jeden eingegebenen Wert und einmal für die Summe.

Nachdem wir die Nachricht zusammengebaut haben, machen wir das erste Zeichen mit dem Operator `\u` groß. Danach wird die Nachricht ausgegeben.

3. Eine Lösungsmöglichkeit:

```
sub kard {
    my %kardinal_tabelle;
    @kardinal_tabelle{0..9} = qw(
        null eins zwei drei vier fünf sechs sieben acht neun
    );

    my($nummer) = @_;
```

```
    my($negativ);
    if ($nummer < 0) {
        $negativ = "minus ";
        $nummer = - $nummer;
    }
    if ($kardinal_tabelle{$nummer}) {
        return $negativ . $kardinal_tabelle{$nummer};
    } else {
        return $negativ . $nummer;
    }
}
```

In diesem Fall haben wir in `%kardinal_tabelle` auch einen Namen für die Null vergeben.

Die erste `if`-Anweisung dreht das Vorzeichen von `$nummer` um und setzt `$negativ` auf das Wort »minus«, wenn die Zahl kleiner als Null ist. Nach dieser `if`-Anweisung ist der Wert von `$nummer` immer positiv oder Null, aber in `$negativ` steht der richtige Präfixstring.

Die zweite `if`-Anweisung überprüft, ob der (jetzt positive) Wert `$nummer` innerhalb des Hashes liegt. Falls das der Fall ist, wird der dazugehörige Hash-Wert an das Präfix in `$negativ` angehängt und das Ganze zurückgegeben. Falls nicht, wird der Wert in `$negativ` mit dem originalen Wert konkateniert.

Diese letzte `if`-Anweisung könnte auch ersetzt werden durch den Ausdruck:

```
$negativ . ($kardinal_tabelle{$nummer} || $nummer);
```

Kapitel 9, Diverse Kontrollstrukturen

1. Eine mögliche Lösung:

```
sub kard {...} # aus der letzten Übung

while () { ## NEU ##
    print "Erste Zahl eingeben: ";
    chomp($erste = <STDIN>);
    last if $erste eq "Ende"; ## NEU ##

    print "Zweite Zahl eingeben: ";
    chomp($zweite = <STDIN>);
    last if $zweite eq "Ende"; ## NEU ##

    $nachricht = &kard($erste) . " plus " .
        kard($zweite) . " ist gleich " .
        kard($erste+$zweite) . ".\n";
    print "\u$nachricht";
} ## NEU ##
```

Beachten Sie die neue `while`-Schleife und die beiden `last`-Operatoren. Das war es dann aber auch schon.

2. Eine Lösungsmöglichkeit:

```
{
     print "Geben Sie eine Zahl ein (999 zum Beenden): ";
     chomp($n = <STDIN>);
     last if $n == 999;
     $summe += $n;
     redo;
}

print "Die Summe ist $summe\n";
```

   Wir benutzen dieses Mal einen nackten (unbenannten) Block mit `redo` und `last`. Zuerst geben wir die Eingabeaufforderung aus und lesen eine Zahl ein. Wenn diese Zahl 999 ist, beenden wir den Block mit `last` und geben noch die Summe aus. Anderenfalls addieren wir die Zahl der laufenden Summe und benutzen `redo`, um den Block erneut auszuführen.

Kapitel 10, Dateihandles und Dateitests

1. So könnte eine Lösung aussehen:

```
print "Welche Datei? ";
chomp($dateiname = <STDIN>);
open(DIESEDATEI, "$dateiname") ||
    die "kann $dateiname nicht öffnen: $!";
while (<DIESEDATEI>) {
    print "$dateiname: $_"; # wir nehmen an, daß $_ ein\n am Ende hat
}
```

   Die ersten beiden Zeilen fragen nach einem Dateinamen, der dann mit dem Dateihandle `DIESEDATEI` geöffnet wird. Der Inhalt der Datei wird von diesem Dateihandle gelesen und nach `STDOUT` ausgegeben.

2. Eine mögliche Lösung:

```
print "Eingabedatei: ";
chomp($eindateiname = <STDIN>);
print "Ausgabedatei: ";
chomp($ausdateiname = <STDIN>);
print "Zu suchende Zeichenkette: ";
chomp($such = <STDIN>);
print "Ersatzzeichenkette: ";
chomp($ersatz = <STDIN>);
open(EIN,$eindateiname) ||
    die "kann $eindateiname nicht zum Lesen öffnen: $!";
## optionaler Test, ob überschrieben wird
die "überschreibe $ausdateiname nicht" if -e $ausdateiname;
open(AUS,">$ausdateiname") ||
    die "kann $ausdateiname nicht anlegen: $!";
while (<EIN>) {    # eine Zeile von der Datei EIN nach $_ einlesen
```

```
        s/$such/$ersatz/g; # Zeilen verändern
        print AUS $_; # geänderte Zeile nach AUS ausgeben
}
close(EIN);
close(AUS);
```

Dieses Programm basiert auf dem Programm zum Kopieren von Dateien, das in diesem Kapitel vorgestellt wurde. Die Frage nach Zeichenketten zum Suchen und Ersetzen und der Ersetzungsbefehl mitten in der `while`-Schleife sind hier neu, außerdem der Test, ob die Datei überschrieben werden würde.

Beachten Sie, daß Rückwärtsreferenzen im regulären Ausdruck funktionieren, Speicherzugriffe im Ersetzungsstring aber nicht.

3. Eine Lösungsmöglichkeit:

```
while (<>) {
    chomp; # Newline entfernen
    print "$_ ist lesbar\n" if -r;
    print "$_ ist schreibbar\n" if -w;
    print "$_ ist ausführbar\n" if -x;
    print "$_ existiert nicht\n" unless -e;
}
```

Die `while`-Schleife liest in jedem Durchlauf einen Dateinamen, verwirft das Newline und testet die diversen Zugriffsberechtigungen für die Datei.

4. So könnte eine Lösung aussehen:

```
while (<>) {
    chomp;
    $alter = -M;
    if ($groesstes_alter < $alter) {
        $aeltester_name = $_;
        $groesstes_alter = $alter;
    }
}
print "Die älteste Datei ist $aeltester_name, ",
    "sie ist $groesstes_alter Tage alt.\n";
```

Wir durchlaufen die Schleife einmal für jeden eingelesenen Dateinamen. Das Newline wird verworfen und das Dateialter in Tagen mit dem Operator `-M` berechnet. Wenn das Alter der aktuellen Datei größer ist als das der bisher ältesten Datei, merken wir uns den Dateinamen und das dazugehörige Alter. Am Anfang ist `$groesstes_alter` `0`; wir verlassen uns also darauf, daß es mindestens eine Datei gibt, die älter als null Tage ist.

Die `print`-Anweisung am Ende gibt die ermittelten Daten aus.

Kapitel 11, Formate

1. Eine mögliche Lösung:

```
open(PW,"/etc/passwd") || die "Wie konnten Sie sich einloggen?";
while (<PW>) {
    ($user,$uid,$gcos) = (split /:/)[0,2,4];
    ($real) = split /,/,$gcos;
    write;
}
format STDOUT =
@<<<<<<<<<<< @>>>>>>>>>> @<<<<<<<<<<<<<<<<<<<<<<<<<<<<<<<
$user, $uid, $real
.
```

   Die erste Zeile öffnet die Paßwort-Datei, die dann in der `while`-Schleife Zeile für Zeile verarbeitet wird. Jede Zeile wird an den trennenden Doppelpunkten auseinandergebrochen, und einige Werte davon werden in skalaren Variablen abgelegt. Der reale Name des Benutzers wird aus dem GCOS-Feld herausgeholt. Die letzte Anweisung der `while`-Schleife gibt schließlich die Daten via `write` aus.

   Das Format für den Dateihandle `STDOUT` definiert drei einfache Felder. Die Werte dafür stammen aus den skalaren Variablen, die in der `while`-Schleife mit Werten gefüllt werden.

2. Eine mögliche Lösung:

```
# an das letzte Programm anhängen...
format STDOUT_TOP =
Benutzername Benutzer-ID Realer Name
============ =========== ================================
.
```

   Um dem vorigen Programm Seitenköpfe hinzuzufügen, müssen wir nur ein Seitenkopfformat definieren. In diesem Format definieren wir Spaltenköpfe, die über den Spalten ausgegeben werden.

   Damit die Spalten zueinanderpassen, haben wir den Text aus dem Format `STDOUT` kopiert und den Überschreibemodus unseres Texteditors verwendet, um die `@<<<`-Felder durch `====`-Striche zu ersetzen. Das ist das Schöne an der Eins-zu-Eins-Übereinstimmung zwischen der Formatdefinition und der daraus resultierenden Ausgabe.

3. So könnte eine Lösung aussehen:

```
# an das Programm aus der ersten Übung anhängen...
format STDOUT_TOP =
Seite @<<<
$%

Benutzername Benutzer-ID Realer Name
============ =========== ===========
.
```

   Auch hier habe ich ein Seitenkopfformat definiert, das zusätzlich noch die Variable `$%` enthält, die automatisch immer die richtige Seitennummer enthält.

Kapitel 12, Zugriff auf Verzeichnisse

1. Eine Lösungsmöglichkeit:

```
print "Wohin? ";
chomp($neuesverz = <STDIN>);
chdir($neuesverz) || die "Kann nicht nach $neuesverz wechseln: $!";
foreach (<*>) {
    print "$_\n";
}
```

Die ersten zwei Zeilen fragen nach dem Verzeichnisnamen und lesen diesen ein.

In der dritten Zeile wird versucht, in das angegebene Verzeichnis zu wechseln. Wenn das nicht möglich ist, wird das Programm abgebrochen.

Die `foreach`-Schleife durchläuft eine Liste. Aber welche? Hier wird Globbing in einem Listenkontext verwendet, so daß die Liste alle Dateinamen enthält, die auf das Muster (hier `*`) passen .

2. Eine Lösungsmöglichkeit mit einem Verzeichnishandle:

```
print "Wohin? ";
chomp($neuesverz = <STDIN>);
chdir($neuesverz) ||
    die "Kann nicht nach $neuesverz wechseln: $!";
opendir(AKT,".") || die "Kann . nicht öffnen (schwerer Fehler): $!";
foreach ( sort readdir(AKT)) {
        print "$_\n";
    }
closedir(AKT);
```

Wie im vorigen Programm fragen wir nach einem Verzeichnisnamen und lesen diesen ein. Nachdem wir in das Verzeichnis gewechselt sind, öffnen wir das Verzeichnis und legen einen Verzeichnishandle namens `AKT` an. In der `foreach`-Schleife wird die Liste, die `readdir` (in einem Listenkontext) zurückgegeben hat, sortiert und dann durchlaufen, wobei jedes Element der Reihe nach an `$_` zugewiesen wird.

Und das gleiche noch mal mit einem Glob:

```
print "Wohin? ";
chomp($neuesverz = <STDIN>);
chdir($neuesverz) || die "Kann nicht nach $neuesverz wechseln: $!";
foreach (sort <* .*>) {
    print "$_\n";
}
```

Das ist im Prinzip wieder das Programm aus der vorherigen Übung, dazu ist aber ein `sort`-Operator vor dem Globbing-Operator und ein `.*` im Glob gekommen, damit wir auch die Dateien bekommen, die mit einem Punkt anfangen. Wir müssen `sort` verwenden, weil eine Datei namens `!fred` in der Liste vor den Dot-Dateien stehen muß, `barney` aber dahinter. Es gibt keinen einfachen Globbing-Ausdruck, der alle Dateien in der richtigen Reihenfolge ausgibt.

Kapitel 13, Datei- und Verzeichnis-manipulation

1. Eine mögliche Lösung:

```
unlink @ARGV;
```

   Ja, das war's schon. das Array `@ARGV` enthält eine Liste von Namen, die entfernt werden sollen. Der `unlink`-Operator erwartet eine Liste von Namen, also brauchen wir die beiden nur noch zusammenwerfen und sind fertig.

   Natürlich werden hier keine Fehlermeldungen ausgegeben, und die Schalter `-f` und `-i` und alles andere werden auch nicht unterstützt, allerdings wäre das nur der Zukkerguß auf dem Kuchen. Wenn Sie so etwas programmiert haben, war das aber eine sehr gute Leistung!

2. So könnte eine Lösung aussehen:

```
($alt, $neu) = @ARGV; # den Argumenten einen Namen geben
if (-d $neu) { # wenn der neue Name ein Verzeichnis ist, müssen wir ihn noch zurechtbiegen
    ($dateiname = $alt) =~ s#.*/##s; # Dateiname (alles nach dem letzten Schrägstrich)
von $alt herausholen
    $neu .= "/$dateiname"; # und an den neuen Namen anhängen
  }
rename($alt,$neu) || die "Kann $alt nicht in $neu umbenennen: $!";
```

   Die eigentliche Arbeit in diesem Programm wird in der letzten Zeile erledigt, aber der Rest ist notwendig, um den Fall abzudecken, daß der Zielname ein Verzeichnis ist.

   Zunächst geben wir den beiden Elementen von `@ARGV` leicht verständliche Namen. Falls `$neu` ein Verzeichnis ist, müssen wir den Namen zurechtbiegen, indem wir den Dateinamen von `$alt` an das Ende des neuen Namens anhängen. Wenn wir beispielsweise die beiden Argumente */usr/src/fred* und */etc* hätten, würden diese zu */usr/src/fred* und */etc/fred.*

   Schließlich können wir mit `rename` die Umbenennung durchführen.

3. Eine mögliche Lösung:

```
($alt, $neu) = @ARGV; # den Argumenten einen Namen geben
if (-d $neu) { # wenn der neue Name ein Verzeichnis ist, müssen wir ihn noch zurechtbiegen
    ($dateiname = $alt) =~ s#.*/##s; # Dateiname (alles nach dem letzten Schrägstrich)
von $alt herausholen
    $neu .= "/$dateiname"; # und an den neuen Namen anhängen
}
link($alt,$neu) || die "Kann keinen Link von $alt nach $neu anlegen: $!";
```

   Dieses Programm ist mit dem letzten fast identisch, lediglich in der letzten Zeile führen wir eine Link-Operation anstatt einer Umbenennung durch.

4. Eine Lösungsmöglichkeit:

```
if ($ARGV[0] eq "-s") { # Symlink verlangt
    $symlink++; # das merken wir uns
    shift(@ARGV); # -s Schalter wegwerfen
}
($alt, $neu) = @ARGV; # den Argumenten einen Namen geben
if (-d $neu) { # wenn der neue Name ein Verzeichnis ist, müssen wir ihn noch zurechtbiegen
    ($dateiname = $alt) =~ s#.*/##s; # Dateiname (alles nach dem letzten Schrägstrich)
von $alt herausholen
    $neu .= "/$dateiname"; # und an den neuen Namen anhängen
}
if ($symlink) { # Symlink verlangt
    symlink($alt,$neu);
} else { # harter Link verlangt
    link($alt,$neu);
}
```

Der Mittelteil dieses Programms ist der gleiche wie in den beiden vorigen Aufgaben. Neu sind dagegen die ersten und die letzten paar Zeilen.

Die ersten Zeilen untersuchen das erste Argument des Programms. Wenn dieses Argument `-s` ist, dann wird die Variable `$symlink` inkrementiert und erhält so den Wert eins. Anschließend wird das Array `@ARGV` verschoben, wodurch der Schalter `-s` entfernt wird. Wenn der Schalter `-s` nicht angegeben wurde, dann müssen wir nichts Besonderes machen und lassen `$symlink` auf `undef`. Das Verschieben (»Shiften«) von `@ARGV` kommt so oft vor, daß `@ARGV` das Default-Argument von `shift` ist. Wir hätten also auch

```
shift;
```

anstelle von

```
shift(@ARGV);
```

verwenden können. In den letzten paar Zeilen verwenden wir dann den Wert von `$symlink`. Dieser Wert muß entweder `1` oder `undef` sein, und entsprechend legen wir einen Symlink mit `symlink` oder einen harten Link mit `link` an.

5. So könnte eine Lösung aussehen:

```
foreach $f (<*>) {
    print "$f -> $wo\n" if defined($wo =  readlink($f));
}
```

Die skalare Variable `$f` wird nacheinander auf jeden Dateinamen im aktuellen Verzeichnis gesetzt. Auf jeden dieser Namen wird die Funktion `readlink()` angewendet, deren Rückgabewert jeweils an `$wo` zugewiesen wird. Wenn der Name kein Symlink ist, dann gibt `readlink` `undef` zurück, worauf die `if`-Abfrage falsch ist und die `print`-Anweisung übersprungen wird. Ansonsten gibt `print` Quelle und Ziel des Symlinks aus.

Kapitel 14, Prozeßverwaltung

1. Eine mögliche Lösung:

```
if (`date` =~ /^S/) {
    print "Freizeit!\n";
} else {
    print "Jetzt aber los zur Arbeit\n";
}
```

Zufällig ist das erste Zeichen der Ausgabe von *date* nur an Wochenenden ein `S` (`Sat` oder `Sun`), wodurch dieses Programm trivial wird. Wir rufen *date* auf, benutzen einen regulären Ausdruck um festzustellen, ob das erste Zeichen ein `S` ist, und geben schließlich abhängig davon die eine oder die andere Nachricht aus.

2. Eine mögliche Lösung:

```
open(PW,"/etc/passwd");
while (<PW>) {
    chomp;
    ($user,$gcos) = (split /:/)[0,4];
    ($real) = split(/,/, $gcos);
    $real{$user} = $real;
}
close(PW);

open(WHO,"who|") || die "Kann who-pipe nicht öffnen";
while (<WHO>) {
    ($login, $rest) = /^(\S+)\s+(.*)/;
    $login = $real{$login} if $real{$login};
    printf "%-30s %s\n",$login,$rest;
}
```

Die erste Schleife legt einen Hash namens `%real` an, der die Login-Namen als Schlüssel und die korrespondierenden Namen als Werte verwenden. Dieser Hash wird in der folgenden Schleife benutzt, um den Login-Namen in den richtigen Namen zu übersetzen.

Die zweite Schleife durchsucht die Ausgabe vom *who*-Dateihandle. Jede Zeile der Ausgabe von *who* wird mit einem Vergleich mit einem regulären Ausdruck in einem Listenkontext auseinandergebrochen. Das erste Wort der Zeile (der Login-Name) wird durch den realen Namen aus dem Hash ersetzt, sofern er existiert. Wenn alles erledigt ist, wird das Ganze hübsch formatiert mit `printf` auf `STDOUT` ausgegeben.

Sie könnten das Öffnen des Dateihandles und den Schleifenkopf auch durch

```
foreach $_ ( `who`) {
```

ersetzen und würden das gleiche Ergebnis erhalten. Der einzige Unterschied ist der, daß die Version, die einen Dateihandle verwendet, sofort anfangen kann, sobald *who* das erste Zeichen ausgegeben hat, während die Version mit *who* in Backquotes zunächst das Ende von *who* abwarten muß.

3. So könnte eine Lösung aussehen:

```
open(PW,"/etc/passwd");
while (<PW>) {
    chomp;
    ($user,$gcos) = (split /:/)[0,4];
    ($real) = split(/,/, $gcos);
    $real{$user} = $real;
}
close(PW);

open(LPR,"|lpr") || die "kann LPR-pipe nicht öffnen";
open(WHO,"who|") || die "kann who-pipe nicht öffnen";
while (<WHO>) {
# oder ersetzen Sie die letzten beiden Zeilen durch foreach $_ (`who`) {
    ($login, $rest) = /^(\S+)\s+(.*)/;
    $login = $real{$login} if $real{$login};
    printf LPR "%-30s %s\n",$login,$rest;
}
```

Der Unterschied zum vorherigen Programm liegt darin, daß wir hier noch den Dateihandle `LPR` mit einem *lpr*-Prozeß verbunden haben und eine etwas modifizierte `printf`-Anweisung die Daten dahin anstatt nach `STDOUT` schickt.

4. Eine Lösungsmöglichkeit:

```
sub mkdir {
     ! system "/bin/mkdir", @_;
}
```

Die Argumente der Subroutine werden direkt an den Befehl *mkdir* weitergegeben. Der Rückgabewert muß allerdings logisch negiert werden, da ein von Null verschiedener Statuscode von `system` für Perl in einen falschen Wert übersetzt werden muß.

5. Eine mögliche Lösung:

```
sub mkdir {
    my($verz, $modus) = @_;
    (!system "/bin/mkdir", $verz) && chmod($modus, $verz);
}
```

Zunächst werden die Argumente dieser Routine in `$verz` und `$modus` umbenannt. Dann rufen wir *mkdir* auf, um in `$verz` benannte Verzeichnis anzulegen. Wenn diese Operation erfolgreich war, geben wir dem Verzeichnis mit `chmod` noch die gewünschten Zugriffsberechtigungen.

Kapitel 15, Andere Datenumformungen

1. So könnte eine Lösung aussehen:

```
while ( <>) {
    chomp;
    $trenner = rindex($_,"/");
    if ($trenner > -1) {
        $kopf = substr($_,0,$trenner);
        $schwanz = substr($_,$trenner+1);
    } else {
        ($kopf,$schwanz) = ("", $_);
    }
    print "kopf = '$kopf', schwanz = '$schwanz'\n";
}
```

Von jeder Zeile, die mit dem Zeileneingabeoperator eingelesen wird, wird zunächst das Newline entfernt. Anschließend suchen wir mit `rindex()` nach dem am weitesten rechts stehenden Schrägstrich. Die nächsten beiden Zeilen brechen die Zeile mit `substr()` auseinander. Wenn kein Schrägstrich enthalten ist, ist das Ergebnis von `rindex -1`, was wir entsprechend behandeln müssen. Die letzte Zeile in der Schleife gibt die Resultate zurück.

2. Eine mögliche Lösung:

```
chomp(@zahlen = <STDIN>); # chomp einmal anders benutzt
@zahlen = sort { $a <=> $b } @zahlen;
foreach (@zahlen) {
    printf "%30g\n", $_
}
```

In der ersten Zeile werden alle Zahlen in das Array `@zahlen` eingelesen. Die zweite Zeile sortiert das Array in numerischer Reihenfolge, wobei eine Inline-Definition für die Sortierreihenfolge verwendet wird. Mit der `foreach`-Schleife geben wir die Ergebnisse aus.

3. Eine Lösungsmöglichkeit:

```
open(PW,"/etc/passwd") || die "Wie konnten Sie sich überhaupt einloggen?";
while (<PW>) {
    chomp;
    ($user, $gcos) = (split /:/)[0,4];
    ($real) = split(/,/, $gcos);
    $real{$user} = $real;
    ($nachname) = (split /\s+/, $real)[-1];
    $nachname{$user} = "\L$nachname";
}
close(PW);

for ( sort by_last keys %nachname) {
    printf "%30s %8s\n", $real{$_}, $_;
}
  sub by_last { ($nachname{$a}  cmp $nachname{$b}) || ($a cmp $b) }
```

In der ersten Schleife wird der Hash `%nachname` angelegt, der aus den Login-Namen als Schlüssel und den Nachnamen der Benutzer als Werten besteht, sowie der Hash `%real`, der die vollen realen Namen enthält, angelegt. Die Nachnamen werden alle in Kleinbuchstaben gewandelt, so daß FEUERSTEIN, Feuerstein und feuerstein in der Sortierung dicht beieinanderstehen.

Die zweite Schleife gibt `%real` sortiert nach den Werten von `%nachname` aus. Zum Sortieren wird die Vergleichsroutine `by_last` verwendet.

4. So könnte eine Lösung aussehen:

```
while (<>) {
    substr($_,0,1) =~ tr/a-z/A-Z/;
    substr($_,1) =~ tr/A-Z/a-z/;
    print;
}
```

In jeder Zeile, die vom Zeileneingabeoperator eingelesen wird, benutzen wir zwei `tr`-Operatoren auf jeweils verschiedenen Teilen des Strings. Der erste `tr`-Operator macht das erste Zeichen der Zeile groß und der zweite den Rest klein. Das Ergebnis wird ausgegeben.

Eine noch einfachere Lösung, bei der nur Zeichenkettenoperatoren in doppelten Anführungsstrichen verwendet werden, ist:

```
while (<>) {
    print "\u\L$_";
}
```

Wenn Sie daran gedacht haben, dürfen Sie sich fünf Extrapunkte gutschreiben.

Kapitel 16, Zugriff auf Systemdatenbanken

1. Eine mögliche Lösung:

```
$: = " ";
while (@pw = getpwent) {
    ($user, $gid, $gcos) = @pw[0,3,6];
    ($real) = split /,/, $gcos;
    $real{$user} = $real;
    $mitglieder{$gid} .= " $user";
    ($nachname) = (split /\s+/, $real)[-1];
    $nachname{$user} = "\L$nachname";
}

while (@gr = getgrent) {
    ($gname,$gid,$mitglieder) = @gr[0,2,3];
    $mitglieder{$gid} .= " $mitglieder";
    $gname{$gid} = $gname;
}

for $gid ( sort by_gname keys %gname) {
    %all = ();
    for (split(/\s+/, $mitglieder{$gid})) {
```

```
            $all{$_}++ if length $_;
        }
        @mitglieder = ();
        foreach (sort by_last keys %all) {
            push(@mitglieder, "$real{$_} ($_)");
        }
        $mitgliederliste = join(", ", @mitglieder);
        write;
    }

    sub by_gname { $gname{$a} cmp $gname{$b} }
    sub by_last { ($nachname{a} cmp $nachname{$b}) || ($a cmp $b); }

    format STDOUT =
    @<<<<<<<< @<<<<<<<< ^<<<<<<<<<<<<<<<<<<<<<<<<<<<<<<<<<<<<<<<
    $gname{$gid}, "($gid)", $mitgliederliste
    ~~                  ^<<<<<<<<<<<<<<<<<<<<<<<<<<<<<<<<<<<<<<<
    $mitgliederliste
    .
```

Ja, das müßte eigentlich erklärt werden. Aber das würde an dieser Stelle zu weit führen.

Kapitel 17, Mit benutzerdefinierten Datenbanken arbeiten

1. Eine mögliche Lösung:

```
dbmopen(%ALIAS, "/etc/aliases", undef) ||
    die "Keine Alias-Datei!: $!";
while (($schluessel,$wert) = each(%ALIAS)) {
    chop($schluessel,$wert);
    print "$schluessel $wert\n";
}
```

Die erste Zeile öffnet die Alias-DBM-Datei. (Es kann sein, daß die Alias-Datei auf Ihrem System in */usr/lib/aliases* steht – probieren Sie das aus, wenn unser Programm nicht funktioniert.) Die `while`-Schleife durchläuft das DBM-Array. Die erste Zeile in der Schleife entfernt das NUL-Zeichen am Ende des Schlüssels und des Wertes. Die zweite Zeile gibt das Ergebnis aus.

2. Eine mögliche Lösung:

```
# Programm 1:
dbmopen(%WORTE,"worte",0644);
while ( <>) {
    foreach $wort (split(/\W+/)) {
        $WORTE{$wort}++
    }
}
dbmclose(%WORTE);
```

Das erste Programm öffnet eine DBM-Datenbank namens `worte` im aktuellen Verzeichnis, wodurch die Dateien *worte.dir* und *worte.pag* angelegt werden. Die `while`-Schleife liest alle Zeilen mit dem Zeileneingabeoperator ein. Jede Zeile wird mit `split` an den Trennzeichen (`/\W+/`) auseinandergenommen. Mit einer `foreach`-Schleife wird jedes Wort im DBM-Array gezählt.

```
# Programm 2:
dbmopen(%WORTE,"worte",undef);
foreach $wort (sort { $WORTE{$b} <=> $WORTE{$a} } keys %WORTE) {
    print "$wort $WORTE{$wort}\n";
}
dbmclose(%WORTE);
```

Das zweite Programm öffnet eine DBM-Datenbank namens `worte` im aktuellen Verzeichnis. Die kompliziert aussehende `foreach`-Zeile erledigt den größten Teil der Arbeit. In jedem Schleifendurchlauf wird `$wort` auf eines der Listenelemente gesetzt. Diese Liste besteht aus den sortierten Schlüsseln von `%WORTE`, die nach ihren Werten (den Häufigkeiten) in absteigender Reihenfolge sortiert sind. Zu jedem Wort in der Liste wird das Wort und seine Häufigkeit ausgegeben.

Kapitel 18, Andere Sprachen nach Perl konvertieren

1. So könnte eine Lösung aussehen:

```
for (;;) {
    ($user,$home) = (getpwent)[0,7];
    last unless $user;
    next unless open(N,"$home/.newsrc");
    next unless -M N < 30; ## hier ist etwas Neues
    while (<N>) {
        if (/^comp\.lang\.perl\.announce:/) {
            print "$user ist ein guter Mensch, ",
            "und liest comp.lang.perl.announce!\n";
            last;
        }
    }
}
```

Die äußere Schleife ist eine `for`-Schleife ohne Abbruchbedingung. Diese Schleife wird durch den `last`-Operator beendet. In jedem Schleifendurchlauf werden mit dem Operator `getpwent` neue Werte für `$user` (Benutzername) und `$home` (Home-Verzeichnis) eingelesen.

Wenn der Wert von `$user` leer ist, dann beendet sich die `for`-Schleife. Die nächsten zwei Zeilen suchen im Home-Verzeichnis des Benutzers nach einer aktuellen *.newsrc*-Datei. Wenn diese Datei nicht geöffnet werden kann oder vor zu langer Zeit das letzte Mal verändert wurde, dann wird der nächste Schleifendurchlauf der `for`-Schleife gestartet.

Die `while`-Schleife liest Zeile für Zeile aus der Datei *.newsrc*. Wenn die Zeile mit *comp.lang.perl.announce* beginnt, dann gibt die `print`-Anweisung Meldung aus, und die Schleife wird vorzeitig abgebrochen.

Kapitel 19, CGI-Programmierung

1. Eine Lösungsmöglichkeit:

```
use strict;
use CGI qw(:standard);

print header(), start_html("Addier mich");
print h1("Addier mich");
if(param()) {
    my $n1 = param('feld1');
    my $n2 = param('feld2');
    my $n3 = $n2 + $n1;
    print p("$n1 + $n2 = <strong>$n3</strong>\n");
} else {
    print hr(), start_form();
    print p("Erste Zahl:", textfield("feld1"));
    print p("Zweite Zahl:", textfield("feld2"));
    print p(submit("Addieren"), reset("L&ouml;schen"));
    print end_form(), hr();
}
print end_html();
```

Wenn keine Eingaben vorliegen, wird einfach mit Hilfe der Methode `textfield()` ein Formular mit zwei Texteingabefeldern erzeugt. Gab es eine Eingabe, dann addieren wir die beiden Felder und geben das Resultat aus.

2. Eine mögliche Lösung:

```
use strict;
use CGI qw(:standard);

print header(), start_html("Browser-Detektiv");
print h1("Browser-Detektiv"), hr();
my $browser = $ENV{'HTTP_USER_AGENT'};
$_ = $browser;

BROWSER:{
    if (/msie/i) {
            msie($_);
    } elsif (/mozilla/i) {
            netscape($_);
    } elsif (/lynx/i) {
            lynx($_);
    } else {
            default($_);
    }
}
```

```
print end_html();
sub msie{
    print p("Internet Explorer: @_. Wenn es denn sein mu&szlig;\n");
}

sub netscape {
    print p("Netscape: @_. Gute Wahl\n");
}

sub lynx {
    print p("Lynx: @_. Nur Text...");
}

sub default {
    print p("Was zum Teufel ist ein @_?");
}
```

Das Wichtigste in diesem Programm ist die Verwendung der Umgebungsvariablen HTTP_USER_AGENT. Diese wird zwar nicht von allen, aber von vielen Servern gesetzt. Dies ist eine gute Möglichkeit, Inhalt zu generieren, der auf die Features bestimmter Browser abgestimmt ist. Wir machen hier nur einfache String-Vergleiche (ohne Beachtung von Goß- und Kleinschreibung), um den Browser herauszubekommen, also nichts Besonderes.

B

Bibliotheken und Module

In einfachen Programmen können Sie leicht Ihre eigenen Perl-Routinen und -Subroutinen verwenden. Aber wenn Sie mit Perl schwierigere und schwierigere Aufgaben bewältigen wollen, dann denken Sie sicherlich manchmal »das muß doch schon einmal jemand anderes gemacht haben«. Sie liegen wahrscheinlich richtiger, als Sie sich vorstellen können.

Für die meisten gebräuchlichen Aufgaben haben andere Leute schon den Code geschrieben. Dieser Code ist entweder in der Standard-Perl-Distribution oder im frei zugänglichen CPAN-Archiv. Um bereits existierenden Code zu verwenden (und so Zeit zu sparen), müssen Sie wissen, wie man eine Perl-Bibliothek verwendet. Wir haben in Kapitel 19 schon kurz darüber gesprochen.

Wenn Sie Module aus der Standard-Distribution verwenden, dann hat das den Vorteil, daß Sie Ihr Programm an andere weitergeben können, ohne daß diese besondere Maßnahmen ergreifen müssen, um das Programm zu benutzen, weil die Standard-Bibliothek fast immer für Perl-Programme zur Verfügung steht.

Auf lange Sicht sparen Sie viel Zeit, wenn Sie sich mit der Standard-Bibliothek auseinandersetzen. Es gibt keinen Grund, das Rad neu zu erfinden. Sie sollten sich aber darüber im klaren sein, daß die Bibliothek sehr viel Material enthält. Einige Module können Ihnen sehr weiterhelfen, andere dagegen völlig irrelevant für Sie sein. Manche brauchen Sie beispielsweise nur dann, wenn Sie selbst Perl-Erweiterungen schreiben.

Um die Dokumentation eines Standardmoduls zu lesen, verwenden Sie entweder `man` oder `perldoc` (wenn Sie das haben) oder lesen mit Ihrem Browser die HTML-Version der Dokumentation. Wenn alles andere fehlschlägt, können Sie auch in das Modul selbst gucken: die Dokumentation ist in jedem Modul im POD-Format vorhanden. Um ein Modul in Ihrem System zu finden, führen Sie das folgende Perl-Programm von der Kommandozeile aus:

```
# die (meisten) UNIX-ähnlichen Shells
perl -e 'print "@INC\n"'
# einige andere Kommandozeileninterpreter
perl -e "print join(' ',@INC),\n"
```

In einem der hierbei ausgegebenen Verzeichnisse sollten Sie das gewünschte Modul finden.

Terminologie

Bevor wir die Standardmodule erklären können, müssen wir zunächst einige Begriffe klären:

Package
: Ein Package ist ein einfaches Hilfsmittel, um Namensräume zu verwalten. Damit können zwei verschiedene Teile eines Perl-Programms zwei verschiedene Variablen haben, die beide `$fred` heißen. Diese Namensräume werden mit der Deklaration *package* verwaltet, die in Kapitel 5 von *Programmieren mit Perl* beschrieben wird.

Bibliothek
: Eine Bibliothek ist eine Ansammlung von Subroutinen für einen bestimmten Zweck. Oft deklariert die Bibliothek selbst ein eigenes Package, so daß zusammengehörige Variablen und Subroutinen auch zusammenbleiben und nicht mit anderen Variablen in Ihrem Programm kollidieren. Früher wurden Bibliotheken in gesonderten Dateien abgelegt, deren Name oft auf ».pl« endete. Diese Bibliotheksroutinen wurden dann mit der Funktion *require* in das Hauptprogramm eingebunden. Heutzutage benutzt man statt dessen *Module* (siehe nächster Abschnitt) und verwendet den Begriff *Bibliothek* für ein ganzes System von Modulen, die zu Perl gehören.

Modul
: Ein Modul ist eine Bibliothek, die bestimmten Konventionen folgt, so daß die Bibliotheksroutinen mit der *use*-Anweisung zur Kompilierungszeit in Ihr Programm eingebunden werden können. Die Dateinamen von Modulen enden auf ».pm«, weil die *use*-Anweisung das so verlangt. Kapitel 5 von *Programmieren mit Perl* beschreibt Perl-Module genauer.

Pragma
: Ein Pragma ist ein Modul, das sowohl die Kompilierungs- als auch die Ausführungsphase Ihres Programms beeinflußt. Stellen Sie sich das so vor, als ob das Modul dem Compiler Hinweise gibt. Um Gegensatz zu anderen Modulen ist die Wirkung von Pragmas oft (aber nicht immer) auf den kleinsten umschließenden Block in Ihrem Programm (also der Block, der den Pragma-Aufruf umschließt) beschränkt. Es ist eine Konvention, die Namen von Pragmas in Kleinbuchstaben zu schreiben.

Standard-Module

Die folgende Liste enthält alle Perl-Pragmas und Module, die mit der aktuellen Perl-Distribution (Version 5.004) mitgeliefert werden. Die Klassifikation der Module ist zugegebenermaßen einigermaßen willkürlich.

Tabelle B-1: Allgemeine Programmierung: Diverses

Modul	Funktion
autouse	Verzögert das Laden eines Moduls, bis es wirklich gebraucht wird
constant	Erzeugt Compiler-Konstanten
Benchmark	Prüft und vergleicht Laufzeiten von Code
Config	Zugriff auf Konfigurationsinformationen von Perl
Env	Importiert Umgebungsvariablen
English	Verwendet englische oder *awk*-Namen für Interpunktionsvariablen
FindBin	Ermittelt den Pfad des gerade laufenden Programms
Getopt::Long	Erweiterte Verarbeitung von Kommandozeilenoptionen
Getopt::Std	Verarbeitet Ein-Zeichen-Schalter mit Schalter-Bündelung
lib	Manipuliert `@INC` zur Kompilierungszeit
Shell	Führt Shell-Befehle in Perl transparent aus
strict	Beschränkt unsichere Konstrukte
Symbol	Generiert anonyme Globs; qualifiziert Variablennamen
subs	Vordeklaration von Unterroutinennamen
vars	Vordeklaration globaler Variablennamen

Tabelle B-2: Allgemeine Programmierung: Fehlerbehandlung und -logging

Modul	Funktion
Carp	Generiert Fehlermeldungen
diagnostics	Erzwingt ausführliche Warnmeldungen
sigtrap	Aktiviert einen Stackbacktrace bei unerwarteten Signalen
Sys::Syslog	Perl-Schnittstelle zu *syslog*(3)-Aufrufen von UNIX

Tabelle B-3: Allgemeine Programmierung: Dateizugriff- und -manipulation

Modul	Funktion
Cwd	Pfadnamen des aktuellen Arbeitsverzeichnisses ermitteln
DirHandle	Objektmethoden für Verzeichnishandles bereitstellen
Fcntl	Lädt die in *fcntl.h* definierten C-Defines

Tabelle B-3: Allgemeine Programmierung: Dateizugriff- und -manipulation (Fortsetzung)

Modul	Funktion
File::Basename	Dateispezifikationen parsen
File::CheckTree	Führt viele Tests über einer Reihe von Dateien aus
File::Copy	Kopiert Dateien oder Dateihandles
File::Find	Dateibaum durchlaufen
File::Path	Eine Reihe von Verzeichnissen erzeugen oder entfernen
FileCache	Mehr Dateien offenhalten, als das System eigentlich erlaubt
FileHandle	Objektmethoden für Dateihandles bereitstellen
SelectSaver	Sichern und Wiederherstellen des gewählten Dateihandles

Tabelle B-4: Allgemeine Programmierung: Klassen für I/O-Operationen

Modul	Funktion
IO	Top-Level-Schnittstelle für die IO:*-Klassen
IO::File	Objekt-orientierte Methoden für Dateihandles
IO::Handle	Objekt-orientierte Methoden für Handles
IO::Pipe	Objekt-orientierte Methoden für Pipes
IO::Seekable	Seek-basierte Methoden für I/O-Objekte
IO::Select	Objekt-orientierte Schnittstelle zu `select`
IO::Socket	Objekt-orientierte Schnittstelle zu Sockets

Tabelle B-5: Allgemeine Programmierung: Textbearbeitung und Bildschirmschnittstellen

Modul	Funktion
locale	Verwendet POSIX-Lokale für eingebaute Operationen
Pod::HTML	Konvertiert POD-Daten in HTML
Pod::Text	Konvertiert POD-Daten in formatierten ASCII-Text
Search::Dict	Sucht in einer Wörterbuchdatei nach einem Schlüssel
Term::Cap	Termcap-Schnittstelle
Term::Complete	Wortvervollständigungsmodul
Text::Abbrev	Erzeugt eine Abkürzungstabelle aus einer Liste
Text::ParseWords	Erzeugt eine Liste von Token aus einem Text
Text::Soundex	Der von Knuth beschriebene Soundex-Algorithmus
Text::Tabs	Umwandlung von Tabulatoren
Text::Wrap	Text in einen Absatz packen

Tabelle B-6: Datenbankschnittstellen

Modul	Funktion
AnyDBM_File	Bildet Rahmen für mehrere DBMs
DB_File	Gebundener Zugriff auf Berkeley-DB
GDBM_File	Gebundener Zugriff auf GDBM-Bibliothek
NDBM_File	Gebundener Zugriff auf NDBM-Dateien
ODBM_File	Gebundener Zugriff auf ODBM-Dateien
SDBM_File	Gebundener Zugriff auf SDBM-Dateien

Tabelle B-7: Mathematik

Modul	Funktion
Integer	Arithmetik mit Integerwerten anstelle von Double-Werten durchführen
Math::BigFloat	Mathematikpaket für Fließkommazahlen beliebiger Genauigkeit und Größe
Math::BigInt	Mathematikpaket für Integerzahlen beliebiger Länge
Math::Complex	Paket für komplexe Zahlen

Tabelle B-8: Das World Wide Web

Modul	Funktion
CGI	Schnittstelle für Web-Server (Common Gateway Interface)
CGI::Apache	Unterstützung für das Perl-Modul von Apache
CGI::Carp	Protokolliert Server-Fehlermeldungen mit hilfreichem Kontext
CGI::Fast	Unterstützung für FastCGI (persistente Server-Prozesse)
CGI::Push	Unterstützung für Server-Push
CGI::Switch	Einfache Schnittstelle für mehrere Server-Typen

Tabelle B-9: Vernetzung und Interprozeßkommunikation

Modul	Funktion
IPC::Open2	Einen Prozeß zum Lesen und Schreiben öffnen
IPC::Open3	Einen Prozeß zum Lesen, Schreiben und zur Fehlerbehandlung öffnen
Net::Ping	Prüfen, ob ein Host online ist
Socket	Die C-Defines und Strukturmanipulatoren aus *socket.h* laden
Sys::Hostname	Jede Möglichkeit versuchen, um den Hostnamen zu bestimmen

Tabelle B-10: Automatisierter Zugriff auf das Comprehensive Perl Archive Network

Modul	Funktion
CPAN	Einfache Schnittstelle zum CPAN
CPAN::FirstTime	Utility, um eine CPAN-Konfigurationsdatei anzulegen
CPAN::Nox	Startet CPAN; wobei kompilierte Erweiterungen ausgelassen werden

Tabelle B-11: Zeit und Lokale

Modul	Funktion
Time::Local	Berechnet effizient die Zeit aus der lokalen oder der GMT-Zeit
I18N::Collate	Vergleicht 8-Bit-Strings nach Maßgabe der aktuellen Lokale

Tabelle B-12: Objekt-orientierte Schnittstellen zu eingebauten Funktionen

Modul	Funktion
Class::Struct	Deklariert struct-ähnliche Datentypen als Perl-Klassen
File::stat	Objekt-orientierte Schnittstelle zur `stat`-Funktion
Net::hostent	Objekt-orientierte Schnittstelle zu den `gethost*`-Funktionen
Net::netent	Objekt-orientierte Schnittstelle zu den `getnet*`-Funktionen
Net::protoent	Objekt-orientierte Schnittstelle zu den `getproto*`-Funktionen
Net::servent	Objekt-orientierte Schnittstelle zu den `getserv*`-Funktionen
Time::gmtime	Objekt-orientierte Schnittstelle zur `gmtime`-Funktion
Time::localtime	Objekt-orientierte Schnittstelle zur `localtime`-Funktion
Time::tm	Internes Objekt für Time::{gm,local}time
User::grent	Objekt-orientierte Schnittstelle zu den `getgr*`-Funktionen
User::pwent	Objekt-orientierte Schnittstelle zu den `getpw*`-Funktionen

Tabelle B-13: Für Entwickler: Autoloading und dynamisches Laden

Modul	Funktion
AutoLoader	Lädt Funktionen nur bei Bedarf
AutoSplit	Splittet ein Modul für das Autoloading auf
Devel::SelfStubber	Generiert Stubs für ein SelfLoading-Modul
DynaLoader	Automatisches dynamisches Laden von Perl-Modulen
SelfLoader	Lädt Funktionen nur bei Bedarf

Tabelle B-14: Für Entwickler: Spracherweiterungen und Plattform-Entwicklungsunterstützung

Modul	Funktion
blib	Findet die *blib*-Verzeichnisstruktur während des Erzeugens von Modulen
ExtUtils::Embed	Utilities, um Perl in C-Programme einzubinden
ExtUtils::Install	Installiert Dateien von hier nach da
ExtUtils::Liblist	Bestimmt die zu verwendenden Bibliotheken und wie sie zu verwenden sind
ExtUtils::MakeMaker	Erzeugt ein *Makefile* für eine Perl-Erweiterung
ExtUtils::Manifest	Dienstprogramme zum Schreiben und Prüfen einer *MANIFEST*-Datei
ExtUtils::Miniperl	Schreiben des C-Codes für *perlmain.c*
ExtUtils::Mkbootstrap	Erzeugt eine Bootstrap-Datei, die vom DynaLoader benutzt wird
ExtUtils::Mksymlists	Schreibt Linker-Optionsdateien für dynamische Erweiterungen
ExtUtils::MM_OS2	Methoden zum Überschreiben des UNIX-Verhaltens in ExtUtils::MakeMaker
ExtUtils::MM_Unix	Von ExtUtils::MakeMaker verwendete Methoden
ExtUtils::MM_VMS	Methoden zum Überschreiben des UNIX-Verhaltens in ExtUtils::MakeMaker
ExtUtils::testlib	Ändert `@INC` so, daß nur eingebaute Erweiterungen verwendet werden
Opcode	Schaltet Opcodes während der Kompilation von Perl-Code ab
ops	Pragma, das mit dem Opcode-Modul verwendet wird
POSIX	IEEE Std 1003.1-Schnittstelle
Safe	Erzeugt einen sicheren Namensraum für die Auswertung von Perl-Code
Test::Harness	Perl-Standard-Testskripten mit Statistiken ausführen
vmsish	Schaltet VMS-spezifische Features ein

Tabelle B-15: Für Entwickler: Unterstützung für objekt-orientierte Programmierung

Modul	Funktion
Exporter	Standard-Importmethode für Module
overload	Überladen der mathematischen Perl-Operationen
Tie::RefHash	Definitionen der Basisklasse für über `tie` gebundene Hashs
Tie::Hash	Definitionen der Basisklasse für über `tie` gebundene Hashs
Tie::Scalar	Definitionen der Basisklasse für über `tie` gebundene Skalare
Tie::StdHash	Definitionen der Basisklasse für über `tie` gebundene Hashs

Tabelle B-15: Für Entwickler: Unterstützung für objekt-orientierte Programmierung (Fortsetzung)

Modul	Funktion
Tie::StdScalar	Definitionen der Basisklasse für über `tie` gebundene Skalare
Tie::SubstrHash	Hashing bei Tabellen fester Länge und Schlüsseln fester Größe
UNIVERSAL	Basisklasse für alle anderen Klassen

CPAN: Über die Standardbibliothek hinaus

Wenn Sie in der Standardbibliothek nicht das Gesuchte finden, dann kann es immer noch sein, daß jemand anderes Code geschrieben hat, der für Sie nützlich ist. Es gibt viele hervorragende Bibliotheksmodule, die aus diversen praktischen, politischen oder albernen Gründen nicht in der Standard-Distribution enthalten sind. Um zu sehen, was es gibt, können Sie das Comprehensive Perl Archive Network (CPAN) durchsuchen. Weitere Informationen zum CPAN finden Sie im *Vorwort*.

Hier die Hauptkategorien der im CPAN verfügbaren Module:

- Das Format der Modullisten
- Perl-Kernmodule, Spracherweiterungen und Dokumentationswerkzeuge
- Entwicklerunterstützung
- Betriebssystemschnittstellen
- Netzwerke, Gerätesteuerung (Modems) und Interprozeß-Kommunikation
- Datentypen und Utilities für deren Manipulation
- Datenbankschnittstellen
- Benutzerschnittstellen
- Schnittstellen zu oder Emulationen von anderen Programmiersprachen
- Dateinamen, Dateisysteme und Dateisperren (siehe auch Dateihandles)
- Zeichenkettenverarbeitung, Verarbeitung natürlicher Sprache, Parsen und Suchen
- Verarbeitung von Optionen, Argumenten, Parametern und Konfigurationsdateien
- Internationalisierung und Lokale
- Authentisierung, Sicherheit und Verschlüsselung
- World Wide Web, HTML, HTTP, CGI, MIME
- Utilities für Server und Dämonen
- Archivierung, Kompression und Konvertierung
- Grafiken, Pixmap- und Bitmapmanipulation, Zeichnungen und Diagramme
- Mail und Usenet-News
- Steuerung des Kontrollflusses (Callbacks und Ausnahmebehandlung)
- Utilities für Dateihandles, Verzeichnishandles und I/O-Streams
- Module für Microsoft Windows
- Diverse Module

C

Netzwerk-Clients

Nur wenige Computer sind damit zufrieden, vom Rest der Welt isoliert zu sein (und deren Benutzer, nebenbei bemerkt, sind damit ebensowenig zufrieden). Waren Netzwerke früher auf staatliche Forschungslabore und Informatik-Fachbereiche an großen Universitäten beschränkt, sind sie heute für fast jeden erreichbar. Selbst die Benutzer heimischer Computer können sich mit einem Modem und SLIP- oder PPP-Diensten in ein Netz einwählen. Mehr denn je werden Netzwerke heutzutage von Organisationen und Einzelnen für alle Aspekte des Lebens benutzt, zum Beispiel zum Austauschen von E-Mail, Planen von Meetings, Verwalten verteilter Datenbanken, Zugreifen auf Firmeninformationen, Abrufen von Wetterberichten, Lesen der täglichen Nachrichten, Plaudern mit jemandem in einem anderen Teil der Welt oder zum Werben für die eigene Firma im World Wide Web.

Alle diese verschiedenen Anwendungen haben eines gemeinsam: Sie verwenden TCP, das grundlegende Protokoll, das das Internet zusammenhält.[1] Aber wir reden hier nicht nur über das Internet. Einmal abgesehen von Firewalls ist die zugrundeliegende Technologie dieselbe, egal ob Sie eine Verbindung zu einem weit entfernten Rechner über das Internet, zwischen zwei Firmenrechnern oder von der Küche in den Keller aufbauen. Das bedeutet, daß Sie für diverse Anwendungen nur eine einzige Technologie lernen müssen.

Wie können Sie jetzt Netzwerke benutzen, damit sich eine Anwendung auf einer Maschine mit einer anderen Anwendung, die möglicherweise auf einer völlig anderen Maschine läuft, unterhalten kann? Mit Perl ist das ziemlich einfach, aber Sie sollten zunächst verstehen, wie TCP-Netzwerke grundlegend arbeiten.

Selbst, wenn Sie noch nie zuvor in Ihrem Leben ein Computer-Netzwerk benutzt haben, kennen Sie bereits ein anderes verbindungsbasiertes System, nämlich das Telefonsy-

1 Eigentlich ist das das IP (Internet Protocol), aber TCP ist nur eine Schicht, die auf IP aufbaut.

stem. Lassen Sie sich nicht von Modewörtern wie »Client-Server-Programmierung« irritieren. Wenn Sie das Wort »Client« sehen, dann denken Sie an »Anrufer«, wenn Sie »Server« sehen, an »Angerufener«. Wenn Sie jemanden anrufen, dann sind Sie der Client. Wer das Telefon am anderen Ende abnimmt, ist der Server.

Programmierer mit C-Erfahrung kennen sich möglicherweise mit *Sockets* aus. In gewissem Sinne ist ein Socket eine Schnittstelle zum Netzwerk wie ein Dateihandle eine Schnittstelle zu den Dateien im Dateisystem ist. In den einfachen, stream-basierten Clients, die wir Ihnen zeigen werden, können Sie sogar einen Sockethandle genau wie einen Dateihandle verwenden.[2]

Sie können von einem Socket lesen, darauf schreiben oder beides machen, weil Sockets eine spezielle Art von bidirektionalen Dateihandles sind, die eine Netzwerkverbindung repräsentieren. Sockets werden aber nicht wie normale Dateien mit `open`, sondern mit der Funktion `socket` angelegt.

Lassen Sie uns den Vergleich mit dem Telefonsystem noch ein bißchen weiter treiben. Wenn Sie die Telefonzentrale einer großen Firma anrufen, dann können Sie entweder mit dem Namen nach einer bestimmten Abteilung (z.B. »Personalabteilung« oder »Vertrieb«) fragen oder eine Durchwahl (z.B. »213« angeben). Stellen Sie sich jeden Dienst, der auf einem Computer läuft, als Abteilung in einem großen Unternehmen vor. Manchmal hat ein bestimmter Dienst verschiedene Namen wie »http« oder »www«, aber immer nur eine Nummer wie »80«. Die Nummer, die zu einem bestimmten Service-Namen gehört, ist der sogenannte *Port*. Mit den Perl-Funktionen `getservbyname` und `getservbyport` kann der Dienstename zu einer Portnummer und umgekehrt ermittelt werden. Einige standardmäßige TCP-Dienste und ihre Portnummern:

Dienst	**Port**	**Aufgabe**
echo	7	Alle Eingaben entgegennehmen und wieder zurückgeben
discard	9	Akzeptiert alles, aber macht nichts damit
daytime	13	Gibt das aktuelle Datum und die aktuelle Zeit im lokalen Format zurück
ftp	21	Server für Dateiübertragungen
telnet	23	Server für interaktive Telnet-Sitzungen
smtp	25	Simple Mail Transfer Protocol, der Mail-Dämon
time	37	Gibt die Anzahl der Sekunden seit 1900 (in binärem Format) zurück
http	80	Der Server für das World Wide Web
nntp	119	Der News-Server

Obwohl Sockets ursprünglich für Berkeley-UNIX entwickelt wurden, hat die überwältigende Popularität des Internet praktisch alle Betriebssystemhersteller dazu gezwungen, Socket-Unterstützung für die Client-Server-Programmierung mitzuliefern. In diesem

2 Na ja, fast, auf einem Socket können keine seek-Operationen ausgeführt werden.

Buch werden wir nicht direkt die `socket`-Funktion verwenden; das wäre etwas zu einfach. Wir empfehlen Ihnen statt dessen, das benutzerfreundlichere Modul IO::Socket[3] zu verwenden, das wir in all unseren Beispielen einsetzen werden. Daher werden wir auch einige von Perls Konstrukten zur objekt-orientierten Programmierung verwenden. Eine kurze Einführung dazu finden Sie in Kapitel 19. Näheres sagen Ihnen die Man-Page *perltoot*(1) und Kapitel 5 von *Programmieren mit Perl*.

Eine vollständige TCP/IP-Einführung würde den Rahmen dieses Buches sprengen, aber wir können Ihnen zumindest ein paar einfache Clients zeigen. Server sind etwas schwieriger zu programmieren; lesen Sie dazu Kapitel 6 von *Programmieren mit Perl* oder die Man-Page *perlipc* (1).

Ein einfacher Client

Unser erster Client wird einen ziemlich einfachen Service namens »daytime« benutzen. Der daytime-Server schickt dem Client eine Zeile, die Datum und Uhrzeit auf dem Server enthält, und schließt dann die Verbindung.

So sieht der Client aus:

```
#!/usr/bin/perl -w
use IO::Socket;
$remote = IO::Socket::INET->new(
    Proto => "tcp",
    PeerAddr => "localhost",
    PeerPort => "daytime(13)",
    )
    or die "Kann mich nicht mit dem daytime-Port auf localhost verbinden.";
while ( <$remote> ) { print }
```

Wenn Sie dieses Programm starten, sollten Sie etwas zurückbekommen, das ungefähr so aussieht:

```
Thu May 8 11:57:15 1997
```

Die Parameter im `new`-Konstruktor haben die folgenden Bedeutungen:

`Proto`
: Das zu verwendende Protokoll. In diesem Fall wird der zurückgegebene Sockethandle mit einem TCP-Socket verbunden, weil wir eine stream-orientierte Verbindung haben wollen, also eine, die ungefähr wie eine gute alte Datei funktioniert. Nicht alle Sockets sind von diesem Typ. So kann beispielsweise das UDP-Protokoll verwendet werden, um ein Datagramm-Socket anzulegen, das mit einzelnen Paketen arbeitet.

3 IO::Socket ist seit Version 5.004 ein Bestandteil der Perl-Standarddistribution. Wenn Sie eine ältere Version verwenden, dann holen Sie sich IO::Socket aus dem CPAN, wo Sie auch Module finden werden, die leichten Zugriff auf die folgenden Dienste (um nur einige zu nennen) ermöglichen: DNS, FTP, Ident (RFC 931), NIS und NISPlus, NNTP, ping, POP3, SMTP, SNMP, SSLeay, telnet und time.

`PeerAddr`
: Der Name oder die Internet-Adresse des entfernten Rechners, auf dem der Server läuft. Wir hätten auch einen längeren Namen wie *www.perl.com* oder eine IP-Adresse wie *204.148.40.9* verwenden können, aber wir verwenden hier den besonderen Rechnernamen `localhost` zu Demonstrationszwecken, weil er den Rechner bezeichnet, auf dem das Programm läuft. Falls Sie lieber eine numerische IP-Adresse verwenden wollen: die zugehörige Nummer ist *127.0.0.1*.

`PeerPort`
: Dies ist der Dienstename oder die Portnummer, mit der wir uns verbinden wollen. Wir hätten uns auf Rechnern mit vernünftig konfigurierten Diensteverzeichnissen[4] auch darauf beschränken können, `daytime` anzugeben, aber vorsichtshalber geben wir hier auch die Portnummer in Klammern an. Es hätte auch funktioniert, nur die Nummer anzugeben, aber Zahlen als Konstanten machen vorsichtige Programmierer nervös.

Achten Sie darauf, wie der Rückgabewert des `new`-Konstruktors in der `while`-Schleife verwendet wird. Man nennt so etwas – eine skalare Variable, die einen Dateihandle enthält – einen *indirekten Dateihandle*. Er wird genauso benutzt wie ein normaler Dateihandle. Sie können davon beispielsweise eine Zeile lesen

```
$zeile = <$handle>;
```

oder alle verbleibenden

```
@zeilen = <$handle>;
```

und eine Datenzeile auf den Handle schicken:

```
print $handle "irgendwelche Daten\n";
```

Ein Webget-Client

Als nächstes zeigen wir Ihnen einen einfachen Client, der eine Verbindung zu einem entfernten Server aufbaut und eine Reihe von Dokumenten von dort abholt. Das ist schon interessanter als der vorherige Client, weil hier zunächst eine Datenzeile an den Server geschickt wird, bevor die Antwort des Servers entgegengenommen wird.

```
#!/usr/bin/perl -w
use IO::Socket;
unless (@ARGV > 1) { die "Aufruf: $0 rechner dokument ..." }
$host = shift(@ARGV);
foreach $document ( @ARGV ) {
    $remote = IO::Socket::INET->new( Proto => "tcp",
    PeerAddr => $host,
    PeerPort => "http(80)",
    );
```

4 Das Diensteverzeichnis unter UNIX ist die Datei */etc/services*.

```
        unless ($remote) { die "Kann keine Verbindung zum HTTP-Dämon auf $host aufbauen." }
        $remote->autoflush(1);
        print $remote "GET $document HTTP/1.0\n\n";
        while ( <$remote> ) { print }
        close $remote;
}
```

Wir nehmen hier an, daß der Web-Server auf dem standardmäßigen verwendeten Port 80 seine Clients bedient. Wenn der Server, mit dem Sie sich verbinden wollen, auf einem anderen Port sitzt (beispielsweise 8080), dann müssen Sie `PeerPort => 8080` als drittes Argument von `new()` angeben. Wir benutzen die Methode `autoflush`, weil das System sonst alle Daten, die wir auf das Socket schreiben, puffern würde. (Wenn Sie auf einem Mac arbeiten, müssen Sie jedes `\n` in Code, der Daten über das Netzwerk schickt, auf `\015\012` ändern.)

Der Verbindungsaufbau zum Server ist aber nur der erste Schritt: Wenn die Verbindung steht, müssen Sie die Sprache des Servers sprechen. Jeder Server im Netzwerk hat eine eigene kleine Kommandosprache, die er als Eingabe erwartet. Für einen Web-Server ist das die HTTP-Syntax, in der mit »GET« ein bestimmtes Dokument angefordert wird. Wir machen hier übrigens tatsächlich für jedes neue angeforderte Dokument eine neue Verbindung auf, auch wenn das Dokument auf dem gleichen Server wie das vorige liegt. Das ist eine Eigenart von HTTP. (Neuere Web-Browser können verlangen, daß der entfernte Server die Verbindung noch ein bißchen länger offen läßt, aber der Server muß diesem Verlangen nicht nachkommen.)

Wir nennen unser Programm *webget*. Hier ist eine Beispielausgabe:

```
shell_prompt$ webget www.perl.com /guanaco.html
HTTP/1.1 404 File Not Found
Date: Thu, 08 May 1997 18:02:32 GMT
Server: Apache/1.2b6
Connection: close
Content-type: text/html
<HEAD><TITLE>404 File Not Found</TITLE></HEAD>
<BODY><H1>File Not Found</H1>
The requested URL /guanaco.html was not found on this server.<P>
</BODY>
```

OK, das war jetzt nicht so besonders interessant, weil der Server das angeforderte Dokument nicht gefunden hat, aber eine längere Antwort hätte nicht auf diese Seite gepaßt.

Wenn Sie gern eine etwas vollständigere Version dieses Programms sehen möchten, dann schauen Sie sich das Programm *lwp-request* an, das mit den LWP-Modulen im CPAN mitgeliefert wird. (Wir gehen kurz am Ende von Kapitel 19 auf LWP ein.)

Ein interaktiver Client

Es ist ziemlich einfach, einen Client zu schreiben, der einfach alles liest, was ihm der Server schickt, oder einen, der einen Befehl schickt, die Antwort entgegennimmt und sich dann beendet. Aber wie ist das mit vollständig interaktiven Applikationen wie *telnet*? Bei diesen können Sie eine Zeile eingeben, bekommen die Antwort, geben wieder eine Zeile ein, bekommen die nächste Antwort usw. (Gut, *telnet* arbeitet normalerweise zeichenbasiert und nicht zeilenbasiert, aber Sie sehen schon, was wir meinen.)

Der nächste Client ist komplizierter als die anderen beiden, aber wenn Sie auf einem System arbeiten, das den mächtigen Aufruf `fork` zur Verfügung stellt, dann ist die Lösung auch wiederum nicht so schwierig. Wenn Sie die Verbindung zu dem Dienst, mit dem Sie sich unterhalten wollen, aufgebaut haben, dann rufen Sie `fork` auf, um eine Kopie Ihres Prozesses zu erzeugen. Jede dieser beiden identischen Prozeßkopien hat eine sehr einfache Aufgabe: Der Vaterprozeß kopiert alles vom Socket auf die Standardausgabe, während der Kindprozeß zur gleichen Zeit alles von der Standardeingabe auf das Socket kopiert. Es wäre sehr viel schwieriger, das gleiche mit nur einem Prozeß zu erreichen, weil es leichter ist, zwei Prozesse jeweils eine Sache machen zu lassen als einen Prozeß zwei Sachen.[5]

Der Code für den Client sieht folgendermaßen aus:

```
#!/usr/bin/perl -w
use strict;
use IO::Socket;
my ($host, $port, $kindpid, $handle, $zeile);
unless (@ARGV == 2) { die "Aufruf: $0 host port" }
($host, $port) = @ARGV;
# TCP-Verbindung zum angegebenen Host und Port aufbauen
$handle = IO::Socket::INET->new(Proto => "tcp",
    PeerAddr => $host,
    PeerPort => $port)
    or die "Kann mich nicht mit Port $port auf $host verbinden: $!";
$handle->autoflush(1); # damit Ausgaben gleich übertragen werden
print STDERR "[Connected to $host:$port]\n";
# Aufteilen des Programms in zwei gleiche Prozesse
die "Konnte fork nicht ausführen: $!" unless defined($kindpid = fork());
# der if{}-Block wird nur im Vaterprozeß ausgeführt
if ($kindpid) {
    # vom Socket auf die Standardausgabe kopieren
    while (defined ($zeile = <$handle>)) {
    print STDOUT $zeile;
    }
    kill("TERM", $kindpid); # SIGTERM an das Kind schicken
}
# der else{}-Block wird nur im Kindprozeß ausgeführt
```

5 Dieses Prinzip, die einfachste Lösung zu wählen, ist sowohl einer der Eckpfeiler der UNIX-Philosophie als auch gute Softwareentwicklungspraxis im allgemeinen, weswegen es sich auch auf andere Systeme ausgebreitet hat.

```
else {
    # Standardeingabe auf das Socket kopieren
    while (defined ($zeile = <STDIN>)) {
    print $handle $zeile;
    }
}
```

Die Funktion `kill` im `if`-Block des Vaters schickt ein Signal an den Kindprozeß (der den `else`-Block ausführt), sobald der entfernte Server die Verbindung auf seiner Seite geschlossen hat.

Lesetips zum Thema Netzwerke

Zur Netzwerkprogrammierung gehört sehr viel mehr, als das, was wir hier besprochen haben, aber Sie sollten damit schon einmal anfangen können. In Kapitel 6 von *Programmieren mit Perl* und in der Man-Page *perlipc* (1) wird Interprozeßkommunikation im allgemeinen beschrieben, die Man-Page *IO::Socket* (3) beschreibt die Objektbibliothek und die Man-Page *Socket* (3) die Low-level-Schnittstelle zu den Sockets. Eifrigen Programmierern sei das Buch *Unix Network Programming* von W. Richard Stevens (erschienen bei Addison-Wesley) empfohlen, das den gesamten Bereich sehr gut abdeckt. Als Warnung muß aber gesagt werden, daß die meisten Bücher zur Socketprogrammierung aus der Sicht von C-Programmierern geschrieben worden sind.

D

Themen, über die wir nicht gesprochen haben

Es ist schon beeindruckend. Nun ist das Buch schon so lang, und es gibt immer noch Dinge über die wir nicht gesprochen haben. Die Fußnoten bieten darüber hinaus nützliche Information.

Wir wollen Ihnen in diesem Abschnitt nicht die fehlenden Dinge beibringen, sondern lediglich eine Liste angeben. Lesen Sie dann weiter in *Programmieren mit Perl*, den Man-Pages *perl* (1) und *perlfaq* (1), den HTML-Dokumenten im *doc*-Verzeichnis von CPAN oder den Newsgruppen.

Volle Interprozeßkommunikation

Ja, Perl ist für die Netzwerkprogrammierung geeignet. Neben den TCP/IP-Streamsokkets, die wir in Anhang C besprochen haben, unterstützt Perl UNIX-Domainsockets, UDP-basierte Paketübertragung, Shared Memory, Semaphore, benannte und anonyme Pipes sowie Signals, sofern Ihr System dazu in der Lage ist. Lesen Sie in Kapitel 6 von *Programmieren mit Perl* nach, welche Standardmodule, und im Netzwerk-Bereich von CPAN, welche weiteren Module es dazu gibt.

Der Debugger

Perl hat einen wunderbaren Source-Debugger. Alles darüber erfahren Sie in der Man-Page *perldebug* (1).

Die Kommandozeile

Der Perl-Interpreter versteht eine riesige Menge an Kommandozeilenschaltern. Lesen Sie dazu *perlrun* (1).

Weitere Operatoren

Da gibt es den Komma-Operator. Und die Bitmanipulations-Operatoren `&`, `|`, `^` und `~`, den ternären Operator `? :`, die Flip-Flop-Operatoren `..` und `...` sowie vieles andere mehr.

Außerdem gibt es diverse Varianten von Operatoren, wie beispielsweise den Modifikator `g` beim Mustervergleich. Alle Informationen finden Sie in *perlop* (1).

Viele, viele Funktionen mehr

Ja, Perl hat sehr viele Funktionen. Ich werde hier nicht alle aufführen, denn Sie finden am schnellsten alles heraus, was Sie wissen müssen, indem Sie den Abschnitt über Funktionen in *Programmieren mit Perl* oder die Man-Page *perlfunc* (1) lesen und sich alles genauer ansehen, was Sie nicht kennen, aber interessant aussieht. Einige der interessanten Funktionen nennen wir hier.

grep und map

Die Funktion `grep` wählt auf der Basis eines Ausdrucks, der wiederholt auf seinen Wahrheitswert hin ausgewertet wird, Elemente aus seiner Argumentliste, wobei die Variable `$_` der Reihe nach auf jedes Listenelement gesetzt wird.

```
@zweierpotenzen = grep $_ > 6, 1, 2, 4, 8, 16; # ergibt (8, 16)
@b_namen = grep /^b/, qw(fred barney betty wilma);
@textdateien = grep -T, <*>;
```

Die `map`-Funktion arbeitet ähnlich, aber anstatt Elemente auszuwählen oder zu verwerfen, sammelt sie einfach nur die Ergebnisse des Ausdrucks (wenn sie in einem Listenkontext verwendet wird).

```
@mehr = map $_ + 3, 3, 5, 7;        # ergibt 6, 8, 10
@quadrate = map $_ * $_, 1..10;     # die ersten zehn Quadrate
@das = map "$_\n", @dies;           # wie "unchop"
@dreieck = map 1..$_, 1..5;         # 1,1,2,1,2,3,1,2,3,4,1,2,3,4,5
%groessen = map { $_, -s } <*>;     # ein Hash mit Dateien und ihren Größen
```

Der Operator eval (und s///e)

Ja, es ist möglich, ein Codestück zur Laufzeit zu konstruieren und dann auszuwerten, genauso, wie das auch in der Shell geht. Das ist ziemlich praktisch, weil Sie so einige der Optimierungen zur Kompilierungszeit (wie die kompilierter regulärer Ausdrücke) auch zur Laufzeit haben können. Außerdem können Sie `eval` dazu verwenden, um ansonsten fatale Fehler in einem Codeabschnitt abzufangen: Ein fataler Fehler innerhalb eines `evals` beendet nur den `eval`-Ausdruck und gibt einen Fehler zurück, aber es wird nicht das gesamte Programm beendet.

Hier ist zum Beispiel ein kleines Programm, das eine Perl-Codezeile vom Benutzer entgegennimmt und sie ausführt, als ob sie ein Teil des Programms wäre:

```
print "Codezeile: ";
chop($code = <STDIN>);
eval $code; die "eval: $@" if $@
```

Sie können auch Perl-Code im Ersetzungsstring eines Ersetzungsoperators mit dem e-Schalter verwenden. Das ist ziemlich praktisch, wenn Sie einen komplizierten Ersetzungsstring konstruieren wollen, z.B. wenn Sie dazu eine Subroutine aufrufen, die das Ergebnis einer Datenbankabfrage liefert. In der folgenden Schleife wird der Wert der ersten Spalte jeder Zeile inkrementiert:

```
while (<>) {
    s/^(\S+)/$1+1/e; # $1+1 ist Perl-Code, kein String
    print;
}
```

Außerdem können Sie `eval` zur Ausnahmebehandlung verwenden:

```
eval {
    eine_knifflige_routine_die_abstuerzen_koennte(@args);
};
if ($@) {
    print "Hoppla... eine_knifflige_routine wurde mit $@ abgebrochen";
}
```

Solange der `eval`-Block keine Probleme machte, ist `$@` leer, ansonsten enthält es den Text von `die`.

Von diesen drei Konstrukten (`eval "string"`, `eval { BLOCK }` und `s///e`) entspricht eigentlich nur der erste dem, was Sie von `eval` in einer Shell-Programmiersprache erwarten würden. Die anderen beiden werden zur Kompilierungszeit kompiliert und führen kaum zu Performance-Verlusten.

Viele, viele vordefinierte Variablen

Sie haben schon mit einigen vordefinierten Variablen wie `$_` Bekanntschaft gemacht. Es gibt aber noch viel mehr, so ziemlich jedes Interpunktionszeichen ist irgendwo definiert worden. Die Man-Page *perlvar*(1) hilft Ihnen hier weiter. Lesen Sie auch die Informationen zum Modul »English« in *perlmod*(1).

*Manipulationen der Symboltabelle mit *FRED*

Mit `*b = *a` können Sie `b` zu einem Aliasnamen für `a` machen. Das bedeutet, daß `$a` und `$b` sich auf dieselbe Variable beziehen, `@a` und `@b` auch, und sogar die Dateihandle und Formate `a` und `b`. Sie können auch `*b` in einem Block mit `local(*b)` lokal machen, womit Sie so wunderbare Dinge wie lokale Dateihandles, Formate oder vieles andere mehr bekommen. Ziemlich ausgefallen, aber nützlich, wenn Sie es brauchen.

Weitere Features regulärer Ausdrücke

Reguläre Ausdrücke können einer sogenannte »erweiterten« Syntax folgen, in der Leerzeichen optional sind, so daß sich ein regulärer Ausdruck über mehrere Zeilen erstrekken und Perl-Kommentare enthalten kann. Außerdem ist positive und negative »Vorausschau« (»Lookahead«) möglich. Die Syntax ist ein bißchen häßlich, weswegen wir Sie hier jetzt nicht verschrecken wollen, sondern Ihnen lieber empfehlen, in *Programmieren mit Perl* und der Man-Page *perlre* (1) alles Entsprechende nachzulesen. All das wird in *Reguläre Ausdrücke* von Jeffrey E. Friedl (erschienen im O'Reilly Verlag) erklärt.

Packages

Wenn mehrere Leute an einem Projekt arbeiten, oder Sie ein wenig schizophren sind, dann können Sie den Namensraum für Variablen mit Packages aufteilen. Ein Package ist nichts weiter als ein verstecktes Präfix vor den meisten Variablen (allen außer denen, die mit `my` angelegt werden). Wenn Sie den Präfix ändern, bekommen Sie auch verschiedene Variablen. Ein kurzes Beispiel:

```
$a = 123;             # das ist eigentlich $main::a
$main::a++;           # die gleiche Variable, jetzt 124
package fred;         # das Präfix ist jetzt "fred"
$a = 456;             # das hier ist $fred::a
print $a - $main::a;  # gibt 456-124 aus
package main;         # zurück zum Default
print $a + $fred::a;  # gibt 124+456 aus
```

Jeder Name, bei dem das Package explizit angegeben wird, wird also verwendet, wie er da steht, und alle anderen werden in das aktuelle Default-Package gesteckt. Packages sind lokal zur aktuellen Datei oder zum aktuellen Block, und es geht immer mit dem Package `main` am Anfang einer Datei los. Details finden Sie in der Man-Page *perlsub* (1).

Einbettbarkeit und Erweiterbarkeit

Die »Innereien« von Perl sind so gut definiert, daß es ziemlich einfach ist, den Perl-Compiler und -Interpreter in andere Applikationen einzubetten (wie das schon mit dem Web-Server Apache und dem Texteditor *vi* gemacht wurde). Außerdem kann Perl erweitert werden, in dem es mit beliebigem in C geschriebenem Code (oder solchem, der eine C-ähnliche Schnittstelle hat) verbunden wird. Tatsächlich behandelt etwa ein Drittel der Online-Dokumentation von Perl das Erweitern und Einbetten. Konkret sind das die Man-Pages *perlembed* (1), *perlapio* (1), *perlxs* (1), *perlxstut* (1), *perlguts* (1) und *perlcall* (1).

Weil Perl frei verwendbar ist, können Sie eine proprietäre Tabellenkalkulation schreiben und einen eingebetteten Perl-Interpreter verwenden, der die Ausdrücke in den Tabellenzellen auswertet, ohne daß Sie auch nur einen Pfennig an Lizenzgebühren dazubezahlen müssen. Welche Freude!

Sicherheitsfragen

Perl wurde unter Sicherheitsgesichtspunkten entwickelt. Lesen Sie Kapitel 6 von *Programmieren mit Perl* oder die Man-Page *perlsec* (1) zum Thema »taint checking«. Es handelt sich hier um die Art von Sicherheit, bei der Sie dem Programmautor, aber nicht dem, der das Programm startet, vertrauen, was oft bei setuid-Programmen unter UNIX oder bei Programmen, die von Servern gestartet werden, auf allen Betriebssystemen der Fall ist. Das Modul Safe, das in der Man-Page *Safe* (3) beschrieben wird, und Kapitel 7 von *Programmieren mit Perl* behandeln etwas ganz anderes, nämlich die Art von Sicherheit, die Sie benötigen, wenn Sie ungeprüften Code ausführen (zum Beispiel mit `eval`).

Switch oder Case Anweisungen

Nein, die gibt es nun wirklich nicht, aber es ist nicht schwer, sie mit grundlegenderen Konstrukten nachzubauen. Lesen Sie dazu Kapitel 2 von *Programmieren mit Perl* oder die Man-Page *perlsyn* (1).

Direkte I/O: sysopen, sysread, syswrite, sysseek

Manchmal sind die I/O-Operationen von Perl zu high-level. Der direkte Zugriff auf rohe I/O-Systemaufrufe wird in Kapitel 3 von *Programmieren mit Perl* und der Man-Page *perlfunc* (1) beschrieben.

Der Perl-Compiler

Obwohl wir immer davon gesprochen haben, daß Perl Ihren Code kompiliert, bevor er ausgeführt wird, handelt es sich bei diesem kompilierten Code nicht um nativen Objektcode. Der in Arbeit befindliche Perl-Compiler von Malcolm Beatie kann alleinstehenden Bytecode oder kompilierbaren C-Code aus Ihrem Perl-Skript erzeugen. In der Version 5.005 wird vermutlich die Generierung nativen Codes standardmäßig enthalten sein. Lesen Sie dazu die Informationen in der Man-Page *perlfaq3* (1).

Datenbankunterstützung

Ja, Perl kann direkt auf Ihren kommerziellen Datenbankserver zugreifen, darunter Oracle, Sybase, Informix und ODBC, um nur einige zu nennen. Schauen Sie dazu im Datenbankabschnitt im CPAN-Modul-Verzeichnis nach den entsprechenden Erweiterungsmodulen.

Komplexe Datenstrukturen

Mit Referenzen können Sie Datenstrukturen beliebiger Komplexität aufbauen. Das wird in Kapitel 4 von *Programmieren mit Perl* und den Man-Pages *perllol* (1), *perldsc* (1) und *perlref* (1) besprochen. Wenn Ihnen objekt-orientierte Datenstrukturen lieber sind, dann lesen Sie Kapitel 5 von *Programmieren mit Perl* oder die Man-Pages *perltoot* (1) und *perlobj* (1).

Funktionszeiger

Perl kann Zeiger auf Funktionen mit der Notation `\&funktionsname` abspeichern und weitergeben und Funktionen indirekt mit `&$funktionszeiger($args)` aufrufen. Sie können sogar Funktionen schreiben, die neue anonyme Funktionen anlegen und zurückgeben, ganz genau wie in Sprachen wie Lisp oder Scheme. Solche anonymen Funktionen werden oft *Closures* genannt. Lesen Sie dazu Kapitel 2 von *Programmieren mit Perl* und die Man-Pages *perlsub*(1) und *perlfaq7*(1).

Und was es sonst noch gibt

Perl wird immer mächtiger und nützlicher, und es ist ein ziemlicher Aufwand, die Dokumentation aktuell zu halten. (Wer weiß? Wenn dieses Buch in den Regalen steht, gibt es vielleicht schon ein Visual Perl.) Auf jeden Fall aber: Danke, Larry!

Index

Über die Autoren

Randal L. Schwartz ist ein selbständiger Unternehmer, der seinen Lebensunterhalt mit Software-Design, als technischer Autor und Dozent, mit Systemverwaltung, Sicherheitsberatung und Videoproduktion verdient. International bekannt ist er für seine fundierten, humorvollen und manchmal inkorrekten Einwürfe im Usenet – in *comp.lang.perl* unterzeichnet er mit seinem »Just another perl hacker«.

Randal erwarb sein umfangreiches Handwerkszeug in den sieben Jahren, die er bei Tektronix, ServioLogic und Sequent angestellt war. Seit 1985 ist er Besitzer und treibende Kraft von Stonehenge Consulting Services in seiner Heimatstadt Portland, Oregon.

Tom Christiansen ist freier Berater, der sich auf Perl-Schulung und -Beratung spezialisiert hat. Nachdem er mehrere Jahre für TSR Hobbies (bekannt für Dungeons and Dragons) gearbeitet hat, wechselte er auf die Uni. Während seines Studiums brachte er ein Jahr in Spanien und fünf in den USA zu und beschäftigte sich mit Musik, Linguistik, Programmierung und etwa einem halben Dutzend verschiedener gesprochener Sprachen. Tom verließ die UW-Madison schließlich mit einem BA in Spanisch und Informatik und einem MS in Informatik.

Dann verbrachte er fünf Jahre bei Convex als Junge für alles, wo er sich mit allem von der Systemverwaltung zur Utility- und Kernel-Entwicklung beschäftigte, außerdem noch mit Kundensupport und Schulung, damit es nicht zu langweilig wird. Außerdem war Tom zwei Amtsperioden lang Mitglied im Board of Directors der USENIX Association.

Aufbauend auf seiner fünfzehnjährigen Erfahrung mit UNIX-Systemverwaltung und -Programmierung, hält Tom auf der ganzen Welt Seminare. Er lebt in den Ausläufern der Berge um Boulder, Colorado, wo er von Maultieren, Stinktieren und vereinzelten Berglöwen und Braunbären umgeben ist. Wenn er im Sommer nicht arbeitet, beschäftigt er sich mit Wanderungen, Programmieren, Vogelbeobachtungen, Musizieren und Glücksspielen.

Über den Übersetzer

Matthias Kalle Dalheimer arbeitet als freier Autor, Übersetzer, Gutachter und Software-Entwickler in Hamburg, wo er mit seiner Frau und seinem Sohn zusammenlebt. Nach dem Studium der Informatik und Allgemeinen Sprachwissenschaft arbeitete er zunächst bei Star Division und war dort maßgeblich an der Portierung des StarOffice auf Linux beteiligt. Im Frühjahr 1997 gab er seiner Liebe zu Büchern nach und wechselte die Branche. Kalle arbeitet unter Linux und benutzt XEmacs 19.15 für den Großteil seiner Arbeit. In seiner Freizeit spielt er mit seinem Sohn, wandert oder liest Geschichtsbücher.

Kolophon

Das Tier auf dem Umschlag von *Einführung in Perl* ist ein Lama. Es gehört zu den domestizierten südamerikanischen Kamelen und ist in der Andenregion heimisch. Zur Gruppe der Lamas gehören auch das domestizierte Alpaka und ihre wild lebenden Vorfahren, das Guanako und das Vikunja. All diese Tiere ernähren sich von Gras, das sie auch wiederkäuen. Wilde Guanakos werden bis zu fünfundsechzig Stundenkilometer schnell und können auch schon einmal ins Wasser gehen, um einer Gefahr zu entkommen.

Knochenfunde in antiken Ansiedlungen lassen den Schluß zu, daß Lamas und Alpakas schon vor 4500 Jahren als Haustiere gehalten wurden. Als 1531 die spanischen Konquistadoren das Inka-Reich in den Hochanden unterwarfen, fanden sie beide Tierarten in großer Zahl vor. Diese Kamelarten sind dem Leben im Hochgebirge angepaßt – ihr Hämoglobin kann mehr Sauerstoff aufnehmen als das anderer Säugetiere.

Lamas werden bis zu einhundertvierzig Kilogramm schwer und werden hauptsächlich als Lasttiere verwendet. Eine Karawane kann aus vielen Hundert Tieren bestehen und bis zu fünfunddreißig Kilometer am Tag zurücklegen. Lamas können bis zu fünfundzwanzig Kilogramm Gewicht tragen. Sie können schnell ihre Laune verlieren und fangen dann an zu spucken oder zu beißen, um ihre Abneigung zu zeigen. Den Bewohnern der Anden bieten die Lamas Nahrung, Wolle für Kleidung (obwohl das kleinere Alpaka bessere Wolle gibt), Häute für Leder und Fett für Kerzen. Ihre Wolle kann auch zu Seilen oder Decken verarbeitet und ihr getrockneter Dung als Brennmaterial verwendet werden.

Der Entwurf dieses Umschlags stammt von Edie Freedman, genau wie das gesamte Bestiarium, das die Bücher der Nutshell-Reihe ziert. Die Tiere selbst wurden von Stichen aus dem 19. Jahrhundert aus dem Dover Pictorial Archive übernommen. Das Umschlaglayout wurde von Hanna Dyer mit Quark XPress 3.32 und der Schriftart ITC Garamond erstellt.